高速公路
管理与控制

GAOSU GONGLU
GUANLI YU KONGZHI

晏 秋 编著

西南交通大学出版社
·成都·

图书在版编目（CIP）数据

高路公路管理与控制/晏秋编著. —成都：西南交通大学出版社，2016.1（2019.1 重印）
ISBN 978-7-5643-4499-3

Ⅰ. ①高… Ⅱ. ①晏… Ⅲ. ①高速公路–交通运输管理–教材②高速公路–交通控制–教材 Ⅳ. ①U492 ②U491.5

中国版本图书馆 CIP 数据核字（2016）第 008697 号

高速公路管理与控制

晏 秋 编著

责 任 编 辑	胡晗欣
封 面 设 计	墨创文化
出 版 发 行	西南交通大学出版社 （四川省成都市二环路北一段 111 号 西南交通大学创新大厦 21 楼）
发 行 部 电 话	028-87600564　028-87600533
邮 政 编 码	610031
网　　　　址	http://www.xnjdcbs.com
印　　　　刷	四川煤田地质制图印刷厂
成 品 尺 寸	185 mm × 260 mm
印　　　　张	16.75
字　　　　数	418 千
版　　　　次	2016 年 1 月第 1 版
印　　　　次	2019 年 1 月第 2 次
书　　　　号	ISBN 978-7-5643-4499-3
定　　　　价	46.00 元

图书如有印装质量问题　本社负责退换
版权所有　盗版必究　举报电话：028-87600562

前　言

从 1988 年我国大陆建设第一条高速公路实现零的突破，截至 2014 年，高速公路公里里程已经达到 11.2 万千米。根据 2013 年发布的《国家公路网规划（2013—2030）》，到 2030 年，国家高速公路网由 7 条首都放射线、11 条北南纵线、18 条东西横线，以及地区环线、并行线、联络线等组成，约 11.8 万千米。随着我国高速公路建设的突飞猛进，有关高速公路建设与管理的教材也越来越多，既有综述性的介绍，也有针对某一方面的系统研究。本教材的体系结构是作者在交通工程专业本科生课程"高速公路管理与控制"的教学过程中探索总结形成的。目的是在两类教材基础上，选择其中适合交通工程专业本科生的内容与学习层次，作为道路管理与交通控制内容的重要补充。基于此目的，教材主要内容包括两个方面：一是高速公路项目建设管理，介绍项目建设的基本步骤及主要内容；二是高速公路运营管理中几个关键性的技术问题，即收费管理、事件管理与交通控制等。前者为高速公路交通管理的基础，后者是提高高速公路交通流安全与通行效率的重要保证。在此基础上，本教材也较为详细地介绍了高速公路交通工程及沿线设施，它是发挥高速公路经济效益、提升管理手段必不可少的配套设施。高速公路其他运营管理内容本书略。

本教材由晏秋主编、统稿。参加资料收集、整理、编写工作的研究生有王浩、朱文铜、张宇航、蔡亮华、王慧勇、李颖峰、吴明超。具体参与编写的章节如下：第 1 章由蔡亮华、李颖峰编写；第 2 章由蔡亮华、王浩、吴明超编写；第 3 章由朱文铜、王慧勇编写；第 4、5 章由王浩、朱文铜编写；第 6 章由张宇航、王慧勇编写；第 7 章由蔡亮华、王浩编写。教材编写过程中，查阅了国内外有关高速公路与快速路管理的文献，并借鉴了其中的大量内容，在此向这些文献的作者表示感谢。教材中也采用了互联网上的一些图片与信息，没有能在参考文献中一一标注出来，对这些资料的贡献者表示谢意与歉意。

教材的每一章均设计了导读，以方便读者更好地理解教材的基本内容与学习重点。教材中也尽可能地采用例题的方式，使所介绍的基本方法更通俗易懂。同时还在每章设计了一些思考题，以利于读者更好地掌握基本内容，拓展性地思考问题。

由于编者水平有限，不妥之处在所难免，恳请有关专家与读者批评指正。

编　者
2015 年 8 月

目　录

第1章　高速公路概述 ··· 1
　1.1　高速公路定义及其特性 ·· 1
　1.2　国内外高速公路的发展 ·· 5
　1.3　高速公路智能交通系统（ITS）应用 ····································· 11
　1.4　教材的主要内容 ·· 13
　思考题 ·· 14

第2章　高速公路建设管理 ·· 15
　2.1　高速公路建设程序 ·· 15
　2.2　我国高速公路建设融资方式的发展 ······································ 20
　2.3　高速公路项目可行性研究 ·· 24
　2.4　高速公路项目招投标管理 ·· 26
　2.5　高速公路建设期管理的任务 ··· 39
　2.6　高速公路建设项目质量评定 ··· 41
　2.7　高速公路项目交竣工 ·· 44
　2.8　高速公路项目后评价 ·· 47
　2.9　国内外高速公路建设项目管理比较及借鉴 ···························· 49
　思考题 ·· 54
　附　录 ·· 55

第3章　高速公路收费管理 ·· 64
　3.1　概　述 ·· 64
　3.2　高速公路收费的制式和种类 ··· 69
　3.3　收费标准的分析 ·· 77
　3.4　高速公路收费站管理 ·· 84
　3.5　高速公路联网收费管理 ··· 91
　3.6　电子收费系统 ··· 97
　3.7　收费系统新技术 ·· 107
　思考题 ·· 110
　附　录 ·· 111

第4章　高速公路交通控制 ·· 118
　4.1　基本概念 ·· 118

4.2 高速公路交通流模型 ……………………………………………………………… 119
4.3 主线控制 …………………………………………………………………………… 122
4.4 匝道控制 …………………………………………………………………………… 128
4.5 通道控制 …………………………………………………………………………… 154
4.6 优先控制 …………………………………………………………………………… 157
思考题 …………………………………………………………………………………… 159

第 5 章 高速公路事件检测与延误计算 …………………………………………… 161
5.1 高速公路交通事件概述 ……………………………………………………………… 161
5.2 交通拥挤与事件自动检测 …………………………………………………………… 168
5.3 事件引起的延误 ……………………………………………………………………… 180
思考题 …………………………………………………………………………………… 190

第 6 章 高速公路事件管理策略 ……………………………………………………… 191
6.1 事件管理的策略 ……………………………………………………………………… 191
6.2 有计划的特殊事件管理和突发公共事件应急管理 ………………………………… 207
思考题 …………………………………………………………………………………… 218

第 7 章 高速公路交通工程及沿线设施 ……………………………………………… 219
7.1 高速公路交通工程及沿线设施总体设计要求 ……………………………………… 219
7.2 交通工程安全设施 …………………………………………………………………… 220
7.3 管理与控制设施 ……………………………………………………………………… 236
7.4 服务区 ………………………………………………………………………………… 242
思考题 …………………………………………………………………………………… 257

参考文献 …………………………………………………………………………………… 259

第1章　高速公路概述

【本章导读】

高速公路是等级最高的公路，设计标准较高，有四条或四条以上车道，并设有中央隔离带，双向车辆行驶；全线为全封闭，路旁设有防护栏，防止产生横向干扰，专供汽车高速行驶；在与铁路或其他公路相交时，全部设置立体交叉设施；设有专用的自动化交通监控系统以及必要的沿线服务设施。高速公路 1932 年出现于德国科隆，1988 年全线通车的沪嘉高速公路使中国大陆高速公路的建设实现了"零"的突破。近三十年来，高速公路的发展对中国城市化的发展进程起着重要的作用。

本章主要介绍高速公路的特性、国内外发展状况、高速公路的效益及本教材的主要内容。读者通过本章的学习，可了解高速公路的特点及发展高速公路的重要意义。

1.1　高速公路定义及其特性

1.1.1　高速公路的定义

高速公路是经济发展对交通需求的客观反映，也是构筑交通现代化的重要标志之一。高速公路与普通公路有某些质的区别，一般认为：高速公路是中央设置有一定宽度的分隔带，两侧各配备两条或两条以上的车道，分别供上下行汽车高速、连续、安全、舒适地运行，并全部设置立体交叉和控制出入的公路（出自《中国大百科全书》土木工程）。《公路工程名词术语》（JTJ 002—87）则将高速公路定义为：具有四个或四个以上车道，并设有中央分隔带，全部立体交叉并具有完善的交通安全设施与管理设施、服务设施，全部控制出入，专供汽车高速行驶的公路。我国《公路工程技术标准》（JTG B01—2003）（简称《标准》）将高速公路定义为：能适应年平均昼夜小客车交通量为 25 000 辆以上，专供汽车分向、分车道行驶，全封闭、全立交并应全部控制出入的多车道公路。《公路工程技术标准》（JTG B01—2014）（简称《新标准》）定义为：年平均日设计交通量宜在 15 000 辆小客车以上，专供汽车分向行驶、分车道行驶，全部控制出入的多车道公路。《中华人民共和国道路交通安全法》第六十七条规定：非机动车、拖拉机、轮式专用机械车、铰接式客车、全挂拖斗车以及其他设计最高时速低于七十公里的机动车，不得进入高速公路。

各国对高速公路的叫法不一，欧洲多数国家称为"汽车公路""汽车专用公路"，如英国称为"Motorway",法国称为"Autoroute",德国称为"Autobahn",意大利称为"Autosrata",瑞典等一些国家则称为"Expressway"。美国在早期称为"Superhighway",对收费公路则称为"Turnpike",1968年统一称部分控制出入的快速公路为"Expressway",称全部控制出入的高速公路为"Freeway";另外早期建设的一些国家公园路(Parkway)由于线形标准较高又只允许通行小汽车,具有高速公路的部分特征,有时也作为高速公路的一种。日本在高速公路初期称为"自动车道",20世纪50年代后引入了"高速道路"的概念,目前这两个名称并用。

尽管各国对高速公路概念的表述不尽相同,建设标准也不同,但"汽车专用""分向分车道行驶"和"控制出入"三个特征是共同的,保证了汽车高速、连续、安全和舒适运行的目的,对提高汽车运输在综合运输中的地位和作用产生了深远的影响。

1.1.2 高速公路的特性

我国高速公路主要连接全国重要城市、工业中心、交通枢纽及陆上口岸,是国家及省的重要干线公路或干线公路,为城市之间、区域之间提供快速、高效的直达运行交通。相对于普通公路存在的线形标准低、路面质量不高、车速慢、混合交通相互干扰大、开放式管理造成侧向行人与非机动车等干扰、事故多、安全性差等缺点,高速公路在设计指标及管理上都有质的区别。高速公路应具备的基本要求如下:

1. 为快速交通服务

针对普通公路混合交通相互干扰大、不安全且影响车速的缺点,高速公路规定汽车专用并对交通实施限制,包括对车种和车速加以限制。凡非机动车和由于车速有限可能形成危险和妨碍交通的车辆(包括拖拉机、农用车以及装载危险品等特殊货物的车辆等),均不得在高速公路上行驶。为防止车辆车速相差过大,减少同向车流的相互干扰,一般规定低速车辆不得上路,并限定最高车速。我国高速公路规定最高速度不得超过120 km/h,最低速度不得低于60 km/h。

2. 实行分隔行驶

为防止对向撞车和减少同向车车速差造成的干扰,高速公路不仅对向车道间设置中央分隔带,而且同向车道采用画车道标线设多车道的办法,对车辆实行分离。如果高速公路的中央分隔带较窄,则需在其上设置防眩板或防护栅。此外,在一些特殊地点设置爬坡车道、变速车道、集散车道、辅助车道等,使一些车辆在局部路段分离,保证不同车速的车辆在各自车道上安全、畅通地行驶。

3. 完全控制出入

普通公路中平面交叉口和路侧的横向穿越是公路交通事故的主要原因之一,也是普通公路车速不能提高的重要原因。高速公路采用全封闭、全立交,完全控制出入,规定车辆只能从指定的互通式立交匝道出入,对不准车辆出入的路口,则设置分离式立交加以分隔。对人畜的控制,主要采用禁入栅和护栏等措施,实行全封闭,确保汽车的快速安全行驶。同时,高速公路用地范围内,任何单位或个人不得设置广告;在其用地范围以外,不得产生对高速公路交通正常运行有妨碍的气体、粉尘、光亮、振动、噪声等。

4. 设置完善的设施

除本身具有良好的线形和路面条件外,高速公路还设置许多附属设施,如安全、监控、通信、服务设施等。高速公路沿线每隔一定距离要设置收费站、加油站、公用电话、停车场、饭店和旅馆等服务设施。在高速公路交通繁忙地区,可设置交通监视中心,整个地区车辆运行情况,由电视摄像机传到荧光屏,据以指挥交通,还可利用无线电将信息传送给汽车驾驶员。当路上发生交通事故,监视中心可派巡视车或直升机到现场进行处理。这些高质量的设施,充分保障了车辆快速、安全、舒适地行驶。

1.1.3 发展高速公路的国民经济效益

公路建设对国土资源的开发和区域经济发展的先导作用,以高速公路的影响最为明显,主要表现在以交通区位的优势,诱导大量新的资本在其沿线的投入,形成高速公路产业带,调整了产业和人口的分布,提高了高速公路所连接的端点(中心城市)、主要节点(沿线主要城镇)以及高速公路互通式立体交叉点连接的周边区域土地资源的利用强度和价值。

1. 对国土资源的开发和区域经济发展的先导作用

根据国外的经验,一条高速公路建成后的十年内,产业聚集的效果十分明显,其两端的大城市沿高速公路走向延伸发展,在各个出入口区域形成一系列卫星城镇或经济开发区,并以高速公路为轴线扩散形成产业带。

如日本第一条高速公路名(古屋)—神(户)高速公路建成通车后,仅在其沿线14个立体交叉出入口附近,10年内就新增企业900多家。资料表明,日本大约有40%的新建工厂建在距高速公路入口处10 km范围内,约50%建立在距高速公路20 km范围内。

我国高速公路建成初期,由于与高速公路相衔接的道路等级较低,无法发挥高速公路对沿线经济的带动作用,高速公路更多地体现其道路末端效应。随着高速公路与城市道路连接线的建设、衔接道路的升级改造,高速公路与一般道路不断形成有机整体,高速公路对沿线地区经济的带动作用得以充分发挥出来。

2. 推动沿线地区产业结构的调整

高速公路所创造的便利交通条件,使企业能源、原材料得以及时输入,销售产品能够及时输出,为企业降低了流通成本,通畅的运输加速资金周转为企业创造了利润,高效的物流条件提高了企业的市场竞争能力。

公路特别是高速公路为高新技术产业创造了良好的区位条件,能很好地促进高新技术产业的发展,近年来我国在高速公路沿线出现的产业就明显地表明了这一点,如电子信息、机电、新材料、生物工程技术等产业多集中在交通便利的高速公路出入口周围区域,形成特殊的产业园区。

日本通产省曾对1974—1981年通信仪器、电子应用设备、电气测量仪、电子仪器及部件、医疗用器械和光学仪器六个高新技术产业978个企业的选址进行调查，结果表明：距高速公路出入口10 km以内，电气测量仪类企业占23%，其他五类企业占40%~60%；而在20 km以内，电气测量仪类企业占49%，其他五类企业占70%以上。

我国的乡镇企业已在我国现代化建设中具有重要的地位，是我国工业化进程中不可或缺的有生力量，其发展更是离不开公路运输。在我国乡镇企业发达的长江三角洲、珠江三角洲地区，各种经济成分的企业竞相向高速公路聚拢，高速公路的走向对企业群体布局有着明显的诱导作用。

3. 带动第三产业的发展

公路建设特别是以高速公路为代表的高等级公路的建设，相对缩短了人员交往和商品流通的时空距离，为人与物的流动创造了有利条件，促进了商业、旅游业等第三产业的发展。以高速公路为代表的高等级公路使商品流通在更大的空间进行得以实现，扩大了市场的范围，例如京津塘高速公路的建成通车极大地缩小了京津两地的时空距离，天津的水产品可以及时送达北京，丰富了北京人的菜篮子；同时公路交通本身就意味着人和物的流动，会带来沿线地区商业的繁荣，促进各类大小集贸中心的形成。高速公路也为沿线旅游业提供了便利的条件，促进旅游景点向纵深拓展并提高旅游业的综合服务水平。

4. 促进综合运输的高效发展

现代交通运输业包括铁路、公路、水运、航空、管道五种运输方式，各种运输方式间既存在着很大的互补性，在一定的条件下某些运输方式间也存在着较强的竞争关系。各种运输方式间的有序竞争会促进各自不断提高自身的服务水平，更好地满足社会需要，真正得到实惠的是广大旅客和货主，受益的是包括我们自己在内的社会公众。近年来铁路实行"提速战略"，改善既有线路条件、发展新型列车，采取优化运输产品结构、提高服务质量等措施，开创铁路新风，备受社会注目，正是随着高速公路的发展各种运输方式相互竞争、相互促进的直接结果。

5. 有利于城镇体系的合理布局

交通运输网络是城镇体系发展的基础，是进行城镇体系布局要考虑的最主要的因素之一。高速公路的发展缩小了城乡之间的距离，为城镇的发展创造了有利的空间条件，会带动新的城镇群体的出现和原有城市的扩展，调整区域城镇体系的布局，加速沿线的城市化进程。从沈大、沪宁等许多高速公路的发展实践看，城镇体系的发展与高速公路的发展有着互为依托、互为促进的紧密关系。

6. 促进区域社会经济的平衡发展

我国区域间、城乡间社会经济的发展还很不平衡，较为落后地区的发展除受资源、资金、技术、观念和自身基础等方面的限制外，交通运输条件落后也是重要的制约因素。以高速公路为代表的高等级公路能够有效地缩短区域间的时空距离，扩大区域间的社会经济交流，为发达地区向较为落后地区辐射创造条件，有利于区域间的协调发展，特别有助于我国中西部地区的快速发展。县乡公路建设会有利于农村经济特别是贫困、边远地区农业经济改变传统封闭、落后的面貌，向商品化、现代化的方向发展，也会极大地提高农村社会文明化程度。

7. 提高紧急救援、国防后勤保障能力

2008年"5·12"汶川大地震、2013年"4·20"大地震等其他灾害救援中，高速公路在抢救生命、物资运输等方面起到了至关重要的重用。

另外，国防建设离不开现代化的交通运输系统，现代化公路网络特别是高速公路的建设，会极大地提高军队快速反应和军需供给能力，有力地保障国家安全，美国的州际高速公路被称为"国防与州际公路系统"就充分反映了这一点。

1.2 国内外高速公路的发展

高速公路是社会经济发展的必然产物，它是伴随着汽车工业的蓬勃发展和整个社会的政治、经济、军事的发展而发展起来的。

高速公路于20世纪30年代开始起步，最早修建高速公路的国家是德国和意大利。到目前为止，全世界已有60多个国家和地区兴建了高速公路，总里程达20多万千米。在世界高速公路的发展史上，德国、美国及日本的高速公路发展各有其显明的特点。

1.2.1 国外高速公路的发展

1. 德　国

德国的现代化交通政策可追溯到1919年通过的德国宪法（《魏玛宪法》），根据这一宪法，1921年在柏林修建了一条长约10 km的"汽车、交通及练习公路"（简称AVUS），也是为军事运输需要修建的高速公路。这条公路拥有上下行分离的行车道并且取消了平面交叉口，这在当时的德国是首次，可以被看作是高速公路的雏形。作为符合现代高速公路标准的第一条高速公路是在1929—1932年间建造的大约20 km长的科隆—波恩间的高速公路。1933年德国通过了"关于设立帝国高速公路企业"的法律，规划了4 800 km长的高速公路网络。次年又通过了"公路新规定法"，将规划的帝国高速公路网扩大到6 900 km，至1942年，德国建造了3 860 km的高速公路，并有2 500 km高速公路在建。战后，联邦德国将原帝国高速公路改称为"联邦高速公路"，1957年制订了"联邦长途公路扩建计划"，1970年当这一扩建计划完成时，联邦德国的小汽车（包括轿车和客货两用旅行轿车）从750万辆增加到了1 680万辆，公路网仍不能满足交通需求，于是从1970年至1985年又进行了第二个扩建计划，将联邦高速公路长度翻了一番。同期，民主德国的高速公路长度也从500 km增加到1 880 km。至1996年德国的联邦高速公路长度达11 190 km，占公路总里程的4.89%。"两德"统一后，交通政策目标和交通需求都发生了新的变化：联邦政府的管辖范围扩大到了东部地区；东西

向交通重新复苏，交通需求快速增加；汽车化程度的提高主要集中在东部地区。鉴于上述情况，1992 年，德国联邦交通部制订了新的联邦交通干线规划，该规划提出，至 2012 年，德国将新建 2 882.6 km、扩建 2 617.3 km 高速公路，使之适应德国相应时期的交通需求。

虽然高速公路里程在全国公路网长度中仅占 1.6%，但在高速公路上行驶的车辆却占全国总交通量的 24%。密集的高速公路网对德国的国民经济发展起到了巨大作用。除去城镇郊区和横跨城市中心的路段，德国境内约有 2/3 的高速公路不限时速——德国也成为世界上唯一有不限速高速路的国家。在不限速路段，一些高配置车辆的极限速度可达 350 km/h，这甚至超过大型客机的起飞速度。

德国高速公路建设起步早，其设计、施工与运营管理经验对世界各国高速公路的发展具有重要的借鉴作用。

2. 美 国

美国是世界上高速公路发展最迅速、路网最发达、设施最完善的国家之一。其高速公路网的建成，提高了运输效率，扩大了资源和商品的流通，促进了社会的发展和科学技术的进步，并在很大程度上影响了美国人的生活方式。美国高速公路的发展特点是有计划、有步骤，而且速度快。1916 年，第一次世界大战使美国认识到其公路现状无法满足国防发展需要，于是美国国会制定了联邦资助公路法案，全面开始发展公路建设。1937 年，美国在加利福尼亚州建成了第一条长 11.2 km 的高速公路。到 1941 年美国参战前夕，完成了宾夕法尼亚州高速公路和康涅狄格州梅里特高速公路。美国由于二次大战的财政困难和战后恢复减缓了高速公路建设，但同时使美国认识到高速公路的战略性作用，于 1944 年通过了《公路法》，并提出了"州际高速公路系统"的概念，确定了州际高速公路系统 6.44 万 km 的规划总长度，当时预计能承担全国公路总交通量的 20%~25%，并适应未来 20 年的交通需求。1956 年再次修订了《公路法》，将州际高速公路系统改称为"全国州际与国防高速公路系统"，同时将规划总长度调整为 6.6 万 km。《公路法》还规定了公路建设费用的来源，从而大大促进了高速公路的建设。从 1957 年州际与国防高速公路网开始正式投资建设，美国的高速公路建设发展速度很快，平均每年建成 3 000 km。在高速公路建设中，美国政府注重公路建设的走向和布局，既考虑与城市道路网的连接，又注意偏远、荒漠地区的建设发展需要。20 世纪 80 年代后期，美国高速公路网已基本形成。

目前，全美公路总长度达到 630 多万 km，是铁路运营里程的 65 倍，其中高速公路总长度已达到 9 万多 km，占美国公路总里程的 1.4%，占全世界高速公路总里程的 1/3。以十纵十横的主骨架路向外延伸加密，形成发达的高速公路路网，承担了全美公路 21% 以上的运输量，高速公路大大加快了商品经济的流通，提高了运输效率，对美国的经济发展做出了巨大的贡献。现阶段的美国高速公路建设已经可以满足国内交通运输、国防建设及国民经济发展的需要，今后建设的重点是完善高速公路与航空、铁路及水运等各种交通运输方式之间的联运，加强对高速公路的科学管理和维护，提高运力，降低交通事故。

3. 日 本

日本是一个岛国，国土狭小，人口密度很大，但日本的汽车工业十分发达，目前拥有机动车 7 082 万辆，仅次于美国，其中小汽车 4 990 万辆，每百人拥有汽车 56 辆。日本是世界上公路密度最高的国家之一，面积密度约 3 km/km²。1997 年高速公路总长达 5 860 km，占公路总长的 0.51%，却承担了公路运输总量的 25.6%。日本高速公路建设起步较晚，高速公路建设开始于战后，尽管当时日本正处于战后恢复期，但仍于 1957 年颁发了"高速公路干道法"，正式批准并实施建设 7 条纵贯国土、总长 3 700 km 的高速公路。其中第一条为 1963 年通车的名神高速公路。日本高速公路在发展初期，对高速公路的建设标准和技术指标都经过充分的研究和比较论证，为以后的高速公路发展打下了坚实的基础。1966 年日本又制订了新的高速公路修建计划，提出至 2000 年建设 32 条、总长 7 600 km 的高速公路，日本全国 1 小时可到达高速公路的地区占 70%；2 小时可到达高速公路的地区占 90%。到 20 世纪 80 年代后期，按计划已建和在建项目超过了计划的 2/3。在 1987 年又提出了到 2015 年建设 14 000 km 高标准干线公路的目标，其中国家干线高速公路在原 7 600 km 的基础上再增加 3 920 km，达到 11 520 km。其中 2 480 km 为一般国道汽车专用公路，加强 10 万人以上地方中心城市的联系；强化东京、名古屋、京阪神三大城市环行和绕行高速公路；加强重要港口、机场等客货源集中地的连接；在全日本形成从城市、农村各地 1 小时可到达高速公路的干线网络；建设在出现灾害时有可靠替代其他运输方式的高速公路网；消除已有高速公路中交通严重拥堵的路段。至 2012 年，日本的公路总里程为 120 万 km，其中高速公路的总里程为 7 641 km，主要的干线公路已基本完成高速化。

1.2.2 我国高速公路的发展

1. 我国高速公路发展情况现状

我国高速公路建设虽然起步较晚，但是发展很迅速。改革开放以来，我国经济发展速度明显加快，综合国力日趋增强，经济发展对交通的需求越来越强烈。尤其是 1998 年以来，为应对东南亚金融危机，国家实施了扩大内需的积极财政政策，大规模启动公路交通基础设施建设，连续几年每年都有 2 000 亿元以上的资金注入到公路建设中，公路在总量和质量上都实现了重大突破。高速公路的建设不仅极大满足了交通增长对公路建设的需求，而且对国民经济的总体发展起到了促进作用。

从 1988 年 10 月沪嘉高速公路通车，高速公路里程突破 0 km 到 2012 年年底的 9.62 万 km，我国仅仅用了 20 多年的时间，走过了发达国家需要好几十年才能完成的发展历史。截至 2012 年，我国高速公路通车里程达到 9.6 万 km，超过美国的 9.2 万 km，跃居世界第一。2013 年我国新建高速公路 8 260 km，全国总里程突破 10 万 km。截至 2014 年年末，全国高速公路里程 11.19 万 km，比上年末增加 0.75 万 km（见图 1-1、图 1-2）。与此同时，全国各等级公路也得到较快的发展，截至 2014 年，公路总里程达到 446.39 万 km，比上年末增加 10.77 万 km。公路密度 46.50 km/km²，提高 1.12 km/km²。其中，二级及以上公路里程 54.56 万 km，比上年增加 2.13 万 km，占公路总里程 12.2%。

截至 2012 年年底，我国有 17 个省市的高速公路里程突破 3 000 km，其中河南、广东、河北、山西 4 个省的高速公路里程突破 5 000 km，山东、江苏、四川、黑龙江、江西、陕西、湖北 7 个省的高速公路里程突破 4 000 km，湖南、辽宁、浙江、福建、安徽、广西 6 个省区高速公路里程突破 3 000 km，具体数据见表 1-1。

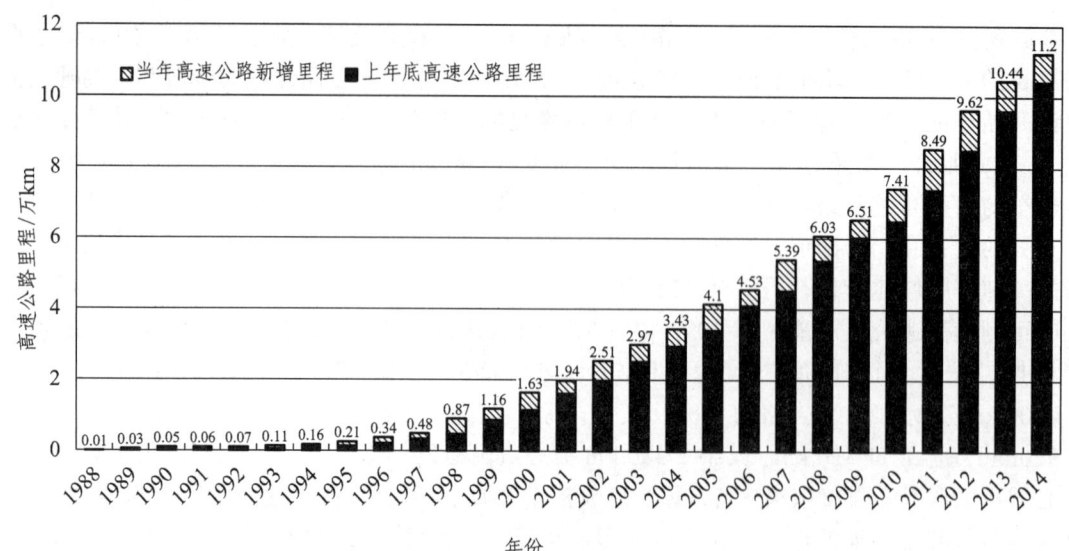

图 1-1　1988—2014 年我国高速公路里程

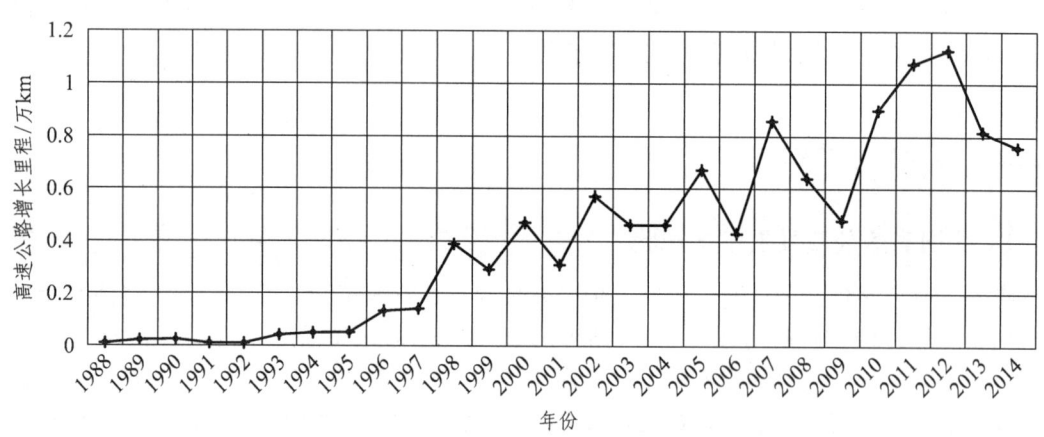

图 1-2　1988—2014 年我国高速公路里程年增长速度

表 1-1　2012 年底全国各省高速通车里程表　　　　　　　　　　　　km

排名	省区	里程	排名	省区	里程	排名	省区	里程	排名	省区	里程
1	河南	5 800	9	江西	4 260	17	广西	3 197	25	青海	1 465
2	广东	5 500	10	陕西	4 083	18	云南	2 851	26	宁夏	1 327
3	河北	5 069	11	湖北	4 062	19	贵州	2 630	27	天津	1 103
4	山西	5 010	12	湖南	3 969	20	甘肃	2 473	28	北京	923
5	山东	4 975	13	辽宁	3 917	21	吉林	2 303	29	海南	912
6	江苏	4 342	14	浙江	3 566	22	新疆	2 250	30	上海	805
7	四川	4 334	15	福建	3 500	23	重庆	2 048	31	西藏	637
8	黑龙江	4 300	16	安徽	3 210	24	内蒙古	1 634			

分析我国高速公路发展，可分为以下四个阶段：

（1）第一阶段为起步阶段，从1984年开始至1988年上海至嘉定高速公路建成通车，结束了我国大陆没有高速公路的历史。1992年，交通运输部制订了"五纵七横"国道主干线规划并付诸实施，总投资9 000亿元。沈大、京津塘、成渝、济青等一批具有重要意义的高速公路相继建成，突破了高速公路建设的多项重大技术"瓶颈"。

（2）第二阶段为快速发展阶段。1998年开始加快基础设施建设步伐，年均通车里程超过4 000 km，年均完成投资1 400亿元。1999年，全国高速公路里程突破1万km。至2004年年底，通车里程超过3万km。2008年全年全国交通运输行业基础设施建设完成规模达到8 000亿元。除西藏外，各省、自治区和直辖市都已拥有高速公路。

（3）第三阶段为扩大规模、提高路网质量的阶段。从2004年至今，按照道路的使用功能和交通需求，采用新技术、新材料、新工艺，重点提高经济相对发达地区的公路技术等级，并大力扶持西部地区公路基础设施建设。

（4）第四阶段为高速公路稳定阶段。这个阶段，高速公路网规模趋于稳定，且随着资源的紧缺，路网运行质量的提高主要依靠提高交通管理水平实现，智能运输系统日趋完善是其主要标志。

2. 国家高速公路网规划

国家高速公路网是中国公路网中最高层次的公路通道，服务于国家政治稳定、经济发展、社会进步和国防现代化，体现国家强国富民、安全稳定、科学发展，建立综合运输体系以及加快公路交通现代化的要求；主要连接大中城市，包括国家和区域性经济中心、交通枢纽、重要对外口岸；承担区域间、省际以及大中城市间的快速客货运输，提供高效、便捷、安全、舒适、可持续的服务，为应对自然灾害等突发性事件提供快速交通保障。

国家高速公路网规划采用放射线与纵横网格相结合的布局方案，形成由中心城市向外放射以及横连东西、纵贯南北的大通道，由7条首都放射线、9条南北纵向线和18条东西横向线组成，简称为"7918网"，总规模约8.5万km，其中：主线6.8万km，地区环线、联络线等其他路线约1.7万km。

2013年6月国家发改委又出台了《国家公路网规划（2013—2030）》（简称《规划》）。《规划》是我国第一个集高速公路和普通公路于一体的国家中长期公路网布局规划，是指导我国公路长远发展的纲领性文件，与国务院批复的各区域规划进行了有效衔接，大幅提升了国家公路网对小城镇的覆盖水平。根据规划，2030年国家高速公路网总规模比起2004年《国家高速公路网》规划的2020年国家高速公路网的8.5万km的目标大幅上调。具体由7条首都放射线、11条北南纵线、18条东西横线，以及地区环线、并行线、联络线等组成，约11.8万km，另规划远期展望线约1.8万km。按照"实现有效连接、提升通道能力、强化区际联系、优化路网衔接"的思路，补充完善国家高速公路网：保持原国家高速公路网规划总体框架基本不变，补充连接新增20万以上城镇人口城市、地级行政中心、重要港口和重要国际运输通道；在运输繁忙的通道上布设平行路线；增设区际、省际通道和重要城际通道；适当增加有效提高路网运输效率的联络线。

首都放射线7条：北京—哈尔滨、北京—上海、北京—台北、北京—港澳、北京—昆明、北京—拉萨、北京—乌鲁木齐。

北南纵线11条：鹤岗—大连、沈阳—海口、长春—深圳、济南—广州、大庆—广州、二连浩特—广州、呼和浩特—北海、包头—茂名、银川—百色、兰州—海口、银川—昆明。

东西横线18条：绥芬河—满洲里、珲春—乌兰浩特、丹东—锡林浩特、荣成—乌海、青岛—银川、青岛—兰州、连云港—霍尔果斯、南京—洛阳、上海—西安、上海—成都、上海—重庆、杭州—瑞丽、上海—昆明、福州—银川、泉州—南宁、厦门—成都、汕头—昆明、广州—昆明。

此外包括6条地区性环线以及若干条并行线、联络线等。

规划的公路网布局合理、功能完善、覆盖广泛、安全可靠的国家干线公路网络，实现首都辐射省会、省际多路连通、地市高速通达、县县国道覆盖。1 000 km以内的省会间可当日到达，东中部地区省会到地市可当日往返，西部地区省会到地市可当日到达；区域中心城市、重要经济区、城市群内外交通联系紧密，形成多中心放射的路网格局；有效连接国家陆路门户城市和重要边境口岸，形成重要国际运输通道，与东北亚、中亚、南亚、东南亚的联系更加便捷。

为保障国家公路网的实施，规划提出了应进一步完善国家投资、地方筹资、社会融资相结合的多渠道、多层次、多元化投融资模式。继续实施收费公路政策，鼓励包括民间资本在内的社会资本参与国家高速公路建设。并且要科学论证、量力而行，有序推进国家高速公路建设，把握好建设节奏，合理确定建设时机，因地制宜确定建设标准。慎重决策国家高速公路远期展望线，原则上到2030年左右，视区域经济社会和交通发展需求适时开展建设，灵活掌握建设标准。在满足安全和运输需求的前提下，努力降低公路建设和运营成本。

1.2.3 国际高速公路网

随着全球经济一体化的发展，公路运输市场不再是一个国家、一个地区的市场，而是一个全球性市场。相邻国之间合作修建高速公路，促成了国际高速公路网的形成，成为调整公路发展的大趋势。为了更好地发挥高速公路效益，加强国际间的公路运输联系，一些发达国家把主要高速公路连接起来，构成国际高速公路网。其中已经规划和正在实现的高速公路网包括以下四个：

1. 欧洲高速公路网

二战以后，西欧国家在经济、政治联合过程中，逐步形成了以统一的观点在欧洲扩建和命名欧洲国际公路网的思想。1975年11月在日内瓦通过了"关于国际干线公路的欧洲协定"（简称：AGR），将欧洲国际干线公路统一编号，并以"E"作为编号标识。其中东西向公路包括：横贯全欧、东起奥地利维也纳，经荷兰、法国，西至西班牙的瓦伦西亚高速公路，全长约3 200 km；此外，瑞士至奥地利、西班牙至葡萄牙、瑞典、丹麦、挪威、保加利亚、德国、匈牙利、捷克等国的高等级公路已连接成网。南北向公路包括：纵贯全欧、北起丹麦的哥本哈根，经德国和奥地利，南至意大利罗马的高速公路，全长2 100 km；另一条纵贯全欧洲，北起波兰的格但斯克，经捷克、奥地利、意大利、南斯拉夫、保加利亚、土耳其，南至叙利亚、伊拉克和伊朗，全长5 000 km；第三条为北起俄罗斯的圣彼得堡，经波兰、匈牙利、罗马尼亚、保加利亚、希腊，最终到土耳其的伊斯坦布尔，长约2 000 km。

2. 欧亚大陆公路

欧亚大陆公路东起日本东京，经汉城、平壤、北京、河内、达卡、新德里、德黑兰、莫斯科、华沙、柏林、波恩、巴黎（或经巴格达、布达佩斯、维也纳、慕尼黑到巴黎），最后到达伦敦。该工程将穿过日本海峡、博斯普鲁斯海峡、厄勒海峡、费马思海峡、英吉利海峡和比利牛斯山、阿尔卑斯山等，将亚洲和欧洲的公路网连接在一起。

3. 泛美公路网

北美地区的高速公路网已经形成，在此基础上，正在初步形成经美国、墨西哥、中美洲、南美洲直至阿根廷最南端的高速公路网。

4. 亚洲公路网

设想中的亚洲公路网由15个国家的41条高等级公路组成，长约66 000 km。在亚洲开发银行倡导下，中国、老挝和泰国政府于2000年达成合作协议，共同努力修建昆明—曼谷高等级公路。这条高速公路从云南省省会昆明市经老挝到达泰国首都曼谷，已于2008年12月正式通车，全长约1 800 km，中国境内建设里程为688 km，老挝境内里程247 km，泰国境内约813 km。这条蜿蜒于崇山峻岭中的公路实际上是亚洲公路网的重要干道，也是澜沧江—湄公河次区域国家间经济合作交流的重要通道。这条公路远期将与马来西亚和新加坡的陆上通道连成一体，从而为中国—东盟自由贸易区的建设提供一条快捷的通道。除此之外，还有非洲横断公路网、亚马逊地区横断公路网等国际高速公路网络正在规划和形成中。

1.3 高速公路智能交通系统（ITS）应用

智能交通系统是将信息、通信、控制、计算机网络等高新技术有效地综合运用于地面交通管理体系，从而建立起一种大范围、全方位发挥作用，实时、准确、高效的交通运输管理系统。它是目前世界交通运输领域研究的前沿课题，也是目前国际公认的解决交通拥挤、改善行车安全、提高运行效率、减少空气污染等的最佳途径。智能交通系统是21世纪现代化地面交通运输体系的模式和发展方向，是交通运输进入信息时代的重要标志。

美国在智能交通领域走在了世界前列。在美国的国家ITS体系框架中，诸如MAGIC项目、ARTIC系统项目等许多重要内容是研究在高速公路上应用各种ITS类别的技术。

（1）MAGIC（Metropolitan Area Guidance Information and Control）项目，即"都市区诱导信息与控制"项目。它是新泽西的ATMS（Advanced Traffic Management System）的主要项目，主要包括可变信息提供、公共信息亭、紧急事故管理、公路咨询、信号系统、视频监视、电子收费和交通管理、交通信息中心等。MAGIC项目利用检测系统来检测公路的交通流量和速度，利用专家系统来进行道路交通紧急事件管理，利用匝道控制仪来控制车辆进入通道，利用 VMS（Variable Message Signs）和公路咨询广播为通道的驾驶员提供信息。作为新泽西州 ITS 的核心部分和纽约都市区的公路管理系统的一个重要部分，MAGIC 在这两个地区的 ITS 中起着引导作用。

（2）ARTIC 系统项目，即"先进的乡村运输信息与协调系统"项目。"先进的乡村运输信息与协调系统"将明尼苏达公路巡查部门、明尼苏达交通运输管理局与参与运输经营者联系起来，使他们完全集中于一个中心，以缩短对事故与路面紧急情况的响应时间，提供实时的运输车辆状况与时间信息，提高服务效率，压缩多余的通信系统。这一系统通过最新的车辆定位装置和可用的信息调度车辆，在变化的事故条件下，为系统用户的在途请求的迅速响应提供通信保证。项目的主要作用可归纳为：协作和共享资源、改善运输系统、改善用户和汽车的安全性。

日本国土面积狭小，但高速公路密度很大，并在国内的交通运输中起着举足轻重的作用。因此，日本在高速公路 ITS 的研究和应用方面非常重视并取得了一定的成果。自 1967 年开始，日本就将可变信息板 VMS 作为提供交通信息的首选设备，并对此设备的远程控制进行了基础性试验。随着公路网络的扩大，日本东京高速公路公团（MEPC）装备了新型的 VMS 单元，如图形显示板、街道信息标志和旅行时间显示牌。为有效地操作这些单元，MEPC 已开发并引入了一个自动信息显示系统。该系统利用设置于高速路两侧的探测器所收集的交通数据，以远程控制的方式向高速路上的用户提供信息。

德国在重视发展修建高速公路的同时，为保证高速公路行车的安全性与快捷性，开展了多项高速公路交通控制与管理技术的研究，相应开发研制了一系列交通控制与管理的设施。如：德国 A9（9号）高速公路上每两千米就设置一个门架式（大型）可变信息标志，在危险、事故多发地段的布设密度达到每千米一处。可变信息标志显示牌灵活、实用，显示内容与目前的交通状况、天气状况相适用，可分车道显示不同的限速值、交通标志和警告信息等，如：显示限速值 120、100、80、60 等；显示限速取消、严禁货车超车、雪、雾等信息；车道开放/关闭状态，必要时可关闭某一车道，还可开启紧急车道为临时行车道。如在慕尼黑中环高速公路上设置了机械式可翻转信息牌和 LED、LCD 结合的混合式大型信息标志；在慕尼黑机场高速公路上新开发的在路侧或中间隔离带设置的示警桩技术，根据闪光方向、亮度程度、频率快慢来提供相关交通信息。

纵观高速公路 ITS 的发展历程，国外已经进行了较多的探索，并且建设了一些实验性质的项目，取得了一定的社会经济利益。我国在 ITS 领域的研究起步较晚，但随着全球范围智能交通系统研究的兴起，进入 20 世纪 90 年代，我国明显加快了对智能交通技术研究的步伐。目前国内高速公路 ITS 研究主要集中在监控系统、收费系统、安全保障系统等，已经开发生产了车辆检测器、可变情报板、可变限速标志、紧急电话、分车型检测仪、监控地图板等多种专用设备，并制定了一系列标准和规范。随着我国高速公路交通的快速发展，对高速公路的智能化需求也越来越高，在这个阶段，结合快速发展的高速公路基础设施建设开展高速公路 ITS 的研究开发，具有广泛的社会需求和应用前景。

高速公路电子不停车收费（ETC）系统是在我国公路系统中得到广泛应用的又一项智能交通新技术。2001 年，广东省采用组合式 ETC 技术在广韶公路、虎门大桥完成 ETC 示范工程并使组合式 ETC 技术进入了真正的可操作阶段；2003 年，长沙机场高速路开通了当时最先进的路桥不停车收费系统；2005 年，北京机场高速公路收费站"升级版"的不停车收费系统投入运行，新系统增加了抓拍取证、违章稽查等功能。2007年年底，北京市11条高速公路的56条车道实现了不停车收费，其余233个收费站的1 006条车道安装了一卡通读卡机，实现刷卡电子付费。上海市虹桥国际机场组合式电子不停车收费系统（ETC）于2007年7月10日在上海试验开通。2014年，交通运输部公路局下发《关于开展全国高速公路电子不停车收费联网工作的通知》（交公路发〔2014〕64号），通知指出：力争到2015年年底，基本实现全国高速公路ETC联网收费，主线收费站ETC覆盖率力争达到100%，匝道收费站ETC覆盖率不低于90%，ETC专用车道数原则上不少于两入两出。2015年9月28日，随着内蒙古、黑龙江、广西、新疆并入高速公路电子不停车（ETC）联网区域，纵贯南北、互通东西的全国ETC联网格局的目标提前实现。据统计，全国累计建成ETC专用车道1.2万余条、5万余条人工刷卡（MTC）车道，ETC用户约2171.5万，也提前完成了"2015年底实现用户数量2 000万"的目标。

我国高速公路发展起步晚，在开始建设高速公路时，由于受到经费和高速公路上交通量不大等因素的影响，监控系统不完善，但是随着高速公路安全问题的日益突出，建设主管部门对监控系统的重要性有了进一步的认识，现在已经在各高速公路上建成了一定规模的监控系统。监控系统的建设对采集各种交通信息，合理运用交通控制方案，引导、限制、警告和组织交通流，减少交通事故的发生率有重要作用。通过监控系统，还能实现对引起延误的事件迅速响应，提供紧急服务，并快速排除事件，把事件引起的延误控制到最小，从而达到调节和控制道路交通状况的目的。随着我国公路系统的不断完善，高速公路网已经逐渐形成，设计监控系统设计的出发点应该是整个高速公路的整体性以及区域性，使得高速公路监控系统形成一个全面的、整体的监控系统网络，每一段高速公路监控系统都是整体监控系统的重要组成成分。随着科学技术以及网络通信技术的不断发展，在高速公路监控系统中，视频信息处理技术已经被逐渐地运用到高速公路中，为高速公路监控系统整个网络数字化图像处理技术的提高提供了强有力的技术基础。

目前，我国高速公路智能交通发展仍处于起步阶段，但可以肯定的是，未来若干年内，包括我国在内的世界各国必将更加重视智能交通技术的研究与推广，并把它作为未来交通建设与发展的优先领域予以重点支持。我国应发挥后发优势，积极探索发展模式，为高速公路在智能交通这一新技术领域的健康发展提供有力保障。

1.4 教材的主要内容

本教材主要结合国内外高速公路建设与运营管理的理论成果与实践经验，介绍两个方面的内容。第一方面是有关高速公路建设程序及在各建设阶段应遵守的标准与规范，并结合国内实例对建设投融资方式进行讨论。这一内容是保证高速公路建设项目工程质量、节约建设成本的重要内容，也是高速公路运营管理的基础。第二方面主要是介绍高速公路交通管理与控制的内容。包括高速公路收费方式、收费标准及相关收费先进技术；高速公路控制方法及相关优化内容；高速公路事件检测原理与方法、交通拥堵的特性与判别、事件引起的延误计算等。这一内容是保障高速公路安全与通行效率、提高高速公路智能化管理水平的重要内容。本教材适合交通工程专业学生及公路建设与管理人员学习。

思考题

1. 高速公路的定义及其与普通公路有什么区别?
2. 高速公路的特性体现在哪些方面?
3. 简述国内外高速公路发展情况。
4. 我国国家高速公路网规划的内容是什么?
5. 我国国家公路网规划的内容是什么?
6. 提高高速公路经济与社会效益有哪些途径与方法?
7. 分析国内外高速公路的发展,可分为几个阶段?
8. 简述国内外高速公路智能交通管理现状。

第 2 章　高速公路建设管理

【本章导读】

高速公路工程是一项庞大、复杂、周期长、投资巨大的项目工程，高速公路建设管理是保证工程施工质量、有效控制建设成本的重要保证。同时要保证高速公路高效运行，建设管理规范化、科学化、专业化是重要保证。本章介绍了高速公路建设程序以及高速公路项目可行性研究、高速公路项目招投标管理、高速公路建设项目质量评定、高速公路项目交竣工、高速公路项目后评价等不同阶段的基本内容与要求。

通过本章学习，主要掌握公路建设的基本程序及不同阶段的管理内容，了解建设项目各种融资方式。并对建设管理与运营管理的相关性有一定的认识，充分理解高速公路建设质量对运营效率的重要意义。

2.1　高速公路建设程序

2.1.1　国内公路项目基本建设程序

高速公路建设管理是以高速公路工程项目为对象，对其建设过程中的所有活动进行决策、计划、组织、协调和控制的过程。公路建设程序是在认识公路建设客观规律基础上总结提出的，在公路建设全过程中各项工作都必须遵守的先后次序。它也是公路建设各个环节相互衔接的顺序。我国的项目建设程序可分为六大阶段：项目建议书阶段、可行性研究阶段、设计工作阶段、建设准备阶段、建设实施阶段、竣工验收阶段。亦可细分为十个阶段，如表 2-1 所示。每个阶段都有明确而详细具体的工作内容。承担这些工作的主体，相应管理工作的内容、手段、方式都不大相同，但根本的目标都是为了快速、优质、低成本地建成高速公路，为经济与社会发展提供充分的基础保障条件。在这种目标下，每个阶段不同管理主体仍有各自的具体管理工作目标。

县级以上地方人民政府交通主管部门根据国家有关规定，按照职责权限组织公路建设项目的预可行性研究和工程可行性研究工作。公路建设项目的预可行性研究报告、工程可行性研究报告和初步设计文件应按照国家颁发的编制办法编制，并符合国家规定的工作质量和深度要求。

表 2-1 国内公路建设项目基本建设程序阶段细分表

建设程序六大阶段	建设程序细分
项目建议书阶段	根据规划，进行预可行性研究，编制项目建议书
可行性研究阶段	根据批准的项目建议书进行工程可行性研究，编制可行性研究报告
设计工作阶段	根据批准的可行性研究报告，编制初步设计文件
	根据批准的初步设计文件，编制施工图设计文件
	根据批准的施工图设计文件，编制项目招标文件
建设准备阶段	根据批准的项目招标文件、资格预审结果和公路建设计划，组织项目招标投标
	根据国家有关规定，进行征地拆迁等施工准备工作，编制项目开工报告
建设实施阶段	根据批准的项目开工报告，组织项目实施
竣工验收阶段	项目完工后，编制竣工图表和工程决算，办理项目验收
	竣工验收合格后，组织项目后评价

公路建设项目应当按照国家有关规定实行项目法人责任制度、招标投标制度、工程监理制度和合同管理制度。公路建设项目法人应当依法选择勘察设计、施工、咨询监理单位，采购与工程建设有关的重要设备、材料，办理开工报告，组织项目实施，准备项目竣工验收和后评价。公路建设必须符合《公路工程技术标准》。施工单位必须按批准的设计文件施工。任何单位和人员不得擅自修改工艺设计。重大设计变更和概算调整，应当报原初步设计审批单位批准，未经批准不得变更。公路建设项目实施过程中，监理单位应当依照法律、法规以及有关技术标准、设计文件、合同文件和监理规范的要求，采用旁站、巡视和平行检验形式对工程实施监理，对不符合工程质量要求的工程有权责令施工单位返工。未经监理工程师签认，施工单位不得将建筑材料、构件和设备在工程上使用或安装，不得进行下一道工序施工。

公路建设项目验收分为交工验收和竣工验收两个阶段：交工验收合格的，经项目所在地省级交通主管部门批准可以试运营；未进行交工验收或交工验收不合格的，不得试运营。试运营期最多不超过两年，试运营期结束前必须组织竣工验收，经竣工验收合格的项目可转为正式运营使用。公路建设项目验收工作必须符合交通运输部制定的公路工程竣工验收办法。在试运营期限内未组织竣工验收或竣工验收不合格的，停止使用。

2.1.2 国际公路项目建设程序（以世界银行贷款项目为例）

世界银行（the World Bank）是联合国属下的一个专门机构，负责长期贷款的国际金融机构。其主要业务活动是，对发展中成员国提供长期贷款，对成员国政府或经政府担保的私人企业提供贷款和技术援助，资助他们兴建某些建设周期长、利润率偏低，但又为该国经济和社会发展所必需的建设项目。世界银行贷款项目周期分为六个阶段：项目选定（或称鉴别），项目准备，项目评估（项目预评估、正式评估），项目贷款谈判及签约，项目执行与监督，项目总结评价（后评价）。

1. 项目选定

由世界银行与借款国共同选择符合银行贷款目标和贷款国复兴的项目，是项目周期的第一阶段，项目选定至关重要。在这个阶段一般由我国确定选定那些需要优先考虑并符合世界银行投资原则的项目。这些项目必须有助于实现国家和地区的发展计划，而且按世界银行标准被认为是可行的。从我国来讲，选定的项目必须具备以下条件：① 已列入行业规划或五年计划；② 配套资金基本落实；③ 具有还贷能力；④ 有较好的社会、经济、财务效益。项目选定后，才可列入世界贷款计划。

世界银行一般要对借款国的经济结构和发展前景进行调查，并派项目鉴别团到当地与相关政府部门、项目办公室以及各设计一起了解项目的基本情况，确保项目能符合世行方面的要求。

项目选定后，申请借款国即可编制"项目选定简报"。简报中应明确规定项目的目标，列出项目的概要，说明完成项目的关键性问题、并安排好项目的执行时间表。"项目选定简报"送交世界银行，经世界银行研究同意后，即将其编入贷款计划，成为拟议中的贷款项目。

2. 项目准备

在世界银行与贷款国进行项目鉴定，并共同选定贷款项目之后，项目进入准备阶段。项目准备工作，首先是对选定项目进行可行性研究，编制可行性研究报告。有时世界银行也提供部门资金，如技术合作信贷，或某些国家为世界银行提供的特别基金，或申请国寻求国际赠款用以聘请国外咨询专家协助完成这一工作，以确保可行性研究的质量。

国内工程可行性研究报告被批准后，世界银行通常派一个项目预评估团来华，在可行性研究报告的基础上，对项目的经济和财务效益进行论证。

高速公路项目交通量预测及经济分析和评价是项目评估阶段的主要内容。世界银行在高速公路项目评估阶段还要对高速公路与城市出入口连接线问题进行评估论证；对互通立交的数量、位置作论证。

世界银行对经济评价的标准如下：

（1）经济分析要求内部收益率 IRR 在 12% 以上（如太高，不可信；低于 8% 则不可接受）。内部收益率分考虑收费（按效益的 1/3 计算收费标准）和不考虑收费两种。

（2）要求工程设计按项目单位双方同意的和其他方面同意的设计标准。

（3）判断道路类别（有拆迁或无拆迁）。

（4）环境影响评价可接受。世界银行特别重视项目的环保问题，对环境影响要进行大量的调查和论证，特别是文物保护更加突出。因此，项目单位还要按世界银行要求准备有关环境影响评价报告及环保实施和监督行动计划。

（5）征地拆迁及安置。尽管世界银行不承认贷款与政治相关联，但在实际操作中还是间接地涉及一些政治敏感问题，实际上安置问题就和人权问题相关。因此世界银行在准备项目时要对征用土地、拆迁工厂、农舍、安置人员作详细调查，并要求项目单位提供详细资料，包括具体的土地种类、拆迁面树木数量、线杆、人员等，细到乡镇和具体人，并要说明其补偿标准及实施计划。在安置过程中还要实施监督并进行追踪监督和民意调查。

世界银行对项目的分析主要包括技术可行性、经济的可行性及社会可行性三个方面。完成了上述分析后，即由项目小组编制一份详细的项目报告，对项目作出全面的成本-效益估价。

项目准备阶段的重点是可行性研究，其深度至少相当于扩大的初步设计。在项目准备阶段，项目机构应向世界银行代表团提供如表2-2所示的报告和资料。

3. 项目评估

由世界银行对项目技术、经济、财务、机构、社会和环境等方面进行评估。项目评估阶段根据项目准备情况不同，可分为预评估和正式评估。

完成项目准备工作后，即进入项目评估阶段，一般是在国内初步设计批准后进行。在这一阶段，世界银行派出评估团来华进行实地考察，全面、系统地检查项目的各个方面，与中方专家就项目的经济财务、工程技术、设计文件、组织管理、招标采购等一系列问题进行讨论和评估，同时还要决定项目的人员培训，设备采购的数量清单、方式、研究课题等具体安排。

项目评估是项目周期中一个重要阶段，因为在此阶段世界银行要对项目的各个方面进行全面审查，为项目的成立、执行和后评价奠定基础。世界银行评估团的实地考察一般需要 2~3 周时间，如认为该项目适合世界银行的贷款标准，就提出项目评估报告。它是世界银行内部的重要文件，需得到世界银行执行董事会的认可，在项目执行过程中，它是重要的依据之一。在这一阶段、一般还要利用世界银行技术合作信贷或赠款聘请国外咨询专家对设计文件和招标文件进行咨询和审查，只有通过设计审查，解决设计文件和招标文件的主要问题后，才能最终完成评估工作。

贷款项目经正式评估，并与世界银行取得基本一致意见后，项目单位应按计划管理体制或项目管理隶属关系向国家计委上报利用外资方案。批复后的利用外资方案作为贷款谈判和项目执行的重要依据。

在项目评估阶段，项目机构应向世界银行代表团提供如表2-2所示的报告和资料。

表2-2 项目各阶段项目机构应向世界银行代表团提供的报告和资料详表

项目阶段	应提供的报告和资料
项目准备阶段	工程可行性研究报告、连接线公路项目报告（如有）、连接线项目可研报告（如有）、交通工程概况、实施工期报告、高速公路和其他道路工程监理报告、人员培训计划、设备采购报告、初步设计、项目成本估算、"世界论坛"刊登招标总采购通告（GPN）、提供世界银行要求的其他资料
项目评估阶段	工程可行性研究（中、英文，必要时请国内外咨询公司协助）、环保评估报告和执行概要小结（含连接公路）、征迁实施计划报告（含连接公路）、环保实施计划、施工图设计、土建工程采购、聘请国外监理、提供世界银行要求的资料、人员综合培训计划、设备采购、公共机构加强建议书、研究项目建议书、公路管理组织机构/养护管理情况、项目成本与资金筹措等

4. 项目贷款谈判

谈判是世行和借款人为保证项目的成功、力求就所采取的必要措施达成协议的阶段。然后，将这些协议变成法律义务，列入贷款文件。

贷款项目完成正式评估后，世界银行项目代表团编制的职员评估报告（绿皮书）经执董会批准形成正式世界银行职员评估报告（黄皮书）。世界银行随后将安排一周左右的时间，邀请借款人代表及项目执行机构（6人左右）的代表团到华盛顿世界银行总部进行贷款。贷款谈判主要内容包括三个方面：中华人民共和国和世界银行之间的"贷款协定""项目协议"以及围绕上述两个法律文件有关技术方面的问题。贷款谈判程序为：① 首先对世界银行提出的"贷款协定""项目协议"进行审议、修改和通过；② 由借款人财政部与世界银行项目经理共同签署"贷款谈判纪要"。

项目贷款谈判完成后，"贷款协定"和"项目协议"两个法律文件最终要经世界银行执董会批准，并经借款人授权代表在两个法律文件上与世界银行副行长共同签署。

我国一般由财政部和项目所在省份授权驻美大使在"贷款协定"和"项目协议"两个法律文件上签署，但需要项目省至少副省长级和省级司法部门签写授权书，即副省长级对两个文件的"批准"和副省长级的"授权"及省级司法部门的"法律证明书"。

5. 项目实施

项目实施又称项目执行，是按照贷款协议的规定，对项目进行招标、采购、实施。在这一阶段，项目单位负责项目的执行，世界银行负责对项目的监督。项目单位除了组织力量，配备技术、经济、管理等专家，按贷款、项目协议规定执行外，还需制订项目执行计划和时间进度表，主要包括：① 制订土建工程实施计划；② 确定施工监理队伍；③ 货物采购；④ 机电工程采购；⑤ 人员培训及开展有关贷款、项目协议规定的工作。

在做好项目执行计划的各种准备工作后，即可组织国际招标。项目开始采用的前提是世界银行要在联合国的《联合国发展论坛》或其他主要报纸刊登广告，然后根据项目的不同内容在英文版的《中国日报》《人民日报》等报纸上刊登邀请参加资格预审或参加投标的广告，并发函通知有关国家驻华使馆商务机构。土建工程招标和货物及机电工程采购招标均按世界银行规定的现行采购指南进行。

组织项目的工程监理队伍对项目实施监理，如需聘用外籍专家，必须按照世界银行使用咨询专家指南的要求。监理人员培训需在开工前进行，以便及时到位。

在完成了国内开工报告的审批后，贷款项目可正式开工。世界银行每半年或一年一次派到项目现场进行实地跟踪检查。检查的重点是采购程序、工程质量、工程进度、财务支付等各个方面。

按世界银行规定，项目单位需定期报送进度报告，包括：

（1）从设计到基建、投产各个阶段的进度；

（2）项目的成本、开支以及世界银行贷款的支付；

（3）按贷款协议，借款方承诺保证的执行情况；

（4）项目预期收益情况。

进度报告要提交世界银行专职机构审查，如发现问题，世界银行将书面通知借款人或派工作组来华实地调查和解决。按规定，每年还将由专门的审计部门和世界银行提供年度审计报告。在项目完成后，一般应不晚于六个月向世界银行提供项目竣工总结报告。项目的执行主要是以中方为主，但有些文件需要世界银行确认；施工过程中，世界银行派人员到现场检查。

京津塘高速公路是我国第一条部分利用世界银行贷款建设的跨省市高速公路项目，1984年国务院批准京津塘高速公路作为世界银行贷款备选项目，1986年世界银行对京津塘高速公路项目进行评估，1987年我国政府与世界银行就该项目正式签订贷款协议，同年12月开工，1993年9月全线通车，1995年8月通过国家验收。京津塘高速公路项目在项目准备阶段即完成了初步设计，补充了可行性研究报告，提供了较为齐全的资料，项目后评价阶段京津塘高速公路联合公司分别按世界银行规定和我国基本建设程序完成了提交世界银行的《项目平复报告》和《京津塘高速公路后评价报告》。

6. 项目总结评价

项目后评价是根据项目完成一年左右，对建设项目的立项决策、方案设计、运营管理全过程各阶段工作及其变化的成因，进行全面的跟踪、调查、分析和评价。通过对完工项目执行清款，进行回顾，总结项目前几个周期中得出的经验和教训，评价项目预期受益的实现程度。由世界银行项目经理写出《项目完成报告》，送交世界银行业务评审局对项目的成果进行一次比较全面的总结评价。必要时，该局还将派人员进行实地调查，然后提出自己的《审核报告》，直接送世界银行执行董事会。世界银行还要征求我国对该局写的《审核报告》的意见。目前，我国已建立项目的后评价制度，一般能满足世界银行的要求。

世界银行贷款资金的注入，有效地弥补了我国经济建设的资金缺口；与世界银行的合作，为我国的经济建设培养了大批人才；世行贷款项目的执行，改善和提高了我国项目的管理水平；世界银行贷款项目的运行，也带动了我国相关产业的发展。

2.2 我国高速公路建设融资方式的发展

各国根据本国国情的不同，在投资、建设和管理方面则呈现多种模式。美国由政府负担高速公路建设所需的绝大部分资金，由联邦政府和地方政府共同建设，以联邦政府为主，建成后交地方养护管理。德国高速公路的所有权归联邦政府，由联邦政府统一投资建设，建成后委托各州管理和养护。英国则由国家集中进行投资、建设和养护管理。上述国家采取的都是政府建设和管理的模式。日本、法国等国家则通过建立专门的全国性高速公路建设实体，以法律的形式授权这些实体负责集资建设收费高速公路，建成后由公司经营，负责收费和养护管理。典型的如法国收费高速公路特许公司联合会、日本道路公团等。

改革开放以来，我国在公路建设上取得巨大的成就，已初步形成一套有效的公路建设投资与融资管理体制。各地政府结合当地特点，创造了不少很好的解决公路建设资金短缺的有效办法。目前，我国高速公路建设项目资金来源有：政府投资、国内银行贷款、国际金融组织贷款、项目融资（包括BOT融资、ABS融资等方式）、高速公路经营权有偿转让融资和证券市场融资（包括股票融资与债券融资）等。

政府投资是指将公路建设资金列入国家基本建设预算，每年按计划项目由国家拨款。对于以政府部门做担保的借款和贷款建设的高速收费公路，无论借款人是谁，形式比较简单，也为社会所共识，在这里不再详述。下面简单介绍一下其他一些投资与融资方式。

2.2.1 国内银行贷款

银行贷款是国内高速公路建设重要的资金来源之一，有时候会占到建设总资金的60%以上。银行贷款是一种通过商业银行的间接融资方式，贷款修建交通基础设施，项目建成后通过收费方式偿还贷款。国内银行贷款有一定的条件，根据项目的投资总额，投资单位必须注册一定比例的自由资金（不得使用借入资金）。凡是需要向银行贷款的项目，应具有登记注册的会计师事务所或审计师事务所的验资证明。实行抵押贷款（包括以投资建成的项目作抵押）制度和担保制度，增强投融资风险管理。

2.2.2 国际金融组织贷款

我国利用国际金融组织贷款主要是通过世界银行和亚洲开发银行两个组织进行。贷款由政府担保，并实行"统贷统还"和"统借统还"政策，即由财政部（负责世界银行贷款）和中国人民银行（负责亚洲开发银行贷款）代表我国政府与上述金融组织签订贷款协议，并负责借款的偿还。中国在利用国际金融组织贷款取得较好的财务、经济和社会效益的同时，这些贷款项目也有力地推动了中国的制度创新、管理创新和技术创新。

2.2.3 项目融资

我国利用外资已超过数千亿美元，其中公路建设利用外资也超过百亿美元，但大多是以政府担保或政府间接担保向国外金融机构或外国政府的借款或贷款。这里的项目融资指的是不需要政府以任何形式的担保，由业主（一般是具有独立经济法人资格的高速公路公司）在金融市场（包括国际金融市场）为高速公路建设项目筹措资金的方式。

与政府向国内外金融机构借款不同的另一个主要方面是高速公路项目融资完全是企业行为，按市场规则运行。每个公路建设项目必须由若干个公司（包括国外公司）共同成立专门经营该公司的新公司，它是一个独立的经济实体，在这个实体中，牵头的公司称为主办人。在这个实体所经营的高速公路项目中，主要的参加者有主办人、项目公司、贷款人、担保人、供应人和托管人。

1. 公路 BOT 融资方式

BOT 融资模式是项目融资的诸多方式中的一种。BOT 即 Build（建设）、Operate（运营）、Transfer（移交）。这种模式的思路是：由项目所在国政府或所属机构为项目的建设和经营提供一种特许权协议（Concession Agreement）作为项目融资的基础，由本国公司或外国公司作为项目的投资者和经营者安排融资，承担风险，开发建设项目并在有限的时间内经营项目获得商业利润，最后根据协议将该项目转让给相应的政府机构。国家可以选择一批收益好的工程项目，采取一系列优惠政策鼓励国外投资者或私营部门投资建设，然后在一定的优惠期内由投资者经营、管理建成后的项目，待优惠期满后，将项目移交给国家。

仅从融资角度上说，BOT方式是典型的融资方式，即把项目资产（包括项目合同内制定的各种权利）作为抵押，并把项目的预期收益作为偿还债务的最主要来源。这种融资方式相对于传统的信誉融资（如主权国政府借款）、担保融资或实物抵押融资具有更大的风险，供款方对借款方的追索是极为有限的（仅能追索项目公司的股本资本）。同时，该借款并不在借方的资产负债中显示出来，也不影响其财产拥有或原公司信誉。因此BOT融资方式也常称为资产负债表外融资或有限追索融资。

自2004年以来，四川省采用BOT模式加快高速公路发展，高速公路BOT项目已有30多个，总里程3 000多千米，引进社会资金3 000多亿元。为更有利于保障BOT项目投资人及项目公司的合法权益，也有利于政府实施有效监管，四川省人民政府于2014年出台《四川省高速公路BOT项目管理办法》，这也是我国正式出台的首个高速公路BOT项目管理办法。

以下以邛名高速公路融资情况为例进行介绍。

邛名高速连接成都市和雅安市，路经名山县和邛崃市，是四川省"十一五"高速公路建设的重点工程。项目总投资额为25.28亿元，规划建设线路长度为52.3 km。该项目是四川全省范围内同期建设的19条高速公路BOT项目中，第一条按期顺利实现通车的高速公路BOT项目。

邛名高速公路项目由中国水电建设集团有限公司投资运作。出于投资、融资和风险隔离考虑，投资者通过组建专门的项目公司——成名高速公路发展有限公司（以下简称成名公司），来履行投资者的权利和有关的经济、法律责任。中国水电建设集团有限公司作为成名公司的股东，以持股的形式拥有项目公司，在项目投资中按出资比例承担有限的经济法律责任。成名公司作为独立的法律实体，对项目的所有资产均享有所有权和处置权，而且即使公司股东发生变化，也不影响公司对资产享有的处置权利。借助项目自身经济强度和投资者的实力，成名公司得以广泛接触多家商业银行，包括农行、工行、建行、浦发、中信银行、招商银行等，并获得贷款银团的信任和利率优惠，最终与六家商业银行达成了贷款协议。

在整个融资过程中，邛名高速公路项目所在地政府——成都市政府及雅安市政府——并没有就贷款提供优惠条件或支持。政府仅在项目建设运营中给予支持、保证车流量的方式，为项目融资提供保证。保证的具体形式为：第一，考虑未来高速公路车流量决定收入，项目特许经营期内，政府不经公司同意不在邛名高速附近在30 km范围内建设与之平行的高速公路；第二，政府承诺对项目前期拆迁、土地使用征管、连接道路使用权等方面履行有关的义务与责任；第三，关于路政管理与公路收费调整方面，也做了对项目公司有利的规定。

2. ABS融资

ABS（Asset-Backed-Securitization）即资产支持的证券化融资，是以项目所属的资产为支撑的证券化融资方式。与一般意义上的资产证券化（Asset Securitization）的主要区别在于其有强大的支撑，它是原始权益人将其特定资产产生的、未来一段时间内稳定的可预期收入转让给专业公司，专业公司将这部分可预期收入证券化后，在国际或国内资本市场上进行融资。

2.2.4 高速公路经营权有偿转让融资

交通部在 1994 年 7 月发布的《关于转让公路经营权问题的通知》中规定:"为了筹集公路建设资金,加快公路建设发展速度,国家允许外商或国内非交通管理部门独资、合资建设和经营公路,对已建成的收费公路允许有偿将经营权转让给外商或国内非交通管理部门。"这是我国政府首次正式规定同意实施公路经营权的有偿转让。2004 年 8 月 28 日第十届全国人民代表大会常务委员会第十一次会议修改的《中华人民共和国公路法》第六十条规定:"有偿转让公路收费权的公路,收费权转让后,由受让方收费经营。收费权的转让期限由出让、受让双方约定并报转让收费权的审批机关审查批准,但最长不得超过国务院规定的年限。"(这里使用的称呼公路收费权含义与公路经营权是一致的)。这就是在我国通过经营权转让进行公路建设融资的法律依据。

公路经营权有偿转让是个法律性和政策性很强的工作,为了使这项工作规范化、法制化,并防止国有资产的流失,特别要注意转让经营权公路段的选择、公路经营权的转让期限和转让价格等问题。

2.2.5 证券市场融资

证券市场融资包括股票融资与债券融资。

1. 股票融资

《中华人民共和国公路法》第二十一条规定:"国家鼓励国内外经济组织对公路建设进行投资。开发、经营公路的公司可以依照法律、行政法规的规定发行股票、公司债券筹集资金。"这对我国发行股票、债券为公路建设提供资金来源提供了法律依据。

在公路建设中,吸引外商直接投资、借用外国政府和金融机构的贷款,虽然可以有效地解决建设资金不足的问题,但也有汇率风险大、还本付息压力重、筹资方式不够灵活等不足之处。随着我国社会主义市场经济的建立和不断完善,国内股票市场也已形成,运用股票市场融资,有可能成为我国高等级公路建设筹资的一个重要手段。

2. 债券融资

在证券市场体系中,债券市场占用十分重要的地位。我国债券市场发展很快,发行总额不断扩大,市场交易主体不断增加,债券市场发展对社会资金流动的影响越来越大。不断发展和壮大的债券市场为进行高速公路建设债券融资提供了非常有利的市场条件。

高速公路建设债券属于基础设施债券,它是指为投资于基础设施项目(如交通、能源、通信及城市市政基础设施等)而发行的约定在一定期限内还本付息的债券。高速公路建设债券的发行主要通过以下三种方式:一是银行、金融机构报销;二是采用向有关部门(如公路沿线受益单位)分摊;三是向社会公开发售。

债券融资是国际公路建设的重要融资方式,在很多发达国家,债券融资在公路建设投资中占据了较大比重,并得到政府的有力支持。

2.3 高速公路项目可行性研究

2.3.1 高速公路项目可行性研究的程序和步骤

规划建设的高速公路项目，按交通运输部《公路建设项目可行性研究报告编制办法》（交规划发〔2010〕178号）的规定，进行预可行性研究，并以预可行性研究报告为依据编报项目建议书，以批复的项目建议书为依据编制《公路建设项目预可行性研究报告》。

项目的工程可行性研究工作，由建设单位或项目法人委托或采取招标等形式选择具有相应等级公路工程勘察设计资质的单位承担，委托书或招标文件应根据路网规划明确项目起讫点和主要控制点。高速公路、一级公路及技术复杂的独立大桥、500 m以上的隧道工程内由持有甲级证书单位承担；持乙级证书单位可承担二级以下等级的公路；持丙级证书单位可承担三级及以下等级公路的工程可行性研究工作。

建设单位或项目法人应对《公路建设项目预可行性研究报告》进行预审，预审可邀请从事相关专业工作且有一定经验的专家、学者参加并形成预审意见，并根据《公路建设项目预可行性研究报告》和预审意见编制可行性研究报告。

建设单位或项目法人应以正式文件并附《公路建设项目预可行性研究报告》《工程可行性研究报告》和预审意见报主管部门。如项目涉及金融、环保、水利、文物、地震、军事等部门，应附有有关部门出具的相应文件。

《工程可行性研究报告》的行业审查工作由主管部门按交通运输部《公路建设项目工程可行性研究报告编制办法》规定的内容进行全面审查，可视项目难易情况组织专家论证。重点对研究结论包括必要性、交通量发展预测、建设规模、技术标准、路线走向、主要控制点投资估算及项目经济评价等提出审查意见。公路管理局从接到省交通厅批准的文件之日起1个月内以正式文件报省厅，高速公路或技术复杂项目时间可适当延长，但最长不超过2个月。

主管部门视项目的规模、技术复杂情况等因素确定是否组织评审。需评审的项目，主管部门采取组织专家评审或委托具有各专业相应等级资质的咨询机构评审的形式进行。主管部门依据行业审查意见和专家（咨询机构）的评审意见，批复《工程可行性研究报告》或提出审查意见，需省计划部门审批的项目由市向省计划部门报送《工程可行性研究报告》，省厅的《工程可行性研究报告》审查意见即作为《工程可行性研究报告》的行业审查意见；需国家部委审批的项目由省厅按规定程序报送《工程可行性研究报告》，省厅的《工程可行性研究报告》审查意见即作为《工程可行性研究报告》的预审意见。

2.3.2 高速公路项目可行性研究的主要内容

高速公路项目可行性研究应包含如下内容：

1. 概　述

包括项目编制依据及背景、研究过程、建设的必要性、主要研究结论、存在问题及建议。

2. 经济社会和交通运输发展现状及规划

包括区域概况、项目影响区域社会经济现状及发展、项目影响区域交通运输现状及发展。

3. 交通量分析与预测

包括公路交通的调查与分析、其他运输的调查与分析、交通量预测的思路与方法、交通量预测。

4. 技术标准

根据拟建项目在区域公路网中的功能与定位、交通量预测结果，综合考虑地形条件、投资规模、环境影响及与拟建项目连接的其他工程项目等影响因素，在通行能力及服务水平分析的基础上，按照《公路工程技术标准》相关规定，论证项目拟采用的技术等级、设计速度、车道数及路基宽度、荷载标准、抗震设防标准、隧道建筑界限、交通工程及沿线设施等具体指标。

5. 建设方案

包括建设条件、建设项目起终点论证，即建设项目与区域路网和前后路段衔接情况与城市衔接的关系，备选方案拟订，进行方案比选，并提出推荐方案，推荐方案概况。

6. 投资估算及资金筹措

7. 经济评价

包括评价依据与方法、方案设定，经济费用效益分析，财务分析及评价结论。

8. 实施方案

分析工程的施工条件和特点，研究制约工程进度、质量、造价的关键环节，提出工期安排等实施方案。

9. 土地利用评价

包括区域土地利用、类型及人均占地量，推荐方案占用土地、主要拆迁建筑物的种类和数量对当地土地利用规划的影响。

10. 工程环境影响分析

包括沿线环境特征、推荐方案对工程环境的影响、减缓工程环境影响的对策。

11. 节能评价

包括建设期耗能分析、运营期节能、对当地能源供应的影响、主要节能措施以及节能效果评价。

12. 社会评价

包括社会影响分析、互适性分析、社会风险分析以及社会评价结论。

13. 风险分析

对于特殊复杂的重大项目，应进行风险分析，包括项目主要风险因素识别、风险程度分析、防范和降低风险措施。

14. 问题及建议等

附件：相关审查意见、会议纪要、地方意见、部门意见等。

2.4 高速公路项目招投标管理

2.4.1 高速公路工程勘察设计招投标

1. 高速公路工程勘察设计招标

根据《公路工程勘察设计招标投标管理办法》（2001年8月21日交通部发布）及《关于修改〈公路工程勘察设计招标投标管理办法〉》（2013年2月17日交通运输部发布）的规定，公路工程勘察设计招标是指招标人按照国家基本建设程序，依据批准的可行性研究报告，对公路工程初步设计、施工图设计通过招标活动选定勘察设计单位。公路工程勘察设计招标可以进行一次性招标、分阶段招标，有特殊要求的关键工程可以进行方案招标。招标人是符合公路建设市场准入条件，依照本办法规定提出公路工程勘察设计招标项目、进行招标的项目法人。招标人需具有与招标项目规模相适应的工程技术、管理人员。具备组织编制勘察设计招标文件和组织招标能力的招标人，可以自行办理招标事宜。不具备规定条件的招标人，应委托符合公路建设市场准入条件、具有相应资格的招标代理机构办理招标事宜。招标代理机构应当在招标人委托的代理范围内办理招标事宜，任何单位和个人不得以任何方式为招标人指定招标代理机构。

可自行办理招标事宜时，招标人应当在发市招标公告或者发出投标邀请书15日前，按项目管理权限报交通运输部或者省级人民政府交通运输主管部门核备；需委托招标代理机构办理招标事宜时，招标人应当在委托合同签订后15日内，按项目管理权限报交通运输部或者省级人民政府交通运输主管部门核备。

公路工程勘察设计招标实行资格审查制度。公开招标的，实行资格预审；邀请招标的，实行资格后审。资格预审是招标人在发布招标公告后，发出投标邀请书前对潜在投标人的资质、信誉、业绩和能力的审查。招标人只向资格预审合格的潜在投标人发出投标邀请书、发售招标文件。资格后审是招标人在收到被邀请投标人的投标文件后，对投标人的资质、信誉、业绩和能力的审查。公路工程勘察设计招标程序按如表2-3所示的程序进行。

公路工程勘察设计招标实行邀请招标的，在编制招标文件后，应该按表2-3中的程序4~9要求进行。

表 2-3 公路工程勘察设计招标程序表

序号	公路工程勘察设计招标程序
1	编制资格预审文件和招标文件
2	发布招标公告或者发出投标邀请书
3	对潜在投标人进行资格审查
4	向合格的潜在投标人发售招标文件
5	组织潜在投标人勘察现场，召开标前会
6	接受投标人的投标文件，公开开标
7	组建评标委员会评标，推荐中标候选人
8	确定中标人，发出中标通知书
9	与中标人签订合同

资格预审文件应当要求潜在投标人提供下列基本材料：
（1）营业执照、资质等级证书、资信证明和勘察设计收费证书；
（2）近五年完成的主要公路工程勘察设计项目和获奖情况以及社会信誉；
（3）正在承担的和即将承担的勘察设计项目情况；
（4）拟安排的项目负责人、主要技术人员和技术设备、应用软件投入情况；
（5）上两个会计年度的财务决算审计情况；
（6）以联合体形式投标的，需提供联合体成员各方共同签订的投标协议和资质证明材料；
（7）有分包计划的，需提供分包计划和拟分包单位的资质要求。

招标文件应按照交通运输部或各省级人民政府交通运输主管部门颁布的《公路工程勘察设计招标文件范本》，结合招标项目的特点和实际需要进行编制。招标文件应包括以下内容：
（1）投标邀请书；
（2）投标须知；
（3）勘察设计合同通用条款和专用条款；
（4）勘察设计标准规范；
（5）勘察设计原始资料；
（6）勘察设计协议书格式；
（7）投标文件格式；
（8）评标标准和方法。

招标人对已发出的招标文件进行必要的补遗或者修正时，应当在提交投标文件截止日期十五日前，书面通知所有招标文件收受人。该补遗或者修正的内容为招标文件的组成部分。国家高速公路网建设项目的勘察设计招标资格预审结果和招标文件应当报交通运输部备案，其他公路建设项目的勘察设计招标资格预审结果和招标文件应当按照项目管理权限报县级以上地方人民政府交通运输主管部门备案。

招标人应当合理确定资格预审申请文件和投标文件的编制时间，自招标公告发布之日起至潜在投标人递交资格预审文件截止时间，不得少于14日，自招标文件发售截止之日至投标人递交投标文件截止时间，不得少于21日。

国有资金占控股或者主导地位的依法必须进行招标的公路建设项目，勘察设计应当公开招标。国务院发展改革部门确定的国家重点项目和省级人民政府确定的地方重点项目不适宜公开招标的，经国务院发展改革部门或者省级人民政府批准，可以进行邀请招标。其他公路建设项目有下列情形之一的，可以邀请招标：

（1）技术复杂、有特殊要求或者受自然环境限制，只有少量潜在投标人可供选择；

（2）采用公开招标方式的费用占项目合同金额的比例过大。

公路建设项目有下列情形之一的，可以不进行勘察设计招标：

（1）涉及国家安全、国家秘密、抢险救灾或者属于利用扶贫资金实行以工代赈等特殊情况；

（2）需要采用不可替代的专利或者专有技术；

（3）采购人依法能够自行提供勘察设计；

（4）已通过招标方式选定的特许经营项目投资人依法能够自行提供勘察设计；

（5）需要向原中标人采购勘察设计，否则将影响施工或者功能配套要求；

（6）国家规定的其他特殊情形。

2. 高速公路工程勘察设计投标

投标人是符合公路建设市场准入条件，具备规定资格，响应招标、参加投标竞争的法人或组织。两个以上法人或者组织可以组成联合体，以一个投标人身份共同投标。由同一专业的法人或者组织组成的联合体资质按联合体成员内资质等级低的确定。联合体成员各方应当签订共同投标协议，明确联合体主办人和成员各方拟承担的工作和责任，并将共同投标协议连同投标文件一并提交招标人。招标人不得强制投标人组成联合体共同投标，不得限制投标人之间的竞争。投标人拟将部分非主体、非关键工作进行分包的，必须向招标人提交分包计划，并在投标文件中载明。分包单位的资质应当与其承担的工程规模标准相适应。

投标人应当按照招标文件要求编制投标文件，投标文件应当对招标文件提出的实质性要求和条件做出响应。投标文件由商务文件、技术文件和报价清单组成。

投标文件中的商务文件应当包括资格预审文件规定的主要内容以及通过资格预审后的更新材料。勘察设计工作大纲应当包括勘察设计周期、进度和质量保证措施、后续服务措施。投标文件的报价清单中，对勘察设计取费应当按照现行公路工程勘察设计费收费标准进行计算。投标文件应当采用双信封密封，第一个信封内为商务文件和技术文件，第二个信封内为报价清单。上述两个信封应当密封于同一信封中为一份投标文件。

投标人应当在招标文件要求截止日期前，将投标文件送达指定地点。投标文件及任何说明函件应当经投标人盖章或者其法定代表人或者其授权代理人签字。投标人在招标文件要求的截止日期前，可以补充、修改或者撤回已递交的投标文件，并书面通知招标人。补充、修改的内容应当使用与投标书相同的密封方式投递，并作为投标文件的组成部分。招标人在收到投标文件后，应当签收保存，不得开启。对在投标截止日期后送达的任何函件，招标人均不得接受。投标人少于3个时，招标人应按照本办法规定重新招标。投标人在投标过程中不得串通作弊，不得妨碍其他投标人的公平竞争，不得以行贿、弄虚作假等手段骗取中标。

3. 高速公路工程勘察设计开标、评标、中标

开标应当在招标文件确定的提交投标截止日期的同一时间公开进行。开标地点宜为招标文件预先确定的地点。开标由招标人主持，邀请所有投标人参加。需进行公证的，应当有公证员出席。开标时，由投标人或者其推选的代表检查投标文件的密封情况，也可以由招标人委托的公证机构检查并公证；经确认无误后，当众拆封投标文件的第一个信封，宣读投标人名称、投标文件签署情况及内务文件标签页的主要内容。投标文件中的第二个信封不予拆封，并妥善保存。开标过程应当记录，并存档备案。作为废标处理的情况如表 2-4 所示。

表 2-4 作为废标处理情况表

序号	废标处理的各种情况
1	投标文件未按要求密封
2	投标文件未加盖投标人公章或未经法定代表人或其授权代理人签字
3	投标文件字迹潦草、模糊，无法辨认
4	投标人对同一招标项目递交两份或多份内容不同的投标书，且未书面声明哪一个有效
5	投标文件不符合招标文件实质性要求

评标由招标人依法组建的评标委员会负责，评标工作按照交通运输部制定的公路工程勘察设计招标评标有关规定和招标文件的有关要求进行。

评标委员会成员由招标人的代表及有关技术、经济等方面的专家组成，人数为 5 人以上单数，其中专家人数不得少于成员总数的 2/3。与投标人有利害关系的人员不得进入评标委员会。交通运输部和省级人民政府交通运输主管部门应当分别设立评标专家库。国道主干线和国家、部重点公路建设项目的评标委员会专家，从交通运输部设立的评标专家库中确定，或者由交通运输部授权从省级人民政府交通运输主管部门设立的评价专家库中确定；其他公路建设项目的评标委员会专家从省级人民政府交通主管部门设立的评标专家库中确定。评标委员会成员名单在中标结果确定前应当保密。

评标委员会可以要求投标人对投标文件中含义不明确的内容做必要的澄清或者说明，但是澄清或者说明不得超出投标文件的实质性内容。评标委员会应当按照招标文件确定的评标标准，采用综合评价方法对投标人的信誉和经验，项目负责人的资格和能力，对项目的技术建议，勘察设计周期及进度计划、质量保证措施，后续服务和报价进行分别打分评议。评标委员会对投标人的第一个信封评审打分后，在监督机构到场的情况下，拆封投标人的第二个信封，对第二个信封进行评审打分。经综合评审，依据对投标人综合得分结果的排序高低推荐两名中标候选人，并向招标人提出书面评标报告。

招标人根据评标委员会提出的书面评标报告和推荐的合格中标候选人确定中标人。招标人也可以授权评标委员会确定中标人。评标委员会经评审，认为所有投标都不满足招标文件要求的，可以否决所有投标。出现下列情况之一时，招标人应当依照本办法重新招标：

（1）所有的投标文件均未通过商务文件、技术文件符合性审查；

（2）所有的投标文件均不能满足招标文件要求。

评标委员会成员应当客观、公正地履行职责，遵守职业道德，对所提出的评审意见承担

个人责任。评标委员会成员不得私下接触投标人，不得收受投标人的财物或者其他好处，不得透露对投标文件的评审、中标候选人的推荐情况以及与评标有关的其他情况。

中标人确定后，招标人应当在 7 日内向中标人发出中标通知书，并同时将中标结果通知所有未中标的投标人；在 15 日之内，按项目管理权限将评标报告向交通运输部或省级人民政府交通运输主管部门核备。在中标通知书发出之日起 30 日内，招标人和中标人应当按照招标文件和投标文件签订合同。招标人和中标人不得再行订立背离合同实质性内容的其他协议。招标文件要求中标人提交履约保证金时，中标人应当提供。中标人应当按照合同约定履行义务，完成中标项目。若为联合体中标，联合体各方应当共同与招标人签订合同，就中标项目向招标人承担连带责任。中标人将中标项目的部分非主体、非关键性工作分包给他人完成的，中标人应当就分包项目向招标人负责，分包人就分包项目承担连带责任。招标人、中标人使用未中标人的专利、专有技术的投标方案，应当征得未中标人的同意，并给予合理的经济补偿。

2.4.2　公路工程施工监理招投标

1. 高速公路工程施工监理招标

《公路工程施工监理招标投标管理办法》已于 2006 年 5 月 8 日经第 6 次部务会议通过，自 2006 年 7 月 1 日起施行。根据《公路工程施工监理招标投标管理办法》的规定，公路工程施工监理招标分为公开招标和邀请招标。公路工程施工监理应当公开招标。符合下列条件之一的项目，经有审批权的部门批准后，可以进行邀请招标：

（1）技术复杂或者有特殊要求的；
（2）符合条件的潜在投标人数量有限的；
（3）受自然地域环境限制的；
（4）公开招标的费用与工程监理费用相比，所占比例过大的；
（5）法律、法规规定不宜公开招标的。

若采用公开招标方式，招标人应当依法在国家指定媒介上发布招标公告，并可以在交通主管部门提供的媒介上同步发布。公路工程施工监理招标的招标人应当对潜在投标人进行资格审查。资格审查方式分为资格预审和资格后审。资格预审是招标人在发布招标公告后，发出投标邀请书前对潜在投标人的资质、信誉和能力进行的审查。招标人只向通过资格预审的潜在投标人发出投标邀请书和发售招标文件。资格后审是招标人在收到投标人的投标文件后，对投标人的资质、信誉和能力进行的审查。资格审查方法分为强制性条件审查法和综合评分审查法。强制性条件审查法是指招标人只对投标人或者潜在投标人的资格条件是否满足招标文件规定的投标资格、信誉要求等强制性条件进行审查，并得出"通过"或者"不通过"的审查结论，不对投标人或潜在投标人的资格条件进行具体量化评分的资格审查方法。综合评分审查法是指在投标人或者潜在投标人的资格条件满足招标文件规定的最低资格、信誉要求的基础上，招标人对投标人或者潜在投标人的施工监理能力、管理能力、履约情况和施工监理经验等进行量化评分并按照分值进行筛选的资格审查方法。

公路工程施工监理招标，应当按照表 2-5 所示的程序进行。

表 2-5 公路工程施工监理招标程序表

序号	公路工程施工监理招标程序
1	招标人确定招标方式,若采用邀请招标的,应当履行审批手续
2	招标人编制招标文件,并按照项目管理权限报县级以上地方交通主管部门备案;对于资格预审方式,同时应编制投标资格预审文件,其中应当载明提交资格预审申请文件的时间和地点
3	发布招标公告,采用资格预审方式的,同时应发售投标资格预审文件;采用邀请招标的,招标人直接发出投标邀请,发售招标文件
4	采用资格预审方式的,应对潜在投标人证行资格审查,并将资格审查结果通知所有参加资格预审的潜在投标人,向通过资格预审的潜在投标人发出投标邀请书和发售招标文件
5	必要时组织投标人考察招标项目工程现场,召开标前会议
6	接受投标人的投标文件
7	公开开标
8	采用资格后审方式,招标人应对投标人进行资格审查
9	组建评标委员会评标,推荐中标候选人
10	确定中标人,将评标报告和评标结果按照项目管理权限报县级以上地方交通主管部门备案并公示
11	招标人发出中标通知书
12	招标人与中标人签订公路工程施工监理合同

二级以下公路,独立中、小桥及独立中、短隧道的新建、改建以及养护大修工程项目,可根据具体条件和实际需要对上述程序适当简化,但应当符合《招标投标法》的规定:招标人应当根据施工监理招标项目的特点和需要编制招标文件,招标文件应当符合交通运输部颁布的标准《公路工程施工监理规范》中要求强制性执行的规定。二级及二级以上公路,独立大桥及特大桥,独立长隧道及特长隧道的新建、改建以及养扩大修工程项目,其主体工程的施工监理招标文件,应当使用交通运输部颁布的《公路工程施工监理招标文件范本》,附属设施工程及其他等级的公路工程项目的施工监理招标文件,可以参照交通运输部颁布的《公路工程施工监理招标文件范本》进行编制,并可适当简化。

招标文件应当包括以下主要内容:
(1)投标邀请书;
(2)投标须知(包括工程概况和必要的工程设计图纸,提交投标文件的起止时间、地点和方式,开标的时间和地点等);
(3)资格审查要求及资格审查文件格式(适用于资格后审方式);
(4)公路工程施工监理合同条款;
(5)招标项目适用的标准、规范、规程;
(6)对投标监理企业的业务能力、资质等级及交通和办公设施的要求;
(7)根据招标对象是总监理机构还是驻地监理机构,提出对投标人投入现场的监理人员、监理设备的最低要求;
(8)是否接受联合体投标;
(9)各级监理机构的职责分工;
(10)投标文件格式,包括商务文件格式、技术建议书格式、财务建议书格式等;

（11）评标标准和办法：评标标准应当考虑投标人的业绩或者处罚记录等诚信因素，评标办法应注重人员素质和技术方案。

招标人对重要监理岗位人员的数量、资格条件和备选人员的要求，应当符合《公路工程施工监理规范》的规定。招标人要求投标人提交投标担保时，投标人应当按照要求的金额和形式提交。投标保证金金额一般不得超过五万元人民币。招标人不得在招标文件中制定限制性条件阻碍或者排斥投标人，不得规定以获得本地区奖项等要求作为评标加分条件或者中标条件。

招标公告、投标邀请书应当载明下列内容：

（1）招标人的名称和地址；

（2）招标项目的名称、技术标准、规模、投资情况、工期、实施地点和时间；

（3）获取招标文件或者资格预审文件的办法、时间和地点；

（4）招标人对投标人或者潜在投标人的资质要求；

（5）招标人认为应当公告或者告知的其他事项。

资格预审文件和招标文件的发售时间不得少于 5 个工作日。招标人应当合理确定投标人编制资格预审申请文件和投标文件的时间，对于采用资格预审的招标项目，潜在投标人编制资格预审申请文件的时间，自开始发售资格预审文件之日起至提交资格预审申请文件截止之日，不得少于 14 日。投标人编制投标文件的时间，自发售招标文件之日起至提交投标文件截止之日，不得少于 20 日。招标人发出的招标文件补遗书至少应当在投标截止日期 15 日前以书面形式通知所有投标人或者潜在投标人。补遗书应当向招标文件的备案部门补充备案。

2. 高速公路工程施工监理投标

公路工程施工监理投标人是依法取得交通主管部门颁发的监理企业资质，响应招标、参加投标竞争的监理企业。招标人允许监理企业以联合体方式投标的，联合体应当符合以下要求：

（1）联合体成员可以由两个以上监理企业组成，联合体各方均应当具备承担招标项目的相应能力和招标文件规定的资格条件。由同一专业的监理企业组成的联合体，按照资质等级较低的企业确定资质等级。

（2）联合体各方应当签订共同投标协议，约定各方拟承担的工作和责任，并将共同投标协议连同投标文件一并提交招标人。联合体各方签订共同投标协议后，只能以一个投标人的身份投标，不得针对同一标段再以各自名义单独投标或者参加其他联合体投标。

投标人应当按照招标文件的要求编制投标文件，并对招标文件提出的实质性要求和条件做出响应。

采用本办法规定的技术评分合理标价法和综合评标法的项目，投标文件由商务文件、技术建议书、财务建议书组成。商务文件和技术建议书应当密封于一个信封中，财务建议书密封于另一个信封中。上述两个信封应当再密封于同一信封内，成为一份投标文件。

采用本办法规定的固定标价评分法的项目，投标文件由商务文件、技术建议书组成。商务文件和技术建议书应当密封于一个信封中，成为一份投标文件。

投标文件及任何说明函件应当经投标人盖章，投标文件内的任何有文字页须经其法定代表人或者其授权的代理人签字。

3. 高速公路工程施工监理开标、评标和中标

开标由招标人主持，邀请所有投标人的法定代表人或其授权的代理人参加。交通主管部门应当对开标过程进行监督。开标时，由投标人或者其推选的代表检查投标文件的密封情况，也可以由招标人委托的公证机构进行检查并公证；经确认无误后，当众拆封商务文件和技术建议书所在的信封，宣读投标人名称和主要监理人员等内容。投标文件中财务建议书所在的信封在开标时不予拆封，由交通主管部门妥善保存。在评标委员会完成对投标人的商务文件和技术建议书的评分后，在交通主管部门的监督下，再由评标委员会拆封参与评分的投标人的财务建议书的信封。投标人少于3个时，招标人应当重新招标。

招标人设定的标底应当符合有关价格管理规定，并应综合考虑项目特点、要求投入的监理人员、配备的监理设备等因素，在开标时予以公布。招标人不设标底且不采用固定标价评分法时，招标人可以在规定的范围内设定投标报价上下限。

评标可以使用固定标价评分法、技术评分合理标价法、综合评价法以及法律、法规允许的其他评标方法。固定标价评分法是指由招标人按照价格管理规定确定监理招标标段的公开标价，对投标人的商务文件和技术建议书进行评分，并按照得分由高至低排序，确定得分最高者为中标候选人的方法。技术评分合理标价法是指对投标人的商务文件和技术建议书进行评分，并按照得分从高至低排序，确定得分前两名中的投标价较低者为中标候选人的方法。综合评标法是指对投标人的商务文件和技术建议书、财务建议书进行评分、排序，确定得分最高者为中标候选人的方法。其中财务建议书的评分权值应当不超过10%。

评标委员会成员应当客观、公正地履行职务，遵守职业道德，对所提出的评审意见承担个人责任。评标委员会成员及参加评标的有关工作人员不得私下接触投标人，不得收受商业贿赂。

评标委员会完成评标后，应当向招标人提交书面评标报告。评标报告应当包括以下内容：

（1）评标委员会的成员名单；
（2）开标记录情况；
（3）符合要求的投标人情况；
（4）评标采用的标准、评标办法；
（5）投标人排序；
（6）推荐的中标候选人；
（7）需要说明的其他事项。

招标人确定中标人后，应当及时向中标人发出中标通知书，并同时将中标结果告知所有的投标人。招标人和中标人应当自中标通知书发出之日起30日内订立书面合同。招标人和中标人均不得提出招标文件和投标文件之外的任何其他条件。招标文件中要求中标人提交履约担保的，中标人应当按要求的金额、时间和形式提交。若以保证金形式提交，金额一般不得超过合同价的5%。招标人应当在与中标人签订合同后的5个工作日内，向中标人和未中标的投标人退还投标保证金。

2.4.3 国内公路工程施工招投标

1. 公路工程施工招标

交通运输部 2006 年第 7 号令颁布新的《公路工程施工招标投标管理办法》，并于 2006 年 8 月 1 日开始实施。根据《公路工程施工招标投标管理办法》的规定：

（1）招标条件

下列公路工程施工项目必须进行招标，但涉及国家安全、国家秘密、抢险救灾或者利用扶贫资金实行以工代赈等不适宜进行招标的项目除外：

① 投资总额在 3 000 万人民币以上的公路工程施工项目；
② 施工单项合同估算价在 200 万元人民币以上的公路工程施工项目；
③ 法律、行政法规规定应当招标的其他公路工程施工项目。

公路工程施工招标的项目应当具备下列条件：

① 初步设计文件已被批准；
② 建设资金已经落实；
③ 项目法人已经确定，并符合项目法人资格标准要求。

公路工程施工招标的招标人，应当是依照本办法规定提出公路工程施工招标项目、进行公路工程施工招标的项目法人。具备下列条件的招标人，可以自行办理招标事宜：

① 具有与招标项目相适应的工程管理、造价管理、财务管理能力；
② 具有组织编制公路工程施工招标文件的能力；
③ 具有对投标人进行资格审查和组织评标的能力。

若招标人不具备规定条件，应当委托具有相应资格的招标代理机构办理公路工程施工招标事宜。任何组织和个人不得为招标人指定招标代理机构。

公路工程施工招标分为公开招标和邀请招标。采用公开招标时，招标人应通过国家指定的报刊、信息网络或者其他媒体发布招标公告，邀请具备相应资格的不特定的法人投标。采用邀请招标时，招标人应当以发送投标邀请书的方式。邀请 3 家以上具备相应资格的特定的法人投标。

公路工程施工招标，可以对整个建设项目分标段一次招标，也可以根据不同专业、不同实施阶段分别进行招标，但不得将招标工程化整为零或者以其他任何方式规避招标。公路工程施工招标标段，应当按照有利于对项目实施管理和规模化施工的原则，合理划分。施工工期应当按照批复的初步设计建设工期，结合项目实际情况，合理确定。

（2）公路工程施工招标程序

公路工程施工招标，应当按照表 2-6 所示的程序进行。

（3）资格审查

公路工程施工采用公开招标时，招标公告发布后，招标人应当根据潜在投标人提交的资格预审申请文件，对潜在投标人的资格进行审查。招标人只向资格预审合格的潜在投标人发售招标文件。公路工程施工采用邀请招标时，投标邀请书发出后，招标人应当根据投标人提交的投标文件，对投标人的资格进行审查。

表 2-6 公路工程施工监理招标程序表

序号	公路工程施工招标程序
1	确定招标方式,采用邀请招标时,应按照国家规定报有关主管部门审批
2	编制投标资格预审文件和招标文件,招标文件按照本办法规定备案
3	发布招标公告,发售投标资格预审文件;采用邀请招标时,可直接发出投标邀请书,发售招标文件
4	对潜在投标人进行资格审查
5	向资格预审合格的潜在投标人发出投标邀请书和发售招标文件
6	组织潜在投标人考察招标项目工程现场,召开标前会
7	接受投标人的投标文件,公开开标
8	组建评标委员会评标,推荐中标候选人
9	确定中标人,评标报告和评标结果按照本办法规定备案并公布
10	发出中标通知书
11	与中标人订立公路工程施工合同

① 资格预审文件内容。

资格预审文件内容主要包括 5 方面的内容：引言、一般介绍、资格预审须知、表格和图纸,具体内容如表 2-7 所示。

表 2-7 资格预审文件主要内容

主要内容	内容相关说明
引言	引言说明资金筹措来源、根据交通运输部及世界银行的要求、招标单位应对投标人的工程实绩、管理人员、财政、技术、设备及信誉等进行资格预审,对施工能力进行评估
一般介绍	主要包括工程简介和合同规则简介,工程简介应介绍工程简要情况、范围、主要工程量、技术标准、地形、地质、水文、气候、交通、供电、供水、通信、医疗等条件;合同规则简介应介绍合同原则性内容
资格预审须知	主要包括资格预审格式及填表须知,对投标资格的基本要求,资格预审的撤回,要求对施工方法与程序的简述,汇率
表格	主要包括资格预审表,工地管理人员表,形式、规模与本土木工程相近的已完工项目表及其在最近十年及五年的业绩,建议采用施工办法、施工设备与装备表,财政状况表,银行信用书格式,社会信誉
图纸	主要包括工程地理位置图、工程总体布置图、施工总体平面图

② 资格预审审查标准。

审查标准原则上是以资格预审文件中规定的条款为准,具体情况如表 2-8 所示。

表 2-8　资格预审审查标准表

审查内容	审查标准	审查结果
施工经历	主要审查申请单位是否具有承包本项目工程技术等级的资质及类似工程的施工经验，是否具备良好的组织及管理经历，是否有优秀的工程；对于施工经历，应有具体工地、时间，有竣工验收证书或公证单位证明	审查时可根据资料判断分类为：经验较丰富、有一定经验及经验不足
管理人员	要求承包人派驻工地的主要工程管理人员包括项目经理、道路工程（基层、面层）专业工程师、桥梁工程（含基础及上部结构）专业工程师、筑路机械及机械化施工管理工程师、材料试验及合同管理工程师等 5～7 人，应有从事本专业工作十年以上经历并具有证明	审查结果分 3 类：完全符合要求、基本符合要求及不符合要求
施工设备	审查承包人拟安排到工地的施工设备其种类、数量及性能是否适应并满足施工进度及质量要求	审查结果分为 3 类：合格、基本合格及不合格
财务状况	主要审查承包人是否有足够的生产能力、充裕的流动资金或可靠的资金周转能力及信誉	
信誉	信誉是承包人资格合格的基本条件，了解承包人过去承包过的工程、业主的反映或评价是很重要的。完成的项目竣工报告中的验收评价是这方面的主要依据，但需有公证单位的公证，或竣工验收委员会的公章或签字证明	

③ 编制招标文件。

招标人应当根据招标项目的特点和需要，编制招标文件。二级及以上公路和大型桥梁、隧道工程的主体工程施工招标文件，应当按照交通运输部颁布的《公路工程国内招标文件范本》的格式和要求编制，其他公路工程和公路附属设施工程的施工招标文件，可参照《公路工程国内招标文件范本》的格式和内容编制，并可根据实际需要适当简化。

招标文件的主要内容如下：
- 投标邀请书；
- 投标人须知；
- 公路工程施工合同条款；
- 招标项目适用的技术规范；
- 施工图设计文件；
- 投标文件格式，包括投标书格式及投标书附录格式、投标书附表格式、工程量清单格式、投标担保文件格式、合同格式等。

投标人须知应当载明以下主要内容：
- 评标标准和方法；
- 工期要求；
- 提交投标文件的起止时间、地点和方式；
- 开标的时间和地点。

招标公告、投标邀请书应当载明下列内容：

- 招标人的名称和地址；
- 招标项目的名称、技术标准、规模、投资情况、工期、实施地点和时间；
- 获取资格预审文件或者招标文件的办法、时间和地点；
- 对潜在投标人的资质要求；
- 招标人认为应当公告或者告知的其他事项。

招标人应当按照招标公告或者投标邀请书规定的时间、地点出售资格预审文件和招标文件。资格预审文件和招标文件的发售时间不得少于 5 个工作日。招标人应当合理确定资格预审申请文件和投标文件的编制时间。编制资格预审申请文件的时间，自开始发售资格预审文件之日起至潜在投标人提交资格预审申请文件截止时间止，不得少于 14 日。编制投标文件的时间，自招标文件开始发售之日起至投标人提交投标文件截止时间止，高速公路、一级公路、技术复杂的特大桥梁、特长隧道不得少于 28 日，其他公路工程不得少于 20 日。

国道主干线和国家高速公路网建设项目的工程施工招标文件应当报交通运输部备案，其他公路建设项目的工程施工招标文件应当按照项目管理权限报县级以上地方人民政府交通运输主管部门备案。交通运输主管部门发现招标文件存在不符合法律、法规及规章规定内容的，应当在收到备案文件后的 7 日内，提出处理意见，及时行使监督检查职责。招标人如需对已出售的招标文件进行必要的澄清或修改，应当在投标截止日期 15 日前以书面形式通知所有招标文件收受人，并按前面所述备案。招标人设定标底时，可自行编制标底或者委托具备相应资格的单位编制标底。标底编制应当符合国家有关工程造价管理的规定，并应当控制在批准的概算以内。国道主干线和国家高速公路网建设项目的资格预审结果报交通运输部备案，其他公路建设项目的资格预审结果按照项目管职权限报县级以上地方人民政府交通运输主管部门备案。

2. 公路工程施工投标

投标人应当具备招标文件规定的资格条件，具有承担所投标项目的相应能力。两个以上施工单位可以组成联合体参加公路工程施工投标。联合体各成员单位都应当具备招标文件规定的相应资质条件。由同一专业施工单位组成的联合体，按照资质等级较低的单位确定资质等级。以联合体形式参加公路工程施工投标的单位，应当在资格预审申请文件中注明，并提交联合体各成员单伦共同签订的联合体协议。

投标人应当按照招标文件的要求，按时参加招标人主持召开的标前会并勘察现场，应当按照招标文件的要求编制投标文件，并对招标文件提出的实质性要求和条件做出响应。根据招标文件载明的项目实际情况，拟在中标后将中标项目的部分非关键性工作进行分包时，投标人应向招标人提交分包计划，并在投标文件中载明，分包单位的资质应当与其承担的工程规模标准相适应。

投标文件中投标书及投标书附录、投标报价部分应当由投标人的法定代表人或其授权的代理人签字，并加盖投标人印章，其他部分应当按照招标文件的要求签署。投标文件应当由投标人密封，按照招标文件规定的时间、地点和方式送达招标人。

投标文件按照要求送达后，在招标文件规定的投标截止时间前，投标人如需撤回或者修改投标文件，应当以正式函件提出并做出说明。

修改投标文件的函件是投标文件的组成部分，其形式要求、密封方式、送达时间，适用对投标文件的规定。

招标人对投标人按时送达并符合密封要求的投标文件，应当签收，并妥善保存。招标人不得接受未按照要求密封的投标文件及投标截止时间后送达的投标文件。

投标人参加投标，不得弄虚作假，不得与其他投标人互相串通投标，不得采取贿赂以及其他不正当手段谋取中标，不得妨碍其他投标人投标。

3. 开标评标和中标

开标由招标人主持，邀请交通主管部门和所有投标人的法定代表人或其授权的代理人参加，投标文件检查无误后，招标人应当当众拆封，并宣读投标人名称、投标价格和投标文件的其他主要内容。招标人设有标底时，应当同时公布标底。

评标由招标人依法组建的评标委员会负责。评标委员会由招标人的代表和技术、经济专家组成。评标委员会委员人数为5人以上单数，其中专家人数不得少于成员总数的2/3。

国道主干线和国家高速公路网建设项目，评标委员会专家从交通运输部设立的评标专家库中随机抽取，其他公路建设项目的评标委员会专家从省级人民政府交通主管部门设立的评标专家库中随机抽取。与投标人有利害关系的人员不得进入相关招标项目的评标委员会。

公路工程施工招标的评标方法可以使用合理低价法、最低评标价法、综合评估法、双信封评标法以及法律、法规允许的其他评标方法。

合理低价法是指对通过初步评审和详细评审的投标人，不对其施工组织设计、财务能力、技术能力、业绩及信誉进行评分，而是按招标文件规定的方法对评标价进行评分，并按照得分从高到低的顺序排列，推荐前3名投标人为中标候选人的评标方法。

最低评标价法是指按从低到高顺序对评标价不低于成本价的投标文件进行初步评审和详细评审，推荐通过初步评审和详细评审且评标价最低的3名投标人为中标候选人的评标方法。

综合评估法是指对所有通过初步评审和详细评审的投标人的评标价、财务能力、技术能力、管理水平以及业绩与信誉进行综合评分，按综合评分由高到低排序，并推荐前3名投标人为中标候选人的评标方法。

双信封评标法是指投标人将投标报价和工程量清单单独密封在一个报价信封中，其他商务和技术文件密封在另外一个信封中，分两次开标的评标方法。第一次开商务和技术文件信封，对商务和技术文件进行初步评审和详细评审，确定通过商务和技术评审的投标人名单。第二次再开通过商务和技术评审投标人的投标报价和工程量清单信封，当场宣读其报价，再按照招标文件规定的评标办法进行评标，推荐中标候选人。对未通过商务和技术评审的投标人，其报价信封将不予开封，当场退还给投标人。

公路工程施工招标评标，一般应当使用合理低价法。使用世界银行、亚洲开发银行等国际金融组织贷款的项目和工程规模较小、技术含量较低的工程，可使用最低评标价法，并应在招标文件中确定。评标委员会应当按照招标文件确定的评标标准和方法，对投标文件进行评审和比较。招标文件中没有规定的标准和方法，不得作为评标的依据。

评标报告应当载明以下内容：
（1）评标委员会的成员名单；
（2）开标记录情况；
（3）评标采用的标准和方法；

（4）对投标人的评价；
（5）符合要求的投标人情况；
（6）推荐的中标候选人；
（7）需要说明的其他事项。

评标委员会推荐的中标候选人应当限定在1~3人，并标明排列顺序。招标人应当根据评标委员会提出的书面评标报告确定排名第一的中标候选人为中标人。排名第一的中标候选人放弃中标、因不可抗力不能履行合同、在招标文件规定的期限内未能提交履约担保时，招标人可以确定排名第二的中标候选人为中标人；排名第二的中标候选人因前款规定的原因也不能签订合同时，招标人可以确定排名第三的中标候选人为中标人。招标人也可以授权评标委员会直接确定中标人。招标人应当将评标成果在招标项目所在地省级交通主管部门政府网站上公示，接受社会监督。公示时间不少于7日。

招标人确定中标人后，应当向中标人发出中标通知书，并同时将中标结果通知所有未中标的投标人。招标人应当自确定中标人之日起15日内，将评标报告规定的备案机关进行备案。招标人和中标人应当自中标通知书发出之日起30日内订立书面公路工程施工合同。招标人应当自订立公路工程施工合同之日起5个工作日内，向中标人和未中标的投标人退还投标保证金。由于中标人自身原因放弃中标，招标文件约定放弃中标不予返还投标保证金的，中标人无权要求返还投标保证金。

有下列情形之一时，招标人应当重新招标：
（1）少于3个投标人；
（2）经评标委员会评审，所有投标均不符合招标文件要求；
（3）由于招标人、招标代理人或投标人的违法行为，导致中标无效；
（4）中标人均未与招标人签订公路工程施工合同。

需重新招标时，招标文件、资格预审结果和计标报告应当按照上述的流程重新报交通运输主管部门备案，招标文件未作修改的可以不再备案。

2.5　高速公路建设期管理的任务

高速公路建设期管理的内容主要包括：设计管理、工程招投标管理、施工控制及管理、工程交竣工管理与缺陷责任期的管理。公路建设项目管理的任务包括质量目标控制、进度目标控制、费用目标控制及财务管理、合同管理、信息管理。

1. 质量控制

质量控制工作要贯穿于公路工程项目实施的设计、招投标及施工阶段全过程中，在整个过程中，每个阶段的主要工作是有所不同的。

2. 工程进度控制

工程进度控制的内容包括：收集信息、计算进度、进度报告、分析进展状态和偏差及变更进度计划。工程进度控制的方法有横道图法、线形图法、进度曲线法、里程碑事件法和网络计划法。进度计划实施的影响因素包括：人（项目成员未能认识到计划的更要性）、资源（项目中使用的资源不能满足要求）、环境（受不利的环境因素的影响）。

3. 工程费用控制

（1）工程费用的组成

① 直接费用：消耗在工程中的材料费、机械使用费、人工费及其他费。

② 间接费用：由施工管理费和具他间接成本组成。

③ 利润。

④ 税金：国家规定应计入建筑安装工程造价内的营业税、城市建设税和附加教育税。

（2）工程量清单

工程量清单是工程招标及实施工程计量与支付的重要依据，在工程实施期间，对工程经费起着控制作用。

（3）计量与支付

计量程序：发出计量通知或提出计量申请、审查有关计量的文件资料、填写中间的计量表。

（4）计量方法

① 均摊法：按合同工期每月平均或分期进行计量。

② 凭据法：凭承包人提供的票据进行计量。

③ 估计法：购置的仪器设备。

④ 断面法：计算取土坑和路堤土方的计量。

⑤ 图纸法：根据图纸进行计量的项目。

⑥ 钻孔取样法：道路面层结构的计量。

⑦ 分项计量法：根据工序或部位将项目分为若干子项，对完成的子项进行计量支付。

（5）工程支付

以工程计量、技术规范、报价单为依据。

（6）支付程序

① 初期支付。

② 中期支付：承包人提出支付申请，监理工程师审核与签认，业主付款。

③ 最终支付程序：承包人提出最终支付申请，监理工程师审定支付申请，业主付款。

（7）支付项目

① 清单支付项目：包含以物理单位计量的支付、以自然单位计量的支付、记日工的支付及暂定金额支付。

② 合同支付项目：包含动员预付款，材料、设备预付款，保留金、索赔费用，拖期违约损失赔偿金和提前竣工奖金，迟付款的利息。

4. 合同管理

合同管理主要涉及 4 方面的内容：工程变更、转让与终止，合同转让的一般法律规定，合同的终止以及违约责任，相关情况如表 2-9 所示。

表 2-9 合同管理的相关内容

合同管理内容	内容相关说明
合同内容变更的情况	出于不可抗力事件出现造成合同部分不能履行
	由于需求的变化,双方当事人就改变商品品种、规格、数量、包装等达成协议
	合同中约定的变更条件出现
	合同当事人一方履行合同义务已不再可能
合同转让的一般法律规定	合同转让建立在对方当事人同意的基础之上,未经对方当事人同意的转让行为是无效行为
	法律、行政法规规定转让权利或者转让义务应当办理批准、登记手续的,则只有在办理批准、登记手续后,其合同转让才能生效
	合同权利转让后,受让人依法取得与债权有关的从权利(如索赔请求权)
	合同权利转让后,债务人对让与人的抗辩可以向受让人主张;合同义务转让后,新债务人可以主张原债务人对债权人的抗辩
合同的终止	因不可抗力致使不能实现合同目的
	在履行期限届满之前,当事人一方明确表示或以自己的行为表明不履行主要债务
	当事人一方延迟履行主要债务,经催告后在合理的期限内仍不履行
	当事人一方延迟履行债务或有其他违法行为,致使不能实现合同目的
	法律规定的其他情形
承担违约责任的方式	继续履行、采取补救措施、赔偿损失、支付违约金、定金罚则

2.6 高速公路建设项目质量评定

2.6.1 评定单元划分

根据建设任务、施工管理和质量检验评定的需要,在施工准备阶段将公路建设项目划分为单位工程、分部工程和分项工程。施工单位、工程监理单位和建设单位应按相同的工程项目划分进行工程质量的监控和管理。公路工程单元划分是工程质量管理、工程数量管理、进度管理、合同管理的基础,也是保证竣工文件具有层次性、规范性、系统性的主要依据。

单位工程是在建设项目中,根据签订的合同,具有独立施工条件的工程。分部工程是在单位工程中,应按结构部位、路段长度及施工特点或施工任务划分为若干个分部工程。分项工程是在分部工程中,应按不同的施工方法、材料、工序及路段长度等划分为若干个分项工程。单位、分部及分项工程划分表见附录 2-1。

工程质量检验评分以分项工程为单元,采用 100 分制进行。在分项工程评分的基础上,逐级计算各相应分部工程、单位工程、合同段和建设项目评分值。工程质量评定等级分为合格与不合格,按分项、分部、单位工程、合同段和建设项目逐级评定。

施工单位应对各分项工程按《公路工程质量检验评定标准》(JTG F80/1—2012)所列基

本要求、实测项目和外观鉴定进行自检,按附录2-1中"分项工程质量检验评定表"及相关施工技术规范提交真实、完整的自检资料,对工程质量进行自我评定。工程监理单位应按规定要求对工程质量进行独立抽检,对施工单位检评资料进行签认,对工程质量进行评定。建设单位根据对工程质量的检查及平时掌握的情况,对工程监理单位所做的工程质量评分及等级进行审定。质量监督部门、质量检测机构可依据本标准对公路工程质量进行检测评定。

2.6.2 工程质量评分

1. 分项工程质量评分

根据《公路工程质量检验评定标准》的规定,分项工程质量检验内容包括基本要求、实测项目、外观鉴定和质量保证资料四个部分。只有在其使用的原材料、半成品、成品及施工工艺符合基本要求的规定,且无严重外观缺陷和质量保证资料真实并基本齐全时,才能对分项工程质量进行检验评定。

涉及结构安全和使用功能的重要实测项目为关键项目,其合格率不得低于90%(属于工厂加工制造的桥梁金属构件不低于95%,机电工程为100%),且检测值不得超过规定极值,否则必须进行返工处理。实测项目的规定极值是指任一单个检测值都不能突破的极限值,不合要求时该实测项目为不合格。采用统计方法进行评定的关键项目,不符合要求时则该分项工程评为不合格。

分项工程的评分值满分为100分,按实测项目采用加权平均法计算。存在外观缺陷或资料不全时,予以减分。

$$分项工程得分 = \frac{\sum(检查项目得分 \times 权值)}{\sum 检查项目权值}$$

分项工程评分值 = 分项工程得分 − 外观缺陷减分 − 资料不全减分

(1)基本要求检查

分项工程所列基本要求,对施工质量优劣具有关键作用,应按基本要求对工程进行认真检查。经检查不符合基本要求规定时,不得进行工程质量的检验和评定。

(2)实测项目计分

对规定检查项目采用现场抽样方法,按照规定频率和下列计分方法对分项工程的施工质量直接进行检测计分。检查项目除按数理统计方法评定的项目以外,均应按单点(组)测定值是否符合标准要求进行评定,并按合格率计分。

$$检查项目合格率 = \frac{检查合格的点(组)数}{该检查项目的全部检查点(组)数} \times 100\%$$

检查项目得分 = 检查项目合格率 × 100

(3)外观缺陷减分

对工程外表状况应进行全面检查,如发现外观缺陷,应进行减分。对于较严重的外观缺陷,施工单位须采取措施进行整修处理。

（4）资料不全减分

分项工程的施工资料和图表残缺，缺乏最基本的数据，或有伪造涂改者，不予检验和评定。资料不全者应予减分，减分幅度可按公路工程质量检验评定标准所列各款逐款检查，视资料不全情况，每款减 1~3 分。

2. 分部工程和单位工程质量评分

分项工程和分部工程区分为一般工程和主要（主体）工程，分别给以 1 和 2 的权值。进行分部工程和单位工程评分时，采用加权平均值计算法确定相应的评分值。

$$\text{分部（单位）工程评分值} = \frac{\sum[\text{分项（分部）工程评分值} \times \text{相应权值}]}{\sum \text{分项（分部）工程权值}}$$

分部工程质量检验评定表见附录 2-2，单位工程质量检验评定表见附录 2-3。

3. 合同段和建设项目工程质量评分

合同段和建设项目工程质量评分值按《公路工程竣（交）工验收办法》计算。

合同段工程质量检验评定表见附录 2-4，建设项目质量检验评定表见附录 2-5。

4. 质量保证资料

施工单位应有完整的施工原始记录、试验数据、分项工程自查数据等质量保证资料，并进行整理分析，负责提交齐全、真实和系统的施工资料和图表。工程监理单位负责提交齐全、真实和系统的监理资料。质量保证资料应包括：

（1）所用原材料、半成品和成品质量检验结果；
（2）材料配比、拌和加工控制检验和试验数据；
（3）地基处理、隐蔽工程施工记录和大桥、隧道施工监控资料；
（4）各项质量控制指标的试验记录和质量检验汇总图表；
（5）施工过程中遇到的非正常情况记录及其对工程质量影响分析；
（6）施工过程中如发生质量事故，经处理补救后，达到设计要求的认可证明文件等。

2.6.3 工程质量等级评定

1. 分项工程质量等级评定

分项工程评分值不小于 75 分者为合格，小于 75 分者为不合格；机电工程、属于工厂加工制造的桥梁金属构件不小于 90 分者为合格，小于 90 分者为不合格。评定为不合格的分项工程，经加固、补强或返工、调测，满足设计要求后，可以重新评定其质量等级，但计算分部工程评分值时按其复评分值的 90% 计算。

2. 分部工程质量等级评定

所属各分项工程全部合格，则该分部工程评为合格；所属任一分项工程不合格，则该分部工程为不合格。

3. 单位工程质量等级评定

所属各分部工程全部合格,则该单位工程评为合格;所属任一分部工程不合格,则该单位工程为不合格。

4. 合同段和建设项目质量等级评定

合同段和建设项目所含单位工程全部合格,其工程质量等级为合格;所属任一单位工程不合格,则合同段和建设项目为不合格。

2.7 高速公路项目交竣工

公路工程验收分为交工验收和竣工验收两个阶段。交工验收是检查施工合同的执行情况,评价工程质量是否符合技术标准及设计要求,是否可以移交下一阶段施工或是否满足通车要求,对各参建单位工作进行初步评价。竣工验收是综合评价工程建设成果,对工程质量、参建单位和建设项目进行综合评价。

依据《公路工程竣(交)工验收办法》(2004年3月15日经交通部第6次部务会议通过,自2004年10月1日起施行)的规定,公路工程竣(交)工验收的依据如下:

(1)批准的工程可行性研究报告;
(2)批准的工程初步设计、施工图设计及变更设计文件;
(3)批准的招标文件及合同文本;
(4)行政主管部门的有关批复、批示文件;
(5)交通运输部颁布的公路工程技术标准、规范、规程及国家有关部门的相关规定。

交工验收由项目法人负责,竣工验收由交通主管部门按项目管理权限负责。交通运输部负责国家、部重点公路工程项目中 100 km 以上的高速公路、独立特大型桥梁和特长隧道工程的竣工验收工作;其他公路工程建设项目,由省级人民政府交通主管部门确定的相应交通主管部门负责竣工验收工作。

2.7.1 公路工程交工验收

依据《公路工程竣(交)工验收办法》的规定,公路工程(合同段)进行交工验收应具备以下条件:

(1)合同约定的各项内容已完成;
(2)施工单位按交通运输部制定的公路工程质量检验评定标准及相关规定的要求对工程质量自检合格;
(3)监理工程师对工程质量的评定合格;
(4)质量监督机构按交通运输部规定的公路工程质量鉴定办法对工程质量进行检测(必

（5）竣工文件已按交通运输部规定的内容编制完成；

（6）施工单位、监理单位已完成本合同段的工作总结。

公路工程各合同段符合交工验收条件后，经监理工程师同意，由施工单位向项目法人提出申请，项目法人应及时组织对该合同段进行交工验收。交工验收的主要工作内容包括：

（1）检查合同执行情况；

（2）检查施工自检报告、施工总结报告及施工资料；

（3）检查监理单位独立抽检资料、监理工作报告及质量评定资料；

（4）检查工程实体，审查有关资料，包括主要产品质量的抽（检）测报告；

（5）核查工程完工数量是否与批准的设计文件相符，是否与工程计量数量一致；

（6）对合同是否全面执行、工程质量是否合格做出结论，按交通主管部门规定的格式签署合同段交工验收证书；

（7）按交通运输部规定的办法对设计单位、监理单位、施工单位的工作进行初步评价。

项目法人负责组织公路工程各合同段的设计、监理、施工等单位参加交工验收。拟交付使用的工程，应邀请运营、养护管理单位参加。参加验收单位的主要职责分别为：项目法人负责组织各合同段参建单位完成交工验收工作的各项内容，总结合同执行过程中的经验，对工程质量是否合格做出结论；设计单位负责检查已完成的工程是否与设计相符，是否满足设计要求；监理单位负责完成监理资料的汇总、整理，协助项目法人检查施工单位的合同执行情况，核对工程数量，科学公正地对工程质量进行评定；施工单位负责提交竣工资料，完成交工验收准备工作。

项目法人组织监理单位按《公路工程质量检验评定标准》的要求对各合同段的工程质量进行评定。监理单位根据独立抽检资料对工程质量进行评定，当监理按规定完成的独立抽检资料不能满足评定要求时，可以采用经监理确认的施工自检资料。项目法人根据对工程质量的检查及平时掌握的情况，对监理单位所做的工程质量评定进行审定。各合同段工程质量评分采用所含各单位工程质量评分的加权平均值。即工程各合同段交工验收结束后，由项目法人对整个工程项目进行工程质量评定，工程质量评分采用各合同段工程质量评分的加权平均值。工程质量等级评定分为合格和不合格，工程质量评分值大于等于75分的为合格，小于75分的为不合格。

公路工程各合同段验收合格后，项目法人应按交通运输部规定的要求及时完成项目交工验收报告，并向交通主管部门备案。国家、部重点公路工程项目中100 km以上的高速公路、独立特大型桥梁和特长隧道工程向省级人民政府交通主管部门备案；其他公路工程按省级人民政府交通主管部门的规定向相应的交通主管部门备案。公路工程各合同段验收合格后，质量监督机构应向交通主管部门提交项目的检测报告。交通主管部门在15日内未对备案的项目交工验收报告提出异议，项目法人可开放交通进入试运营期。试运营期不得超过3年。交工验收提出的工程质量缺陷等遗留问题，由施工单位限期完成。

2.7.2 公路工程竣工验收

根据《公路工程竣（交）工验收办法》的规定，公路工程进行竣工验收应具备以下条件：

（1）通车试运营 2 年后；

（2）交工验收提出的工程质量缺陷等遗留问题已处理完毕，并经项目法人验收合格；

（3）工程决算已按交通运输部规定的办法编制完成，竣工决算已经审计，并经交通主管部门或其授权单位认定；

（4）竣工文件已按交通运输部规定的内容完成；

（5）对需进行储案、环保等单项验收的项目，已经有关部门验收合格；

（6）各参建单位已按交通运输部规定的内容完成各自的工作报告；

（7）质量监督机构已按交通部规定的公路工程质量鉴定办法对工程质量检测鉴定合格，并形成工程质量鉴定报告。

公路工程符合竣工验收条件后，项目法人应按照项目管理权限及时向交通主管部门申请验收。交通主管部门应当自收到申请之日起 30 日内，对申请人递交的材料进行审查，对于不符合竣工验收条件的，应及时退回并告之理由；对于符合验收条件的，应自收到申请文件之日起 3 个月内组织竣工验收。

竣工验收的主要工作内容如下：

（1）成立竣工验收委员会；

（2）听取项目法人、设计单位、监理单位的工作报告；

（3）听取质量监督机构的工作报告及工程质量鉴定报告；

（4）检查工程实体质量、检查有关资料；

（5）按交通运输部规定的办法对工程质量进行评分，并确定工程质量等级；

（6）按交通运输部规定的办法对参建单位进行综合评价；

（7）对建设项目进行综合评价；

（8）形成并通过竣工验收鉴定书。

竣工验收委员会由交通主管部门、公路管理机构、质量监督机构、造价管理机构等单位代表组成。大中型项目及技术复杂工程，应邀请有关专家参加。国防公路应邀请军队代表参加。项目法人、设计单价、监理单位、施工单位、接管养护等单位参加竣工验收工作。

参加竣工验收工作各方的主要职责分别为：竣工验收委员会负责对工程实体质量及建设情况进行全面检查，按交通运输部规定的办法对工程质量进行评分，对各参建单位进行综合评价，对建设项目进行综合评价，确定工程质量和建设项目等级，形成工程竣工验收鉴定书；项目法人负责提交项目执行报告及验收所需资料，协助竣工验收委员会开展工作；设计单位负责提交设计工作报告，配合竣工验收检查工作；监理单位负责提交监理工作报告，提供工程监理资料，配合竣工验收检查工作；施工单位负责提交施工总结报告、提供各种资料，配合竣工验收检查工作。

竣工验收工程质量评分采取加权平均法计算，其中交工验收工程质量得分权值为 0.2，质量监督机构工程质量鉴定得分权值为 0.6，竣工验收委员会对工程质量评定得分权值为 0.2，工程质量评定得分大于等于 90 分为优良，小于 90 分且大于等于 75 分为合格，小于 75 分为不合格。

竣工验收委员会按交通运输部规定的办法对参建单位的工作进行综合评价。评定得分大于等于 90 分且工程质量等级优良的为好，大于等于 75 分为中，小于 75 分为差。

竣工验收建设项目综合评分采取加权平均法计算，其中竣工验收工程质量得分权值为 0.7，参建单位工作评价得分权值为 0.3（项目法人占 0.15，设计、施工、监理各占 0.05）。评定得分大于等于 90 分且工程质量等级优良的为优良，大于等于 75 分为合格，小于 75 分为不合格。

负责组织竣工验收的交通主管部门对通过验收的建设项目按交通运输部规定的要求签发《公路工程竣工验收鉴定书》。通过竣工验收的工程，由质量监督依据竣工验收结论，按照交通运输部规定的格式对各参建单位签发工作综合评价等级证书。

2.8 高速公路项目后评价

项目后评价是基本建设程序的重要组成部分，是管理周期中不可缺少的信息反馈环节。只有通过项目后评价，才能及时总结项目管理各阶段的经验教训，进一步改进和完善项目管理工作，提高项目的投资效益。沪嘉、广佛、西三、沈大四条高速公路为交通运输部确定的国家首批公路建设后评价项目。

2.8.1 项目后评价的目的与任务

根据 2011 年交通运输部发布的《公路建设项目后评价工作管理办法》（交规划发〔2011〕695 号）的规定，公路建设项目后评价是用科学、系统的评价方法，通过对项目立项、可行性研究、设计、施工和运营各阶段工作的跟踪、调查和分析，全面评价项目的作用与影响、投资与效益、目标实现程度及持续能力等，总结项目的经验与教训。后评价的目的在于通过全面的总结，不断提高公路建设项目决策、设计施工、管理水平，为合理利用资金、提高投资效益、改进管理、制定相关的政策等提供科学依据。

纳入交通运输部后评价工作管理的公路建设项目，由交通运输部根据有关规划和具体项目情况，经各省（区、市）交通运输主管部门确定，重点选择国家公路网规划中的重大建设项目或对行业发展具有重大指导意义的项目，并以后评价工作计划形式下达；进行后评价的项目应已建成通车运营 5 年以上并通过竣工验收。

2.8.2 项目后评价的程序

项目后评价是一项涉及面较广的技术经济分析工作，不仅需要科学的方法作工具，而且需要严密的程序作保证。尽管随着建设项目规模大小、复杂程度的不同，每个项目后评价的具体工作程序会有一定的差异，但从总体来看，项目的后评价都遵守一个客观的、循序渐进的基本程序。这个程序一般包括提出问题、筹划准备、收集资料、分析研究、编写报告、成果送审六个既有区别又相互联系的阶段，其具体步骤如下：

1. 提出问题，明确项目后评价的具体对象、组织机构和具体要求

项目后评价已经纳入了基建管理程序，原则上对所有竣工通车的建设项目都应进行后评价。但出于公路建设项目的投资规模和作用影响往往相差很大且又为数众多，所以本着代表性、有效性的原则，后评价工作又常常只在一定范围内进行。按照部颁《公路建设项目后评价工作管理办法》的有关规定，我国公路项目后评价工作的重点是国家重点公路建设项目、40 km 以上的国道主干线项目或 100 km 以上的国道及省道高等级公路项目、利用外资的公路项目、特大型独立公路桥隧项目，以及上级主管部门指定的项目。

2. 筹划准备

筹划准备阶段的主要任务是组建一个人员结构合理的工作班子，并按委托单位的要求制订一个周详的项目后评价计划。后评价计划的内容包括项目评价人员的配备、建立组织机构的设想、时间进度的安排、内容范围与深度的确定、预算安排、评价方法的选定等。

3. 深入调查，收集资料

建设项目后评价必须以项目各阶段的正式文件和项目建成通车一定时期内进行的各种调查及重要运行参数的测试数据为依据。本阶段的主要任务是制订详细的调查提纲，确定调查对象和调查方法并开展实际调查工作，收集后评价所需要的各种资料和数据。这些资料和数据主要包括以下几方面：

（1）项目建设资料，如项目建议书，可行性研究报告，初步设计、施工图设计及其审查意见和批复文件，工程概算、预算、决算报告，项目竣工验收报告及有关合同文件等。

（2）国家经济政策资料，如与项目有关的国家宏观经济政策、产业政策，国家金融、价格、投资、税收政策及其他有关政策法规等。

（3）项目运营状况的有关资料。

（4）反映项目实施和运营实际影响的有关资料。

（5）本行业有关资料，如国内外同类行业、同类项目的有关资料。

（6）与后评价有关的技术资料及其他资料。

4. 分析研究

围绕项目后评价内容，采用定量分析和定性分析方法，发现问题，提出改进措施。项目后评价所采用的定量研究方法较多，如指标计算法、指标对比法、因素分析法、准试验方法、回归分析法等。

5. 编制项目后评价报告

将分析研究的成果汇总，编制出项目后评价报告，并提交给委托单位和被评价单位。项目后评价报告是项目后评价工作的最终成果，应该按照有关文件规定的文本格式和内容要求认真编写，既要全面系统，又要突出重点，简明扼要。后评价报告编制必须客观、公正、科学，不应受项目各阶段文件结论的束缚。

6. 成果送审

公路建设项目后评价报告编制完成后,就应按管理办法的规定上报有关部门组织审查,并及时反馈后评价成果及审查意见。建设项目的各有关部门和单位要认真对待后评价成果,从中吸取经验教训,并采取相应的对策、措施,进一步完善已建项目,改进在建项目,指导待建项目。

2.8.3 项目后评价的方法

《公路建设项目后评价报告编制办法》规定公路建设项目后评价的方法主要有:有无对比法、层次分析法、因果分析法、逻辑框架法、综合评价法等,可根据项目特点选择一种或多种方法。公路建设项目前期工作所采用的相关评价技术及指标量化方法原则上可用于后评价,可参照《公路建设项目可行性研究报告编制办法》《公路建设项目经济评价方法与参数》(建标〔2010〕106号)等。

2.8.4 公路建设项目后评价报告

编制建设项目后评价报告必须以项目各阶段的正式文件和项目建成通车2~3年内进行的各种调查及重要运行参数的测试数据为依据。项目通车后需要进行的主要调查包括:交通量调查、交通安全性调查、车辆运行特征调查、车辆运输费用调查、工程质量调查、经济社会调查、环境调查等。项目各阶段有关委托、评审、批复等的文件主要包括:项目建议书、可行性研究报告、项目申请报告、初步设计、技术设计、施工图设计的审查意见,批复文件;资金申请报告,招投标文件,重大变更的请示及批复;经审计的决算报告和工程竣工验收鉴定书等。

公路建设项目后评价报告编制必须客观、公正、科学,不应受项目各阶段文件结论的束缚。公路建设项目后评价报告由主报告和附件组成。主报告应按《公路建设项目后评价报告编制办法》的附件"公路建设项目后评价报告文本格式及内容要求"编制。附件主要包括专题报告、公路建设项目管理表和有关委托、招标、评审、批复等主要文件的复印件。

2.9 高速公路建设项目管理模式

高速公路建设具有施工周期长、涉及面广、耗资巨大、社会影响大等特征,其项目管理难度极大。为保证高速公路工程质量和安全,推动公路交通事业又好又快发展,2010年交通运输部专门印发了《关于严格执行标准进一步加强高速公路建设项目管理工作的通知》(交公路发〔2010〕215号),在加强高速公路建设项目监督管理、严格执行公路建设各项制度和技术标准、落实从业单位责任等的管理工作方面提出了工作要求。

我国高速公路建设较发达国家起步晚，未来相当长的时期内，我国的高速公路建设仍将处于高速公路发展的状态，加强和完善高速公路项目管理，找到符合我国高速公路建设特点的管理模式，不断提高我国高速公路项目管理水平，是非常现实和重要的研究课题。同时也需要对国外经济发达国家高速公路建设管理模式进行剖析、探究，为我国高速公路建设项目管理应当解决的问题和未来高速公路项目管理模式的发展方向提供参考。

2.9.1 国外高速公路建设项目管理经验和做法

1. 日本高速公路建设项目管理

日本自1957年开始修建高速公路，目前里程已近7 000 km。日本在智能交通系统（ITS）方面处于世界领先地位，其管理模式经历了40多年的实践，得到不断的调整、完善、充实，很好地促进了高速公路事业的发展。

日本高速公路资产属建设省所有，管理工作则由道路公团直接参与，公司领导由建设大臣任命，行政上实行三级制，即公团中有总部、下设若干管理局，管理局再下设管理事务所和营业所。整个管理模式属矩阵式管理模式，纵向由政府集中统一行政管理职能；横向经营职能，如收费、小修保养、大中修、新建、改建、道路检查、交通管理等具体业务则委托或外包专业性公司负责。

日本高速公路建设管理的主要特点如下：

（1）法制完善。日本政府自1952年起就陆续颁布了《道路法》《道路交通法》《交通安全对策基本法》《道路公团法》等政策法规，使高速公路管理有法可依，依法治路。

（2）集中统一行政职能，具体业务实行公司化运作，符合市场运行规律，使资源配置达到最优组合。

（3）管理机构的设立先于项目建设，使得公团、处、所三级管理体系目标明确，着眼于长远，建设、管理不脱节，责任无法推卸。

（4）道路公团、普察、消防、医疗机构、协会及其他专业性公司分工协作。日本高速公路建设管理已由封闭式、被动式的单一管理走向开放式、主动式的成熟管理，由社会进行监督，全民参与管理。

日本高速公路建设属于"政府控制下的市场运作"，即由国家调控指导，资本方投资建设、收费，在市场机制下由国家特许经营公司建设、管理高速公路，这在汽车工业发达、交通量大、预期收益高的日本，资本回收周期短，所以投资方愿意主动投资，使高速公路建设形成了良性循环，发展迅猛。此外，他们采取"以人为本"的管理模式，使高速公路公司员工人人都成为资本方"老板"，没有剥削与被剥削的关系，资本淹没在汪洋大海之中，真正意义上调动了员工的工作热情。这种管理模式加之充裕的资金及高度发达的汽车工业，三者完美结合，为日本高速公路的快速发展奠定了坚实的基础。

按照日本《道路法》的规定，道路管理机构被赋予广泛的"道路管理权"，其目的是确保道路的安全和畅通。其管理权一般包括：路线确定、路线变更、建设、重建、养护、维修、禁止通行、道路占用许可等。各级道路管理机构的职责划分总体是：高速公路由国土交通省管理；一般国道的指定部分由国土交通省管理，未指定部分由县管理；县道由县管理；市以下公路由市、町、村管理。根据《道路法》和相关法规，上述"道路管理权"也一可以委托有关单位执行由受托单位承担道路管理机构的职能，多见于收费公路。最典型的就是"日本道路公团"，其管理原属国土交通省的高速公路的建设、维护、管埋等，当然包括收费。其他还有首都高速道路公团、阪神高速道路公团、本州四国联络桥公团等，相继受托承担管理者的职能。不过，国土交通省与公团的关系并非道路经营权的转让关系，而是委托与受托的关系，双方之间是一种代理的关系。

2. 美国高速公路建设项目管理

美国是典型的立法、司法、行政分立的联邦制国家，近十万千米的高速公路已覆盖国土的80%，形成四通八达的公路网络。高速公路作为公路运输的主要方式，其产值占国民生产总值的29%，这与美国政府的重视与支持是分不开的，其高速公路管理属于"政府操作"。

联邦运输部是主管全美各种运输事务的最高行政机构，成立于1967年，下设联邦公路管理局（FHWA），主管全美公路规划、建设、养护、运营及汽车运输。州及各地政府是高速公路建设、运营的主管机关，具体职能由相应的同级交通部门行使，州运输厅负责州际高速公路建设、运营。养路队按地理区域划分，由各种技术人员与职工以及各种大、中、小型相结合的成套机械组成，属技术密集型的组织。养路队除负责常规养护、全面巡察外，还兼计划、技术、财务等管理职能，同时还负责承包工程成本效益的分析与比较，对所养护的工程采取发包或自营等方式进行管理。管理属分权式管理：① 立法健全，机构设置讲求实效；② 管理手段先进，采用了大量电子信息技术，对道路交通进行实时控制；③ 事故率极低，道路管理系统化、网络化；④ 经营管理费用较高，如新泽西州某高速公路237 km长，各项开支占总收入的37%。

对于具体的高速公路建设项目管理，美国采用如下三种模式：

（1）FIDIC管理。美国的工程管理模式有几种，FIDIC是最基本的管理方法。FIDIC管理采用国际咨询工程师联合会编撰的土木工程施工国际通用合同条件。其条款涉及业主与承包人、业主与工程师的责、权、利关系。工程师受业主委托监督业主与承包人签订的合同的执行，并根据合同规定的条款考虑有关的因素，公正行使其权力。

这种管理方式要求工程师具有较高的素质和设计、施工、管理的能力。承包人是完成工程的主体，素质的高低直接影响工程质量的好坏和能否执行合同条款。所以，一个优秀的承包人是一项优良工程的基本保证。业主在一项工程建设中起保障作用，在工程师下达开工通知的同时，按合同要求的工程施工顺序，给承包人提供工地的占用权和出入权，即提供施工用地，保证资金到位。这种管理模式以工程师为核心，对工程质量、工期、投资进行控制管理。

（2）业主项目管理。这是现阶段美国采用较多的管理模式，业主或业主代表把工程设计、环保再定居计划、监理工程师统领起来，并通过监理工程师对承包人实行管理。

业主项目管理是对FIDIC条款管理模式的深化。洛杉矶交通厅在建设高速公路时采用了这种管理模式。交通厅是业主，有自己的设计室，负责工程设计和变更；有专门负责环保再定居计划组；有自己的监理工程师，负责工程质量、工期、投资的控制管理。在业主或业主代表的统一领导下，各部门相互协调，相互配合。

其中，监理工程师队伍的组建可视工程规模大小，采取两种方法：一是工程规模较大、工期较长的，业主可以培养自己的监理队伍，作为相对稳定的一个部门；二是投资规模小、工期短的单项工程，监理工程师可采取聘用的办法等。

高速公路管理与控制　>>>>

（3）伙伴式合作关系。美国在建设管理中也在推荐伙伴合作关系的管理模式，其基本原理与业主项目管理是一致的，只是业主或业主代表与承包人长期合作，建立了伙伴关系，相互信赖、相互协作。

与世界上多数国家不同，美国的高速公路管理方式主要依靠各州交通部门，联邦政府公路管理局本身不直接管理和建设公路，仅负责提供规划、科研、标准和资金。公路项目的建设、实施、管理，主要依靠州政府。州政府交通部门是项目建设业主，但州政府只负责州际公路网和干线公路的建设和管理，其他则由地方政府承担。《联邦赞助公路法案》授权联邦公路管理局对具体项目提供资金，资金一般用于州际公路网的建设。虽然各州仅负责本州的公路建设及管理，但是必须严格执行联邦公路规划、联络成网、避免断头路。除了由各州交通部门负责的高速公路外，美国也有极少数收费高速公路的管理采取了一些特别的模式。

新泽西州收费高速公路公司属国营法人实体，依照新泽西收费高速公路条例于1948年创建。该条例以立法的形式赋予该公司对新泽西高速公路的建设、养护和运营享有权利，并允许该公司发放收费高速公路债券。但是，债券的发放必须经过州长和州财政部长的书面批准，通过收费和路域经营收益清偿。收费高速公路的全部收入需存入储备基金，并依据收费高速公路收入债务协议投入使用。

奥兰多市高速公路管理局是为了适应奥兰多市交通运输发展的需要，于1963年由州议会批准成立，独立于州交通部之外的高速公路管理机构。奥兰多市高速公路管理局领导机构由5人委员会组成，3人由州长直接委派，1人由奥兰多市市长任命，另外1人由佛罗里达州交通部五区负责人担任。全局职员30人，负责总里程80 mi（1 mi = 1.6 km）的高速公路。资金筹措：由高速公路管理局委托资信很高的咨询公司完成可行性研究，得到银行认可后，将由一个专门的筹资公司进行资金筹措工作。项目建设：由高速公路管理局采用公开招标的方式选择承包商和监理公司负责项目的建设。收费管理：采用公开招标的方式，委托私人收费公司进行收费，双方是合同关系。高速公路管理局所属路段收费人员共计400名，均由收费公司管理。另外，高速公路管理局的车辆也要照章缴费。养护管理：采用公开招标方式选择私人公司从事专业的公路养护作业。高速公路管理局目前的年收入约为8 000万美元，建设筹措资金约为9 150万美元，每年需还贷4 500万美元，收费盈余除用于人员工资及日常开支外，将用于投资新的高速公路项目建设。

2.9.2　值得借鉴的经验和做法

我国正处于高速公路建设飞速发展时期，经济体制改革和立法体系改革也在有序开展。在面临高速公路建设项目管理的一系列问题时，我们需要不断学习国内外先进的建设经验和管理体制，选择适合的高速公路建设项目管理模式。

不论是国内还是国外，其公路工程建设项目管理都存在几个共同特征：一是各国政府均在高速公路建设和管理中发挥着主导作用；二是各种模式都有相对应的资金来源与使用制度；三是在高速公路的规划、投融资、建设、运营、收益和监督管理方面，都有一套较完整和成熟的法律法规作保障。因此，我国要做到比较完善的高速公路建设项目管理，还应该着重考虑以下几点：

1. 遵循政府的领导

无论是收费高速公路还是不收费高速公路，政府都是高速公路管理的组织者和领导者。由于政治、经济、国防等方面的需要，发达国家非常重视高速公路的建设，都在一定的时期内规划过国家级的高速公路网建设，还通过制定相应的法律法规，颁布与高速公路相关的技术标准和规范来保障高速公路的建设和发展运营。建设高速公路耗资巨大，资金问题是关键，政府在高速公路建设的投资方面发挥着至关重要的作用，承担高速公路全部或绝大部分规划建设、运营和养护所需要的资金。同时，政府在财务、预算、审计方面还发挥调控和监督作用，这些都反映出政府的领导在实现高速公路有效管理方面的重要作用。

2. 完善相关法律法规

完善法律和严格依法办事是高速公路规范管理的基础，应当建立健全高速公路管理法律法规体系，增强管理部门和公众的法律意识。国外经验证明，大部分发达国家均有较为完善的公路管理法律、法规，涵盖了公路规划、建设、养护和特许经营的各个方面。同时还对各级公路管理机构的权利和义务进行了较为明确的规定，如美国1956年通过的《联邦资助公路法案》，法国于1955年通过的《高速公路财政法》，日本于1957年颁布的《高速公路干道法》。各国还通过制定相应的法律、法规规定高速公路的资金来源，美国的《公路税收法案》规定以燃油税和重要汽车配件消费税收入组成州际公路信托基金，解决了州际公路的建设资金问题。同时还根据高速公路的类型制定不同的法规，对于收费高速公路，通常有专门针对收费高速公路管理的有关立法，这些法律的颁布与实施有力地保障了高速公路健康有序的建设与管理。各发达国家通过立法的形式，对各级政府在路网管理中的职责，公路管理各部门的设置、任务和目标，管理制度、资金来源等事宜进行明确规定，而且法规十分具体，具有极强的可操作性，减少了管理过程中的人为因素。这些法规随着经验的积累已经较为完善，覆盖了高速公路管理的各个方面，具有可操作性和透明度。

3. 明确部门职责

经验表明，高速公路的规划建设和运营管理客观上需要各级政府之间以及政府与各部门之间的协作，而这种协作是建立在职责明确、分工协作的基础之上的。各发达国家的高速公路建设大都在法律法规中明确规定各相关主体的责任、权利与义务。他们依据各自在路网建设中的层次和功能而设置相关的职责，而这种职责又是各部门相互协作的依据，是政府及相关部门顺利开展工作的保障。

高速公路的建设和运营，涉及多方面的因素，比如建设期土地的利用、资金的筹集、道路的规划，运营期收费的管理，路政、养护、交通管理等。这些工作涉及的职责分工是高速公路事业发展的保障。此外，发达国家中央或联邦政府在高速公路建设中虽然是组织者和建设者，但都将一定的权力下放到地方政府或特许经营公司，对具体管理业务不做过多干预，只起监督和指导的作用，使地方政府和企业有较大的自主权，有利于高速公路事业的发展。我国高速公路管理部门职能交叉错位、权责关系不清、缺乏统一的管理组织机构，是影响和制约高速公路发展的重大问题。我国应借鉴国外比较成熟的做法，彻底理顺高速公路管理中各相关主体之间的关系，减少矛盾与冲突，提高管理效率。

4. 政策扶持与特许经营

发达国家高速公路发展收费公路历史十分悠久，其发展步伐进入 20 世纪八九十年代后有了进一步加快的趋势，最重要的原因是他们大量引入民间资金，实施特许经营制度。

法国是推行特许经营权方式筹集资金建设高速公路较早的国家之一。1955 年提出"允许特许权享有者征收高速公路通行费，以保证偿还由国家、集体或公立机构预付的各种垫款及开支，并保证高速公路的经营、养护、延伸"，并建立了高速公路建设和经营机制。目前，法国高速公路无论其建设、经营还是养护，主要以特许经营模式进行。高速公路特许经营权是通过公开招标，颁发特许经营权（以合同性质），如果达不到预期的经营效益（国家预测的车流量），国家将延长经营期。国家以贷款形式参与特许公司经营，国家与特许公司风险共担，法律和政治上的风险由国家承担；经营和财政上的风险由特许公司承担；技术上的风险和经营风险由特许公司承担，国家承担部分经营风险；经营期一般不能低于 30 年，国家与特许公司有共同的利益。特许经营公司经营期满后，必须将公路完好交还国家。

特许经营制度是国际上通用的收费公路经营管理制度。据了解，目前美国、意大利、法国、西班牙、澳大利亚、英国、马来西亚、新加坡等国家在收费公路管理上广泛推行了特许经营制度，并形成了以特许经营为特色的高速公路建设和管理模式。对高速公路实施特许经营，既是深化行业管理体制改革、规范高速公路建设管理的需要，也是筹措高速公路建设发展资金、完善交通发展融资机制的需要。

思 考 题

1. 简述公路建设的基本程序及各阶段的主要内容。
2. 简述世界银行贷款项目周期及其主要内容。
3. 我国公路建设融资的主要方式有哪些？
4. 简述公路的 BOT 项目建设方式。
5. 简述公路建设项目可行性研究的主要内容。
6. 简述高速公路勘察设计招投标管理的内容和程序。
7. 简述高速公路监理招投标管理的内容与程序。
8. 简述高速公路施工招投标管理的主要内容和程序。
9. 什么是资格预审与资格后审，它们之间有何区别？
10. 如何进行公路工程施工质量评定？
11. 简述公路工程交竣工的依据。
12. 简述公路建设项目后评价的目的与意义。
13. 简述公路建设项目后评价的内容及方法。
14. 试述国内外高速公路建设项目管理的经验与做法。
15. 试述高速公路建设与运营管理的相关性。

附 录

附录2-1 单位、分部及分项工程划分表

单位工程	分部工程	分项工程
路基工程（每标段）	路基土石方工程*①（1～3 km 路段）②	土方路基*，石方路基*，软土路基*，土工合成材料处置层*，砂砾土路基、石灰土路基等
	排水工程（1～3 km 路段）	管节预制，管道基础及管节安装*，检查（雨水）井砌筑*，浆砌排水沟*，盲沟，跌水，急流槽*，水簸箕，排水泵站等
	小桥及符合小桥标准的通道*，人行天桥，渡槽（每座）	基础及下部构造*，上部构造预制，安装或浇筑*，桥面*，栏杆，人行道，台背回填*等
	涵洞、通道（1～3 km 路段）	砂砾垫层基础*，基础及下部构造*，主要构件预制、安装或浇筑*，填土，总体等
	砌筑防护工程（1～3 km 路段）	挡土墙*，填基填土（砂砾），抗滑桩*，锚喷支护*，锥、护坡，导流工程，石笼防护等
	大型挡土墙*，组合式挡土墙（每处）	基础*，墙身，墙背填土，构件预制*，构件安装*，筋带、锚杆、拉杆、总体*等
路面工程（每标段）	路面工程（1～3 km 路段）*立交区（每座）	底基层，上、下基层*，上、中、下面层*，垫层，联结层，路缘石，人行道，路肩，路面边缘排水系统等
桥梁工程（大、中桥每座）	基础及下部构造*（每桥或每墩台）	砂砾垫层基础，扩大基础，桩基*，地下连续墙，承台，沉井*，桩的制作*，钢筋加工及安装，墩台身（砌体）浇筑*，墩台身安装，墩台帽*，组合桥台，台背填土（砂砾）*，支座垫石和挡块等
	上部构造预制和安装*	主要构件预制*，其他构件预制，钢筋加工及安装，预应力筋的加工和拉张*，梁板安装，悬臂拼装，顶推施工梁*，拱圈安装节段预制，拱的安装，转体施工拱*，劲性骨架拱肋安装*，钢管拱肋制作*，钢管拱肋安装*，吊杆制作和安装*，钢梁制作*，钢梁安装，钢梁防护*等
	上部构造现场浇筑	钢筋加工及安装，预应力筋的加工及张拉*，主要构件浇筑*，其他构件浇筑*，悬臂浇筑*，劲性骨架混凝土拱，钢管混凝土拱*等
	总体、桥面系和附属工程	桥梁总体*，钢筋加工及安装，桥面防水层施工，桥面铺装*，钢桥面铺装*，支座安装，搭板，伸缩缝安装，大型伸缩缝安装*，栏杆安装，混凝土护栏，人行道铺设，灯柱安装台背回填及锥坡等
	防护工程	护坡，护岸，导流工程*，石笼防护，砌石工程等

续表

单位工程	分部工程	分项工程
互通立交工程（每座）	桥梁工程*（每座）	桥梁总体，基础及下部构造*，上部构造预制，安装或浇筑*，支座安装，支座垫石，桥面铺装*，护栏，人行道等
	主线路基路面工程（1~3 km 路段）	见路基、路面等分项工程
	匝道工程（每条）	路基*，路面*，通道*，护坡，挡土墙*，护栏等
环保工程（每标段）	声屏障（每处）	声屏障
	绿化工程（1~3 km 路段或每处）	中央分隔带绿化，路侧绿化，互通立交绿化，服务区绿化，取、弃土场绿化等
交通安全设施（每标段）	标志*（5~10 km 路段）	标志*
	标线、突起路标（5~10 km 路段）	标线*，突起路标等
	护栏*，轮廓标（5~10 km 路段）	波形护栏*，缆索护栏*，混凝土护栏*，轮廓标等
	防眩设施（5~10 km 路段）	防眩板、网等
	隔离栅、防落网（5~10 km 路段）	隔离栅、防落网等
机电工程（每标段）	监控设施	通信管道与光电缆线路，光纤数字传输系统，数字程控交换系统，紧急电话系统，无线移动通信系统，通信电源等
	通信设施	通信管道与光电缆线路，光纤数字传输系统，数字程控交换系统，紧急电话系统，无线移动通信系统，通信电源等
	收费设施	入口车道设备，出口车道设备，收费站设备及软件，收费中心设备及软件，IC 卡及发卡编号系统，闭路电视监视系统，内部有线对讲及紧急报警系统，收费站内光、电缆及塑料管道，收费系统计算机网络等
	低压配电设施	中心（站）内低压配电设备，外场设备电力电缆线路等
	照明设施	照明设施
房建工程	参照相关行业标准	

注：① 表内标注*号者为主要工程，评分时给以 2 的权值；不带*号者为一般工程，权值为 1。
② 按路段长度划分的分部工程，高速公路宜取低值。

附录2-2 项目路基、桥涵单位工程一览表

标段	单 位 工 程			
	路基工程	桥梁工程	互通式立交	合计

附录 2-3 分项工程质量检验评定表

分项工程名称：　　　　　　所属分部工程名称：　　　　　　所属建设项目：
工程部位：(桩号、墩台号、孔号)　　　　施 工 单 位：　　　　　　监理单位：

基本要求															
实测项目	项次	检查项目	规定值或允许偏差	实测值或实测偏值										质量评定	
				1	2	3	4	5	6	7	8	9	10	平均、代表值	合格率(%)	权值	实得分
	合　计														
外观鉴定														减分	
质量保证资料														减分	
工程质量等级评定	得分：　　　　　　　　质量等级：													监理意见	

检验负责人：　　　　检测：　　　　记录：　　　　复核：　　　　监理工程师：　　年　月　日

附录 2-4 分部工程质量检验评定表

分部工程名称：　　　　　　　　　所属单位工程：
所属建设项目：　　　　　　　　　工　程　部　位：（桩号、墩台号、孔号）
施　工　单　位：　　　　　　　　监　理　单　位：

施工单位	分 项 工 程					备 注
	工程名称	质 量 评 定				
		实得分数	权 值	加权得分	等 级	
	合　　　计					
加权平均分				质量等级		
评定意见						

检验负责人：　　　　　计算：　　　　复核：　　　　　　　年　月　日

附录 2-5 单位工程质量检验评定表

单位工程名称： 所属建设项目：
路 线 名 称： 工程地点桩号：
施 工 单 位： 监理单位：

施工单位	分 部 工 程					备 注
	工程名称	质 量 评 定				
		实得分数	权 值	加权得分	等 级	
	合　　计					
加权平均分					质量等级	
评定意见						

检验负责人： 计算： 复核： 年 月 日

附录2-6 合同段工程质量检验评定表

合同段名称：　　　　　　　　　　　所属建设项目：
施工单位：　　　　　　　　　　　　监理单位：

单位工程名称	实得分	投资额	实得分×投资额	质量等级	备注
合　　计					
合同段实测得分		内业资料扣分			
合同段鉴定得分		质量等级			

检验负责人：　　　　　　计算：　　　　　　复核：　　　　　　年　月　日

附录2-7 建设项目质量检验评定表

项目名称： 路线名称：
施工单位： 完工日期：

合同段	实得分	投资额	实得分×投资额	质量等级	备注
合 计					
鉴定得分			质量等级		

检验负责人： 计算： 复核： 年 月 日

附录 2-8 工程汇总表

工　　程	实得分数	权　值	加权得分	等　级	备　注
加权平均分				质量等级	

计算：　　　　　　　　　　　　复核：　　　　　　　　　　　　年　月　日

第 3 章 高速公路收费管理

【本章导读】

截至 2014 年年底，全国收费高速公路通车里程已达十万多千米。高速公路的快速建设及收费高速公路政策的实施促进了公路客、货运量的快速增长，并对我国国民经济的进一步发展做出了巨大贡献。随着我国高速公路网的发展逐步成熟，人们对高速公路安全、高效、快速等需求也日益提高，在我国构建"和谐交通"和交通行业向"现代服务业"转型的背景下，高速公路收费系统正向着"联网化、智能化和信息化"方向发展。本章主要介绍高速公路收费管理的基本内容，包括收费目标及政策的确定、收费方式的选择、收费标准的分析确定等；并对联网收费、电子收费系统进行较详细的介绍。

通过本章的学习，使读者了解我国高速公路收费现状与发展，掌握高速公路收费管理的基本知识，及收费系统的基本组成与技术要求，并对联网收费、电子不停车收费的技术有更深刻的了解。

3.1 概　述

3.1.1 收费公路的发展和政策演变

1. 国外收费公路的发展和政策

公路收费的历史可以追溯到 200 年以前的美国，18 世纪末，美国私营公司完成的费城到兰开斯特公路是世界上第一条具有重要意义的收费公路，该公路采用的收费政策使业主不仅很快收回了投资，而且获得了丰厚的利润。由于有利可图，收费公路建设吸引了大量的私人投资。到 1880 年，美国的收费公路有了很大的发展，许多州相继成立了收费公路建设公司，修建了大量的收费公路。当时，宾夕法尼亚州成立了 86 家公司，修建了 3 500 km 的收费公路，纽约州成立了 135 家公司，修建了 2 400 km 的收费公路。

但到了 19 世纪后期，由于铁路的发展使得收费公路进入衰退阶段，收费公路改由政府管理，在此以后的近 100 年时间里，几乎没有再出现收费公路。

20 世纪 20 年代中期，许多国家又开始了收费公路的建设，在美国、日本等国，收费高速公路发展很快。随之，很多的法规也同时出台，1956 年美国颁布了《联邦补助州际道路条例》，该条例规定：凡是收费道路并入州际道路网方可享受联邦政府的经费补贴。1987 年的地面运输补助法（STURR）和1991年的"地面综合交通效率法"（ISTEA）。作为联邦法律，在ISTEA中第一次明确表示，用收费道路的收入再发展收费道路，在完成债务后，仍然可继续收费。另外，ISTEA还首次表示私人机构可以拥有收费道路。

目前，世界上已有60多个国家拥有收费道路，表3-1显示了部分国家、地区的公路与收费公路的发展水平，包括发达的工业化国家和一些发展中国家。意大利、法国和日本是当今世界上发展收费公路最具代表性的国家。这些国家收费道路的共同特点：等级高、里程多、管理和服务水平高，已经形成了一套有关建设、管理、经营收费道路的法规和制度。因而这些国家的道路交通中收费道路的作用日益增大，效益也越来越高，大大促进了公路交通事业的发展。

表3-1 部分国家、地区的公路与收费公路情况

国家/地区	总道路里程/km	总高速路里程/km	总收费路里程/km	占总道路里程/%	占总高速路/%
意大利	314 360	6 444	5 550	1.77	86
日本					
法国	966 000	14 886	6 305	0.65	42
英国	372 000		8	0	
美国	6 420 000		7 963	0.11	
匈牙利	158 600	435	57	0.04	13
西班牙	343 200	7 194	2 255	0.66	31
阿根廷	216 000	10 400	9 800	4.54	94
智利	79 800		3	0	
哥伦比亚	10 700		1 330	1.24	
巴西	1 980 000		856	0.04	
印尼	260 000	530	530	0.20	100
韩国	77 000	1 880	1 880	2.44	100
马来西亚	94 000	1 702	1 127	1.20	66
南非	525 000	1 440	825	0.16	57
泰国	64 600	300		0.46	
菲律宾	160 000		140	0.09	
墨西哥	303 262	5 683	5 683	1.87	100
中国香港	1 760		68	3.85	

注：表中数据统计截止到2000年。

2. 国内收费公路的发展和政策

我国的收费公路建设是20世纪80年代开始起步的。1984年1月，广东省建成第一座收费大桥——广深线中堂大桥；1984年年底，第一条收费公路——中山市张家迈进港公路——也宣告通车。截至2014年年底，我国446.39万km的公路总里程中，收费公路里程16.26万km，占公路里程比重为3.64%，其中，收费高速公路里程为10.67万km。随着高速公路里程的不断增加，以及收费公路专项清理工作的不断进行，全国收费公路结构有所调整优化，高速公路、一级收费公路和二级收费公路里程占收费公路里程的比重分别是65.62%、14.39%和19.43%。未来，基于构建"两个公路体系"，即"以高速公路为主的收费公路体系和以普通公路为主体现普遍服务的非收费公路体系"的总体思路，收费公路比例将逐步压缩（目标为降至3%左右），同时，收费公路内部结构将继续优化。

自1984年"贷款修路、收费还贷"的收费公路政策确定以来，公路收费模式迅速铺开，为了进一步加强收费公路的管理，1988年1月，交通部、财政部国家物价局联合颁发了《贷款修建的高等级公路和大型公路桥梁、隧道收取车辆通行费的规定》。这是我国关于收费公路的第一部法令性文件，标志着我国的收费公路建设已进入法制化的轨道。该文件对收费目的、收费条件、收费期限等做出了明确规定。收费公路政策的实施，拓宽了我国公路建设的投融资渠道，对加快我国公路基础设施建设、促进国土资源开发、优化产业布局、保障人民群众安全便捷出行、推动经济社会健康持续发展，都发挥了极为重要的作用。

1994年，针对收费公路在发展过程中出现的"收费站（点）设置审批管理不严，甚至失控，造成公路沿线设置的收费站（点）过多过密，严重影响车辆的正常运行，社会反映强烈"等问题，交通部、财政部、国家计委联合颁布的《关于在公路上设置通行费收费站（点）的规定》，把收费条件进一步规范在（1）封闭（包括部分封闭）型的汽车专用公路；（2）平原微丘区超过40 km和山岭重丘区超过20 km的一般二级公路；（3）长度超过300 km的公路桥梁和长度超过500 m的公路隧道。

2004年国务院颁布的《收费公路管理条例》对收费标准和法规在很多方面进行了修改，并规定了收费公路的规模与技术等级：（1）高速公路连续里程30 km以上，但是，城市市区至本地机场的高速公路除外；（2）一级公路连续里程50 km以上；（3）二车道的独立桥梁、隧道，长度800 m以上；四车道的独立桥梁、隧道，长度500 m以上。技术等级为二级以下（含二级）的公路不得收费。但是，在国家确定的中西部省、自治区、直辖市建设的二级公路，其连续里程60 km以上的，经依法批准，可以收取车辆通行费。《收费公路管理条例》明确规定，全部由政府投资或者社会组织、个人捐资建设的公路，不得收取车辆通行费。政府还贷公路（指县级以上地方人民政府交通主管部门利用贷款或向企业、个人集资建成的收费公路）的收费期限，按照用收费偿还贷款、偿还有偿集资款的原则确定，最长不得超过15年。国家确定的中西部省、自治区、直辖市的政府还贷公路收费期限，最长不得超过20年。经营性公路（指国内外经济组织依法受让收费权的收费还贷公路，或依法投资建成的收费公路）的收费期限，按照收回投资并有合理回报的原则确定，最长不得超过25年。国家确定的中西部省、自治区、直辖市的经营性公路收费期限，最长不得超过30年。

2009年，为了优化收费公路结构，完善收费公路政策，逐步建立政府提供普遍服务的普通公路网络，促进经济社会持续健康发展，国家发改委、交通运输部和财政部联合制定了《逐步有序取消政府还贷二级公路收费实施方案》。该实施方案提出的工作目标与任务是：（1）东部地区根据《收费公路管理条例》已从2004年11月起停止发展二级收费公路；中部地区从2009年1月1日起，停止审批新的二级收费公路项目；西部地区的省（区、市）如逐步取消政府还贷二级公路收费，从决定之日起，同步停止审批新的二级收费公路项目。（2）从2009年起到2012年年底前，东、中部地区逐步取消政府还贷二级公费收费，使全国政府还贷二级收费公路里程和收费站总量减少60%。西部地区是否取消政府还贷二级公路收费，由省（区、市）人民政府自主决定。

2011年6月，为切实解决收费公路超期收费、违规设站（点）等突出问题，交通运输部、国家发展改革委、财政部、监察局和国务院纠风办下发了《关于开展收费公路专项清理工作的通知》。该通知明确规定了需要清查的违规收费公路及收费（点），要求降低偏高的收费标准,并提出了分阶段清查步骤。通知中对《收费公路管理条例》正式实施前已经依法批准实施的"非封闭式收费公路的同一主线上,相邻收费站(点)的间距少于 50 km 收费"要限期调整站(点)位置或撤并部分站(点),使站(点)间距符合《收费公路管理条例》的规定。对《收费公路管理条例》正式实施前完成收费权转让,但收费期限不符合《收费公路管理条例》规定的收费公路及收费站(点),要调整已批准的收费期限,使累计的收费期限总和符合《收费公路管理条例》及《收费公路权益转让办法》的规定。

随着近年来我国汽车保有量的快速增长,在重大节假日期间,部分公路收费站因车流量大、排队缴费而导致的拥堵现象时有发生,直接影响公众的通行效率,增加了公众的出行成本,同时降低了公众出行的舒适性。为提高车辆通行效率,缓解收费站拥堵状况,保障收费公路高效畅通,使公众在重大节假日期间能够方便快捷出行,降低出行的成本,彰显收费公路的公益属性,2012 年 7 月 24 日,国务院颁布了《重大节假日免收小型客车通行费实施方案》,方案的具体实施范围如下:

(1)免费通行的时间范围为春节、清明节、劳动节、国庆节四个国家法定节假日,以及当年国务院办公厅文件确定的上述法定节假日连休日。免费时段从节假日第一天 00:00 开始,节假日最后一天 24:00 结束(普通公路以车辆通过收费站收费车道的时间为准,高速公路以车辆驶离出口收费车道的时间为准)。

(2)免费通行的车辆范围为行驶收费公路的 7 座以下(含 7 座)载客车辆,包括允许在普通收费公路行驶的摩托车。

(3)免费通行的收费公路范围为符合《中华人民共和国公路法》和《收费公路管理条例》规定,经依法批准设置的收费公路(含收费桥梁和隧道)。各地机场高速公路是否实行免费通行,由各省(区、市)人民政府决定。

3.1.2 征收车辆通行费的目的和意义

不同国家道路收费的目的不相同,我国高速公路征收车辆通行费有以下目的与意义:

1. 为高速公路建设开辟新的资金渠道

高速公路是一项耗资巨大、建设周期长的公共设施,不论是发展中国家还是发达国家,都面临着建设和养护高速公路系统资金缺乏的问题。征收车辆通行费,不仅可以开辟新的公路建设资金来源,而且可以吸引私人企业和个人投资高速公路建设,解决高速公路建设长期依靠政府财政的弊端。

2. 为加强公路养护与管理提供条件

过去,我国公路养护实行专业化与民工建勤相结合的制度,国道、省道一般以固定专业养护工人为主,县道、乡道一般以建勤轮换工和组织当地群众养护为主。公路养护依附于行政部门,业务靠计划,资金靠拨款,材料靠调拨,赢利要上缴,亏损要补贴。征收车辆通行费后,高速公路养护与管理资金可以直接从征收的车辆通行费中提取,减少了许多中间环节,克服了许多年来公路养护中不计成本、不计经济核算的种种弊端。从而,有利于提高公路养护管理水平,推进公路养护管理由事业型向企业化过渡。

3. 逐步树立高速公路市场观念，推进了高速公路企业化管理的实施

高速公路除具有一般公路的基本属性外，还具有其独特的经济技术特性。一般公路主要反映其社会公益性的特点，因而其建设和使用价值的补偿主要采用征收税、费的形式，其管理亦以事业管理为主。高速公路与一般公路相比，具有明显的级差效益，这就决定了高速公路可以依据市场法则，实行企业化管理，并通过征收车辆通行费对其价值进行补偿。

4. 体现了"内在"的公平合理性，即"谁受益、谁支付，多受益、多支付"的原则

随着国民经济的发展，社会对运输业的需求从对量的追求逐渐转向对质的追求，交通业也从供需适应型逐步转变为速度效率型。高速公路建设正是适应了这个趋势，道路使用者作为高速公路的直接受益者，其营运费用普遍下降、行驶时间大大缩短、运输质量明显提高。高速公路所带来的级差效益，为各类道路使用者所分享，高速公路建设与养护费用理应公平合理地分摊到道路使用者身上。

3.1.3 高速公路收费的基础

在我国现阶段，高速公路建成通车以后，一般都要对使用高速公路的车辆收取通行费，从投资经济学的角度分析，其收费的理由主要有如下三点：

1. 高速公路是一种特殊的商品

高速公路与其他公路相比级差效益很明显，具有很强的商品性。级差效益主要体现在修建标准高、造价高，因此和一般公路相比有级差效益。由于其在国民经济中的作用，又使它与一般商品相异成为特殊商品。高速公路商品属性的理论基础就是其产生的级差效益。对车辆征收的通行费只是其级差效益的一部分。级差效益主要包括：提高公路等级而使运输成本降低所产生的效益，节约运营时间产生的效益，减少交通事故产生的效益。

2. 高速公路属于经营性基础设施

基础设施分为公益性和经营性两大类，高速公路属于经营性基础设施。大多数公路具有极强的社会性、公益性，供使用者无偿使用。虽然也收取使用者养路费和燃油附加税、通行费，但这些税费主要用于公路的养护和改善。目前，由于高速公路建设资金来源的多元化，客观地决定了我国高速公路是一种经营性资产，属于经营性基础设施。各种资金都需要回收，并应获得相应的投资利润，这是对使用高速公路的车辆收取通行费的直接依据。

适当征收通行费，大力发展收费高速公路，可以从根本上解决高速公路建设资金短缺问题。

3. 控制交通量的需要

当高速公路的使用产生了交通拥挤而暂时又无法增加通行能力（道路供给缺乏弹性）时，应当采取收费来缓解交通拥挤。

在我国现阶段，为解决高速公路的拥挤而进行收费的情况很少，大多数高速公路收费都是为了还贷和经营。由于建设资金的短缺，为了扩大资金的来源渠道，吸引更多的外资和社会资金，特许收费经营就成为必然选择。在这种情况下，特许经营公司出资向政府买断高速

公路的经营权,对高速公路进行经营管理,所得收入用于还债,用于公司投入资金的回收和获取相应的收益。

3.2 高速公路收费的制式和种类

3.2.1 收费制式

收费制式是道路收费系统的基本体制和方式。收费制式决定了道路收费系统的建设规模、建设位置、收费流程等。在选择收费制式时,必须考虑到经济性、公平合理性、交通延误大小、对环境的影响等多方面因素。世界各国高速公路的收费系统通常采用四种制式:均一式、开放式、封闭式和混合式(见图3-1)。

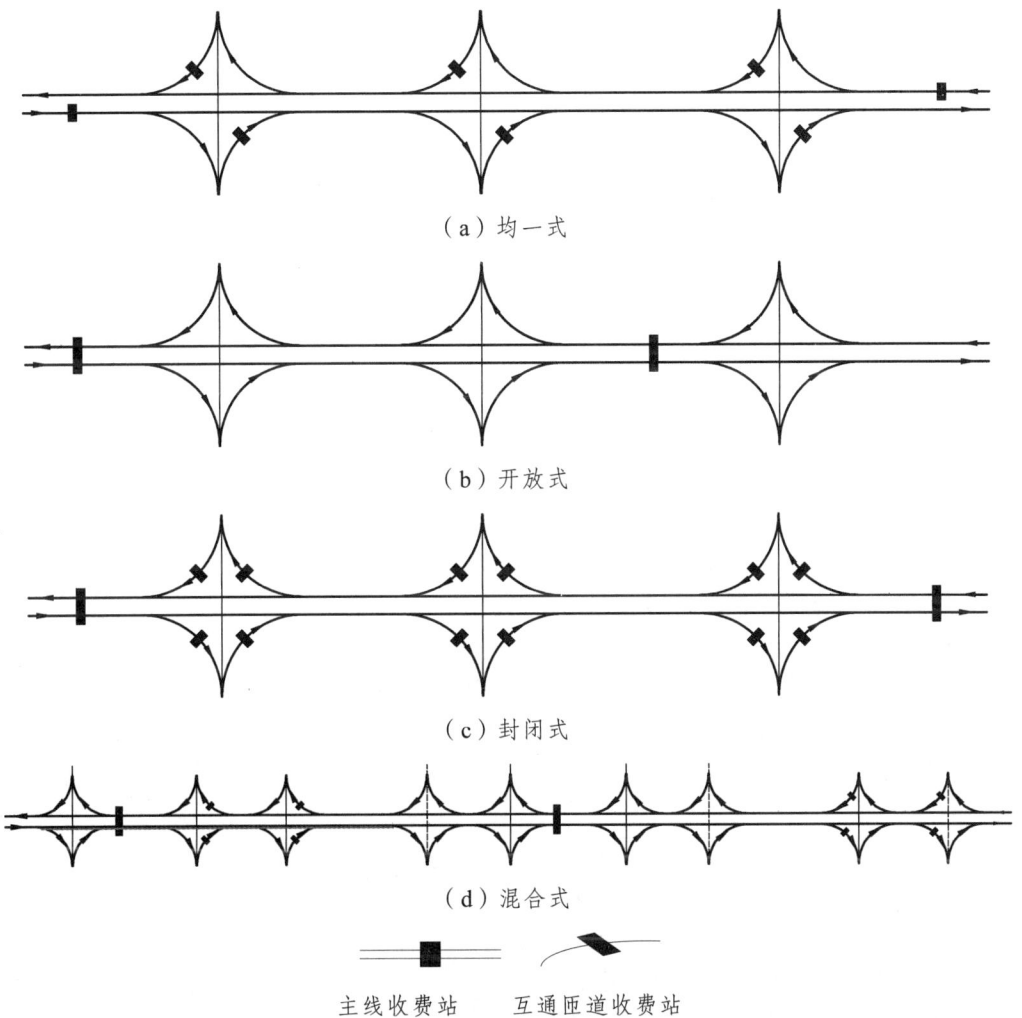

(a)均一式

(b)开放式

(c)封闭式

(d)混合式

主线收费站　　互通匝道收费站

图3-1　收费系统采用的收费制式简图

1. 均一式

均一式是最简单的一种收费方式,其收费站一般设置在高速公路的各个匝道入口处(包括主线两端入口和互通立体交叉入口),而主线和匝道出口都不再设站,车辆只需经过一个收费站缴费后,就可以在高速公路内自由行驶,不再受阻拦(收费站全部设在出口亦然)。收费标准仅根据车型这一个因素确定,不考虑行驶里程,且各个入口收费站都采取同一收费标准。

均一式收费制式具有如下优点:

(1)不会出现漏收情况。

(2)车辆只需一次停车缴费且收费标准单一,收费手续简便、效率高,对交通影响小。

(3)由于只在入口建收费站,所以对道路和互通立交的限制不是很严格,而且由于收费效率高,只要较小规模的收费广场就可以保证车辆不致排队等待,这样既节省了土建投资,也节省了运营费用。

(4)可兼顾入口交通管理。当主线交通量趋于饱和时,可以通过限制通过量或关闭部分或全部收费车道来实现高速公路的驶入控制。

由于均一式实行入口一次收费,如果道路里程较长,车辆行驶里程的差距较大,交纳同样的通行费就显得不够公平合理。因而均一式比较适合于城市高速公路和短途城市间的高速公路。这种道路的交通特点是道路总里程较短,道路出入口(互通式立交)多而且间距小,车辆行驶里程差距不大,而交通量很大。日本东京的首都高速公路便采用了该种收费制式。

2. 开放式

开放式收费又称栅栏式收费系统或路障式收费系统。其收费站建在主线上,距离较长的高速公路可以建多个收费站,间距一般在 40~60 km 不等。各个互通式立交的出入口不再设站,这样车辆可以自由进出公路,不受控制,高速公路对外界呈"开放"状态。

每个站的收费标准和均一式一样也是固定的,仅因车种不同而变化。但各收费站的标准则因相互距离不等而有所区别,车辆通过收费站时停车缴费,长途车辆可能经过多个收费站而多次缴费,这样也大致体现了依据行车距离决定收费的原则。这种制式适用于较短距离或互通式立交较少的道路,或者收费的桥梁和隧道。我国新疆境内的吐鲁番—乌鲁木齐—大黄山高等级公路采用的是开放式。

开放式收费方式的优点:

(1)收费站和收费车道数较少;收费站与互通立交不建在一处,因而立交形式不受收费站的影响,可以选择最简单式,所以建设投资较少,管理维护费用也低。

(2)长途车辆因缴费需多次间歇停顿,可减缓驾驶员因单调驾驶而产生的困倦,客观上有助于行车安全。

(3)当需要时容易改造成免费道路。

(4)收费设备简单,容易实现自动化。

(5)缴费简便迅速,对交通影响小。

(6)其中央若干条收费车道可以建成往复变向车道,以适应上下行交通量在一天的不同时刻出现明显差别的情况,使设施利用率提高。

开放式收费方式的缺点：
（1）不能严格根据行驶里程收费，因此收费标准不易做到准确合理。
（2）当在两站之间设有两个以上互通立交时，会出现漏收情况。
（3）长途车辆多次缴费延误旅行时间，容易引起使用者反感。
（4）不能兼顾高速公路出入口的交通管理，不便阻止行人、非机动车辆及不合格车辆的进入，这对于混合交通严重且使用者缺乏现代交通意识的地区来说是很不利的。

3. 封闭式

封闭式收费是在高速公路的起点、终点建立主线收费站，在所有互通立交的出、入口建立匝道收费站。车辆进入高速公路都要受到控制，但在高速公路内部则可以自由行驶，高速公路对外界呈"封闭"状态。车辆行驶在高速公路上时全程停车两次，缴费一次，领通行券一次。封闭式收费系统通常都是按入口发卡、出口收费的原则来进行设计，收费口的几何设计也是以进口的通行能力比出口通行能力高为前提进行的。

目前，国内多采用封闭式收费制式，即：进入公路网行驶的车辆，在入口领取记录有其行驶记录和有其行驶特征信息的通行券，出口交回通行券并按其行驶里程及车型交纳通行费。

在管理初期，采用入口收费、出口验票的方式，其优越性在于出口处通过人工校验通行票，基本上可防止作弊，比较适合于人工收费系统。但是随着交通流量的不断增大，收费口服务水平往往不能满足使用要求。除出现排队问题外，还会因交通网络的逐步完善和规模增大，限制了客户行车路线的自由变更，缺乏机动性。

封闭式收费的优点：
（1）控制漏收情况。
（2）严格按车种和行车里程收费，公平合理。
（3）以兼顾出入口的交通管理。
（4）停车及缴费次数少，使用者容易接受。
（5）借助通行券上记录的信息，可以获得多种交通情报，如各出入口的分时交通量、各立交交通量的分配、各路段交通量及平均车速等，同时，亦可依据记录的信息，对收费人员的工作量、差错率及工时利用率等实行跟踪管理与考核。

封闭式收费的缺点：
（1）收费站及收费车道数多，收费站与互通立交合建一处，为便于收费，立交形式需作专门考虑，造成投资增大。
（2）入口、出口车道因分别装有各自的收费设备而相对固定，不易开辟中央往复变向车道。
（3）入口操作简便，但出口操作复杂，费时较多，为了不影响交通，只能增多出口车道。
（4）收费设备复杂，造价高，管理维护费用高。

一般，封闭式收费制式适用于距离较长、互通立交较多、车辆行驶里程差距较大的场合。

4. 混合式

混合式收费是开放式和封闭式两种收费方式的混合，其基本出发点是将两者的优点结合起来，形成一种新型的、简单有效的收费制式，用在中长距离的收费公路上。这种收费制式在主线上设一定数量的收费站，间距大于 40 km，在两主线站之间的部分匝道设收费站。每个收费站的标准不同，但对每一个站来说仅根据车型不同而变化，在减少漏收和不合理收费额的前提下，收费区间要认真分析确定。

大多数国家的高速公路都是分阶段修建的。最初修建的路段往往较短，所以有时先在主线上建一个收费站，成为开放式系统。以后随着线路的延长，从整体考虑不宜采用开放式，但原有的收费系统已经运转多年，制式很难改变，于是就发展成开放式和封闭式的混合形式。此外，还有均一式、开放式、封闭式等多种形式混合的例子。如美国新泽西州亚特兰大城高速公路，既在入口收费，又在出口和路段收费，收费标准是固定的，和开放式相似。

混合式收费的优点：
（1）手续简便，对交通影响小。
（2）不会漏收。
（3）收费站比封闭式少，因而建设期相关土建、设备和配套设施少，投资省。
（4）收费标准比较合理，适应分段收费的需要。
（5）收费设备、管理简化，总的运营成本较低。

混合式收费的缺点：
（1）不能严格按里程收费。
（2）不能兼顾所有出、入口的管理。
（3）道路里程长时，长途车辆许多次停车缴费。

近年来，随着我国高速公路建设的迅猛发展和高速交通网络的不断形成，在跨省高速公路和省内各地区高速公路间，由于投资主体的不同和利益差异，在收费方案选择与协调、通行费分配与监督等方面，都存在诸多需要研究与解决的问题。但无论各地采用何种收费制式，就我国高速公路总体网络而言，最终形成混合式收费系统应当是最为合理的选择。根据《收费公路管理条例》第十二条的规定，高速公路以及其他封闭式的收费公路，除两端出入口外，不得在主线上设置收费站，但是，省、自治区、直辖市之间确需设置收费站的除外。非封闭式的收费公路的同一主线上，相邻收费站的间距不得少于 50 km。

3.2.2 收费制式的比较和选择

1. 收费制式的比较

均一式、开放式、封闭式和混合式四种收费方式各有其自身的特点，表 3-2 对不同收费制式，从建设成本与运营成本、收费效率、对主线交通影响等多方面进行比较。

表 3-2　四种收费制式比较

项　目	开放式	均一式	封闭式	混合式
收费效率	高	高	最低	较低
运营费用	最低	高	最高	较高
建造成本	最低	高	最高	低
管理困难度	最容易	难	最难	容易
立体交叉增减困难度	最容易	难	最难	略难
使用者费用	不完全	完全	完全	完全
依行驶里程计费	不完全	最差	最佳	佳
对地区交通影响	甚微	严重（上）甚微（下）	严重	局部严重（上）/甚微（下）
对主线交通影响	最严重	甚微（上）严重（下）	甚微	严重
短程交通管制	无效	最有效	有效	有效
缓解城市区段短程交通	可以	较难	甚难	较难
收费站数量	少	较多	最多	多
收费车道数	少	较多	多	较少
安全性	差	好	较好	最差
延误大小	大（长途）	最小	小	最大
兼顾交通管理	无	较好	好	较差

2. 收费制式的选择

收费制式对高速公路的建设标准、规模、投资及运营管理有很大的影响，在规划设计阶段应根据路网特点、地区特点、工程投资和管理费用合理选择收费制式。

（1）在城市出入口路段、环城路段和短途城市间路段以及总里程短、出入口密集、交通量大、收费站受限制的路段，宜采用均一式收费制式。

（2）在里程较短或互通式立体交叉稀少的高速公路可考虑采用开放式收费制式。

（3）高速公路里程较长、互通式立体交叉较多以及车辆的行驶里程差距较大时，可考虑采用封闭式收费制式。

（4）高速公路跨接两个或两个以上大中城市或经济区，互通式立体交叉在两端都比较密集而在两个城市（经济区）之间相当长的距离不设或很少设置的高速公路可采用混合式收费制式；对于欠发达地区要带动地方经济发展，或近期预测交通量较小，不具备收费站设置条件或分期修建的高速公路也可采用混合式收费制式。

（5）省际或省内进行联网收费时，所有联网高速公路必须统一采用封闭式收费制式，以合理分配通行费和进行收费统一管理。

3.2.3 收费方式

收费方式总的来说可以归纳为三大类，即人工收费、半自动收费和全自动收费系统。根据需要可以对货车施行计重收费方式。

1. 人工收费

人工收费基本上不使用微机，是由人工识别车型、收取费用、发放票据、放行车辆。一般在开放式的收费道路、桥费收费口采用。这种方式的最大优点是：简单易行，可节省大量的建设及管理经费；缺点是：少收、漏收、闯口等现象严重，同时要求收费人员的素质条件高，若管理不善，容易引起票款差错，舞弊和贪污现象。

完全由手工完成收费工作的方式已经很少采用。

2. 半自动收费

半自动收费系统也称计算机辅助收费系统，由人工和计算机相互配合，共同完成收费工作。半自动收费的具体工作过程是，采用人工识别车型或仪器识别，人工收取通行费，利用计算机及自动控制技术自动读写信息、计算收费金额、打印数据、累计和汇总。这种方法既避免了设备过于复杂的问题，又对作弊行为起了很好的抑制作用。国内高速公路大都采用半自动收费方式，即收费人员判别车型，发通行券、收通行券、收费，计算机对收费信息进行校验和管理，由闭路电视系统进行监控。

3. 全自动收费

（1）硬币式自动收费系统

在收费站的通道上安装硬币收费机，车辆经过时，车主把规定数额的硬币投入收费机硬币装置内。收费机收到硬币后，会自动鉴别硬币的真伪和数量。确认所投硬币正确无误时发出指令，开起收费站的栏杆或亮出可以通行的绿色信号灯，允许车辆通行。

目前在我国推行这种收费系统尚有困难，其一，设备来源困难，靠进口要花大量外汇；其二，对设备维护人员要求很高；其三，国内流行货币以纸币为主，还需生产大量供收费使用的有价硬币。

（2）全自动车辆辨认收费系统

这是多种先进的计算机、通信和激光技术的合成，采用全自动车辆辨认收费系统，需要预先在车辆规定的位置点上与该车相对应的识别条码。车辆经过收费站时，激光判读装置自动读取识别条码并传递给计算机，计算机按接受的条码来读取预先储存的该车车型、车主姓名和所有计费信息，系统按相应的规定收费制计取费用，此外还可以进行更为复杂的车辆管理工作。收费设备对车辆进行识别辨认后，把判读结果转换为可处理的数字信号，为收费及其他信息提供了良好条件。

同时，全自动车辆辨认收费系统不仅判断车型，而且可以得到有关车辆和车主的诸多信息，这就使收费方式变得更加灵活。如车主预先交付一定数量的费用，车辆每次经过收费站，系统自行计费并记录存额，到一定时间按累计费额统一结账；另一种方式为车主不预先付款，定期按累计费额发寄收费单，要求车主按规定的时间和方式缴费。这种系统最大优点是车辆通过收费站时不需要停车，可以大幅度提高收费车道通过能力。我国建成的高速公路均已开辟收费车道可采用这种收费系统。

4. 计重收费方式

计重收费方式以实地测量的轴重、轴距、轴数等数据，以货车总质量为依据计重收取车辆通行费，该方式主要是针对人工半自动收费方式中人工判别货车车型带来的"大吨小标""一车多证""超限超载运输"等弊端而提出的一种收费方式。国务院交通主管部门于2005年9月发布了《关于收费公路试行计重收费的指导意见》，旨在对人工半自动收费方式的货车车型分类进行调整和完善，是对货车通行费征收方式的改革，是一种较为公平、合理、科学的通行费征收方式。从我国对超限超载车辆的治理效果来看，计重收费是限制超载车辆的有效方式。目前，我国除西藏、海南外，其他省份地区均已实现货车计重收费。

3.2.4 收费方式的比较和选择

各种收费方式都有自己的特点和运用范围，下面从其缴费等候延误、征费率、投资成本、作业成本和实施难度五个方面进行比较。

1. 缴费等候延误

缴费等候延误是车辆进站减速、排队等候、缴费和驶离收费车道达到允许最高车速所需时间之和。其中办理缴费的时间主要由设备处理时间、人工操作设备时间和缴付通行费时间三个部分组成，因而在同样的付款方式下，人工收费方式造成的驾驶员等候延误比半自动收费方式要大。如果采用非接触IC卡为通行券或采用刷卡付费，减少收费找零，可在极短的时间内完成交易，大大减少了办理收费的时间，因而此种收费方式的缴费延误比人工方式减少许多。不停车收费方式可允许车辆以某一速度（可无需减速）通过收费站，因此不会产生等候延误。

2. 征费率

收费系统的主要目标是将应该征收的费额全部收回。事实上由于存在差错和费额的人为流失，征收率很难达到100%。差错表现为设备执行错误和人为的操作差错；人介入收费过程会使某些环节存在作弊的可能性。一般而言，可靠度高、精度高的设备的出错率比人工操作要低。收费系统防作弊的功能应为：

（1）减少或删除收费过程的人工操作过程。
（2）将影响收费金额的操作全部记录在案，以备事后检查。
（3）采用非现金付款方式或减少采用现金付款的车辆数。

半自动收费方式可部分满足第一个和第三个要求，可全部满足第二个要求，因此征费率比人工方式高出许多。不停车收费方式完全无人参与，不采用现金付款方式，设备出错率低，因此征费率最高。

3. 投资成本

投资成本是指收费站必要设施与管理设施的设置成本。人工收费除基本的土木建筑外，不需任何机器设备，因此投资最低；半自动收费方式除需人工收费方式的土木建筑费外，还需投资机器设备，因此投资成本高；而不停车收费方式，尽管收费设备单价很高，但因收费效率很高，所需设备数量和收费站占地面积比半自动收费方式所需要少，因而可能投资成本并不一定很高。

4. 作业成本

作业成本是指收费系统每年必须支付给收费人员与管理人员的各种开支（如工资、福利、培训、住房等）以及收费业务与收费设施维护所需费用等。人工收费方式作业成本主要为人事费用，而此种成本可能会因采用一些机器设备代替部分人工收费，因收费人员数量降低，可望减少。但半自动收费方式需增加设备维护费和材料消耗开支等，特别是像使用磁票为通行券的现余付款方式这类收费方式，其作业成本可能比人工收费方式高出许多。不停车收费方式可做到几乎无人直接参与，而所采用的设备都是无接触读写设备和测量设备，可靠性和精度都很高，其作业成本主要为设备维修费用，应该可维持低作业成本水平。

5. 实施难度

人工收费方式的缴费程序对收费员或驾驶员均简单明了，若发生异常情况，例如缴费额不足，违章车辆（冲卡）或钱币真伪辨别等，收费员可迅速反应。因此，实施难度最低。半自动收费方式在缴费过程中需要驾驶员了解整个程序并完全配合，收费员必须按规定程序进行工作，如果发生设备故障、通行券损坏时，较难即时处理。自动收费方式在实施初期会发生部分车辆未装车载电子标签而驶入 ETC 车道问题，给收费管理带来较多困难，因此，初期实施难度较大。随着技术的发展和人们缴费意识和自觉性的提高，自动收费方式实施难度为最低。

各种收费方式的比较如表 3-3 所示。

表 3-3　各种收费方式的比较

项目	人工收费方式	半自动收费方式	全自动收费方式 （一般是不停车收费方式）
缴费等候延迟	大	小	无
征费率	低	高	最高
投资成本	最低	高	高
作业成本	低	高	低
实施困难度	最小	小	初期较大

可参照以下几个方面选择收费方式：

（1）收费方式对确定收费系统的规模、运行管理、联网收费等关系密切，除特殊情况外，高速公路建成初期应采用半自动收费方式。

（2）对于经济发达、交通量大、社会支撑条件好的地区，在交通易堵塞的路段可考虑采用全自动收费方式，但应先试验再扩大应用范围。

（3）临时收费站或受投资限制分期建设时，宜采用人工收费方式，并采用相应的监督措施，防止收费员的舞弊行为和杜绝费用的无故流失。

（4）高速公路进行联网收费后，为了确保收费及时查账、减少收费漏洞、提高管理水平，应统一采用半自动收费方式，并为全自动收费方式预留发展空间。

3.3 收费标准的分析

收费道路作为一种服务产品提供给用户，既具有普通产品的特点，也具有专卖产品的特点（专卖产品质量有保障，容易得到买家信任，服务性偏多，即无形性，生产与消费同步），因此，收费标准的制定除符合市场经济的要求外，应综合考虑成本、社会效益、用户接受程度等多方面因素。

3.3.1 影响收费标准的因素

1. 投资额

无论以何种理论作为确定收费标准的基础，都必须将公路建设投资额作为确定收费标准的重要影响因素。因为收费的第一目的就是回收公路建设初始投资，并在此基础上取得一定的投资回报。在其他条件同等的情况下，公路投资额越大，分配到每个高速公路使用者身上的投资额也就越大，因此收费标准也就越高。

2. 收费交通量

收费交通量是指公路收费条件下实际发生的交通量。收费交通量与收费标准相互影响，相互制约。二者成反比例关系。同时路网结构以及与收费公路平行的不收费公路的技术状况也直接影响收费交通量。一般而言，路网结构完善，平行公路技术等级高，行车条件好，则转移交通量大，收费交通量小。

3. 道路使用者的消费心理

由于出行目的不同，一般来讲，道路使用者选择高速公路时主要会考虑如下三个因素：节约运行成本、节约时间、行驶安全性与舒适性。因此在制定收费标准时，要考虑高速公路影响区域内道路使用者的构成情况。

4. 地区经济发展水平和人口增长速度

在经济比较发达的地区，平均收费标准自然要高于经济相对比较落后的地区，如表3-4所示。而人口的增长则反映了该地区经济的增长，特别是当一个地区外来人口较多时，就表示该地区的就业机会比其他地区要多，相应收入水平也比其他地区要高，因此收费标准也应比其他地区高。

表 3-4　不同地区收费标准比较

地　　区	福建	上海	宁夏	广西
一类车（2 t 及以下）收费标准/元/km	0.55	0.6	0.3	0.4
GDP（2014 年）/万亿元	2.41	2.36	0.28	1.57

5. 物价波动

物价波动对收费标准的影响，不仅反映在收费标准的制定上，也反映在收费标准的调整上，并且直接关系投资人、经营者、道路使用者的利益。对收费高速公路来讲，一般应根据市场的物价指数和用户效益的增长，在恰当的时间调整收费标准。

6. 环境污染和交通安全

高速公路解决环境污染和交通安全问题可以通过收费标准对交通量进行控制来达到。高速公路往往修建在交通比较拥挤和繁忙的地区，通过制定合理的收费标准，使高速公路上的流量合理，利用率达到最大，但又不会形成拥挤和堵塞，这样使得运输效益提高，解决了拥挤问题，也解决了因拥挤而带来的环境污染和交通安全问题。

3.3.2　收费标准的分析

《收费公路管理条例》第十六条规定：车辆通行费的收费标准，应当根据公路的技术等级、投资总额、当地物价指数、偿还贷款或者有偿集资款的期限和收回投资的期限以及交通量等因素计算确定。按照上述要求和收费定价的原则，确定公路收费标准，一般分为两个步骤：第一步，划分车型，分析不同车型的收费系数，初步拟定收费标准；第二步，根据初拟的收费标准、公路的投资总额、贷款额、贷款偿还期限、交通量、物价水平、建设项目的经济效益以及公司经营的合理盈利目标进行财务分析，选择适当的收费标准。

1. 车型划分及确定收费系数

划分车型的主要目的就是保证通行费征收的相对公平性。收费系数指某种类型的车行驶每千米所需要缴纳的单位费用。一般而言，征收的通行费应在某种程度上反应不同车辆对公路的使用和破坏，同时也要考虑收费公路的车型构成比例、车辆分类的检测手段、车型判别的简明性。因而车型分类的原则是：公平合理性和简单明确性。

我国至今为止大多数的收费公路是以车辆的额定载重为依据进行分类的，各省的分类标准不尽相同。为了规范全国机动车车型分类，解决各省、自治区、直辖市由于车型分类不统一带来的车辆通行费标准差异大、社会反映强烈等问题，并为收费公路联网收费创造条件，交通部于 2003 年 4 月 23 日发布了《收费公路车辆通行费车型分类》（JT/T489—2003），如表 3-5 所示。

表 3-5 收费公路车辆通行费车型分类

类别	车型及规格	
	客车	货车
第 1 类	≤7 座	≤2 t
第 2 类	8~19 座	2~5 t（含 5 t）
第 3 类	20~39 座	5~10 t（含 10 t）
第 4 类	≥40 座	10~15 t（含 15 t） 20 ft① 集装箱车
第 5 类		>15 t 40 ft 集装箱车

在划分了收费车型之后，不同车型间的收费系数决定了不同车辆之间的付费程度。一般而言，运营效益越大的车辆，其载质量、吨位和乘客数量也越大，对路面的损害程度也越大。车辆对道路的破坏主要取决于车辆的最大轴重。研究表明，超载大型车辆是导致道路损害的致命因素。1958 年美国各州公路工作者协会（AASHO）在研究了不同汽车轴载质量对各种结构及材料修筑的路面的破坏情况后，提出了反映汽车轴载质量与公路路面之间破坏关系的"四次方法则"，即汽车对路面的破坏作用与汽车轴载质量的 n 次方成正比，用公式表示为：

$$N = \left(\frac{P}{P_0}\right)^n \tag{3-1}$$

式中 P_0——标准轴载质量；

P——任一轴载质量；

N——P 对路面的作用次数换算成 P_0 对路面的作用次数。

对路面的重复作用次数的换算系数，也可称为破坏系数。这一著名研究成果已被各国道路工程界所采用。各国所取的标准轴载质量及指数 n 取值各不相同。

如果按照上述理论测算得出的费率关系，一辆集装箱车的通行费将会是小客车的 16.67 倍，显然在实际中无法采用（见表 3-6）。一旦采用这种收费系数，集装箱车辆的吸引通行量一定很小。

表 3-6 以小客车为标准的收费系数

小客车	大客车	货车	集装箱车
1	2	3.3	16.67

从社会运输的宏观角度看，一个国家或地区的经济发展水平，导致交通量的客货车中比例差别很大，不同高速公路的交通量有其特有的交通组织规律。收费系数要能够保证吸引到足够的车辆使用高速公路，如何确定不同车型之间的收费比重，是个复杂的问题。

国外高速公路的交通量构成中小汽车占 80% 以上，我国与发达工业国家的国情不同，目前我国车辆保有量中，重型货车所占比例约在 60% 以上。由此可见，确定中型货车的收费系数将起着决定性的作用。

---

① 1 ft = 0.304 8 m

因此在确定收费系数时,要综合考虑。既要考虑车辆的占有率,对道路的破坏程度,又要考虑物价上涨、还款能力等因素,同时还应兼顾小型车、大型车和特大型车之间的利益关系,做到彼此间收费的相对合理,以最大限度地吸引各种车辆使用高速公路。考虑以上因素,以小客车为标准的收费系数并不合理,因此收费系数应做相应的调整。借鉴国内外收费高速公路的资料,建议不同车型的收费系数如表3-7所示。实践证明,按照这一收费系数确定收费标准,增加了道路对车辆的吸引,交通量可望达到预期的效果。

表3-7 各种车型的收费系数

1类车	2类车	3类车	4类车
1	1.5	1.7	2.74

2. 经济效益分析

车辆是道路的直接用户,向用户收取的费用应是用户使用高速公路所获取的部分效益。测算不同车辆使用高速公路的经济效益,采用有-无对比法,即车辆使用高速公路的效益为有此高速公路项目与无此高速公路项目车辆所节约的费用。

在确定收费标准时,车辆使用高速公路的效益主要分析以下两种:

(1) 运输成本降低的效益(b_1)

$$b_1 = C_w L_w - C_y L_y \tag{3-5}$$

式中 C_w,C_y——无项目和有项目时的单位运输费用(元/(t·km));

L_w,L_y——无项目和有项目时的运输距离(km)。

(2) 运输时间节约效益(b_2)

① 节约客运时间。

旅客节约在途时间的价值,是以旅客旅行时间缩短,可以创造的价值来衡量,其价值以项目所在地职工人均工资总额以及节约的时间计算:

$$b_2(客) = MRTa \tag{3-6}$$

式中 M——职工人均工资总额(元/(人·h));

R——平均载客人数(人/车);

T——车辆行驶高速公路节约的时间(h);

a——旅客节约时间利用系数。

② 节约货运时间。

货车节约的时间价值是以在途货物加快周转所节约的资金成本来计算:

$$b_2(货) = PIDT \tag{3-7}$$

式中 P——在途货物平均价格(元);

I——资金的时间价值;

D——货车平均吨位(t)。

为了有效吸引车辆利用高速公路,在拟定收费标准时,不应将道路使用者所获得的效益全部回收,必须给其留有一定的剩余。

3. 财务分析

依据初拟的收费标准、交通量、投资额、经营养护成本及收费年限进行财务分析，计算项目的内部收益率、净现值、投资回收期、贷款偿还期等财务评价指标，从而考虑各种因素后确定合理的收费标准。

3.3.3 收费标准

收费标准的确定，目前国内外有各种不同的测算方法。但一般应考虑以下主要因素：
（1）预定还款年限；
（2）收费路建设总投资额及利息的费用；
（3）建成后的收费路每年的维护费用、收费费用、管理费用、设备更新、保养费用等；
（4）目前通过该路的交通量和预测远景交通量，不同车型行驶比例。

收费标准的高低首先取决于高速公路通行交通量，而交通量在高速公路未开通前只能靠预测获得。由于交通量极不稳定，为可靠起见，应先确定基本情况下交通量收费标准，然后再假设几种非理想状态下的交通量收费标准，以提供选择。其次，要考虑养护管理费用及运营管理费用的使用或递增比例。在综合考虑各种因素的前提下，确定一个较为合理的收费标准。同时，为了收费的方便与快捷，在确定具体费额时，还要按照一定的取舍方式"化零为整"，由此得出不同车型的计价标准。如果是封闭式收费系统，还要计算出各个收费站的区间计价。

目前我国公路收费系数确定的方法主要有：

（1）成本反算法

该方法是根据投资中的贷款份额、贷款利率、贷款偿还年限以及公路养护管理成本、大中修成本等计算收费额，然后根据不同年份和不同车型的交通量预测值，考虑其收费标准、收费系数调整次数及相对幅度，从而反算出收费标准。这种方法主要用于收费公路的初期。一旦收费标准设置较高，车辆驾驶员或车辆拥有者就会选择老路线或其他平行路段行驶，从而造成交通量下降，收费额也随之降低。如果由于某种原因如贷款比例或贷款利率较低，回收投资额较小，又会产生收费标准过低的问题。这一方面说明投资结构不合理，另一方面还会产生交通量过大，造成服务水平降低等问题。因此它不适合交通流分配存在竞争的交通方式，其收费标准的制定具有硬性摊派的性质。

（2）类比法

该方法主要是参照已建成收费道路的收费标准，按地区经济发展水平、交通量大小、投资结构等进行类比分析，然后按类型相近道路的收费标准加以调整后确定。这种方法相对反算法而言，其收费标准具有较强的适用性。其收费标准在同类道路中经受了人们的交通行为、经济及市场活动等复杂系统的检验。但这种方法受人们主观意识的影响较大，而且也不一定适用于新的道路交通环境。同反算法相同，它也主要是从经营管理者方面考虑，只适用于交通量分配不能形成竞争或竞争很小的交通设施，如桥梁、隧道以及并行线路的收费公路，其收费标准具有垄断性质。目前这种方法用得较多，在道路收费标准变动时，也常用这种方法。只不过对比分析的是道路本身不同收费标准的影响，是对经营管理经验的总结。如果能较好掌握收费标准对交通量的影响以及用路者的承受能力，采用该法可以进行收费标准的调整，但往往是很难做到的。

（3）消费水平测算法

该方法主要是按收费的负担度，即人们的收入水平对收费的承受能力进行测算确定的。收费负担度等于收费收入与人均收入之比。这主要是从道路使用者方面考虑的，把使用收费公路看成一种消费活动，那么收费标准的确定属于市场价格的范畴。对于管理者来说，首先要了解车辆用户愿意支付怎样水平的通行费来使用高标准的公路设施。但私家车作为一种高档消费品，在我国还不普及，因此，车辆出行中大量的还是生产性、公务性和公交性的出行行为，与个人消费不存在明显的相关关系，其负担度是难以确定的，所以在实际应用上有很大困难。另外这种方法没能与回收投资联系起来，其价格标准往往不能保证投资按期回收。

3.3.4 制定收费标准时的几个具体问题

1. 收费弹性系数

收费弹性系数反映了通行费收费系数变化与交通量变化之间的关系，同时也反映了通行费收入与收费系数变化之间的关系。

收费弹性系数可表示为：

$$\eta = -\frac{\Delta Q}{Q} \bigg/ \frac{\Delta P}{P} = -\frac{\Delta Q}{\Delta P} \cdot \frac{P}{Q} \qquad (3-8)$$

式中　η——收费弹性系数；
　　　Q——交通量；
　　　P——收费系数。

通行费收入 R 可表示为：

$$R = P \cdot Q \qquad (3-9)$$

将式（3-9）对 P 进行微分可得：

$$\frac{dR}{dP} = Q + P\frac{dQ}{dP} = Q\left(1 + \frac{P}{Q} \cdot \frac{dQ}{dP}\right) = (-\eta)Q \qquad (3-10)$$

收费系数的变化引起通行费收入变化的情况如表 3-8 所示。

表 3-8　通行费收入变化表

弹性系数（η）	费　率（P）	通行费收入（R）
$\eta > 1$	提高（降低）	减少（增加）
$\eta = 1$	提高或降低	不变
$\eta < 1$	提高（降低）	增加（减少）

2. 联营制

目前大多数收费高速公路从贷款、建设到还贷均是独立进行的，所以通行收费系数也是分别指定的。而日本等一些国家提出了联营制形式，其主要观点是：

（1）对道路使用者提供同样服务时，收费标准应该一致，否则是不公平的。

（2）路网中多条路线出现竞争场合时，若每条路线分别偿还贷款，将可能出现收费系数不均匀的现象，使道路网的利用率下降。

3. 长距离递减制

长距离运输的收费弹性系数一般要比短距离运输大些。距离越长，考虑最终成本时，越需要对车辆的运行成本做递减计算。另外，从政策上考虑，扩大生活圈和经济圈范围，从而把高速公路作为主要的长距离交通设施使用时，都有必要采用长距离递减制。

4. 对经常性用户的递减制度

对经常性用户的递减制度主要有记账结算法和次数票法。记账结算法的目的是为了方便经常性用户，并促使大量经常性用户固定使用收费道路。对于应用收费机进行收费管理的公路，采用这种方法最为适宜。采用次数票法可以方便小宗使用者，并促使其固定使用收费道路。一般次数票采用预售办法，且予以一定优惠（如付 10 次通行费售 11 张票）。这种办法较适用于均一式和开放式，封闭式系统也可以对固定路线发售次数票。

5. 浮动收费系数制

一般来说，交通量都会随季节发生有规律的变化，收费标准也可随交通量的变化提高或降低，以吸引更多的交通量或抑制交通量。此外，当出现经济形势变化、物价变化时，收费标准也应随之变更，这是不言而喻的。

我国部分地区现行高速公路收费标准见附录 3-1。

下面举例说明正常装载的合法运输车辆根据货物计重收费标准应缴纳通行费的计算方法。

根据四川省联网高速公路计重收费标准（详见附录 3-2、3-3），15 t、25 t 正常装载合法运输车辆在四车道高速公路上行驶 100 km，将缴纳通行费多少元？

根据收费标准，我们可推知收费计算公式如下：

$$N = G_i \cdot K_1 \cdot M \cdot L \quad (G_i \leqslant 20) \tag{3-2}$$

$$N = 20K_2 \cdot M \cdot L + K_1 \cdot K_2 \cdot M \cdot (G_i - 20) \cdot L \quad (20 < G_i \leqslant 40) \tag{3-3}$$

其中　G_i——车货实际总重（t）；

　　　N——车辆应缴费额（元）；

　　　M——基本费率（元/(t·km)）；

　　　L——车辆在计重收费公路上行驶的实际计费里程（km）；

　　　K_1——基本费率递减调节系数；

　　　K_2——正常装载货物费率优惠系数；2、3 轴货车，$K_2 = 0.8$；4、5、6 轴及以上货车，$K_2 = 0.7$。

对于高速公路和其他封闭式收费公路，K_1 取值如下：

$$K_i = \begin{cases} 1 & G_i \leq 20 \\ 1.5 - G_i/40 & 20 < G_i \leq 40 \\ 0.5 & G_i > 40 \end{cases} \quad (3\text{-}4)$$

当没有实行通行费优惠，即 $K_2 = 1$ 时，根据以上公式可知：

四车道 15 t 重时应缴纳的通行费为：

$$N = 15 \times 1 \times 0.075 \times 100 = 112.5 \text{（元）}$$

四车道 25 t 重时应缴纳的通行费为：

$$N = 20 \times 0.075 \times 100 + (1.5 - 25/40) \times 0.075 \times (25 - 20) \times 100 = 182.8125 \text{（元）}$$

对 4 轴货运车辆，若实行通行费优惠政策后，根据公式（3-2）、（3-3）、（3-4），15 t、25 t 正常运载合法运输车辆需要缴纳的通行费为 78.75 元、127.96875 元。由于通行费以元为单位，尾数不足一元，按四舍五入处理，即通行费分别为 79 元、128 元。说明实行通行费优惠后，大大减轻了正常装载车辆的负担。

3.4 高速公路收费站管理

收费站是高速公路收费运营的最基本单元，也是为高速公路管理决策者提供信息和依据的重要来源，担负着通行费的征收和文明服务的重要职责。因而，收费站管理是高速公路各项工作中最重要的一环，是高速公路企业生存和发展的第一要素。高速公路收费站管理包括良好的外部环境和完善的内部管理。良好的外部环境包括完善的公告提示、合理的收费管理体系、收费站和服务区的紧密联动管理以及不停车专用车道的进一步建设；完善的内部管理包含收费管理、站务管理、安全管理、节能减排管理。本节主要介绍高速公路收费站的组成、类型和收费管理，收费管理工作包括高速公路财务管理、收费员管理、票务和稽查管理等。

3.4.1 收费站的基本组成

高速公路收费站主要有四个部分组成，如图 3-2 所示。

（1）收费卡门。包括收费岛、收费亭、车道、收费大棚等部分。收费岛是在收费通道之间，高出路面的船型钢筋混凝土结构物，车辆驶入的一端为岛头，驶出的一端为岛尾。收费亭是供收费人员办公的结构物，里面配有收费系统的机电设施，在满足办公需要的同时，为收费人员的安全提供了保障。收费大棚是指位于收费岛上方的大棚，是高速公路的形象窗口，是对收费作业人员进行保护和具有标志功能的建筑物。

设置收费站收取通行费是回收高速公路投资的重要措施。在车辆运行较多的情况下，收费广场有可能成为一个瓶颈而影响公路上车辆的通行。因此，合理地设置收费广场收费车道数是收费站设计的重要内容。收费站收费车道数应依据其交通量和设计通行能力确定，一般规定，收费车道数按预测的第 15 年交通量设计。

（2）收费广场。即收费站前后加宽部分，收费广场的设置为车辆减速行驶、停车缴费、加速行驶提供了良好的平台。

（3）收费站房。收费站房的设置按其用途主要分为两类，一类是用作办公管理用房，另一类是收费工作人员生活配套用房。其用房规模宜结合工作人员数量、土地条件、收费站总体规模来确定。

（4）供电照明设施。包括监控室、通信设备以及车道照明等供电设备。

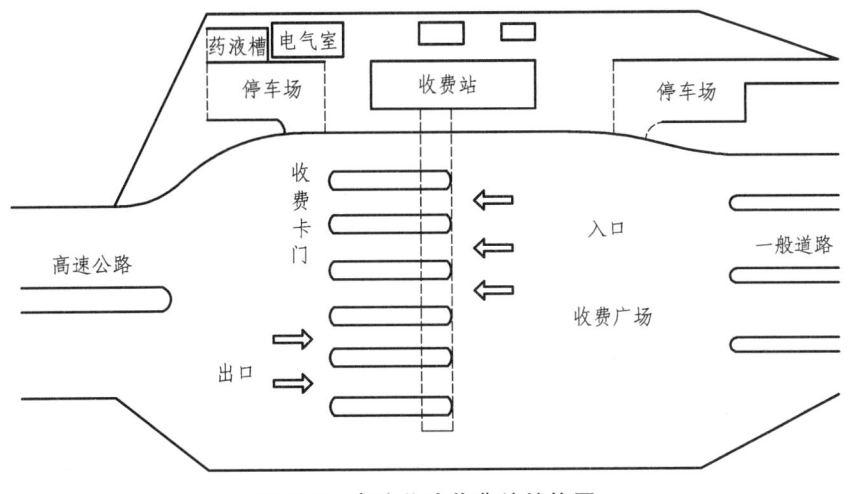

图 3-2　高速公路收费站结构图

3.4.2　收费站的分类

1. 按照高速公路收费性质分类

按照高速公路收费性质，即收费项目、经营期限和偿还投资者利益，收费站分为经营性项目收费站和非经营性项目收费站。经营性项目是指有经营期限，以偿还投资者利益而收取车辆通行费的项目；非经营性项目是指没有经营期限，以还清贷款（含有偿集资）本息为目的而收取车辆通行费的项目。

根据现行《收费公路管理条例》，政府还贷公路只要还清贷款、集资款即应停止收费；而且不管是否还清贷款和集资款，政府还贷公路最长收费期限为 15 年。因此非经营性公路项目还清投资本息后，应停止收费，撤销收费站。经营性的公路项目经营期满，则应立即停止收费，撤销收费站。

2. 按照收费站的位置分类

依据收费站所处位置可以分为主线收费站和匝道收费站。

（1）主线收费站。

主线收费站是指设在公路主线上的收费站。封闭式收费系统除在高速公路两端各设一个主线收费站外,其余均设在匝道上;开放式收费系统一般是在高速公路上每隔一定距离设置一座双向收费站。

主线收费站的缺点是预期的高交通量会造成收费广场太宽,而使道路用地范围宽得不切合实际,征地困难,并可能产生最小转弯半径不足等问题。此外,还会严重妨碍不停车收费系统的使用,因为车辆经过收费站时,不得不减速慢行,当高速公路交通量大时,主线收费站极易因停车缴费产生严重延误。

（2）匝道收费站。

匝道收费站是指设置在匝道上或联络线上的收费站,其布设方式可分为集中式与分散式两类。对于封闭式收费系统,集中式是将同一立交每一进出口匝道均引至一处,与地区道路相衔接,集中设置双向收费站。此种方式的优点是方便了收费站的管理,提高了人员、设备的使用效率和机动性,收费车道也可视双向交通的分配比例弹性调拨使用。缺点是因为集中设置,会限制立交几何线形的设计,也会限制收费站位置的选择。此外,收费站上、下匝道上会因立交几何线形的限制,在转绕交通量大时,容易阻塞而影响相关象限车辆的运行,发生车辆交织现象。而对于均一制收费站或主线/匝道栏栅式收费站,只需入口或出口匝道引至一处,与地区道路相接,集中设置收费站。

3.4.3 收费员管理

高速公路服务窗口与人们最直接接触的就是收费员,可以说,收费员的服务质量直接影响着高速服务形象的好坏。收费人员的管理内容应包括:

1. 收费人员的条件

主要规定收费人员的政治思想素质、文化层次及业务能力等。具体要求为:
（1）政治思想好,平行端正,遵纪守法。
（2）具备初中（或高中）以上文化水平及基本业务技能。
（3）身体健康,矫正视力在0.8以上,无色盲和其他残疾。
（4）经专业培训,由主管部门考核,审批合格后,签订合同,持证上岗。

2. 服　装

凡经批准上岗的收费人员在执行公务时,应按着装规定统一着制式服装,并应做到:
（1）衣帽端正,规范,风纪严整。
（2）不与便装混穿,不跨季混穿。
（3）不准将服装、标志、证件转借他人。

3. 值班班长

收费人员以班为单位,每班设班长一名,值班长是本班收费工作中各项疑难问题的第一处理人,轮班形式按各地情况由高速公路管理部门确定。

4. 岗位要求

收费员要在站长、值班站长的领导下，负责当班期间具体的收费工作；严格执行自动化收费操作流程和收费标准，负责按时足额上缴通行费收入；负责做好收费设施的保护和保洁工作，发现问题及时报告；正确处理收费工作中出现的紧急事件，遇重大问题和突发情况要及时请示汇报；严格执行规定发放、回收通行卡，出口收费员要认真核对车辆信息，发现违章、逃费和有肇事痕迹的车辆，要及时滞留和报告；负责为用路人提供服务，收集、上报用路人的意见和建议；还要完成领导交办的其他事项等。

5. 交接班制度

（1）接班人员应在值班长统一带领下列队按时接岗，接岗时间为接班前 10 min，以便于按时完成交接手续。

（2）接班值班长应向上班次值班长了解上班次情况，并检查"交接班记录"，上班次未了事宜应由上班次值班长在"交接班记录"上注明，由接班值班长安排处理。

（3）交班人员在接班前清点自己的票款，装箱携出收费亭。

（4）人员接班时应查验收费亭内所有设备、装备有无损坏，有无上班次遗留物品，待确认合格后，由接班值班长在"交接班记录"上签字。完成交接后，如再出现问题，概由接班班长负责。

（5）为保证车流通畅，交接班时可开启备用进出口。无备用进出口时，可短时关闭一口，交替交接，但交接时间应避开交通量高峰时段。

（6）交接完成后，交班值班长应组织全班列队下岗，统一进入票款结算室结算。

6. 收费人员的培训与考核管理

随着各行各业竞争越来越激烈，服务行业对工作人员的要求更是日益严格。通过对高速公路基本知识、员工岗位要求、文明服务、收费业务等的培训，可以提高收费人员的基本素质水平，提高收费人员的整体服务水平，提高单位或企业的外部形象和经济收益水平。

考核是收费管理过程中一个行之有效的重要手段，通过考核切实有效地履行多劳多得、奖勤罚懒的劳动分配制度，充分调动员工的积极性和创造性。具体收费人员的考核与评价，不同的高速公路管理公司有不同做法，但计算机辅助收费系统的广泛应用，为收费人员的跟踪、考核与评价创造了极为有利的条件。考核过程与方法较大限度地排除了人为因素，具有较好的客观性。在考核过程中，还应按照考核目的，分析总结考核结果，发现问题，进一步修改和完善考核内容和标准。

3.4.4 票务与稽查管理

1. 票务管理

票务管理是高速公路收费管理中比较细致、繁杂的一项工作。它依据不同的收费方式和收费制式，在管理的具体内容上有着明显的差异。它包括以下几项内容：

（1）票证台账的设置

采用人工收费方式时各收费站票务部门应设立以下台账：高速公路通行票据台账；通行卡回收、通行费收入台账；售出票据统计表；通行卡收发统计表；通行卡发出统计表；现金账；通行费收入统计表。以上台账作为跟踪收费工作中有价证券、通行卡、现金的全过程手段，用以达到相互制约、相互监督、机制运转正常的目的。

各收费站票务部门每月应分段定时向上级收费部门报送收费报表，上级收费部门可根据管辖范围依次汇总上报。

（2）票据（证）的请领

① 各收费站票务部门在向上级收费部门请领各种有价票证及车辆通行卡时，必须签写一式二联的收据，各执一联作为各自记账凭证入账。

② 票务部门负责验收所请领的票证数量、质量，发现数量有误或印刷错误要及时上报上级收费部门纠正，错票如数上交，不得自行销毁。否则视为丢票。

（3）票据（证）的使用

① 收费时发现通行卡与车型不符时，除按实际车型收费并做好记录外，应填写"错卡、闯口统计表"。

② 票据（证）应逐本逐号使用，填写时要字迹清楚，内容齐全，计算准确，不得涂改。如发生填写差错，必须经站收费部门负责人查验后，全份加盖作废章，随同存根联妥善保存。

（4）票据（证）的保管与核销

票据（证）的核销是整个票据（证）管理的关键。

① 收费站票务部门负责对所使用的各种票证的保管，做到安全防火、防盗、防潮、防鼠咬，做到储存定位、有序，标志醒目。

② 各种票证存根每 500 张（10 本）为一组，由票务人员负责记入"回收票根台账"。

③ 收费站票务部门负责确定收费人员周转金数额，并报上级收费部门备案。

④ 回收的通行卡及其存根封存时间一般为 3 个月，有价证券存根封存时间为 12 个月，对其销毁时应由下级收费部门以书面形式报告上级收费部门，经批准后在指定时间、地点，监察销毁（通行卡及存根销毁时间为下一季度末，有价证券存根销毁时间为转年的 4 月中旬）。

⑤ 有关现金记账凭证、数据存根按财务规定，每月装订成册，封存待查期为 15 年后方可注销。

（5）票款结算

① 收费员下岗后，直接到票务部门将所收通行费与收据存根核对无误，并根据回收通行卡数填写"高速公路日通行卡、通行费收入统计表"，再根据收据存根填写"售出票据统计表"，连同现金（包括回收通行卡）一并上交票务部门核收、点清现金，由其开出一式三联现金收据，双方签字，其中一联交收费员作为交付现金的凭证，一联为存根，另一联为收费记账原始凭证。

② 收费人员对未售出票证按规定妥善保管，不得擅自委托他人保管。

③ 为确保有价证券与现金核实无误，收费管理人员、收费员对所保管、使用的有价证券，如若丢失，要依价赔偿。收费员若发生现金短缺或误收伪钞须由本人赔偿，对多收款应主动上交、查明情况尽可能退还多交款者。

④ 票款结算应统一在票款结算室内进行。结算包括结清票款、通行票据号以及各类通行卡数。

随着收费管理工作进一步与国际接轨，目前我国已有部分高速公路采用"钱袋"式收费结算方式。也就是说收费人员不再进行现场结算，而是将收到的钱款在下岗时放入"钱袋"按规定封装，直接由银行收款人员取走，并在有一定监督措施的条件下打开"钱袋"，按收费人员填写的有关记录或计算机提供的跟踪数据进行结算，同时验证收费员的工作，发现差错由收费员本人承担。

（6）处罚

① 对于文明服务方面，各单位应制定考核指标，将服务水准与奖金挂钩，对于严重违纪人员要进行行政处理。

② 收费员由于失误出现长、短款时，应将长款额交于本站票务部门，由票务部门开收据；短款时应在班长监督下将差额补齐。站长、班长要做好记录备查。长、短款次数较多者，下岗培训，经考试合格后上岗。

③ 收费人员贪污票款应给予严肃处理，正式职工除按其贪污金额给予加倍罚款外，还应按其贪污金额给予行政处分、离岗检查或除名。

临时工、合同工贪污票款除按其贪污金额加倍罚款外，应一律除名。本人如不交罚款，由其担保人负责。正式工、临时工、合同工贪污票款情节严重违法者送交司法机关处理。

2．稽查管理

主要负责查处收费工作中的各种违纪行为；组织所辖各基层单位的联合或交叉稽查工作；监督、检查、所辖各基层单位的收费工作。为维护高速公路收费工作的正常秩序，保证各收费管理单位或个人严格按照收费标准依法收费，杜绝违纪现象发生，在高速公路收费管理中建立稽查制度是非常必要的。特别是采用人工收费方式的高速公路，更应当及时建立相应的专、兼职稽查机构，加强对收费人员的管理。

（1）稽查的职能作用

高速公路收费的稽查工作是高速公路管理部门为保证国家收费政策和法规得以认真贯彻执行而采用的一种内部经济监督活动，它具有十分重要的作用。稽查作用主要有以下几个方面：

① 通过稽查的威慑作用，使被稽查人员产生一种心理效应，强化收费管理工作。通过稽查和正面宣传教育，提高收费人员及过往驾驶员遵纪守法，照章收、缴费的自觉性，从而保证收费任务的完成。

② 有利于收费队伍的廉政建设，通过内部稽查，促使收费人员不断提高思想觉悟，防止违法乱纪行为的发生，不断促进收费队伍素质的提高。

③ 保证和促进收费管理工作各项制度的落实和管理水平的提高。通过对收费管理部门的稽查，促使其按照收费管理有关规定和财经纪律，做好收费票卡发放、票据结算、票款解缴、账表等基础工作，达到以查促收的目的。

（2）稽查组织和人员纪律要求

① 组织形式。稽查队伍的建立，可根据收费机构的组织情况，分级建立稽查网络，采取上下结合、专兼结合。局（处）应成立稽查主管机构，负责管理稽查的日常工作。其下属各

级机构均应建立相应的专兼职稽查组织。收费站及各收费班组应以自查为主，发现问题，及时整改。

② 人员要求。稽查人员应具备一定的基本业务素质，熟悉掌握各种车型的识别和收费标准，经过专业培训后方可上岗执行公务。稽查人员还应具有一定的政策水平，要了解和掌握有关收费工作的政策规定，严格执法；具有一定的书写能力和口才，善于做好说服教育工作；具有较好的身体素质，适应高速公路全天候的稽查工作；具有独立处理和解决问题的能力，判断准确，处理得当；具有较高的政治素质，不怕苦，不怕累，不怕打击报复和冷嘲热讽，敢于同违法乱纪行为做斗争。

③ 纪律要求。高速公路稽查工作是高速公路管理部门的对外窗口之一，其一言一行直接影响高速公路收费管理部门的声誉和形象，因此要求稽查人员在执行公务时：应自觉执行国家各项法规、政策规定；严格按照高速公路有关规章制度办事，不得超越稽查工作职权范围；不得乱扣车，乱罚款；着装整齐，佩戴稽查标志，执法证件齐全；做到文明稽查，讲究职业道德，正确使用稽查语言，举止端庄，动作规范，处理问题实事求是，以理服人，自觉维护高速公路收费、稽查人员形象；不断提高自身业务知识，提高稽查工作质量。

（3）稽查的方法

① 定期稽查与不定期稽查相结合。各收费站、班组应建立定期稽查制度，上级收费管理部门则一般采取不定期抽查，以便及时发现问题。

② 稽查与自查相结合。各收费班长应在班内开展经常性的自查互查，不断提高收费人员政治、业务素质，上级收费管理部门应在此基础上组织稽查，推动收费管理工作。

③ 专业稽查与兼职稽查相结合。除上级主管部门进行专门业务稽查外，应组织其他业务管理干部学会并参与稽查，这样做不仅扩大了稽查力度，也可使管理干部充分熟悉收费业务，协助收费工作的开展。

（4）稽查的内容

收费公路的稽查工作分为内部稽查和对外稽查。内部稽查工作包括如下几点：

① 检查收费亭内有无闲杂人员，收费票证、用具、通信设备、警械是否按规定摆放和完好。

② 收费人员着装是否整齐，文明服务是否符合要求。

③ 收费员有无作弊问题。

④ 收费人员下岗后票款结算情况，所留周转资金是否超出规定限额。

⑤ 检查票务工作、票款、账目是否日清日结。票据领发、保管、使用、核销等手续是否齐全，有无发生丢失票证现象。票证填写是否齐全、准确，有无涂改。退票、退款是否按规定手续办理。

⑥ 各种账目、报表是否准确，报出是否及时，记账是否符合规定，是否做到账证相符、账账相符、账款相符、账表相符，所收钱款是否及时送缴银行。

⑦ 各项基础管理工作是否健全，安全保卫工作措施是否落实。

对外稽查工作主要有如下几点：

① 核对其车型与行车里程，考核收费是否合理。

② 拦截闯口车辆。

③ 检查车主缴费收据是否齐全，无收据时要与收费人员查对。

随着我国高速公路收费工作逐步采用计算机管理之后,由于其系统设计的严密性和收费站上秩序的逐渐好转,收费人员的违纪现象及闯口车辆也在不断减少,很多地方的收费稽查重点已开始向设备维护和文明服务等内容转移。还有的收费部门,将出入站口的交通疏导、安全保卫等与稽查工作结合起来,使稽查工作增添了很多新的内容。

3.5 高速公路联网收费管理

3.5.1 联网收费概述

1. 高速公路联网收费的提出

目前,我国大部分地区的高速公路是按照"一路一公司""建管一体化"的方式进行建设、运营管理的,这样就出现了在高速公路路网的主线上,一条线路有多个公司设点、收费的现象,会给使用者带来诸多不便,重复建设收费站、低效率的服务水平也制约了高速公路的发展。在当前全国高速公路网逐步形成与完善的条件下,为了充分发挥高速公路快速、安全、高效等特点,在各省市已建成的省内联网收费系统的基础上,合理解决省域联网收费问题已成为当前发展的主要趋势。交通部公路司于 2000 年颁布了《高速公路联网收费暂行技术要求》,在技术要求上提出了实行区域或省域联网收费的意见。具体做法是将区域(或省域)内几家公司(或管理部门)管理的若干条路(或路段)纳入到一个封闭式系统里面联合收费,系统内部管段之间或路与路之间不再设主线收费站或互通立交匝道收费站,行驶的车辆在出口一次性缴费,收取的通行费在区域或省域的结算中心按在各管段内实际行驶里程进行拆分。各省也在相关公路管理的法律法规基础上,结合本省实际,制定相应的高速公路联网收费实施管理办法。

2. 高速公路联网收费的必要性

随着高速公路投入运营里程的不断增加,高速公路路网日益显示出它的规模效益,同时也给高速公路的运营管理提出了管理理念时代化、管理设施现代化、管理手段科技化、服务水平标准化、服务方式多样化,以及统一集中管理的要求。高速公路联网收费是高速公路收费模式发展的必然趋势。高速公路联网收费的意义和必要性在于:

(1)提高了高速公路的使用效率,提高了车辆通行能力,缩短了行车时间,充分发挥了高速公路高效快捷的特点。

(2)提高了高速公路收费管理水平,减少了许多中间主线站收费,降低了运营成本,堵住了收费管理的漏洞,防止资金的流失。

(3)可以对全路网进行监控,大大提高了指挥处理突发大型交通事件的能力。

(4)提高了高速公路服务质量,方便车辆通行,使车辆运行更加快捷、安全。

(5)节约收费站和各种设备的投资,减少收费员的开支。

(6)减少车辆停车的次数,从而减少汽车尾气排放,减少环境污染。

（7）可以解决目前其他收费模式的诸多问题，处理好高速公路服务与收费的关系，扭转人们心目中的高速公路到处设卡收费的不良形象，产生巨大的经济效益和社会效益。

3. 高速公路联网收费的条件

从根本上说，联网收费必须有政策的支持，以达到联网收费、减少收费站点及停车次数的目的。由于各条高速公路的建设时期、设备、投资者均不同，导致各路段收费系统的技术标准不统一，联网收费也给路网内各公司的管理及建设带来一定的制约条件。联网收费的实现应满足以下的要求：

（1）收费制式和收费方式统一

高速公路联网后，对外成封闭状态，因此，联网收费应采用封闭式收费制式，即入口发卡、出口验卡缴款的收费方式，以便合理地收取通行费。省域联网收费仅在两省交界处设立主线收费站，省内路网中在匝道的出入口处设立收费站，形成省域封闭式联网收费系统。车辆进出路网只需一次领卡、一次交卡缴费，即"一卡通"。在联网收费系统中，为了提高联网收费系统的运行效率，规范收费操作流程，便于统一收费信息格式，联网收费系统应采用统一的收费方式。

（2）通行券统一

通行券是封闭式高速公路收费系统中一个重要的部分，是必不可少的信息载体，出口收费员根据通行券上记录的信息收取车辆的通行费。因此实现联网收费，必须统一通行券并选择一种大信息容量、不易伪造、价格便宜、不易损坏、读写设备易维护且简单的通行券是非常重要的。

（3）车型分类统一

合理的车型分类，有利于高速公路减少纠纷，吸引交通量，提高经济效益。基于"一卡通"联网收费考虑，高速公路网内必须采用相同的车型分类标准并且利于收费员判断，以使得同一种车经过每个出入口车道，车型判别保持一致。

（4）收费系统信息格式的统一

联网收费系统应制定统一的信息格式标准，信息格式应符合交通运输部《高速公路联网收费暂行技术要求》，收费信息格式的统一包括以下内容：数据记录格式的统一、事件编码的统一、通行卡编号标准的统一、收费站编号标准的统一、收费管理报表的统一、加密方法的统一。

（5）明确的收费标准和公正的收费结算中心

联网收费的各道路必须有明确的收费标准，才能进行通行费的清分，在车型一致的前提下，可根据各条路的投资和交通量、还贷年限等因素，制定不同的收费费率标准。对于行驶距离短的道路，可采取最低收费标准（也就是起步价）的方法以照顾业主的经济效益，最低收费标准的制定必须考虑用户的承受能力。此外，还要建立一个具有公正性和权威性的收费结算中心，对各路公司的通行费进行结算和清分，保证各路公司的公平收益。

（6）路径判断原则的统一

联网收费中的一个重要问题是路径的识别。当路网形成网格状时，相同起点和终点间会出现不同的线路走法，这样就会产生二义性路线，司机会视具体情况选择不同的行驶路径。为合理收取通行费，保护投资者的利益，应解决路径识别问题。

3.5.2 联网收费系统的总体框架

收费系统总体构成根据联网区域不同可分为：省际联网收费系统、省域联网收费系统与省内联网收费系统。三种联网收费系统基本组成单位是相同的，都是由收费车道、收费站、收费分中心与收费结算中心组成。高速公路联网收费系统的总体框架如图 3-3 所示。

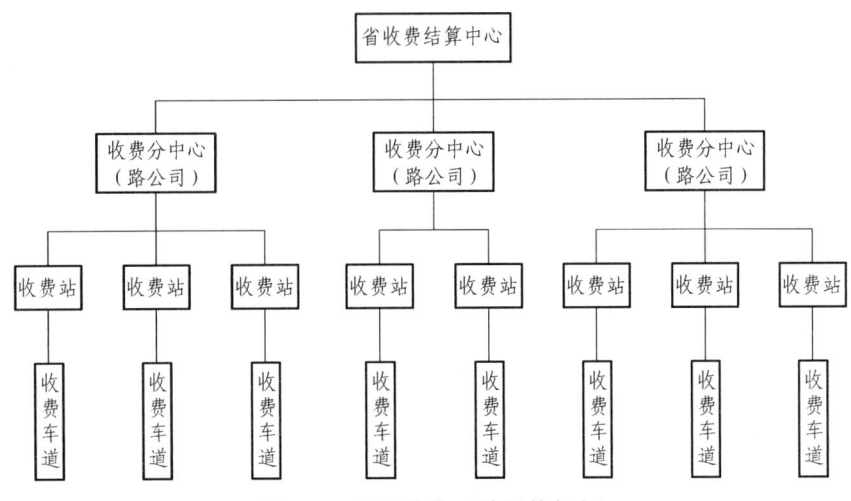

图 3-3 联网收费系统总体框架

3.5.3 联网收费系统的构成与功能

由联网收费系统的总体框架可知，联网收费系统由联网收费结算中心、收费中心、收费站与收费车道四个子系统构成。为实现联网收费的目的，各个子系统应具备相应的功能要求。

1．收费结算中心的功能

收费结算中心是联网收费系统最高的管理机构，它的功能可划分为基本功能与扩展功能。其基本功能是：

（1）制定和下传联网收费系统运行参数（收费系数表、时间同步、系统设置参数等）。

（2）接收收费站、收费中心上传的收费交易原始收费数据并对通行费进行拆分和复核，与指定银行进行账目信息交换和通行费结算、账务分割。

（3）对高速公路联网收费进行实时管理，如联网收费系统操作、维修人员权限的设置与管理。

（4）各种报表以及数据存储、备份和安全保护。对通行费进行清算与拆分，并通过银行进行通行费资金的划拨。

收费结算中心的扩展功能主要根据收费方式的不同而进行相应的扩充，当联网收费系统采用非接触IC卡进行收费时，结算中心需要扩充IC卡通行权的发行、配送、使用监控管理；当采用预付卡收费时，系统需要增加预付卡黑名单管理，与预付卡发行商业银行进行数据交换以及扩充预付卡收费金额的财务分割功能；当采用电子不停车收费时，结算中心应相应追加电子标签黑名单的管理,与电子标签发行商业银行进行数据交换以及增加电子不停车收费金额的财务分割模块,与其他两种收费方式不同的是,采用电子不停车收费还需要增加客户服务功能,提供销售、安装、维修管理、资料查询。

2. 收费分中心功能

收费分中心设置在各高速公路路段,负责所辖路段的收费管理工作,协调各收费站与联网结算中心的数据与指令。其基本功能是:

(1)接收和下传联网收费系统运行参数(费率表、黑名单、时间同步、系统设置参数等)。

(2)准确可靠地收集管辖区内每一收费站上传的原始收费数据与资料,将其上传给联网收费结算中心。

(3)票据管理和联网收费系统中操作、维修人员权限的管理。

(4)数据库、系统维护与网络的管理等。

(5)数据、资料的存储与备份和安全保护;抓拍图像的管理等。

3. 收费站的基本功能

(1)查询与管理收费车道,实时采集收费车道每一条原始数据。

(2)对收费车道的运行状况进行实时检测与监视,具有自动检测系统故障功能。

(3)向收费分中心与收费结算中心传输收费业务数据,接收收费分中心下传的系统运行参数并下传给收费车道。

(4)收费员录入班次收费额,值班员录入欠罚款和银行缴款数据,进行票据(收据、定额票)管理,对于在收费站进行通行费拆分的收费系统,需要增加通行费拆分管理功能。

4. 收费车道的主要功能

(1)实时控制功能。① 车道控制机通过控制通行信号灯和自动栏杆,允许车辆通行;② 完成正常收费作业显示、打印功能;③ 设置自动报警以备紧急事件和设备故障的发生。

(2)实时信息处理功能。① 记录收费员、维修员上下班情况和身份密码;② 根据不同车型,按行驶里程收费;③ 记录每辆车的收费信息,包括车型、收费金额以及是否为特殊处理等的情况;④ 实时显示周边设备的工作状态,并记录设备维修情况;⑤ 所有信息数据保存一段时间以作备份,时间可调。

(3)抓拍图像功能。入、出口车道在特殊情况下(出入口判型不一、免费车、冲卡车等),自动抓拍车道图像。

(4)数据通信功能。① 接收收费站下传的系统指令;② 定时上传收费站本车道的工作数据和设备状态,并能实时报警。

3.5.4 高速公路联网收费管理模式

高速公路投资主体的多元化,使得我国高速公路的管理体制也比较杂乱,既有省政府直接授权并领导的高速公路,又有省高管局直接管理的高速公路,还有企业法人投资建设并管理的高速公路。随着高速公路的不断建成和互联互通，这种分割路网、机构重复、低效运行的缺陷逐渐暴露，也给高速公路联网收费系统的建设和运营管理带来巨大的困难以及资金和人力资源的极大浪费。如何协调各管理主体的不同要求，兼顾公路服务的公益性和维护经营者的合法权益，成为高速公路联网建设中必须正视和解决的问题。根据适应高速公路经营管理实行企业化运作的发展方向和要求和已建立联网收费系统省市的成功经验，在联网收费系统的建设中，应坚持政府牵头组织协调，以企业为主体的建设、管理模式。这样既有利于维护各经营主体的合法权益，又可以调动其建设的积极性，推进高速公路联网收费的发展。

1. 联网收费协调管理部门

按照这一思路，针对目前我国联网收费牵涉到不同的路段业主、投资主体或管理单位的现状，可采用在各省成立高速公路联网收费协调管理委员会，协调委员会成员由路网内各路段业主、投资主体和管理单位按各联网单位收费里程或收费总额按比例分派。协调委员会是一个非营利性的跨单位的行业服务单位，其职能是负责高速公路联网收费的运行管理、重大问题的决策、协调网内各单位的联网收费工作，而协调委员会与政府交通主管部门的关系是：在省交通厅的指导和监督下规范运作，自觉接受交通主管部门的行业管理，重大决策和无法协调的问题由交通主管部门裁决。

2. 联网收费结算中心的组建模式

目前，国内联网收费结算中心的组建大约有四种模式。

一是省交通厅主管部门管理的属事业单位性质的结算中心模式。这种管理机构具有较强的政府职能，但高速公路企业化管理已经是一种必然的趋势，在联网收费工作多路段业主、多投资主体或多管理单位的省份，不一定能体现其公平、公正和公开性，容易产生许多不必要的矛盾和摩擦，同时这种管理模式主要靠行政调节，与政企分开、事企分离的原则不符。

二是属企业性质的单位。它是由高速公路集团公司等类似的单位管理的结算中心，如江苏省联网收费结算就是这种模式，运作上完全属企业行为，在行业上属交通厅领导，交通厅只起行业指导和监督功能，这种模式仅适合有一两家集团控股的省市，其在管理和通行费拆分过程中没有公平与否之顾虑。

三是独立的股份制形式。即联网结算中心由路网上各管理单位以股份制形式组成。上海市和无锡市跨省市的公交一卡通的成功运作模式表明上海全由城市公交、出租、地铁、高速公路轻轨等交通部门自愿组成的公共交通卡公司，完成公交一卡通的运营管理、拆分清账管理等工作。这种模式比较适合路网上多管理单位的省市。

四是由省高管局下属的部门进行联网结算管理。因省高管局属交通厅管理，在高管局下设联网结算中心从体制上来讲比较顺，辽宁等省就采用这种模式。

3. 联网收费结算中心的资金结算模式

归纳起来，资金结算模式大致有全额划拨和差额划拨两种形式。

全额划拨是一种集中式处理模式，形式是路网上每个收费站当天的收费额在规定时间上缴到由联网收费结算中心指定的结算账户上，上传各站的收费数据，联网收费结算中心在收到所有收费站的收费金额和收费数据后，进行统一的清算和拆分，然后划拨回各收费站的银行账户。但集中式处理模式最致命的弱点是，路网上任何一点软硬件若发生故障，就不能保证及时地上传，从而完成不了清算和拆分；另一个缺点是对联网收费结算中心和路网上的软硬件系统的要求非常高，系统建设规模庞大。而且当系统运行若干年后，因某一网络节点的设备发生故障，将不能保证全路网的及时清算和拆分。

差额划拨形式是一种分布式处理模式，路网上每一个收费站当天的收费额存在各自的银行账户下，只是将各车道每一笔收费数据实时上传到联网收费结算中心，每完成一笔收费额或在规定时间内，就可在站级车道完成清算和拆分，然后在各路网管理单位进行差额划拨，联网收费结算中心只进行校核和监督，避免了全额划拨资金在银行之间的来回周转。这种模式较适合路网多管理单位的情况，结算中心属企业性质，符合高速公路企业化运作的趋势，能较好地维护路网各管理单位的利益。

4. 联网收费结算中心管理经费来源

联网收费结算中心负责在联网路段内，将同一时段内所收通行费准确清算和拆分给各路段。该机构的运营经费在国内目前有三种方式：一是由交通主管部门成立的事业性机构，该机构的运营经费由交通主管部门承担；二是由交通主管部门成立的事业性机构，但运营经费是由联网路段管理单位分摊；三是由联网路段各管理单位共同组成的企业性单位，其运营经费由各联网单位共同承担。此种方式被多数省份采用，因为它有如下优点：

第一，联网收费结算中心是由路网各联网单位共同派员组成的机构，运营经费共同分担不会产生异议。

第二，路网各联网单位共同派员组成的机构，有利于公开、公正、公平、准确、及时原则的实施，并能减少路网各联网单位利息损失，机构的运营经费有保障，各联网单位相互信任没有心理压力和负担。

3.5.5 高速公路联网收费监控与网络安全

1. 收费监控模式

分布式监控模式是常规方案，是各省都曾采用的收费监控模式。但在近几年先后出现了由大型收费站带小型收费站监控及由收费分中心对所辖收费站进行集中监控的模式，由于集中监控模式可以减少管理人员，节省管理费用及提高监控效能，近年来在许多省份得到推广。

随着通信技术和计算机技术的发展，收费站数据、图像和语音最近也出现了集中监管的实例，即收费站不再设服务器和局域网，而是在一个分中心范围内由分中心实施收费过程的监管，由分中心对数据、图像、语音等进行统一管理。

集中监控模式视高速公路长度而定。长度较短（几十千米）的高速公路可由收费分中心集中监控，收费站不设监控人员，所有收费站视频信号及紧急报警信号均上传收费分中心，并设置收费亭与收费分中心之间的内部对讲电话；长度较长（百千米以上）的高速公路则需划分为若干路段,每段选一个规模较大、位置相对居中的收费站对周边收费站实施集中监控。周边收费站不设监控人员,其视频信号及紧急报警信号均上传监控收费站,并设置收费亭与监控收费站之间的内部对讲电话;监控收费站选部分图像送至收费分中心。

2. 收费系统可靠性和网络安全

联网收费以后,联网范围可能覆盖数千千米高速公路,每天的通行费收入将十分可观,收费系统的安全和可靠性必须引起各方关注。收费交易过程除了要满足收费系统基本的保密性、完整性要求外,还应满足以下几点要求:

(1)收费交易过程中的各种数据信息应当以密文的方式传输和存储。
(2)收费交易过程中信息应能避免被非法篡改。
(3)电子标签的合法性证明。
(4)路侧系统的合法性证明。只有系统内部的合法的路侧天线才能够实现对电子标签的读写交易。
(5)原始交易要真实可信,并且具备不可抵赖性。

高可靠的设备和软件是联网收费系统安全可靠运行的基本条件,而建立完善的路网收费管理制度是系统安全可靠运行的根本保障。

收费系统计算机网络必须与因特网、办公网隔离,并建立完善的网管系统,使收费系统管理者能对联网收费系统的关键设备本身的完好状态及运行状况进行严密的监控,确保收费系统数据能完整、准确、可靠地传送到省(区域)联网收费拆账中心,并在出现问题时应有对策及补救措施。

3.6 电子收费系统

3.6.1 电子收费系统的定义和特点

1. 电子收费系统的定义

电子收费系统(Electronic Toll Collection System,简称 ETC 系统)是智能交通系统(Intelligent Transportation System,ITS)的一个重要组成部分。在电子收费中,广泛地采用了现代的高新技术,尤其是电子方面的技术,设计无线通信、计算机、自动控制等多个领域。在收费过程中,流通的也不是传统的纸币现金,而是电子货币。由此可见,采用高新科技实现收费电子化是电子收费的一个重要特征,也是它得名的主要依据。

电子收费的另一重要特征是实现了公路的不停车收费,因此电子收费也称不停车自动收费,这一点是实现系统电子化的必然结果。电子技术的使用实现了收费操作的完全自动化,再加上电子货币的缴费方式,使得使用系统的车辆只需要按照限速要求直接驶过收费道口,收费过程就可以通过无线通信和机器操作自动完成,不必再像以往一样在收费亭前停靠、付款。

因此,可以认为,电子收费是以采用现代通信、计算机、自动控制等高新技术为主要特点，实现公路不停车收费的新型收费系统。

2. 电子收费的特点

电子收费是通过设置在收费站的天线与通行车辆的车载装置之间实现通信与数据交换，自动接收发送有关支付通行费信息的系统。采用该系统，通行车辆不必在收费站停车缴费即可通过，从而增大了收费站的处理能力。电子收费优势明显，它将彻底改变目前半自动收费的窘迫现状，其效果表现为：

（1）方便客户长途旅行。当多条高速公路开通形成公路网路，区域收费势在必行，以车载识别卡作为通行券，可使客户持卡在路网任何道路行驶而无需停车缴费。

（2）提高收费车道通过率。与人工收费车道相比，通过率可提高 5~7 倍。

（3）提高管理效益。可大量减少收费人员，节省 25%~40%日常管理费用。

（4）费额流失减少。不需要未支付通行费而当场准备现金，减少车型判别和收费操作差错，可完全避免收费过程中的舞弊和贪污现象，同时也杜绝人为费额流失。

（5）节约能源。与停车收费相比，车辆燃油消耗降低 15%左右。

（6）便于信息采集。能够自动采集车型、车号信息，实时反映路况及车流信息，为主管部门提供辅助决策信息。

（7）改善收费站环境。由于不需要停车，从而减少通行车辆的加减速次数，因而可减少车辆在收费站附近产生的废气、噪音以及降低汽车的油耗，达到提高环境保护的效果。

和传统的人工收费系统不同，ETC 技术是以 IC 卡作为数据载体，通过无线数据交换方式实现收费计算机与 IC 卡的远程数据存取功能。计算机可以读取 IC 卡中存放的有关车辆的固有信息（如车辆类别、车主、车牌号等）、道路运行信息、征费状态信息。按照既定的收费标准，通过计算，从 IC 卡中扣除本次道路使用通行费。ETC 主要特点就是车辆在通过收费站时无需停车进行缴费，理论上可以以 160 km/h 的高速度通过收费站，这在一定程度上可以缓解收费站入口的交通拥堵和交通延误，同时也提高了交通安全性。

3.6.2 电子收费系统的构成

1. 系统构成

电子收费系统分为前台和后台两部分。其中，前台系统包括车辆自动识别系统（Automatic Vehicle Identification，AVI）、车辆自动分类系统（Automatic Vehicle Classification，AVC）和视频稽查系统（Video Enforcement System，VES）三个核心系统；后台系统包括计算机管理系统、道路运营管理系统、结算中心管理系统、银行管理系统、客户服务中心管理系统等。两者的结构图分别如图 3-4 和图 3-5 所示。

（1）车辆自动识别系统（AVI）

其主要功能是识别用户身份并判断其有效性，包括激光设备与无线电调频设备两大类。激光设备通过扫描车辆外侧的条码获取用户身份信息，而无线电调频设备则是通过设备终端发出的无线波与车载用户身份标识卡之间的通信完成用户信息识别过程的。相比之下，激光设备容易受环境、距离等因素影响，无线电调频设备可靠性更高。

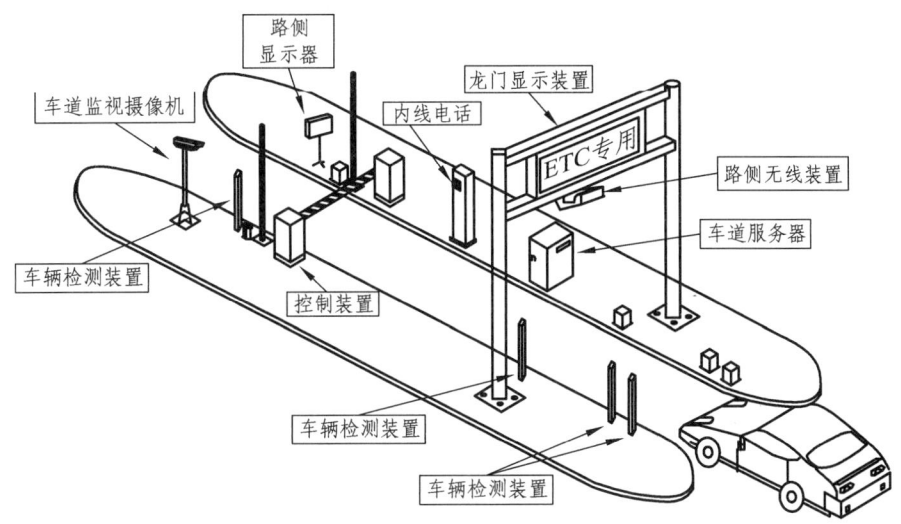

图 3-4 不停车收费系统前台系统结构图

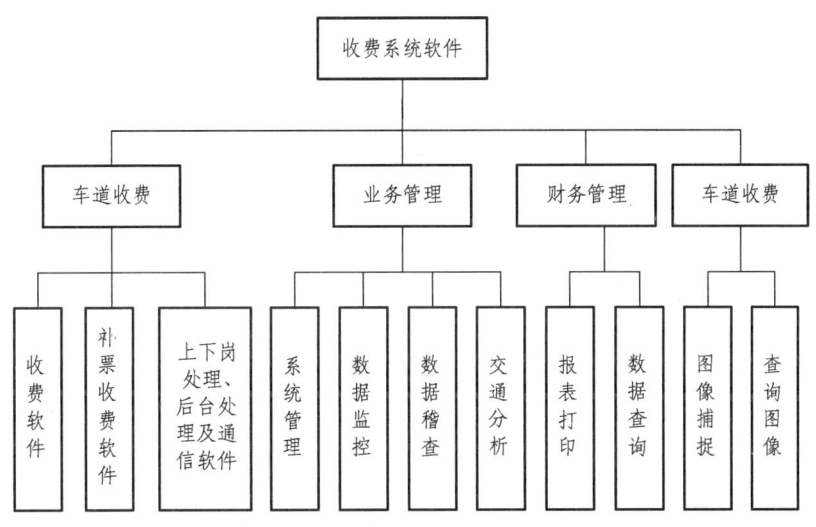

图 3-5 ETC 收费系统后台系统结构图

（2）车辆自动分类系统（AVC）

其主要功能是借助传感器组传送的信息确定车辆的收费类别。该系统分为传感器系统和事务处理系统，由前置线圈、感应踏板、发射光塔、扫描仪和高速摄像等设备组成。其中，传感器系统用于识别车辆的体积、质量、装载人数、车轴或车轮的数目、车辆的用途等，传感器将包含车辆信息的信号提交事务处理系统后，其中的车辆分类单元根据这些信息确定车辆的收费类别。

（3）视频稽查系统（VES）

其主要功能是自动获取违章车辆的车牌号码。该系统的核心是利用 API 编程、单片机编程、快速查询算法、模糊识别等关键技术，借助光学字符识别设备实现非法用户的识别。过程包括感应触发、图像的俘获、识别、储存、处理和删除等。

后台系统的工作任务主要是为前台系统提供保障以及对前台工作的补充和完善。内容包括向客户发售车载标识卡、费用的补交与查询、存储和管理抓拍图像等。后台系统实际上是一个连接各终端的计算机网络，并具有财务结算性质。

2. 系统类型

电子收费技术发展过程中，出现过多种类型的收费系统，根据车辆通过收费车道的速度、收费车道结构和通行券类型，目前形成的各种系统可归纳为收费站电子收费和自由流电子收费两种类型，工作过程和车道设施配置均有差异，如图 3-6 和图 3-7 所示。

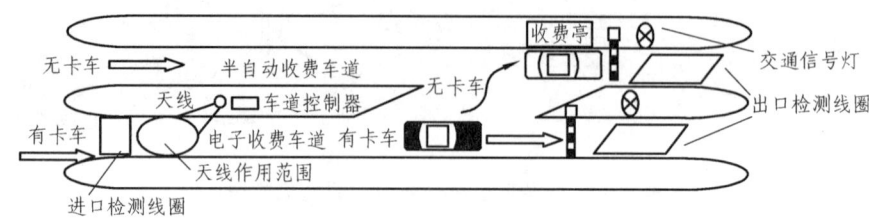

图 3-6　收费站电子收费系统

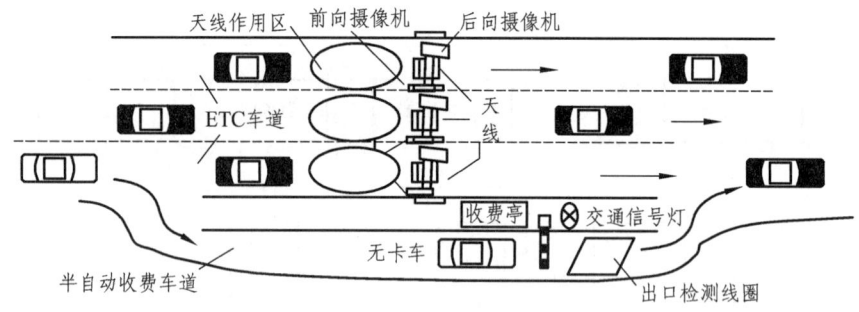

图 3-7　自由流电子收费系统

（1）收费站电子收费系统

电子收费用户较少时，收费站一般采用混合收费方式，既要有电子收费车道，也必须保留原半自动收费车道。电子收费应用初期，混合式收费不可避免，系统设备配置如图 3-6 所示，主要特征为：

① 在原有的收费车道（有收费岛）基础上改造而成，与半自动收费车道并列在收费广场。

② 车辆通过收费车道的车速较低，常为 30～50 km/h，通过率可达 600～1 000 辆/h。

③ 车道出口端设立自动栏杆，以防无卡车辆通过；为引导无卡用户进入普通收费车道按章收费，收费岛另辟一条通向收费亭的车道。

从图 3-4 可以看出，收费车道入口端上方有电子收费车道的标志和信号灯。由于车辆密度不大，天线并不连续工作。无车辆通过时，天线处于休眠状态。在天线辐射区外的车道，埋设一环形线圈。当车辆进入线圈检测区，线圈发出电信号，唤醒天线进入工作状态。此时，自动栏杆关闭，交通信号灯为红色。车辆进入通信区，在载波作用下，电子标签被唤醒，响应天线的询问，将客户身份与车型代码上传给车道天线，由天线转送给车道控制机进行审核。如为有效卡，控制机指令栏杆打开，交通信号灯变绿；如要进一步交换信息，读写数据，可以继续通信，直到收费过程结束。如果进入车道的车辆为无效卡车，车道控制机审核时会立即发现，指令栏杆继续关闭，并发出声光报警。现场工作人员将引导车辆从旁路进入半自动收费车道，办理各项收费手续，控制机将情况记录存档。

（2）自由流电子收费系统

当电子收费用户在全体用户中已成为大多数时，宜采用自由流式电子收费。国外现在趋向于取消收费岛，在收费广场设置一个横跨车道上空的龙门架，架上安装电子收费设备，实施电子收费。车辆无须减速，以正常行驶车速通过收费区域，并完成收费，常称为自由流式电子收费。设备配置如图 3-7 所示，它的主要特征为：

① 无收费岛、亭之类的设施。

② 进入收费区域时不需减速，车辆继续高速行驶。

③ 需要建立一套高精度逃费取证处理系统，现场捕捉车辆信息作为冲卡逃资证据，以便事后依法处理。目前大多采用高速、高分辨率的摄像机对车辆牌照进行抓拍。

④ 在收费区域附近，需建造一条与主道平行的普通收费车道，以便无卡车辆通行。

⑤ 车道天线控制器能操纵多部天线并行工作，与多辆车的电子标签同时通信。

自由流电子收费系统具有很多优点，如车速高，无行车延误，车道通行能力接近 2 000 辆/h。但设备投资大，技术上实施难度也较大，特别是在高速运行时如何防止和扼制冲卡逃费车辆等，这些关键技术将在后面叙述。

3. 电子收费系统工作过程

不同的电子收费系统的收费业务过程基本相同，现以封闭式为例，说明电子收费系统的工作过程。当车辆进入收费车道进口天线的发射区，处于休眠的电子标签受到微波激励而苏醒，开始工作；电子标签响应天线的请求，以微波方式发出电子标签标识和车型代码；天线接收并确认电子标签有效后，以微波发出入口车道代码和时间信号，写入电子标签的存储器内。当车辆驶入收费车道出口天线发射范围，经过唤醒、相互认证有效性等过程，天线读出车型代码以及入口代码和时间，传送给车道控制机；车道控制机对信息核实确认后，计算出此次通行费额，存储或指令天线将费额写入标识卡。与此同时，车道控制器存储原始数据并编辑成数据文件，定时传送给收费站并转送收费结算中心。

如果持无效标识卡或无卡车辆，在收费车道上高速冲卡而过，天线在确认无效性的同时，启动快速自动栏杆，关闭收费车道，当场将冲卡车辆拦截。在无专用收费车道的自由流收费时，可启动逃费抓拍摄像机，将逃费冲卡车辆的车头及牌照号码摄录下来，随同出口代码和冲卡时间一并传送给车道控制机记录在案，事后依法处理。

银行收到汇总好的各路公司的收费数据，从各个用户的账号中，扣除通行费后算出余额，拨入相应公司账号。与此同时，银行核对各用户账户剩余金额是否低于预定的临界阈值，如低于，应及时通知用户补交，并将此名单（灰名单）下发给全体收费站。如灰名单用户不补交金额，继续通行，导致剩余金额低于危险门限值，则应将其划归无效电子标签，编入黑名单，并通知各收费站，拒绝无效电子标签在高速公路电子收费车道通行。

收费结算中心应常设用户服务机构，向客户出售标识卡、补收金额和接待客户查询。显然，后台必须有一套金融运行规则和强大的计算机网络及数据库的支持，才能实现事后收费。

3.6.3 电子收费系统的关键技术

1. 车辆自动识别技术

车辆自动识别技术（AVI）是 ETC 系统的核心技术，AVI 系统包括车载单元（On-board Unit, OBU）、路侧控制单元（Road-side Unit, RSU）和数据处理单元（Processing Data Unit, PDU）三部分。

（1）车载单元。车载单元（OBU）是指附属在车辆上的车载标识卡，有固定式和活动式两种类型。它作为车辆识别的依据，可发射包含车辆信息的信号供车道控制系统识别。

（2）路侧单元。路侧单元（RSU）是指车辆识别系统中用以接收、识别车载单元发射出的信号的设备。其主要作用是接收信号，并读取其中的车辆信息，以便下一步的分析计算。

（3）数据处理单元。数据处理单元（DPU）的主要功能是将路侧单元读取出的信息与数据库中相应的信息进行对比验证，并完成费用计算、交易信息记录等工作。

2. 车型自动分类技术

车型自动分类技术（AVC）目前分为两部分：一部分是通过对车载标识卡的读取获取车辆信息；一部分是通过检测设备的安装，测量车辆的特征参数，再根据这些参数判断车辆类型。读取标识卡信息的方法成本低、准确率高，操作简单，是目前的主要检测方法，但存在着标识卡与车辆信息不符的风险；通过车道传感装置判断车辆类型的方法成本高、操作复杂，但不易进行人为造假，因此主要用于对标一识卡信息进行确认。两种方法并用，既节约了设备投资与维护成本，同时也可以降低差错率，提高系统可信度。

我国目前 ETC 系统采用的车辆特征检测装置主要使用车辆分离器、车高检测器、轴距与轴数检测器和传感器进行测量。车辆分离器由红外线发射器组与接收器组构成，其工作原理是通过接收车辆对红外线光栅的遮挡信号，得到整车的特征数据。轴距与轴数检测器分为红外线与踏板式两种，一般由两组传感器构成，其工作原理是通过两组传感器检测信号的时间差判断车辆的轴距范围，通过传感器检测信号的次数判断车辆的轴数。根据车辆分离器检测到的车身信息、轴距与轴数检测器测量的轴距范围和轴数信息，可以基本确定车辆的类型。

3. 视频稽查技术

近年来，随着光学字符识别（OCR）技术的日趋成熟，视频稽查（VES）主要依赖 OCR 技术自动获取违章车辆的车牌号码以及相关信息。该技术的具体运作过程如下：

(1）车辆达到时，传感器激活摄影开关对车辆进行拍摄，同时记录下相应的时间与路段信息。

(2）对摄影机拍摄到的车牌区域图像进行数字转换处理。

(3）运用字符分割、字符识别等手段对车牌进行识别。

(4）图片与车辆信息等资料存储至档案服务器，同时传送至处理系统，系统视具体情况将正常缴费的车辆信息即刻删除，违规者资料传至特定的违规记录系统，由顾客服务中心通知违规者缴费或完成相应处理后，再将资料删除。

3.6.4 收费广场的设计

电子收费系统的建立涉及经济基础、金融体制以及道路管理结构。另外，还需考虑现行的道路收费体系。从目前我国的特定情况来看，地区间经济发展不平衡，因而交通建设的速度也不一致，现有的收费管理体系也不统一。就收费广场设计而言，很难考虑一次性改为全ETC方式，在很长一段时期，我国的收费体系将会是停车收费与不停车收费两种方式并存，这个时期也叫作过渡时期。在这个时期内，ETC车辆实行不停车收费，非ETC车辆实行停车收费，这种混合式收费对收费车道及广场设计提出了新的问题：一是采用分车道收费还是同车道混合式收费；二是ETC收费车道的几何形式有何变化；三是收费广场的分流方式和车辆的行驶特征如何确定，这将是收费广场设计的新要点。

1. 过渡时期交通流的分析与收费车辆特征

过渡时期交通流的基本构成要素是ETC交通流和非ETC交通流。车辆可分为ETC车辆和非ETC车辆。前者指配有ETC系统有效车载单元的车辆，后者指未配有ETC系统有效车载单元和配有车载单元但交易失败的车辆。

对于收费系统而言，交通流中车辆的地区性对交通流构成有一定影响。本地车一般以中小型为主，交通量大，配ETC电子标签多，驾驶员对ETC系统了解，而外地车一般以大中型长途车为主，交通量相对小，安装电子标签也少，驾驶员对ETC系统不了解，误闯ETC车道现象较多。

目前，标准路段交通流及其车道秩序基本一致，也就是说，在高速公路标准路段，一般内侧为超车道，车速较高，中间为行车道，外侧为紧急停车带；而收费站交通流及其收费车道的排列秩序为内快外慢，即内侧为标准收费车道，外侧为超宽车道。

随着ETC系统的不断完善，交通组成也是在逐渐变化的。ETC交通量比例会逐渐增大，非ETC交通量比例会逐渐减小。

2. 收费广场规划设计

根据上述分析，过渡时期ETC车道比较适应混合式收费方式，即既有ETC车道也有非ETC车道。车道的配置除了考虑通行能力、服务水平及车流交织的安全性外，交通管理的整体性等诸多复杂因素需加以考虑。根据车辆的行驶特征和非ETC车辆误入ETC车道的特性，目前电子收费车道的设置位置有两种不同形式，如表3-9所示。

表 3-9　混合式收费车道的设置特点

车道设置形式	车道特征
内置式	符合车辆内快外慢的行驶原则 有利于 ETC 车辆的通行 现有收费广场改动较小 误入 ETC 车道的非 ETC 车辆较多
外置式	专用性强 误入车辆少 不符合道路内快外慢的行驶原则，大交通量下 ETC 车辆不便

（1）内侧设置

在现有的停车收费广场中，等待收费服务的分布规律为中心车道倾向性，即当收费服务机会的概率相同时，驾驶员习惯于或倾向驶入中心收费车道收费，如图 3-8 所示。

另外，由于标准路段中内侧车道为快速车道，当 ETC 车道设在内侧能够保持与标准路段相同的车道秩序，也符合驾驶员的驾驶习惯。

（2）外侧设置

过渡时期初期，驾驶员对 ETC 系统的认识比较模糊，收费广场中等待服务的车辆的中心车道倾向性分布规律，容易导致初期的 ETC 车道中非 ETC 车辆误入率较高。而初期的 ETC 收费系统的服务缺乏完善性，误入 ETC 车道的非 ETC 车辆将停车收费，当交通量较高时容易导致收费广场出入口交织频繁，延误增加，不利于收费站的管理和安全，所以也可在外侧设置 ETC 收费车道。

究竟采用何种车道设置形式较佳，应根据实际情况确定。

图 3-8　ETC 内侧式与外侧式收费车道图

3. ETC 车道设计

（1）ETC 车道宽度

不同的收费形式有不同的收费车道宽度需求，而不同的车种也应分别设计不同的车道宽度，以符合安全、经济与效率需求。车道宽度与汽车宽度、汽车行驶速度、交通量、交通组成等因素有关。设计车辆规定的最大宽度为 2.5 m，是个定值；根据日本等国的研究资料，计算行车速度大于等于 100 km/h 时，车道宽度应为 3.7 m；计算行车速度小于 100 km/h 时，车道宽度应为 3.5 m。考虑我国载重汽车所占比例大、车型繁杂、车速不一、低等级公路均为混合交通等特点，针对各级公路设定的计算行车速度、交通量、交通组成及以往工程经验，交通运输部制定了各级公路行车道宽度值。

由于车辆是在行驶过程中完成收费的，因此 ETC 车道的理论宽度与主线一条行车道的宽度保持一致时，对驾驶员产生的不良影响应将会最小。根据《公路路线设计规范》，高速公路、一级公路的一条行车道的设计宽度为 3.75 m。所以，一般情况下，一条 ETC 车道的宽度取为 3.75 m。对于收费广场用地紧张情况可减少到 3.5 m。

（2）ETC 车道计算行车速度

收费广场可以看作为高等级公路的瓶颈路段。当车辆驶入 ETC 收费车道，虽然仍可保持一定的行车速度，但过渡时期特别是过渡初期，由于驾驶员对 ETC 系统的认识还比较模糊，为了安全起见，ETC 系统的设计行车速度不宜过高。虽然，大多数的车辆识别系统的允许最高通行速度可以大于等于 100 km/h，但过渡时期收费广场的基本构成决定了 ETC 车道行车速度会受到侧向净空、视距、交织等各种因素的影响。本书借鉴《公路路线设计规范》中关于匝道设计车速的要求，考虑车道通行能力和服务水平，ETC 车道的计算行车速度取为 40 km/h。

（3）ETC 车道的长度

过渡时期 ETC 车道的设计长度是指 ETC 车道中 ETC 识别装置至车道电动栏杆的距离。由于 ETC 车道内车辆在行驶过程中完成收费，所以对于车道长度的确定可以参照道路交通标志中，警告标志的视认距离的设计方法和停车视距的计算方法来确定。实际设计中，可取 37～48 m。

4. 收费广场专用标志、标线

（1）ETC 系统专用标志

根据道路交通标志、标线的设计规范，ETC 系统专用标志可分为三类：禁令标志、指示标志和指路标志。

禁令标志表示禁止非 ETC 车辆驶入 ETC 车道，设置在车道入口处，在非 ETC 车辆误入 ETC 车道时，采用可变标志来提醒驾驶员改变路径。指示标志用于指明 ETC 车道和非 ETC 车道的标志。指路标志用于表明或预告前方 ETC 收费车道的位置、距离等的标志。例如可在距收费站 1 km 处的中央分隔带设置"电子收费"字样，在 700 m 处设可变标志，显示"非电子收费车辆禁入电子收费车道"等。

指示、指路标志底色与高速公路交通标志统一，文字采用绿色，符号采用白色。

采用 ETC 专用符号和文字，如"ETC 专用车道""一卡通专用车道""路路通专用车道"等。文字力求简洁、明确、通俗。

标志的设置形式可分为门架式、悬臂式和路侧式。

（2）ETC 系统专用标线

车道分界线用来分隔同向行驶的交通流，一般用白色虚线。全 ETC 车道之间、人工车道与 ETC 车道之间均划分车道分界线。车道边缘线用来表示车行道的边线，一般用白色标线。高速公路、一级公路和城市快速道路，应在路缘带内侧画实线边缘线。收费岛内侧画实线边缘线。收费站前是否还需要划设减速标线,需要根据ETC车道的多少、位置等情况而定。

(3) ETC信号提示

入口车道信号灯用于指引车辆停止或通过,设在收费岛、电动栏杆附近,有红、绿两种信号。出口车道信号灯用于指引车辆停止或通过,设在收费岛、电动栏杆附近,也有红、绿两种信号。入口雨棚信号灯用于告知车辆可驶入的车道,一般设在行车道垂直上方的雨棚上。

(4) 通行费显示器

用于告知车辆应交纳的通行费金额以及车辆的车型、车情、车牌号等相关信息。一般设在收费亭侧壁或车道信号灯前方,在ETC收费系统中,由于车辆通过速度较快,也可不设通行费显示器。

3.6.5 不停车收费的作用

(1) 降低了收费站拥挤,迅速完成了对道路使用者的收费,减少车辆因缴费而产生的延误和收费人员的失误,提高了收费的效率。

(2) 大大降低了收费成本和由于收费所消耗的社会费用。因为采用全电子化系统不只节约人工费用,而且简化财务手续,降低了审计、管理等费用。

(3) 提高安全性,驾驶员无需留意沿线何处缴费,可专心驾驶;另外,无需加减车速也有利于车辆的安全行驶。

(4) 减少能耗,有利于环保,不会使车辆因收费而加减速及停车等待。发动机一直保持最佳运行状态;而且不停车收费是通过一种管理方法来提高通行能力从而来满足交通需求的,那么可少修一些收费车道,提高整个社会的土地利用率及环境质量。

(5) 收费与道路管理结合,因采用不停车收费系统一般要求车辆配备车载系统与路边系统,若多设置几套路边系统就能使道路管理者准确、实时地了解道路通行情况,及时发现事故,并通知其他驾驶员回避拥挤路段等;并可做到实时OD调查、交通监视等。

(6) 有利于使用新的管理方式,如拥挤收费,因为实行不停车收费能方便地统计分析出拥挤时间和路段,收费标准及拥挤收费时间全由程序控制,易于修改和执行,使拥挤收费在技术上更为可行。

(7) 与社会上其他电子系统接轨,推动整个社会进步;不停车收费一般与银行、电信等计算机系统相连,特别是使用读写头与缴费卡(IC卡)分离的系统,更是为一卡多用。

(8) 节约基建费用和管理费用。由于通行能力得到大幅度的提高,所以,可以缩小收费站的规模。

随着交通智能化的发展,ETC收费是指挥交通发展的需求,也是解决我国收费广场拥堵的最有效手段。ETC收费系统只有规模化才能发挥其效益。目前,京、津、冀、鲁、晋和沪、苏、浙、皖、赣、闽已实现华北、华东两大地区的ETC系统联网,全国除西藏自治区外,所有省份均设置了ETC收费系统。交通运输部要求,到2015年年底实现全国ETC系统联网。未来随着技术的发展进步,还会实现多车道自由流的不停车收费系统。因此,应加快不停车收费车道的建设。

3.7 收费系统新技术

随着计算机技术、通信技术、自动控制技术和管理技术等相关支撑技术的不断进步，各种新技术、新工艺和新设备在高速公路收费领域不断得到应用。

3.7.1 车牌识别技术

车牌识别是智能交通系统的重要组成部分，也是收费系统防止作弊的重要手段，更是全自动收费方式的高速公路收费系统必须解决的关键问题。其主要目的是从图像中自动提取车牌图像，分割字符图像，进而对车牌信息进行识别和比对。

车牌识别技术是计算机视觉与模式识别技术在智能交通领域应用的重要研究课题，是交通管理智能化的关键技术之一。目前，国内外均致力于车牌识别技术的研究，提出了一些较好的识别算法，如模板匹配、神经网络、小波变换等，取得了较好的研究成果。但就各个车牌识别方法本质而言，其主要流程是一致的，关键性差别在于前端采集系统图像精度和后端的算法处理方面。

1. 车牌识别系统

车牌识别系统主要由牌照图像的采集和预处理、牌照区域的定位和提取、牌照字符的分割和识别等几个部分组成，其基本工作过程如下：

（1）当行驶的车辆驶入收费站入口时，触发设在固定位置的传感器，系统被唤醒处于工作状态，一旦连接摄像头光快门的光电传感器被触发，设置在车辆前方、后方和侧面的CCD同时拍摄下车辆图像。

（2）由摄像机或CCD摄像头拍摄的含有车辆牌照的图像通过视频卡输入计算机进行预处理，图像预处理包括图像转换、图像增强、滤波和图像水平校正等。

（3）由检索模块进行牌照搜索与检测，定位并分割出包含牌照字符号码的矩形区域。

（4）对牌照字符进行二值化并分割出单个字符，经归一化后输入字符识别子系统进行识别。

2. 车牌识别技术研究及应用现状

对于车牌自动识别技术的研究，国外早在20世纪90年代初就已开始，其中有代表性的工作有：Yuniaocul 提出的利用马尔科夫场对车牌特征进行提取和二值化，其重点工作放在二值化上，最后对其样本的识别达到了较高的识别率。EunRyung 等利用图像中的颜色分量，对车辆牌照进行定位识别，它在80幅图牌的样本集中，使用了如下3种方法：

（1）以 Hough 变换为基础的边缘检测定位识别。

（2）以灰度值变换为基础的识别算法。

（3）以 HLS 彩色模式为基础的车牌识别系统。

识别率分别达到 81.25%，85%，91.25%。

Youngsungsoh 开发出一套实时车牌识别系统。据报道，该系统的车牌定位正确率达到

99.2%。日本人在车牌图像的获取方面做了大量的研究,并为系统产业化做了大量的工作。其中Thanongsak开发的一套车牌识别系统全天识别率为84.2%。Luis开发的系统全天识别率达到90%以上,天气不好的情况下达到70%,他的系统应用环境为公路收费站,Paolo等开发出一套针对意大利车牌的车牌识别系统,识别率达到91%。国外还有许多关于车牌识别系统的报道,由于他们起步较早,总体来讲,其技术水平高于国内,特别在产品化方面。

国内方面,技术条件相对比较成熟的公司主要有中国自动化研究所的汉王科技、智慧光科技(深圳)有限公司、深圳市科安信实业有限公司等。这些公司宣传的产品在光照充足、车牌干净等前提下整体识别率能够达到90%以上,而对于车牌图像光照不足、车牌有污损的情况识别率就会明显下降。通常处理时为了提高系统的识别率,都采用了一些硬件的探测器和其他的辅助设备如红外照明等,其中汉王公司的"汉王眼"就是采用主动红外照明和光学滤波器来减弱可见光的不可控制的影响,减小恶劣气候和汽车大小灯光的影响。

目前关于车牌识别技术,尚存在以下问题:

(1)对于字符识别来说,为最大限度地发挥各识别器的性能特长,必须进一步研究能够准确评估各识别器性能并且可供互相比较的识别性能参数。为了避免过多地引入预处理产生的误差,需探索并行且直接对灰度图像进行字符切分和识别的系统结构。

(2)对于车牌彩色信息的利用有待于深入研究。目前的LPR系统产品中所使用的车辆图像大多为灰度图像,车牌定位及字符的分割和识别没有用到车牌原有的颜色特征,这在一定程度上影响了LPR系统的性能。然而车牌本身是彩色物体,其底色和字符颜色为有限的几种,具有明显的颜色特征。彩色图像比灰度图像包含更多的图像信息,同时计算机性能的提高使其有能力对彩色图像进行实时处理。

3.7.2 多路径通行费分配技术

随着高速公路建设里程的增加,大部分省市的高速公路已经成网,且网络的复杂性越来越高,纵横交错。所以,在解决高速公路联网收费"一卡通"之后,一个亟待解决的问题就是通行费的合理拆分问题。

在联网收费环境下,如果路网中仅有一个业主,则无需考虑通行费的拆分问题。但由于建设资金的缺乏,我国高速公路建设采取了广开投资渠道的措施,形成了投资主体多元化的格局。正是由于投资主体多元化,在关心投资利益最大化的情况下,各业主势必要求合理征收与拆分通行费。与此同时,在联网收费环境下,如果路网中不存在环状路网,则任意收费站间的行驶路径是唯一的,不存在多路径的问题,通行费的征收与拆分均可以根据行驶路段的长短进行计算。但由于路网的日益复杂,环状路网结构逐渐出现,给驾驶员带来多条路径的选择问题,进而产生按什么标准对多路径车辆收取通行费,如何合理分配(拆分)环路产生的通行费的问题。

最精确的方法是通过判断出路网中每一辆车的实际行驶路径。主要通过投入硬件设施来解决费用分配问题。如四川高速公路联网收费采用的复合卡跟踪管理系统,采用RFID(Radio Frequency Identification) 技术,可以实现每一张复合卡在高速公路路网中流转的全过程、全生命周期的实时动态位置信息的跟踪管理。也可以通过安装车牌照识别系统,对通行车辆的车牌照进行识别,以此明确车辆的行驶路径。

当然,也可以以"交通流分布"为理论基础,通过建立通行费用拆分的概率模型,以某种拆分概率来确定各条高速公路通行费用的分配比例。拆分概率可通过协商法、抽样调查法、交通分配法等方法来确定。这种拆分方法主要依靠软件技术或者短时间调查等来解决投资主体多元化引起的通行费用利益分配问题,无需硬件上的资金投入。

实际应用中应根据多路径通行费拆分方法的技术的可行性、技术的经济性和技术的可操作性等因素来确定。

3.7.3 动态称重技术

近年来,超限车辆对公路、桥梁及其附属设施的严重破坏逐渐被社会所认识。一般公路设计大修年限为10年,但是在大量超限运输车辆的碾压下,许多公路2~3年就不得不进行大修。因此,很多地区的交通管理部门和运营单位纷纷通过更新收费系统软硬件,加大计重收费设备投资力度,利用经济手段来控制和打击超载车辆,也促使了一些新技术的推广和应用,动态称重技术即是其中的代表之一。

1. 动态称重系统的构成及工作流程

(1)动态称重系统的构成

动态称重系统的主要设备包括称重传感器、称重控制器、轮胎识别器、车辆分离器、车辆检测器(地感线圈)以及减速装置(可选)。

① 称重台:含预埋式整体框架、秤体、限位装置、称重传感器、接线盒、信号电缆等。

② 控制仪表:含PCB、显示屏、键盘、电源、外壳等。

③ 车辆分离器(红外线光幕系统):含成对配置的红外线光幕(发射、接收)、控制器及光幕护罩等。

④ 胎型识别器:含一组轮胎识别传感器及相关安装部件、数据采集器等。

⑤ 地感线圈(可选):地感线圈及车辆检测器等。

⑥ 控制柜:用于安装动态称重系统的控制器及相关元器件,主要包括显示及控制仪表、光幕控制器、车辆检测器、接线盒、数据采集器等。

(2)系统工作流程

① 初始状态:检测区无车辆,挡车器放下。

② 车辆匀速驶入称重区,车轮压上秤台,控制仪表接收到一定阈值的质量数据时,系统自动进入动态称重方式。

③ 车辆匀速通过秤台,控制仪表检测出各轴的轴垂、轴型(单/双/三联轴)及车速;胎型识别系统同步检测出轮型(单/双轮);当车辆尾部通过红外线车辆分离器(光幕)后,红外线车辆分离器发出收尾信息。仪表将这些数据和信息进行汇总、编译,并实时将轴重、总重、车速、轴型等数据传送给收费系统计算机。

④ 计算机收到控制仪表传送的信息后,由收费软件自动计算出轴超载量、总重超载量、收费金额及相关内容(根据收费站执行的高速公路管理相关条例),最后打印出票据。

⑤ 人工收费完毕后,将挡车器抬起放行,待车辆驶离后,收费员放下挡车器,该车的整个收费过程结束,等待下一辆车收费。

2. 动态称重技术应用现状

随着全国整治超载行动的实施，动态称重技术在我国高速公路收费系统中得到了越来越泛的应用，相关产品逐步推出，相关标准逐步得到制定，取得了较好的应用效果。目前，山东、安徽、河南、江苏等省均已实施或部分实施计重收费或超限收费，动态称重技术作为其核心设备得到了广泛应用。

在产品方面，清华同方股份有限公司、梅特勒-托利多（常州）称重设备系统有限公司等均推出了其相关动态称重产品。以清华同方股份有限公司的 TF XL ZDF 系列动态称重产品为例：该系列低速动态称重与车型检测系统是为配合《中华人民共和国公路法》和《中华人民共和国工业和信息化部 2 号令》的实施而开发的动、静态称重与车型检测系统，其目的是实现条例规定的车辆计重收费和超限检测等。同样它也满足 2004 年 4 月底国家七部委联合发布的《关于在全国开展治理超限超载车辆的实施方案》。该产品是独立于收费车道系统之外的机电系统，直接安装在收费车道上，也可以用作设置称重站。与常规的汽车衡相比，ZDF 系列占地面积小、施工量少、操作方便、安装维护简单。其主要功能是检测通过称重平台车辆的每根轴的承载质量，并将每轴质量自动进行累加得到总重。同时，可以检测通过称重平台车辆的车速并判别轴型、单双轮，根据约定的通信协议，将完整的车辆称重信息传输给收费计算机，实现统一收费。系统还能自动判别车辆超限情况，有效保护国家等级公路和高速公路、桥梁等，使公路收费更加科学合理。

思考题

1. 国家对公路收费政策包括哪些主要内容？
2. 高速公路收费管理包括哪些主要内容？
3. 高速公路收费的收费制式有哪几种？各有什么优缺点？
4. 收费方式有哪几种？各有何特点？我国目前常见的是哪一种？
5. 在制定高速公路的收费标准时，应考虑哪些影响因素？应遵循哪些定价原则？
6. 车型分类对公路收费有何影响？我国是如何分类的？
7. 我国对收费人员及票务管理有何规定？
8. 高速公路收费系统主要有哪些基本设施？
9. 为什么要提出高速公路联网收费？实现高速公路联网收费的条件是什么？
10. 调查了解我国高速公路不停车收费和计重收费的实施情况。
11. 解决高速公路收费站拥挤的方法有哪些？
12. 电子收费系统的基本组成有哪些？
13. 电子收费系统的关键技术是什么？
14. 电子收费车道设置位置有哪些？并阐述各自的特点。
15. 关于收费系统的新技术有哪些？
16. 调查了解我国近年来实施节假日高速免费期间，交通存在的问题及应采取的应对措施。

附 录

附录 3-1 部分地区高速公路收费标准

1. 吉林省高速公路通行费收费标准

附表 3-1

车型	分型标准		收费标准/(元/车千米)
	客车/座	货车/t	
一型	≤7	≤2	0.45
二型	8~19（含19）	2~5（含5）	0.80
三型	20~39（含39）	5~10（含10）	1.10
四型	≥40 座	10~15（含15）	1.45
五型		>15	1.65

2. 沪宁高速公路车辆通行费征收标准

附表 3-2

车辆种类	收费标准/(元/车千米)
6 座以下小型客车（含 6 座）	0.40
中型客车 6~20 座（含 20 座）、小型货车 2 t 以下（含 2 t）	0.60
大型客车 20~50 座（含 50 座）、中型货车 2~5 t（含 5 t）	0.80
大型客车 50 座以上、重型货车 5~10 t（含 10 t）	1.00
重型货车 10~20 t（含 20 t）	1.20
特型货车 20 t 以上	1.60

3. 四川省成渝高速公路车辆通行费收费标准

为有利于操作以加快车辆时站通过速度，仍然按上表标准和"将元位作三舍为零四进入五，七舍为五八进入十处理，每车次应收费三元及低于三元的一律按五元计算"的办法编制"车辆通行费各收费站区间收费标准表"，各收费站严格按"区间标准表"所列标准收取车辆通行费。

附表 3-3

车　辆　种　类	折算载重吨位/t	公路通行费/（元/车千米）	龙泉山隧道通行费（元/车次）
10 座（含 10 座）以下轿车、吉普车、面包车、旅行车、1t（含 1t）以下小货车	1	0.32	5.00
11~30 座（含 30 座）客车、1~3 t（含 3 t）货车	2	0.64	8.00
31~50 座（含 50 座）客车、3~5 t（含 5 t）货车、30 卧以下卧铺车、国际标准集装箱车	4	1.28	16.00
50 座以上客车、5~10 t（含 10 t）货车、30 卧以上卧铺车	7.5	2.40	24.00
10~15 t（含 15 t）货车	12.5	4.00	32.00
15~25 t（含 25 t）货车	17.5	5.00	48.00

4. 合宁高速公路车辆通行费收费标准

附表 3-4

车　辆　种　类	收费标准/（元/车千米）
客车（附注 2）小客车（19 座及以下）	0.30
中客车（20~40 座）	0.60
大客车（超过 40 座）	0.80
货车（附注 3）小型货车（2.5 t 及以下）	0.30
中型货车（2.5~7 t）	0.60
大型货车（7~15 t）	0.80
特大型货车（15~40 t）	1.50
超大型货车（超过 40 t）	1.50

5. 河北省京石高速公路收费标准

附表 3-5

型号	货车	客车	收费标准（元/区段车次）
小型	小于 1 t（含 1 t）	小于 10 座（含 10 座）	15
中型	大于 1 t 小于 7 t（含 7 t）	大于 10 座小于 28 座（含 28 座）	25
大型	大于 7 t 小于 14 t（含 14 t）	大于 28 座	40
大型	大于 14 t 小于 20 t（含 20 t）		50
特大型	大于 20 t		0.05 元/吨千米

6. 广州至开平高速公路车辆通行费收费标准

附表 3-6

车　辆　种　类	收费标准/（元/车千米）
摩托车	0.225
小型车 2 t（含 2 t）以下货车、20 座及以下客车	0.45
中型车 2~7 t（含 7 t）货车、21~50 座客车	0.90
大型车 7~20 t（含 20 t）货车、51 座以上客车、卧铺客车	1.462
特大型车 20 t 以上货车、集装箱车	2.138

7. 哈尔滨至大庆高速公路车辆通行费征收标准（路段全长 133 km）

附表 3-7

车　型　分　类	大耿家至肇东	肇东至承平	承平至安达	安达至卧里屯	全程收费标准	费率/（元/车千米）
小型车 2 t 以下载货车辆 19 座以下载客车辆	20	20	10	10	60	0.45
中型车 2.5~7 t 载货车辆 20~39 座载客车辆	40	40	15	15	110	0.83
大型车 7.5~14 t 载货车辆 40 座及以上载客车辆	50	50	20	20	140	1.05
特型车 15 t 以上载货车辆	60	60	20	20	160	1.20

8. 浙江省现行车辆通行费率

附表 3-9

分　类　标　准	通行费=车次费+（里程费×里程）	
	车次费/（元/辆次）	里程费/（元/车千米）
20 座（含 20 座）以下客车、2 t（含 2 t）以下货车	5	0.40
20~40 座（含 40 座）客车、2~5 t（含 5 t）货车	10	0.80
40 座以上客车（含 32 座以上卧铺车）5~10 t（含 10 t）货车	15	1.20
10~20 t（含 20 t）货车	20	1.60
20~50 t（含 50 t）货车	25	2.00

附录3-2 四川省收费公路货车计重收费试行标准

为积极稳妥、循序渐进推广计重收费工作,根据交通部《关于收费公路试行计重收费指导意见的通知》(交公路发〔2005〕492号)、四川省人民政府办公厅《关于收费公路推行货车计重收费实施意见的通知》(川办函〔2006〕185号)等文件精神,省交通厅、物价局、财政厅对货车计重收费标准进行了测算,提出试行货车计重收费标准如下:

一、货车计重收费标准

(一)正常装载的合法运输车辆(以下简称"正常车辆")行驶计重收费的公路时,其车辆通行费收费标准按如下要求计算确定:

1. 高速公路:六车道高速公路货车计重收费基本费率为0.095元/(t·km),四车道高速公路货车计重收费基本费率为0.075元/(t·km),具体通行费计算方法如下:

以收费站实际测量确定的车货总重和行驶的里程为依据,小于20 t(含20 t)的车辆,按基本费率计算收取车辆通行费;20~40 t(含40 t)的车辆,20 t及以下部分,其费率按基本费率计收,20 t以上的部分,其费率按基本费率线性递减到基本费率的50%计收;大于40 t的车辆,20 t及以下的部分,其费率按基本费率计收,20~40 t的部分,其费率按基本费率线性递减到基本费率的50%计收,超过40 t的部分按基本费率的50%计收。

2. 开放式收费公路:一级路基本费率为0.05元/(t·km),二级路为0.04元/(t·km),具体通行费计算方法如下:

以收费站实际测量确定的车货总重和全路段里程(分段设站的按分段里程计)为依据,小于20 t(含20 t)的车辆按基本费率计算确定车辆通行费收费标准;20~40 t(含40 t)的车辆,20 t及以下部分,其费率按基本费率计收,20 t以上的部分,其费率按基本费率线性递减到基本费率的80%计收;大于40 t的车辆,20 t及以下部分,其费率按基本费率计收,20~40 t的部分,其费率按基本费率线性递减到基本费率的80%计收,超过40 t的部分,其费率按基本费率的80%计收。

3. 桥梁和隧道:桥梁和隧道的基本费率为0.65元/(t·km),具体通行费计算方法如下:

货车通过高速公路路段中已实施收费的桥梁、隧道时,按高速公路的计费方式(即本款第1项的计算方式)收取通行费。

货车通过开放式收费公路路段中已实施收费的桥梁、隧道以及独立桥梁、隧道时,按开放式公路的计费方式(即本款第2项的计算方式)收取通行费。

收费公路中已实施的收费桥梁、隧道,货车通过该路段时,不再重复计算桥梁、隧道里程。

(二)超过公路承载能力的车辆行驶计重收费的公路时,其车辆通行费收费标准按如下方法计算确定:

车货总重超过该车对应的公路承载能力认定标准30%以内(含30%)的车辆,按正常车辆的基本费率计重收取车辆通行费。

车货总重超过该车对应的公路承载能力认定标准30%~100%(含100%)的车辆,该车车货总重中符合公路承载能力认定标准的质量部分以及超出公路承载能力认定标准30%(含

30%)的质量部分,按正常车辆的基本费率收取车辆通行费;超过公路承载能力认定标准30%以上的质量部分,按基本费率的3倍线性递增至5倍计重收取车辆通行费。

车货总重超过该车对应的公路承载能力认定标准100%（含100%）以上的车辆,该车车货总重中符合公路承载能力认定标准的质量部分以及超出公路承载能力认定标准30%（含30%）的质量部分,按正常车辆的基本费率收取车辆通行费;超过公路承载能力认定标准30%~100%（含100%）的质量部分,按基本费率的3倍线性递增至5倍计收通行费,超过公路承载能力认定标准100%以上的部分质量,按基本费率的5倍计重收取车辆通行费。

（三）特殊车辆的收费：

1. 客货两用车和集装箱车辆按载货汽车实施计重收费。

为鼓励集装箱车辆发展,对正常装载及超限30%以内（含30%）的集装箱按应收通行费的70%收取车辆通行费;超限30%以上的按照普通货车计重收费。

2. 大型物件运输车辆按国家有关规定办理通行手续,通行费收费标准按载货汽车实施计重收费。

3. 不能载货的特种车辆以行驶证标注吨位按原车型分类标准收取通行费。

4. 鲜活农产品运输和其他经批准的临时免缴通行费的货车在正常装载的情况下,免收车辆通行费。但车货总重量超过该车对应的公路承载能力认定标准30%以上的部分,按超过公路承载能力的收费方法收取通行费。

（四）货车车货总重不足5 t（含5 t）的按车型分类一类车标准收取车辆通行费;高速公路收费总额不足5元时按5元收费,其他收费公路及桥梁、隧道收费总额不足2元时按2元收费。

（五）货车车货总重以t为单位,不足1 t的按四舍五入法归入t处理。通行费计费以元为单位,尾数不足1元的,按四舍五入法归入元处理。

（六）经批准实行货车计重收费的公路、桥梁、隧道按计重收费标准收取通行费,保留原车型分类标准,在货车计重收费系统出现故障不能实行计重收费时,按原车型分类标准收取车辆通行费。

计重收费公路承载能力认定标准统一按照国家强制标准《道路车辆外廓尺寸、轴荷及质量限值》（GB 1589—2004）中车货总重认定标准的要求执行,在计重收费的公路上行驶的货车如超过如下认定标准,则被视为已超过公路的承载能力。

三轮货车2 t;

低速货车（四轮且最高设计车速小于70 km/h）4.5 t;

二轴货车17 t;

三轴货车25 t（由二轴汽车和一轴挂车组成的汽车列车27 t）;

四轴货车35 t（轴距大于等于1 800 mm为37 t）;

五轴货车43 t;

六轴及六轴以上货车49 t。

二、试行时间

由于货车计重收费涉及面广,不可预见因素较多,上述货车计重收费试行标准自2007年3月1日起试行两年,根据试行情况研究确定正式收费标准。政府还贷公路、经营性公路拟实行货车计重收费的,应报省交通厅、物价局、财政厅审批后实施。

附录3-3 四川省关于对正常装载合法运输车辆通行费实行优惠的通知

各市（州）交通运输局（委）、发展改革委、财政局，川高公司、成渝公司、各收费公路经营管理单位，省交通运输厅公路局、高管局、运管局、高速公路监控结算中心：

根据2013年12月16日省政府常务会议精神，按照省政府办公厅B〔2013〕3948—2号通知要求，为进一步减轻正常装载合法运输车辆（以下简称"正常装载车辆"）的负担，鼓励货运企业调整改善车型结构，支持多轴大型车辆发展，对车货总重量未超过公路承载能力认定标准的"正常装载车辆"实行车辆通行费优惠。

一、优惠标准

（一）二轴、三轴货车，按货车计重收费基本费率80%计算收取车辆通行费。

（二）四轴及四轴以上货车，按货车计重收费基本费率70%计算收取车辆通行费。

（三）对正常装载的标准集装箱车辆按基本费率70%收取车辆通行费；整车正常装载运输鲜活农产品车辆免收车辆通行费。

（四）非"正常装载车辆"（含集装箱车辆、运输鲜活农产品车辆）一律不享受车辆通行费优惠。

其他事项仍按省政府办公厅《关于收费公路货车计重收费试行标准的复函》（川办函〔2007〕59号）批准的方法计算确定。

二、实施方式

高速公路实行入口前检测分流，出口计重收费。开放式收费公路货车计重收费实行过站收费。

货车计重收费站使用的计重设备必须获得质量技术监督部门计量检测认证，确保计重设备运行稳定、计量准确。

三、实施范围

全省联网收费高速公路和开放式收费公路货车计重站。

四、实施时间

本通知从2014年1月15日起实施。

四川省交通运输厅　四川省发展和改革委员会　四川省财政厅
2014年1月10日

附　件
货车计重收费有关标准

根据《交通部关于收费公路试行计重收费指导意见的通知》(交公路发〔2005〕492号)、《四川省人民政府办公厅关于收费公路推行货车计重收费实施意见的通知》(川办函〔2006〕185号)和《四川省人民政府办公厅关于收费公路货车计重收费试行标准的复函》(川办函〔2007〕59号)精神,相关收费标准如下:

一、货车计重收费标准

(一)高速公路:高速公路货车计重收费基本费率为0.075元/(t·km)。

(二)开放式收费公路:一级公路基本费率为0.05元/(t·km),二级公路基本费率为0.04元/(t·km)。

(三)桥梁和隧道:桥梁和隧道的基本费率为0.65元/(t·km)。该段公路收费时不再重复计算收费的桥梁、隧道里程。

二、计重收费公路承载能力认定标准

计重收费公路承载能力认定标准统一按照国家强制标准《道路车辆外廓尺寸、轴荷及质量限值》(GB 1589—2004)中车货总重认定标准的要求执行,在计重收费的公路上行驶的货车如超过如下认定标准,则为已超过公路的承载能力。

三轮货车2 t;

低速货车(四轮且最高设计车速小于70 km/h)4.5 t;

二轴货车17 t;

三轴货车25 t(由二轴汽车和一轴挂车组成的汽车列车27 t);

四轴货车35 t(轴距大于等于1 800 mm为37 t);

五轴货车43 t;

六轴及六轴以上货车49 t。

第 4 章　高速公路交通控制

【本章导读】

高速公路交通控制，是通过对监视系统收集到的交通流基本数据进行分析与处理，确定最适合当时具体交通情况的控制方案，并通过硬件设备显示给高速公路使用者必要的情报、信息、命令，为改善人和货物的运输安全而对高速公路交通进行的调节、警告和诱导，从而实现充分合理地使用道路的目的。本章主要对主线控制（Main Line Control）、匝道控制（On-ramp Control）、通道控制（Channels Control）等高速公路常用的控制策略的特点与控制方法进行介绍。

通过本章的学习，使读者认识和掌握实现高速公路控制方法的基本原理及适用条件，并掌握入口匝道控制调节率的计算方法。

4.1　基本概念

高速公路交通控制所涉及的一些基本概念和参数如下：

（1）道路通行能力

在一定的道路、交通状态和环境下，单位时间内（良好天气情况下），一条车行道或道路的某一段面上能够通过的最大车辆数量，也称为道路（交通）容量，简称容量，单位是 veh/h。

车辆多指小客车，当有其他车辆混入时，均采用等效通行能力的当量小客车为单位。

（2）交通流密度

交通流密度是指在某一瞬间，单位长度道路上存在的车辆数，单位是 veh/km。

（3）空间平均车速

空间平均车速是指某路段的长度与通过该路段所有车辆的平均行程时间之比，单位 km/h。在数学上，空间平均车速是指通过路段所有车辆的行程车速的调和平均值。

（4）交通流量

交通流量又称交通量，是指单位时间内，通过道路（或道路上某一条车道）指定地点或断面的车辆数，单位是 veh/h。

（5）车头间距与车头时距

车头间距是指一条车道上同向行驶的一列车队中，前后相邻两车车头之间的间隔距离，

一般用 h_t 表示，单位 s/veh。相邻两车辆经过同一地点的时间间距称为车头时距，一般用车辆上具有代表性的点来衡量，如前保险杠或前轮。一般用 h_s 表示，单位 m/veh。

（6）车道占有率

由于密度是瞬时值，随观测的时间或区间长度而变化，而且反映不出与车辆长度和速度的关系，尤其当车辆混合行驶时密度的高低，并不能明确地表示交通流的状态，所以在交通工程中又引出了车道占有率的概念来表示车流密度。车道占有率有空间占有率和时间占有率之分。

在观测路段长度内，行驶车辆总长度占该路段长度的比例称为空间占有率。

在一定时段内，全部车辆通过某一断面所需时间的累计值占该时段的比例称为时间占有率。

4.2 高速公路交通流模型

交通流模型是描述交通流状态变化随时间与空间而变化、分布的规律及其与交通控制变量之间关系的方程式。根据描述对象的不同，交通模型可分为微观模型与宏观模型两类。微观模型描述单个车辆的运动规律；宏观模型描述车流（车队）的运动规律，即反映（流量、速度、密度等）的变化过程。交通控制系统所采用的模型应当是宏观模型。根据模型和其中变量的不同形态，交通模型可分为静态模型和动态模型。静态模型描述不随时间改变的稳恒交通流随空间分布的规律。动态交通流模型描述交通流随空间的分布及每处交通流随时间变化的规律。本节简单介绍宏观稳态与动态交通流模型。

1. 宏观稳态交通流模型

当宏观交通流变量：交通流量 $q(x,t)$（表示 x 点处在 t 时刻，单位时间通过车辆数，单位为 veh/h）、交通密度 $\rho(x,t)$（表示 x 点处在 t 时刻，每车道单位长度道路上拥有的车辆数，单位为 veh/km）、空间平均车速 $v(x,t)$（表示 t 时刻 x 点附近车辆的速度平均值）与时间 t 无关时，我们称其为宏观稳态交通流。严格理论意义上的稳态交通流是不存在的，但若在某个特定时段内，交通的变化较小较慢，我们就可用稳态模型来描述。由于高速公路宏观稳态交通模型是线性模型，用该模型进行控制，具有简单易行的特点，可有效预防常发性拥挤。与无控制相比具有显著效果。下面主要讨论建立高速公路宏观稳态模型的方法。

宏观稳态交通模型是描述 $q(x)$、$\rho(x)$、$v(x)$ 随道路位置坐标 x 分布规律的模型。由于稳态时 q-ρ 关系、v-ρ 关系都是固定的，故我们只需找到了流量 q 随 x 变化的分布规律，就可以推算出密度 ρ 的特性，从而由 v-ρ 关系，又可以推算出 v 的分布。

进一步地，我们将 q 随道路坐标 x 连续变化的规律离散化，即把一条道路按照其实际几何情形和交通状况划分为若干段，使得在每一段内交通状态可近似看成是均一的，即 $q(x)$、$\rho(x)$、$v(x)$ 在每一段内均取常数值，且每一段内车道数不变，至多只有一个入口和一个出口，如图 4-1 所示。下面我们分别给出递推模型、起始-到达模型和起始-终点模型。

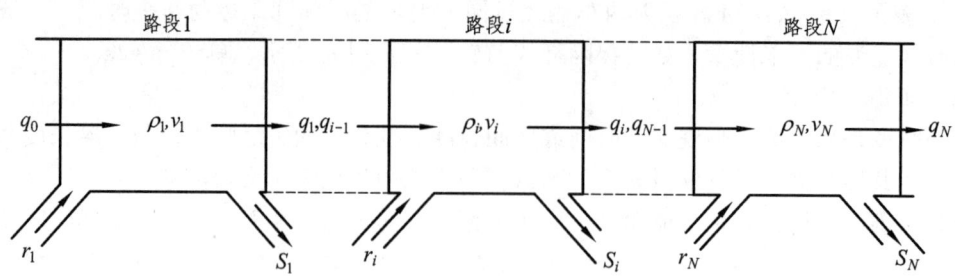

图 4-1 高速公路的分段

（1）递推模型

设第 i 路段交通流量为 q_i，入口、出口匝道流量分别为 r_i、s_i，则 q_i 可表示为

$$q_i = q_{i-1} + r_i - s_i \quad (i=1,2,\cdots,N) \tag{4-1}$$

故只要知道起始端主线流量及各入口、出口匝道的流量，即可用式（4-1）计算出各段的流量 $q_i(i=1,2,\cdots,N)$。故式（4-1）即为稳态流量模型，我们称其为递推模型。

（2）起始-到达模型

设从路段 i 的入口匝道进入的车辆（流量为 r_j）中有 $a_{ij} \times 100\%$ 到达路段 j，则

$$q_i = \sum_{j=1}^{i} a_{ij} r_j \quad (i=1,2,\cdots,N; 0 \leqslant a_{Nj} \leqslant a_{(N-1)j} \leqslant \cdots \leqslant a_{(j+1)j} \leqslant a_{jj} \leqslant 1) \tag{4-2}$$

这里我们已将始端进入流量记为 r_1。

引入 $N \times N$ 维方阵 A（起始-到达矩阵）：

$$A = \begin{bmatrix} a_{11} & a_{12} & \cdots & a_{1N} \\ 0 & a_{22} & \cdots & a_{2N} \\ \vdots & \vdots & & \vdots \\ 0 & 0 & \cdots & a_{NN} \end{bmatrix}$$

并定义 q 为 N 维流量向量，r 为 N 维入口流量向量，即 $q=[q_1 \cdots q_N]^T, r=[r_1 \cdots r_N]^T$，则式（4-2）写成矩阵形式为

$$q = Ar \tag{4-3}$$

只要估计出矩阵 A 之后，则可根据各个 r_i 计算出每个 q_i。稳态流量模型式（4-3）用于高速公路的稳态入口控制设计，我们称其为起始-到达模型。

（3）起始-终点模型

下面我们讨论一下出口匝道流量 s_i 与入口流量 r_j 的关系。设 r_j 中有 $b_{ij} \times 100\%$ 经其下游第 i 路段的出口匝道驶出，即

$$s_i = \sum_{j=1}^{i} b_{ij} r_j \quad (i=1,2,\cdots,N) \tag{4-4}$$

$$\sum_{i=1}^{N} b_{ij} = 1 \quad (j=1,2,\cdots,N) \tag{4-5}$$

写成矩阵形式，为

$$s = Br \tag{4-6}$$

s 为 N 维列向量，其元素为各路段内出口流量。$N \times N$ 方阵 B 第 i 行第 j 列元素即为 b_{ij}，B 称为起终点矩阵。

到达路段 i 的车辆总要从其下游的出口驶出，故

$$a_{ij} = \sum_{k=i+1}^{N} b_{kj} \quad (j=1,2,\cdots,N) \tag{4-7}$$

根据实测的 q、r、s，运用式（4-3）、式（4-6）、式（4-7）可以估计出矩阵 A。这比只使用 r、q 和式（4-3）要更精确一些。

把式（4-2）代入式（4-1），可得到 s_i 与 q_{i-1} 之间的关系式：

$$s_i = \gamma_i q_{i-1} \tag{4-8}$$

其中

$$\gamma_i = \frac{\sum_{j=1}^{i-1}(a_{(i-1)j} - a_{ij})r_j}{\sum_{j=1}^{i-1} a_{ij} r_j}$$

在仿真计算中，有时尚不明确 A、B 数值，根据式（4-8），可以粗略地把 γ_i 取为一个常数，即认为 s_i 正比于 q_{i-1}，由此确定 s_i 取值。

2. 动态交通流模型

高速公路某个位置在某个时刻的交通状态与该位置在该时刻之前的交通状态以及该位置上下游相邻处的交通状态有关，即交通流过程是交通状态随着时间、空间演变的动态过程，精确描述需要用偏微分方程。为了使模型较为简单，便于实用，人们采用时间离散化、空间离散化处理，使模型成为离散时间的差分方程。所谓时间离散，就是对交通流进行采样，用采样数值序列代替随时间连续变化的交通变量。采样周期一般取为数十秒。

所谓空间离散，就是把一条高速公路划分为若干路段（见图4-1）。设第 i 路段道路长度为 Δ_i，该段内在采样时刻 kT 的交通密度、空间平均速度分别表示为 $\rho_i(k)$、$v_i(k)$，主线上驶入该段的交通流量为 $q_{i-1}(k)$，驶出该段的流量为 $q_i(k)$，该段范围内匝道驶入流量、匝道驶出流量分别记为 $r_i(k)$、$s_i(k)$。路段的划分应保证每段为道路几何情况一致，每一时刻路段内各处交通状态基本一致，每段至多含有一个入口、一个出口，且入口一般位于段首，出口一般位于段尾。路段长度约为数百米至一千米左右，视道路、交通状况及采样周期而定。路段划分越细，则模型精确度会越好，但变量数目相应增加，模型阶次提高。空间离散化的结果是

用多路段的多个交通变量近似反映交通流沿道路长度（空间）的连续分布，好处是避免了对空间坐标的偏微分，代价是变量数目增加。

4.3 主线控制

4.3.1 主线控制概述

主线控制的对象是高速公路本身即路段上的交通流，通过对高速公路主线的交通进行调节、诱导和警告，达到优化交通流状态的目的。主线控制的基本目标是改善高速公路运行的安全和效率，缓解主线上的交通拥挤和交通瓶颈对交通的影响。这种控制对常发性拥挤和偶发性拥挤都是有效的。

主线控制的目的有以下几点：

（1）当交通需求接近道路通行能力时，使主线上的交通流保持均匀性和稳定性，以增加驾驶人的舒适程度，提高高速公路的利用率并预防拥挤发生。

（2）改善交通流运行状态，从而使高速公路瓶颈路段的通行能力达到最大。

（3）一旦因车速、车流密度发生变化而在车流中产生冲击波时，需要改进交通运行使其从拥挤状态恢复到正常状态，并防止尾端冲撞事故。

（4）在雨、雪、雾等特殊气候条件下，保证高速公路的运行安全。

（5）当出现交通事故或因维修而使主线通行能力下降时，要提高道路的使用效率。

（6）当高速公路交通需求在方向上有很大差别时，需改变高速公路不同方向上的通行能力。

（7）减少驾驶人的不满，诱导驾驶人到交通状况较好的道路上。

高速公路主线控制的概念涉及以下几个方面：

（1）车道使用控制：通过对车辆在使用车道的时间和空间上的限制来达到对交通流进行控制的目的，包括车道关闭、车道调节等。

（2）警告和诱导：警告是通过给出交通运行变量限制值的方法来控制交通流，诱导是为驾驶人提供交通信息来诱导驾驶人选择合理的运行状态和行车路线。包括对行车速度、车辆间距、旅行时间和行驶路线方面的警告、诱导。

（3）优先控制：对一定种类的车辆在使用交通设施上分配优先通行权或特别使用权，如救护车、公共汽车、合用车辆的优先控制。

主线控制实现目标的基本方法：

（1）从过去的统计资料中或采用交通感应实时采集当前高速公路上交通流参量值。

（2）在当前高速公路交通流参量的基础上，判定该值在由通行能力、交通构成以及气候条件所决定的高速公路路段的交通流基本特性曲线上处于哪一部分，即依据交通流模型判断交通流运行状态。

（3）确定高速公路主线交通流控制的目标状态值及相应的控制方法，使交通流趋于目标状态。

主线控制方式可以是定时控制，也可以是交通感应式控制。定时主线控制采用的控制配时和等级是根据一天的交通量变化规律预先确定好，定时控制设备较为简单，但缺乏适应性。如果控制变量值是基于实时测量的交通参量，则称这种方式为交通感应主线控制，该方式控制设备较为复杂，但采用该方式可提高主线控制的效率。

4.3.2 主线控制方法

目前高速公路常用的几种主线控制方法有：可变限速控制，车道关闭控制，可逆车道控制，主线调节控制，驾驶员信息系统等。

1. 可变限速控制

可变限速控制是在高速公路主线上设置可变限速标志，显示交通状况变化的限制车速，从而使主线上交通流的速度能随车流密度的改变而变化，以保证交通流的均匀、稳定，同时还能提高道路的通行能力。

（1）可变限速控制的原理

可变限速控制的基本原理是依据道路、交通、气候等条件对高速公路主线交通流安全高效运行的限制要求和路段交通流的流量、速度、密度的关系，确定能够允许的最大交通量下的最佳速度和最佳密度，并据此采用可变限速标志等方法对高速公路主线交通流进行速度控制。

降低最高行驶车速不仅可使高峰时期的交通流比较均匀、稳定，还可以提高道路的通行能力。下面解释一下为什么限速控制可以提高通行能力。设 b 为限速系数，$b=1$ 对应未限速情况；降低的 b 值与一定的限速值相对应。研究和试验证明，b 值会对道路的交通基本特性有一定影响，如图 4-2 所示，自由速度有所下降，临界密度有所增大，最大流量（通行能力）有所提高。在 $b=0.75$ 时 q 达到一个最大值。M.Cremer 于 1979 年提出一个在可变限速条件下的交通量计算公式：

$$q(\rho,b) = bv_f\rho\left[1-\left(\frac{\rho}{\rho_m}\right)^{(3-2b)l}\right]^m \tag{4-9}$$

式中　q——交通量（veh/h）；

　　　ρ——交通密度（veh/km）；

　　　v_f——高速公路限定最高车速（km/h）；

　　　ρ_m——具有最大交通量的交通密度（veh/km）。

显然，在密度较高的交通情况下采用限速控制对于提高通行能力有明显效果。限速系数 b 的取值范围为 $0.7 \leq b \leq 1$，取为离散数值：0.7、0.8、0.9、1.0。限速值不宜频繁改变，以免引起驾驶人的不满，例如调整间隔应不小于 2 min。经验证明，限速标志除显示速度限制值之外，同时显示相关信息（例如"前方有雾"）效果更佳。

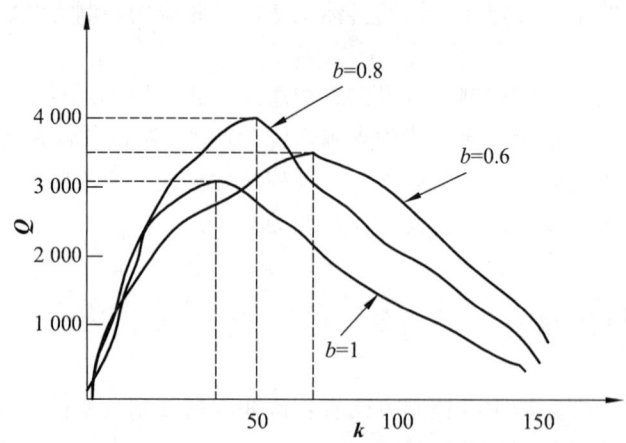

图 4-2 限速时交通量变化

（2）可变限速控制的速度目标值

可变限速控制的目标主要是速度指标，最佳目标速度的确定有两种方法：

第一种，经验统计法。

经验统计法是根据使用可变限速控制高速公路上交通流状态的历史统计数据来确定最佳速度。

第二种，数学模型法。

数学模型法是根据交通流状态控制变量速度和其他交通流状态变量（如交通量、密度、车头时距、占有率）的函数关系，加上道路、气象等条件对交通流运行安全和效率的约束条件，建立交通流速度控制的数学模型，实际当中可依据交通流状态和道路、气候等条件，通过修正模型参数，来获得不同交通环境条件下的最佳速度控制目标值。

如图 4-3 所示，假设路段 1、2 是高速公路上两个串联的基本路段，用 q_i、v_i、和 ρ_i 分别表示路段 $i(i=1,2)$ 上的交通流流量、速度和密度。路段 1 和路段 2 的畅行速度为 v_{f1}、v_{f2}，上游路段流入路段 1 的交通量为 q_s。则在连续稳态交通流状态下有：

$$q_1 = q_2 = q_s \tag{4-10}$$

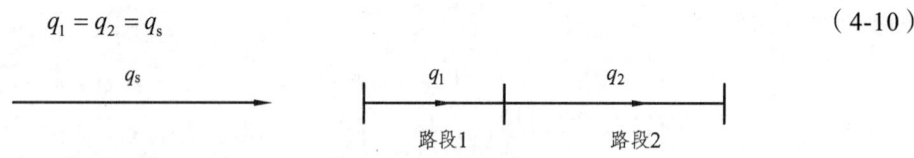

图 4-3 高速公路路段的串联

根据格林希尔茨由交通调查所得的交通流速度-密度线性关系经验模型有：

$$\rho_i = \frac{\rho_{ji}}{v_{fi}}(v_{fi} - v_i) \tag{4-11}$$

以及交通流的基本关系：

$$q_i = \rho_i v_i \tag{4-12}$$

整理式（4-10）~式（4-12）可得：

$$\left.\begin{aligned}\frac{\rho_{j1}}{v_{f1}}v_1^2 - \frac{\rho_{j1}}{v_{f1}}v_{f1}v_1 + q_s = 0\\ \frac{\rho_{j2}}{v_{f2}}v_2^2 - \frac{\rho_{j2}}{v_{f2}}v_{f2}v_2 + q_s = 0\end{aligned}\right\} \quad (4\text{-}13)$$

① 连续稳态交通流下串联路段的速度目标值确定方法。

解方程组（4-13），得串联路段的速度分布为：

$$v_i = \frac{1}{2}(v_{fi} \pm \sqrt{v_{fi}^2 - 4v_{ji}q_s/\rho_{ji}}) \quad (i=1,2) \quad (4\text{-}14)$$

再由式（4-11）得密度分布为：

$$\rho_i = \frac{1}{2}(\rho_{ji} \mp \sqrt{\rho_{ji}^2 - 4\rho_{ji}q_s/v_{ji}}) \quad (i=1,2) \quad (4\text{-}15)$$

根据式（4-14）和式（4-15），可以采用检测到的上游流入路段 1 的流量 q_s，确定出相应路段 i 的速度目标值和密度目标值。

同样，当高速公路的道路、交通构成、气候等条件发生变化时，为保证交通流的稳定、连续、均匀和交通安全，也可相应调整交通流模型中的参数 v_j、ρ_j 来确定相应条件下最佳速度目标值。

另外，式（4-13）有两实数解的充要条件是：

$$\Delta_1 = \left(\frac{\rho_{j1}}{v_{f1}}\right)^2 - 4\frac{\rho_{j1}}{v_{f1}}q_s \geq 0 \quad (4\text{-}16)$$

$$\Delta_2 = \left(\frac{\rho_{j2}}{v_{f2}}\right)^2 - 4\frac{\rho_{j2}}{v_{f2}}q_s \geq 0 \quad (4\text{-}17)$$

可以得到，保证连续稳定交通流对输入交通流 q_s 的约束：

$$q_s \leq \min\left\{\frac{1}{4}\rho_{j1}v_{f1}, \frac{1}{4}\rho_{j2}v_{f2}\right\} = \min\{q_{m1}, q_{m2}\} \quad (4\text{-}18)$$

式中，$q_{m1} = \frac{1}{4}\rho_{j1}v_{f1}$，$q_{m2} = \frac{1}{4}\rho_{j2}v_{f2}$ 可以认为分别是路段 1 和路段 2 的最大服务流率。

② 特殊条件下路段最大服务流率的确定方法。

当主线上某一路段发生事故、修路或有雨、雪、雾等特殊天气时，为了保证连续稳定交通流和交通安全，只需修正相应路段的 v_f 和 ρ_j 就可以确定该路段最大的服务流率 q_m，并由式（4-18）得出主线上的最大服务流率。

（3）可变限速控制的系统构成

主线可变限速控制主要通过对主线上交通流的速度在空间上和时间上的分布进行控制，以保证交通流的稳定、均匀，或实现交通流从不稳定状态、拥挤状态调控到稳定状态。

实现主线可变限速控制的方法是在主线上建立由可变限速标志组成的系统,即在主线沿线上每隔一定距离设置一个可变限速标志。标志间隔在城市地区一般为 1~2 km,在乡村地区一般为 2~3 km。

可变限速控制系统中每一个可变限速标志都与控制中心相连,控制中心将交通状况、路面条件(车道数变化、坡度、弯道、结冰、积雪)及气象条件(雾、雨、雪)的各种组合所确定的最佳速度目标值和实际测出的主线上车流速度值进行比较,判断当前车流运行状态是否符合控制目标,若不符合,则将目标速度值通过可变限速标志告诉驾驶人,从而实现对主线可变速度控制。

除了用可变限速标志外,主线可变速度控制还可利用可变信息标志、驾驶人信息系统、交通诱导和控制系统、路旁无线广播来实现。

主线交通状况的检测可用设在主车道上的环形线圈检测器来进行,也可以用设在路旁的紧急电话作为事故发生、特殊气候等信息的来源。检测内容包括车速、车队长度、车流密度当检测到车队的存在或车流密度过大时,可由控制中心决定速度限制的时间和速度限制值在沿线上的空间序列分布,并自动显示。

2. 车道关闭

车道关闭是用禁止车辆进入高速公路的一个或几个主线车道的方法对主线交通流进行控制。

车道关闭的措施是采用车道控制标志,将标志置于每一车道上方。正常交通时,标志显示一个垂直向下的绿箭头"↓";若需要关闭某一车道时(养护作业等),该车道上方的绿箭头标志就改为红叉"×"标志。这种车道关闭的使用效果随交通需求大小而变化,它通常适用于非高峰期低交通量情况下的主线控制。

车道关闭一般限于以下几种应用:

(1)由于某车道上发生事故或维修施工等原因使高速公路通行能力下降时,可在其上游暂时关闭该车道来改善高速公路运行的效率和安全。

(2)在高速公路与高速公路互通立交处用车道关闭来减少大交通流条件下汇合运行产生的拥挤,改善入口匝道汇合运行。这种应用中的基本做法是:将车道控制标志设在汇合区上游的主线车道上,并在入口匝道上安装环形线圈检测器。当匝道上检测到车队时,就关闭汇合区上游相应的主线车道,以保证车队顺利进入主线而不产生汇合困难。如果匝道上没有检测到车队,则开放汇合车道上游的主线车道。国外经验表明,运用关闭主线上汇合车道的方法,能减少车流汇合运行困难,但高速公路主线的交通延误有所增加。

(3)转移交通。当交通需求超过下游主线通行能力时,运用车道关闭让车流从主线转移到可替换道路上。

(4)隧道控制。车道关闭常用于主线上对隧道的控制。当检测到隧道内有交通事故等异常事件发生时,关闭车道禁止车辆进入隧道。

3. 可逆车道控制

可逆车道控制又称变向车道控制,可逆车道控制的目的在于改变高速公路主线不同方向上的通行能力，以适应高峰时某一方向的交通需求。在高速公路主线上恰当地使用可逆车道控制，能够更经济有效地使用道路空间和通行权。

（1）采用可逆车道控制的条件

当交通需求符合下列条件时，采用可逆车道是合理的。

① 交通需求在方向上的不平衡具有明显的差别，例如主流方向与次流方向的交通量分别占交通量的70%和30%，并且主流方向交通量超过正常情况下该方向的道路通行能力。

② 交通需求主流与次流在方向上必须定期或不定期地经常相互转换。

③ 上述不平衡交通需求在未来若干年内继续存在。

④ 没有其他可替代的或更经济有效的解决方向不平衡交通需求的办法，诸如利用其他道路或增加路面宽度等。

（2）可逆车道控制有两种运行方式

① 可逆性单向通行方式：又称潮汐式单向通行，它是将一条道路上所有车道在一段时间内只准朝一个方向通行，在另一段时间内只准朝相反的方向通行。

② 可变向车道运行方式：在不同时间内将道路的部分车道供不同方向车流通行。

（3）实时可逆车道控制的方法

可逆车道控制技术是使用可移动的交通设施（可参考7.1.4内容）、可变信息标志来改变车道通行方向。这些装置可以由现场人工操作，也可由中央控制室远距离操纵。

在进行高速公路可逆车道设计时，一般将可逆车道与一般车道分开，形成三幅式车道。在匝道与可逆车道连接处，可用水平移动的剪刀式栅栏或垂直吊动的栅栏和可变情报加以控制，通过可变情报通知驾驶人可逆车道的通行方向。

4. 主线调节控制

主线调节控制是根据输入的交通需求和下游的通行能力，对经由主线入口（例如收费站、隧道或桥梁入口）进入高速公路控制路段的交通流实行限制的方法，使该路段下游高速公路主线能保持所期望的服务水平，实现在沿高速公路主线上不同地方的交通需求之间合理的分配高速公路的通行能力，以及对载客人数较高的高占有率车辆（High Occupancy Vehicle），如公共汽车、合用客车等，给予优先通行权的目的。除专门设置主线调节控制设施外，利用设置在主线上的收费站也是实现主线调节控制的主要手段之一。它可以任何给定的时间内通过调节开放收费车道数来调节沿主线进入下游主线的交通流量。

交通调节控制在主线控制中一般不是常用的方法，它适用于下列情况：

（1）改善高速公路隧道交通流的运行状况，避免在隧道内发生拥挤。

（2）在交通需求超过通道通行能力的地方，用入口匝道控制方法不能防止高速公路主线上发生拥挤。

（3）当高速公路主线上出现交通高峰并经常发生交通拥挤，使得某一入口匝道调解率很小时，需要提高入口匝道的调解率。

对（2）、（3）两种情况可在主线上接近入口匝道处设置主线调节，这样虽然不能消除主线上游的拥挤现象，也可允许该入口匝道提高调节率，让更多的车辆从该处进入下游高速公路主线上，从而保证高速公路全线更合理、高效的运行。

5. 驾驶员信息系统

驾驶员信息系统的功用是向驾驶员预告前方的行车条件及对可使用的选择路线提出建议。驾驶员信息系统主要包括以下五个方面：高速公路的可变信息标志、通道可变信息标志、车内显示设备、路边无线电广播、商业性无线电广播。

信息必须通过一次或多次感觉传递给司机。常使用的是视觉和听觉传递，也可采用感觉的方法，包括在一定范围内采用粗糙的路肩、摇杆等措施。

信息显示的基本原则是：越重要的信息，越要有多次显示机会；过多的信息会降低效果，信息应提前通告；信息应能引起驾驶员的密切注意，且保证能通知到，避免使用异常信息。

所提供的信息内容应包括拥挤地段的位置、距离、延误及拥挤程度（严重、中等、轻量）等。

4.4 匝道控制

目前，匝道控制是高速公路上应用最广、效果最好的一种控制形式。这一节我们将对匝道控制问题进行深入的讨论，包括单个入口匝道的定时控制、动态控制以及多个匝道的协调控制等。

4.4.1 入口匝道控制概述

入口匝道控制是高速公路交通控制中使用最广泛的一种控制策略。它以高速公路主线交通流为控制对象，以匝道入口流量为系统的输入控制量，通过计算匝道上游交通需求与下游道路通行能力的差额来寻求最佳入口匝道流量控制，从而使高速公路本身的交通需求不超过它的通行能力，使高速公路主线交通流处于最佳状态。入口匝道控制的结果是通过把高速公路上的延误因素转移到入口匝道，从而在高速公路上维持一个既不间断也不拥挤的交通流，也就是把超量的车辆转移到其他可替换的道路上或者转移到需求较低的其他时间，或采用其他运输方式。入口匝道调节方法很多，如果按照调节率相对时钟是固定的还是变动的，是单匝道调节还是多匝道调节，是用于消除高速公路上的拥挤还是改善汇合运行安全来分类，入口匝道调节方法可分为：入口匝道关闭、入口匝道定时调节、入口匝道感应（动态）调节、入口匝道汇合控制、入口匝道整体定时调节、入口匝道全局最优控制。

1. 入口匝道控制的原理

入口匝道控制的基本原理是利用匝道信号灯调节车辆进入高速公路主线的流率，限制进入高速公路的车辆数目，以保证高速公路本身的交通需求不超过其容量，从而保证高速公路依据某一性能指标运行在最佳状态附近。如图 4-4 所示的为入口匝道控制的基本原理。

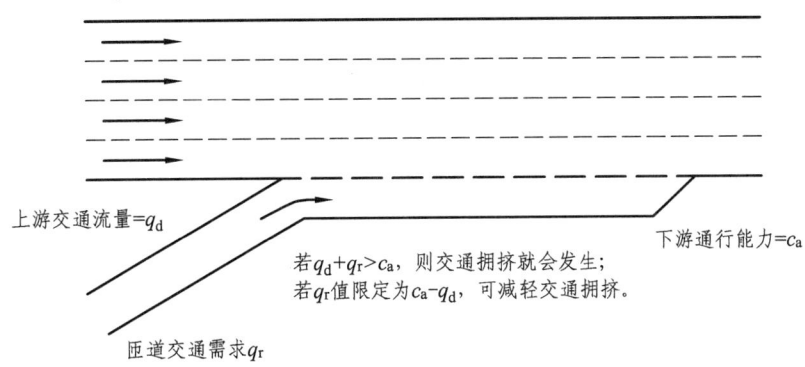

图 4-4　入口匝道控制的基本原理

2. 入口匝道控制的作用

高速公路交通流进行匝道控制后，可以保证进入高速公路的车辆得到很好的服务。入口匝道控制的主要作用可以是下述的一个、几个或全部：

（1）减少高速公路主线上或通道内所有车辆的行程时间。
（2）使交通流量均匀平滑。
（3）消除或减少交汇中的冲突和事故。
（4）由于改善了交通流的平稳性，因此减少了车辆运行的不舒适感和对环境的干扰。

3. 入口匝道控制的条件

由于入口匝道控制所获得的高速公路的运行效益是以通道内其他替换道路上交通问题的加剧为代价取得的，前者的效益必须比后者的代价大，入口匝道控制才是值得的，为了获得较好的控制效果，必须遵循以下条件：

（1）在通道内应有可供使用的额外通行能力的路线、时间或运输方式来容纳从高速公路转移来的交通量，同时也能容纳原来就使用它的正常交通量。如果在通道内没有可供使用的额外容量，在实施入口匝道控制后，尽管可以防止高速公路上发生拥挤，但在别的地方将会发生拥挤，而且拥挤还可能扩展，从而在可供使用的替换道路和高速公路入口匝道附近地区都可能发生拥挤。拥挤的扩展减少了高速公路控制所取得的效益，甚至完全抵消它，使得控制的最终总效果急剧下降。交通控制方法并没有创造新的容量，因此，为了防止拥挤，必须为通道增加附加容量。

（2）入口匝道上应有足够的停车空间可供等待匝道交通信号的车辆使用（每辆小客车需用的存储空间约为 7 m，依次可计算出匝道排队容量），使匝道上排队的车辆不至延伸到堵塞引道或平交街道的程度，保证等待的排队车辆不会严重影响非高速公路的交通。

（3）交通模式必须合适。例如：如果从主线车道上来的交通量已经等于高速公路该路段的容量，那么允许从入口匝道进入该路段的车辆数就等于从出口匝道离开该路段的车辆数。因此，如果这时交通模式是没有车辆离开该路段，那么就不允许车辆从入口匝道进入高速公路。但是，在大部分情况下这样做一般都是不能被公众所接受的，将受到强烈反对。

如果短途旅行和地区性交通的比例很小,把入口匝道控制作为鼓励人们使用通道上可替换道路的一种手段,那么意味着这种交通转移将会很少。

(4)在高速公路下游出口处必须有可供利用的通行能力存在。

(5)由于匝道汇合不充分、视距不良,会在高速公路上发生常发性拥挤或严重事故的情形。

4. 入口匝道控制的方法

入口匝道控制包括匝道关闭和匝道调节两种形式。匝道关闭是通过自动路栏、交通标志、或人工设置隔离墩把某些入口匝道关闭,包括永久性关闭和临时性关闭两种方法。匝道调节是在匝道上使用交通信号灯对进入车辆实行计量控制,也可通过收费站的收费车道开放数来调节进入高速公路的车辆数。单位时间内允许进入的车辆数称为匝道调节率。

匝道调节方法根据调节率相对时钟是固定的还是变动的,是单匝道调节还是多匝道调节,是用于消除高速公路上的拥挤还是改善汇合运行安全来分类,入口匝道调节方法可如下分类:

(1)入口匝道关闭;

(2)入口匝道定时调节;

(3)入口匝道动态调节;

(4)入口匝道汇合控制;

(5)入口匝道整体定时调节;

(6)入口匝道全局最优控制。

4.4.2 入口匝道关闭

匝道关闭就是对所有交通实行关闭匝道,不允许车辆进入高速公路,匝道关闭可以是永久性关闭,或者是在高峰期间、偶发性拥挤期临时性关闭。匝道关闭虽然不能消除交通需求,但能将入口交通量重新分配到其他路段上。在考虑匝道关闭时,应意识到交通需求的重新分配可能会导致将交通问题转移到其他路段上。

1. 永久性匝道关闭

对于早期建成的高速公路,原来的设计已不能充分满足特定地区交通流量实际增长的需要,特别是在商业区的这类高速公路系统,许多匝道是按较低的设计速度修建的,造成汇合距离较短,这样往往降低了汇合路段的通行能力,从而产生交通拥挤,因此,有必要采用永久性匝道关闭。

2. 临时性匝道关闭

在下列情况下,可以考虑使用临时性匝道关闭:

（1）入口匝道没有足够的停车空间，导致与高速公路相邻的道路上交通延误明显增加。

（2）入口匝道上游的交通需求已达到下游的通行能力，而可替换线路上还有足够的通行能力可供使用。

（3）虽然理论上应该是从匝道的进入交通量等于下游通行能力和上游交通需求之差，但若因匝道调节率受到限制，从而使得允许进入高速公路的车辆很少，则驾驶人会以为匝道调节信号已坏，致使驾驶人违章闯入高速公路，这时应考虑关闭匝道。

匝道关闭一般采用人工设置路栏、自动路栏关闭、设立关闭标志三种方法。实践中，只要能明确规定匝道关闭时间（如高峰期时），即可采用自动路栏的方法来临时关闭匝道。自动路栏能自动关闭和打开一个入口匝道，作为一种控制手段，它还能增加关闭的灵活性。

在简单匝道控制中，要解决的关键是关闭匝道的时机选择问题。在匝道控制中，需要采集高速公路上的交通流量及气象数据，以经验数据为参考，综合判断匝道关闭的时机。匝道关闭这种方式其缺点多于优点，一般不予采用。

4.4.3 入口匝道定时调节

定时调节是指调节率预先给定的，在某一段时间的运行是固定不变的。这种控制方式的特点是它对入口匝道的交通流量变动不是考虑一分钟与下一分钟有什么不同，而是根据历史情况的调查掌握交通流的统计情况，把一天划分为若干时段。假定每个时段内，交通流状况近于不变，以此作为依据来确定每个时段内一组不变的入口调节率。使某项性能指标最优。显而易见，这种控制方式不能适应交通流的随机变化。但是，当交通流在一段时间内波动不大时，这种控制是十分有效的，而且定时调节很容易实现多个匝道口协调控制。此外，这种控制运行安全可靠，使用设备少，是目前应用最广泛的匝道控制形式。

1. 用于消除拥挤现象的定时调节

如果打算采用入口匝道定时调节来消除高速公路上的交通拥挤现象，那就必须保持整个交通需求量小于高速公路的交通容量，所以匝道调节率 r（veh/h）的计算应立足于匝道上游交通需求 q_d（veh/h）、匝道下游交通容 c_g（veh/h）和匝道处期望进入高速公路的交通流量 q_r（veh/h）这三者的相互关系上，当 $c_g \geqslant q_d + q_r$ 时，不需进行调节。因为不会发生拥挤；如果不满足上式并且 $q_d > c_g$，此时进行匝道调节也无法消除拥挤，可短时关闭匝道，并设法使上游入口匝道减少调节率，减少上游交通需求；当 $q_d < c_g < q_d + q_r$，可进行匝道调节，调节率 r（单位为 veh/h）为 $c_g - q_d$，调节周期长度 c 为 $3\,600/r$，单位为 s。进行匝道调节后可进入高速公路的流量为 r，而入口匝道上剩余 $q_r - r$ 流量只能利用路网中的其他道路完成运行。

下面举例说明匝道调节率计算方法，以及实施匝道调节后的匝道延误情况。

【例 4-1】 一个驶入匝道的交通需求分布如图 4-5 所示，其幅度在 250～575 veh/h（流率），主线上流量为 3 500 veh/h，主线容量 4 000 veh/h。很明显，如果让匝道上的所有车辆进入主线，则在匝道上游将发生拥挤的情形（服务水平 F 级）。为了避免这种情况，该怎样调节匝道？由于这个原因，在该匝道上将产生多少延误和排队长度？

解：为了不超过高速公路主线上的容量，必须进行匝道调节，调节率 r 为 500 veh/h，此时调节周期长度 c 为 7.2 s，即每隔 7.2 s 放行一辆车进入高速公路。调节方法为在匝道上设置红绿灯信号。每亮 3 s 的绿灯后（只够一辆车进入），紧跟着 4.2 s 红灯时间，保证每一个调节周期只进入一辆车。

从图 4-5 中可以看出，在大约下午 5 点零 9 分时匝道的交通需求量达到 500 veh/h 的水平（此时开始匝道调节），而且一直到下午 5 点 51 分时都不会低于这个水平。在此期间，将形成排队，而且不断增长。从图 4-6 中可以看出，在 5 点 51 分时，排队长度达到最大，大约 50 辆车，排队长度为 350 m（假设每辆排队车辆占据 7 m 空间）。此时每辆车的延误值也达到最大，大约为 5 min。事实上，许多驾驶员不愿意接受 5 min 的延误（也可能是 1 min 或 2 min），它们中的许多车辆可能会寻求可替换道路，以避免延误。这样，实现匝道调节应考虑的一个关键因素是比较路线的适应性，以及转移车辆对那些道路的影响。

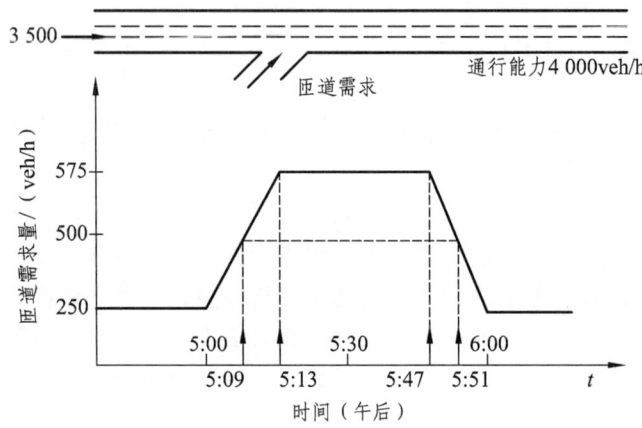

图 4-5　需要匝道车流调节的实例

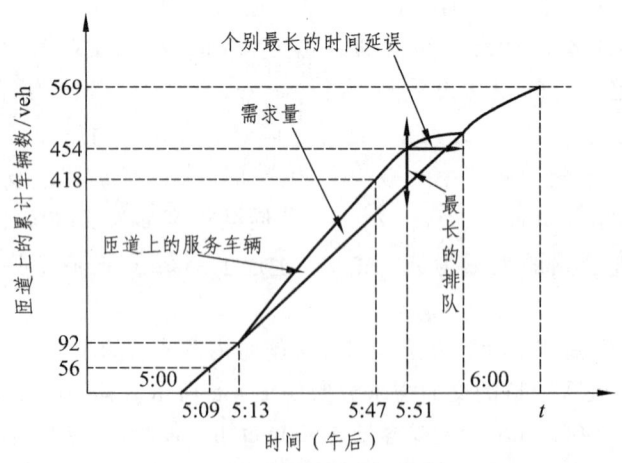

图 4-6　匝道交通需求和输出累积图

2. 用于增进汇合运行安全的定时调节

如果定时调节仅仅是作为一个改善汇合运行的办法，那么只需按照那个特定匝道的汇合条件将调节率设定为最大值。这种情况下的调节率是为了分解匝道上的车队并强迫它们单车进入，以保证在后面的车辆接近汇合区之前，每辆车都有应有的汇合时间。其目的是防止匝道上的车队争夺高速公路交通流的"可插车间隙"而引起的尾撞和变车道碰撞等安全问题的发生。车辆汇合需要的时间依赖于下面的几个因素：

（1）匝道的车辆停车地点（停车线）到高速公路汇合区的距离。
（2）匝道的几何参数（坡度、视距、加速道的长度）。
（3）车型。
（4）高速公路交通流中可插间隙的利用率。

如果平均汇合时间为 6 s，那么调节率就是 600 veh/h 或 10 veh/min。

这种调节方式可能过分限制交通，只适于几何设计存在严重问题（如加速车道不适当）、交通量小的地方。它能大幅度降低匝道尾端碰撞事故次数。

3. 定时调节系统的构成

定时调节系统由信号灯、控制器、路面标记、匝道控制标志以及可能有的检测器组成（见图 4-7）。

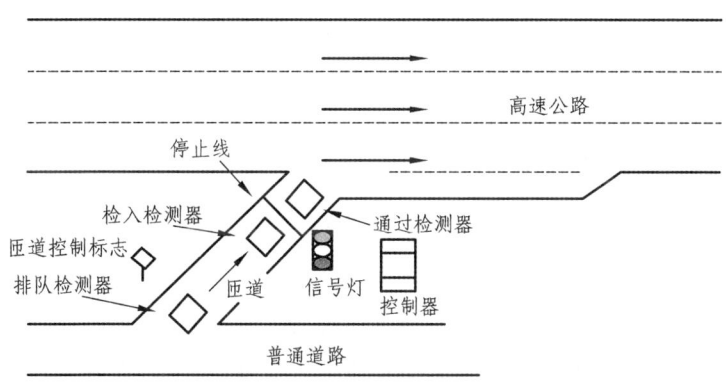

图 4-7 入口匝道定时控制系统构成

（1）信号灯

信号灯采用绿、红两色或绿、黄、红三色信号灯，它们各有优缺点（见表 4-1）。红灯禁止进入，绿灯准许进入，绿灯后的短时间黄灯信号是为了避免红灯突然出现时驾驶员紧急制动造成尾撞事故。最好在匝道两侧各设置一组信号灯，同时工作，以求更加明显，互为备份。信号灯高度与驾车人眼睛同高为宜，一般为 1.3~1.8 m。在接近坡道、转弯及排队车辆可能遮挡视线之处，可用高架或悬臂把信号灯适当加高。信号灯在匝道的位置要适当，至汇合处必须有足够的距离（一般为 60~150 m），以允许车辆到达汇区时能加速到一定安全速度，信号灯至匝道入口之间也必须有足够的停车排队空间（一般为 60~76 m）。

表 4-1 三灯头和二灯头信号灯的比较

差别	三灯头信号灯（红、黄、绿）	二灯头信号灯（红、绿）
优点	1. 驾驶员熟悉，因此，来到信号灯前驾驶员知道应如何动作 2. 闪光黄灯可以传送专门信息 3. 如果在单车道匝道上，采用高调节率或队列调节控制，黄灯是必需的	1. 与街道交叉口信号控制有着本质的差别，因此，对两种不同控制的信号不采用相同的形式是合适的 2. 明确指示一次绿灯只允许一辆车通过 3. 由于没有黄灯相位，在不拥挤的情况下，可能使用较快的最大调节率
缺点	1. 增加了最小的周期长度，因此，可能降低效率 2. 当采用单车调节时，驾驶员有可能企图"超越黄灯"，因而降低安全性	1. 在单车道匝道上，不可能采用高调节率或队列调节控制，在这种情况下，它比三灯头信号灯更不灵活

（2）检测器

定时调节一般不需要使用匝道检测器，但为了改进定时调节的效果，可在紧靠停车线后方埋设检入检测器，检入检测器检测是否有车辆到达，无车辆时信号灯为红色，当检测到有车辆到达时信号灯以一个最小红灯信号周期结束红灯信号，以保证车辆到达时无延迟地通过。为保证单车进入，可在停车线前方 2.4 m 处，设置检出检测器，当检测到有车辆通过时，绿灯信号变为红灯信号，这样可以保证每次只放行一辆车辆。

也可在信号灯前某个关键点，或在前沿街道上设置排队长度检测器（不要检测到从匝道旁边通过前沿道路上的车辆），当它感应到，就表明在匝道信号之前有一个车队在等待，并已达到要影响前沿街道或平交街道的地步，此时需要提供一个较高的调解率，以缩短排队长度。

（3）路面标记

匝道控制系统的路面标记用于向车辆指明"登记"（需求）检测器的位置，并便于单车驶入检测区。路面标记一般包括停车线和把车辆引导到指定位置的标线。标线应采用反光型。停车线应与信号灯保持一定距离，一般为 3~4.5 m。

（4）控制器

定时调节控制器是把预先确定的不同时段的调节率存入控制器，控制器以设定的控制方案操作信号灯，以固定的周期及各灯色时间轮流开启信号灯，实现匝道调节。

定时匝道控制器结构简单，一般由微处理器或集成电路构成。需要时，也可以与匝道检测器相连，改进定时调节的效果。定时控制器与主线检测器以及其他匝道的调节系统一般无联系。

4. 定时调节的运行

在使用定时调节系统时，匝道信号是以恒定的周期运行的。这些周期是根据为特定的控制时段规定的调节率计算的。至于周期中红、黄、绿信号间隔（某些系统中使用的匝道信号只有红灯和绿灯）的配时取决于所使用的调节类型，即单车调节还是车队调节。

（1）单车调节

匝道调节信号的配时规定为每一次绿灯时间只允许一辆车进入高速公路，称这种方式为单车调节方式。所以，一个周期绿灯加黄灯（如果不用黄灯，就只有绿灯）的时间（一般为

3 s）只允许一辆车通过，其余时间均为红灯时间。例如，如果采用的调节率是 600 veh/h 或 10 veh/min，那么绿灯加黄灯时间为 3 s，红灯也为 3 s。为保证单车可靠进入，一个周期红灯时间至少为 1 s，因而单车调节的最大调节率为 900 veh/h。

（2）车队调节

当要求调节率大于 900 veh/h 时，必须采用每周期允许两辆或两辆以上的车辆进入高速公路，称这种方式为车队调节方式。对于定时车队调节，根据调节率和每周期放过的车辆数来决定调节周期。例如，调节率为 1 080 veh/h 或 18 veh/min 时，并且每周期放行两辆车，则每分钟需要 9 个周期，因此，调节周期时间为 6.67 s，如果每周期放行 3 辆车，则周期为 10 s。但是，一个周期内各灯色时间将取决于所采用的车队调节方式，即是串行还是并列的。

在串行调节时，车辆是一辆接一辆放行的。因此，绿灯加黄灯时间要足够长，以允许每周期预定数目的车辆能进入高速公路，而且应该使用黄灯信号以减少尾端冲撞的可能性。这样，对于周期长度为 6.67 s 的双车调节：绿灯加黄灯时间为 4.6 s，红灯为 2 s。对于周期长度为 10 s 的三辆车调节：绿灯加黄灯时间为 7 s，红灯为 3 s。经验表明，每次放行两辆车是比较好的，而每次放行 3 辆车实际上是最大限度。在这两种情况下期望可以达到的最大调节率为 1 100 veh/h。

并列调节就是每周期放行的两辆车是并列开过去的。这种调节要求匝道上有两条并行的车道，并且在过了信号灯后要保证有足够的距离使这两辆车在汇入高速公路车队之前能成为串行方式。确定并列式调节周期的各间隔时间的方法与单车进入调节相似，绿灯加黄灯的时间要足够允许每个车道上有 1 辆车通过信号灯（一般为 3 s），而其余时间为红灯。使用并列式调节可达到的最大调节率约为 1 100 veh/h。关于两辆车是同时放行还是交替放行的试验，没有表明哪一种有更明显的优越性。

相对于单车调节，车队调节会使驾驶人更加慌乱，追尾事故的可能性更大，更有可能中断高速公路上的车流。因此，除非确实是为了达到更高的调解率，一般不选用车队调节，而在车队调节的两种形式中，通常优先选用并列调节，因为它一般不会引起驾驶人的混乱，并能提供更加安全的运行。

经验表明，匝道调节率必须大于实用的最小值 180～240 veh/h。因为匝道调节率设置太低，红灯信号将较长，当匝道调节信号等待时间超过 15～20 s 时，会造成驾驶员误认为调节失灵，致使违章事件发生，引起高速公路上拥挤和尾撞事件。此时，可采用情报板等设施，向驾驶人说明道路上的交通情况，通过不断变化的其他信息表明系统的运行是正常的，调节是有效的。

5. 用于消除拥挤的调节率确定算法

入口匝道调节率主要依据匝道上游需求、下游容量、匝道需求以及调节率的上下约束条件、道路条件等因素来确定。

道路容量可用流量统计的方法加以确定。自高峰时间到来之前至少 30 min 开始统计，每隔 5 min 记录一次主线流量，在拥挤现象出现之前测得的最大流量即为该路段容量。

主线交通需求的测定方法是在匝道足够远的上游位置统计交通需求随时间的变化情况。然而在城市高速公路上，相邻匝道靠得很近，很难确定出真实的交通需求。

若设匝道上游交通需求为 q_d（veh/h）、匝道下游的通行能力为 c_g（veh/h），则匝道调节率的计算公式为

$$r = c_g - q_d \tag{4-19}$$

匝道调节周期长度为

$$c = \frac{3600n}{r} \tag{4-20}$$

约束条件为

$$d - \frac{L_{\max} - L_0}{T} \leqslant r \leqslant d + \frac{L_0}{T} \tag{4-21}$$

$$r_{\min} \leqslant r \leqslant r_{\max} \tag{4-22}$$

式中　r——匝道调节率（veh/h）；

　　　q_d——匝道上游交通需求（veh/h）；

　　　c_g——匝道下游容量（veh/h）；

　　　c——匝道调节周期长度（s）；

　　　d——匝道车辆到达率；

　　　n——每个调节周期允许进入的车辆数，$n = 1, 2, 3, \cdots$；

　　　L_0——匝道上初始排队车辆数；

　　　$L_{\max}$——匝道上允许的最大排队车辆数；

　　　T——时段长度；

　　　$r_{\min}$——匝道调节率下限值，一般取 180 veh/h；

　　　$r_{\max}$——匝道调节率上限值，单车调节为 900 veh/h，车队调节为 1 100 veh/h。

在实际使用时，如果调节率计算值小于零，可短时关闭匝道，并设法使上游入口匝道减少调节率等措施减少上游需求。如果计算出的调节率小于 $r_{\min}$，应考虑关闭匝道。但关闭匝道的方式难以被驾驶员接受，因而当计算出调节率小于 $r_{\min}$ 时，应采用 $r_{\min}$ 的调节率，并设法减少上游匝道的调节率，以使本匝道有较多车辆进入。此外，又不能因为匝道调节率太低，造成排队过长，影响邻近的平交街道交通（见上面约束条件）。如果计算调节率大于 900 veh/h，可考虑在该匝道改用车队调节方式。此时，可提高至 1 100 veh/h。

为了增加定时调节适应性，调节装置应预先设定若干种不同的信号配时方案，对应不同的调节率，根据一天里交通状况不同的若干时段来灵活选用（由时钟完成时段转换），实现多时段定时调节。定时调节有若干优缺点。最重要的优点是它能为驾驶员提供一种可靠的能迅速适应的情况。主要缺点是系统不能适应在一时段内下游道路可能因某种事件引起容量有所下降，上游需求可能超过预定值等变化。所以，一般设定的定时调节率都要使运行的交通量略低于道路容量，例如可取下游容量为正常值的 0.9 倍，以防止因交通的随机变化所带来的拥挤。

4.4.4　入口匝道动态调节

定时调节虽然对常发性拥挤有较好的控制效果，但不能响应交通流的随机变化，动态调节依据现场检测设备实时检测到的交通数据，通过分析处理来确定匝道调节率，因而能适应交通流的随机变化，在一定程度上克服了定时调节的弊端。

入口匝道感应调节率的计算方法与定时调节率计算方法相同，都是根据需求-容量关系计算而得到的，不同的是，感应调节率的选择是对现行的而不是历史的交通需求-容量条件做出反应。通过调节入口匝道流量来防止和消除高速公路上的交通拥挤。

1. 动态调节系统构成

与定时调节系统不同的是，感应调节具有对局部交通状况作出动态响应控制的能力，因此它包含主线交通检测器。根据控制算法不同，采集主线上邻近匝道的上游或下游或两者的交通变量（例如交通量、占有率或平均速度），实时确定匝道上游交通需求与匝道下游容量差额，计算出入口调节率，系统构成如图4-8所示。

为了使调节功能更加完善实用，可在入口调节系统中添加若干个匝道检测器，包括设在汇合区内的汇合检测器和设在匝道起点处的排队检测器。例如当汇合检测器被车辆占据，表明通过匝道信号的车辆仍在汇合区，所以，在单车调节的情况下随后的绿灯时间应跳过，一直到这辆车离开汇合区。当排队检测器被车辆占据时，这表明等待的车队正要达到前沿道路或平交街道，它可能干扰非高速公路上的交通，这时系统应允许使用较高的匝道调节率以缩短排队队长，但调节率的增大不能造成主线交通的拥挤，必要时需通知上游邻近匝道，将其入口调节率适当降低以便本匝道能提高调节率。

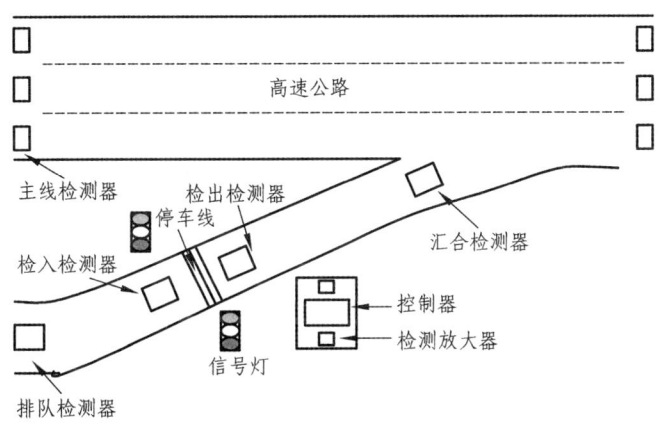

图 4-8　入口匝道感应调节系统构成图

为了实时反映车辆构成、天气条件等因素对交通流的影响，增加感应调节系统的适应性，可在系统中安装用来确定交通组成和天气条件的检测器。

感应调节控制器一般由一台微型计算机以及外围接口设备构成。由于要进行实时检测调节，因而控制系统比定时调节系统要复杂一些。因为这种调节系统只对单个匝道进行动态控制，至于该匝道路段以外的交通只能靠那里的控制器另行控制。

交通感应调节的主要优点在于它可以适应交通流的变化，这种调节系统有助于减少因短期变化产生的对交通流需求的不利影响，同时降低因事件引起的对道路容量的不利影响。它一般比定时调节系统所获得效益高 5%～10%。但是，为了保证有效的控制，交通感应调节系统必须具有一套监视设备和后备设备。因此，系统造价相对定时调节系统要高不少，这是它的最大缺点。

和定时调节系统一样，交通感应调节系统的效益表现为：

(1) 旅行时间较短;
(2) 延误较少;
(3) 主线车辆行驶速度较高;
(4) 提供较高的服务质量;
(5) 改善交汇区的运行安全。

入口匝道动态调节方法主要有:
(1) 交通需求-通行能力差额控制;
(2) 交通需求-通行能力差额和占有率或速度控制;
(3) 积分反馈调节。

2. 交通需求–通行能力差额控制

交通需求-通行能力差额控制是在实时比较匝道上游交通量和下游容量的基础上选择匝道调节率,其目标是很好地利用有效道路容量。调节率的计算公式如下:

$$r(k) = c_a - q_d(k-1) \quad (4\text{-}23)$$

$$c(k) = \frac{3600n}{r(k)} \quad (4\text{-}24)$$

约束条件为

$$r_{\min} \leqslant r(k) \leqslant r_{\max} \quad (4\text{-}25)$$

$$d(k-1) + \frac{L_{\max} - l(k-1)}{T} \leqslant r(k) \leqslant d(k-1) + \frac{l(k-1)}{T} \quad (4\text{-}26)$$

式中 $r(k)$ ——时间 $T(k) \leqslant t \leqslant T(k+1)$ 内的调节率(veh/h);

$q_d(k-1)$ ——测量 $(k-1)T \leqslant t \leqslant kT$ 时间内的匝道上游交通需求(veh/h);

c_a ——历史统计确定或实时计算测量出的匝道下游容量(veh/h);

k ——第 k 个控制阶段;

$c(k)$ ——调节系统的周期长度(s);

n ——每个调节周期允许进入的车辆数,$n = 1, 2, 3$;

$d(k)$ ——匝道到达率(veh/h);

$l(k), L_{\max}$ ——匝道排队长度和最大允许排队长度;

T ——控制周期长度,一般取 1 min;

$r_{\min}, r_{\max}$ ——匝道实用的最小、最大调节率,取值同定时调节。

在实际使用中,如果上游交通量比下游容量大,从理论上来说,此时应该采用零调节率或关闭匝道,以防止拥挤。但实际上,除非十分拥挤状况,常用 3~4 veh/min 的最小调节率,因为人们发现调节率小于 3 veh/min 时控制效果不好。这是因为在匝道上等待的车辆会误以为调节信号失灵而闯红灯,而且匝道关闭在交通感应调节这样短的控制周期中是不太实际的。

当交通量小时,即可能是非拥挤状态,也可能是拥挤状态,因此仅用交通量是不能表征交通流拥挤程度的。在匝道动态调节中,一般采用占有率或速度来确定交通流是拥挤或不拥挤。如果测出占有率大于历史统计数据确定的值或测出速度小于某一预定的值,就认为已拥挤，则采用最小调解率 $r_{\min}$。

动态调节一般是在匝道上游交通需求或匝道交通需求或两者之和超过某一预定的门限值才开始启用，也可以是匝道上游速度低于某值，或占有率高于某值开始启用。而停止动态调节的条件刚好相反，但为了避免系统在调节与不调节之间跳动，这两个门限值取值应当是不一样的。

另外，为了使动态调节效果更好，应考虑气候条件、交通构成和事故等因素对下游容量的影响。

3. 交通需求–通行能力差额和占有率控制

交通需求-通行能力差额和占有率控制的原理是对匝道上游或下游的占有率进行实时测量来估算匝道下游剩余容量，再来确定入口匝道的调解率。在此需要建立交通量和占有率的关系，一般是通过占有率测量点采集的历史数据来建立交通量和占有率近似关系曲线，并确定与交通量相应的占有率的数值。占有率控制算法很多，如有经验公式法和查表法。

（1）经验公式法

经验公式法是通过实时测量匝道上游或下游的占有率值，用经验公式来估算下游剩余的通行能力 Δc_a，如果匝道下游检测器处的占有率比最大交通流的占有率小，Δc_a 为正，反之为负。Δc_a 为负说明该段高速公路的交通量超过了通行能力，应采用最小调节率，否则可采用美国公路安全研究所提供的式（4-27）来估算 Δc_a，并把匝道调节率调到与可用容量 Δc_a 相等。

$$\Delta c_a(k) = \begin{cases} c_a\left(1 - \dfrac{o(k-1)}{o_c}\right)^2 & o(k-1) < o_c \\ -c_a\left(1 - \dfrac{o(k-1)}{o_c}\right)^2 & o(k-1) > o_c \end{cases} \quad (4\text{-}27)$$

因此，调节率的确定方法是：

$$r(k) = \begin{cases} r_{\max} & o(k-1) \leq \dfrac{2}{3}o_c \\ \Delta c_a(k) & \dfrac{2}{3}o_c < o(k-1) \leq o_c \\ r_{\min} & o(k-1) > o_c \end{cases} \quad (4\text{-}28)$$

式中 c_a——匝道下游的容量；

o_c——匝道下游交通量为最大（容量）时的占有率（临界占有率）；

$r(k)$——在时间间隔 k 时的调节率；

$o(k-1)$——在时间间隔 $k-1$ 时测量的匝道下游占有率值。

$\Delta c_a(k)$——估算匝道下游剩余容量值；

$r_{\min}, r_{\max}$——匝道实用的最小、最大调节率。

（2）查表法

查表法是根据高速公路主线埋设的检测器所检测的各路段在拥挤发生前交通量和占有率的历史数据，绘制这两个变量的关系曲线，确定出交通量最大时占有率值 o_c 和自由流停止时的占有率值,根据该路段的通行能力和匝道历史交通流数据匝道最大和最小调节率,根据主线路段通行能力和控制器容量再确定数个建立相对应的匝道调节率,并存入匝道控制器中。根据测到的占有率进行查表,从而得到相应的调解率。表 4-2 为某六车道高速公路匝道调解率与占有率的关系表。

表 4-2　匝道调解率与占有率的关系表

占有率/%	≤10	11~16	17~22	23~28	29~34	>34
调节率/(veh/min)	12	10	8	6	4	3

4. 积分反馈调节

该方法是使用积分反馈调节器,通过调节入口匝道流量,使匝道下游的占有率维持在期望值之上(通常临界占有率为 o_c),充分利用匝道下游的通行能力。其模型为

$$r(t) = \int_0^t \frac{1}{a}[o^d - o(t)]dt \tag{4-29}$$

式中　o^d——匝道下游期望的占有率值,一般取 o_c;

　　　$o(t)$——匝道下游当前占有率;

　　　a——积分时间常数。

将上式离散化以后可得

$$r(k) = r(k-1) + \frac{\tau}{a}[o^d - o(k-1)] \tag{4-30}$$

如果考虑匝道调节的约束条件,则入口匝道控制模型为

$$r(k) = r(k-1) + \frac{\tau}{a}[o^d - o(k-1)] \tag{4-31}$$

$$c(k) = \frac{3600n}{r(k)} \tag{4-32}$$

约束条件为

$$r_{\min} \leq r(k) \leq r_{\max} \tag{4-33}$$

$$d(k-1) + \frac{L_{\max} - l(k-1)}{T} \leq r(k) \leq d(k-1) + \frac{l(k-1)}{T} \tag{4-34}$$

式中　$o(k-1)$——时间间隔 $k-1$ 时的匝道下游占有率;

　　　τ——采样周期。

从上式可以看出反馈原理显示出完全合理的控制行为,如果占有率 $o(k-1)$ 在周期 $k-1$ 比期望占有率 o^d 有所降低(升高),公式右边第二项变成 +(−) 号,并使匝道调解率比 $r(k-1)$ 有所增加(减少)。实践证明,该方法比前述算法有更好的调节效果。

4.4.5 入口匝道汇合控制

定时调节和交通感应调节都是从宏观上对入口匝道进行控制，它们都是根据匝道下游容量和上流需求（流量）比较而确定单位时间内放入高速公路的车辆数。至于何时放行最佳，系统无法确定。有时匝道放入的车辆由于受高速公路上车辆的阻挡，不能立即插入高速公路车流间隙，从而导致在交汇区内加速车道上停车，产生拥挤，也增加了不安全因素。

汇合控制是一种微观控制方法，是以安全为控制原则。汇合控制的基本目标是通过使入口匝道车辆最佳地利用高速公路间隙来改善高速公路交通流的分布及运行。汇合控制期望使大量的入口匝道车辆安全地汇合而不引起高速公路交通的明显间断。其方法是根据高速公路外侧车道车流间隙的长度来决定能否放行匝道车辆，只有当检测到上述车流间隙长度不小于可插车间隙时，才允许匝道车辆进入高速公路，这样能保证匝道车辆及时安全汇入高速公路车流中。因此，汇合控制也属于感应控制。汇合控制系统实现的入口匝道调节率完全取决于检测到的主线车流间隙数目。这种控制使高速公路上的车流间隙得到最佳利用。

汇合控制希望通过提供给驾驶人进入高速公路时需要配合的时间、地点方面的信息来改善入口匝道处的汇合运行。其运行的工作过程为：

（1）检测高速公路上的可插车间隙；

（2）估计这个可插间隙到达入口匝道汇合点的时间；

（3）引导匝道车辆进入这个可插间隙。

汇合控制的主要目的是改善汇合安全，最佳利用高速公路的可插车间隙，它具有如下特点：

（1）汇合控制可得到比较平滑的交汇运行，车辆由匝道调节信号处到达交汇区所需时间短。

（2）控制运行方式没有规律，排队等待时间较长，违章车辆率较高。

（3）对于因视距不良、不适应加速的车道、斜坡等造成的交汇困难的高速公路，宜采用汇合控制；当驶入匝道具有良好的加速车道等几何形状时，无需采用汇合控制，采用定时调节、需求-容量差额感应调节，即可获得良好的经济效果。

（4）汇合控制设备较多，成本昂贵。

根据对匝道车辆引导方式的不同，汇合控制可分为可插间隙汇合控制和移动汇合控制两种基本类型。另外还有一些混合类型：可插间隙和需求-容量控制。

1. 可插间隙汇合控制

可插间隙汇合控制是一种比较简单的汇合控制方式，它把普通的匝道调节信号用于引导匝道车辆，其构成如图4-9所示。当设置在主线外侧车道上的间隙/速度检测器检测到有一个足够大间隙（和最小可插间隙相比）以及该间隙移动速度时，匝道控制器计算出可插间隙到达汇合区的时间，并在适当时间控制匝道调节信号灯由红变绿，等候在匝道停车线上的车辆立即启动，开始汇合过程：只要保持平均的速度和加速度，该车辆就能够在被测出可插间隙到达汇合点的同时也到达该点，顺利汇入车流。

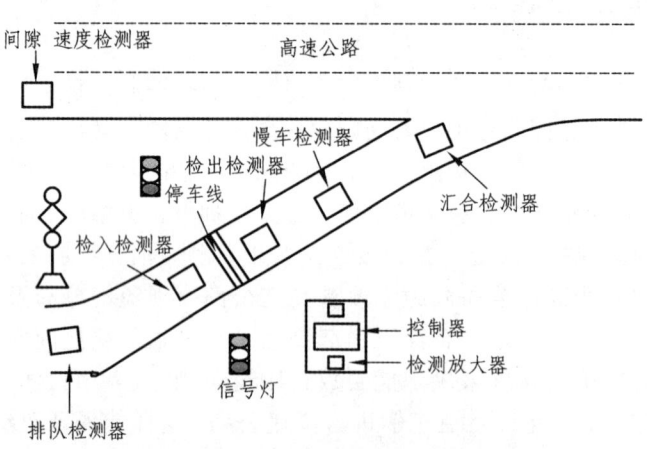

图 4-9 可插间隙调节控制系统的布置

可插间隙控制一般只采用单车进入调节，但当入口匝道需求超过单车进入调节所能达到的最大调节率（12～15 veh/min），并且高速公路外侧车道有很多可供利用的大间隙，可在一个绿灯信号期间允许 1 辆、2 辆或 3 辆车通过匝道信号，实行车队调节。某个绿灯时间允许通过的车辆数取决于可插间隙的大小。因此，车队调节系统的控制器必须能识别比几个预计值大的间隙，并能提供允许 1 辆车、2 辆车或 3 辆车进入的调节信号灯。车队调节率上限不超过 1 100 veh/h。

在实际使用时，必须注意到，当高速公路出现拥挤时，由于车流行驶速度低，连续的车辆之间的小间隙会形成很大的车间时距，如果以此为依据来控制匝道信号灯，就会有许多车辆被放行而进入拥挤的高速公路，当然这是不允许的。所以，如果高速公路交通流速度低于某预定值时（如 40 km/h），就应该以最小调节率控制匝道车辆（一般为 3～4 veh/min）。

最小可插间隙是指两个相随的车辆的车头间隔时间足够一个入口匝道车辆汇合进入的最小车头间隔时间。影响最小可插间隙因素一般包括：

（1）高速公路和入口匝道的几何形状；
（2）车辆加速特性；
（3）驾驶员的水平；
（4）交通条件；
（5）天气条件。

最小的可插间隙可通过现场的实际观测和调查得到。匝道车辆放行时间的计算依据是：可插间隙移动速度，汇合地点到间隙/速度检测器之间的距离，停在匝道信号灯前的车辆到达汇合点预计行驶时间。

由于货车和公共汽车的加速特性差，在这两类车比例大的入口匝道，应考虑使用一种慢速车辆检测器来测量车辆从匝道停车线行驶到该检测器位置所用的时间。如果这个行驶时间大于预定值，说明是慢速车辆，控制器就使匝道信号灯保持红灯，直到交汇区检测器被激励发出信号为止。

2. 移动汇合控制

移动汇合控制在匝道左侧设置带有绿光带的显示器，用来向匝道车辆提示高速公路外侧车道的可插间隙移动情况，车辆跟随光带的移动，有助于驾驶人掌握速度和加速度，以利于车辆顺利汇合。此外，在绿光带旁边设有标志，用来指示本匝道运行是否处于控制状态下、绿光带的移动速度等，如图 4-10 所示。移动汇合控制解决了在可插间隙汇合控制系统中，因放行车辆的加速度、速度掌握不当，导致不能与被测出间隙同步到达汇合点，造成汇合出现困难与混乱的缺点。

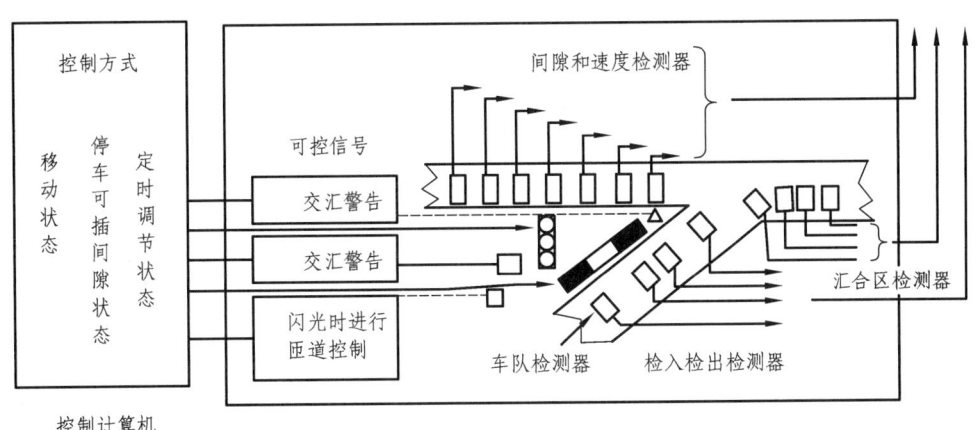

图 4-10 移动汇合控制的绿带系统

移动汇合控制有移动模式、停车的可插间隙模式和定时调节三种模式。移动模式适合于高速公路流量较小的情况，此时控制系统实时监视主线外侧车道的每个间隙的大小和移动速度。控制匝道左侧面绿色光带显示器，引导驾驶员和可插间隙同时到达汇合点。同时，匝道入口的速度标志给出匝道车辆行驶的建议速度值（绿带移动速度），帮助驾驶员及时安全完成汇合。绿带移动速度是根据高速公路外侧车道 3 min 的平均速度和交通量而定的。

随着高速公路交通量的增加，当速度下降到某一值时，控制系统采用停车的可插间隙控制状态。此时，匝道信号保持红色。直到有车驶入匝道，通过检入检测器，然后控制器确定是否有可插间隙。如果有，控制系统就开绿灯，放行这辆等待驶入高速公路的汽车，并在改变绿灯前，在匝道左侧显示器上显示一个加速的绿带；如果在预定的时间内没有可利用的可插间隙，交通信号灯给绿色放行该车辆，但不显示绿带，只显示"小心汇合"警告标志。

当高速公路交通量继续增加，超过某一标准时，系统转为定时调节方式。如有车辆到达检入检测器处，由控制器控制，根据调节率调节信号灯变绿色，允许该车放行。当该车通过检出检测器后，信号在经过 0.5 s 黄灯后恢复为红灯。

为了使汇合更安全，可在匝道埋设一套检测系统，控制器根据匝道检测器的检测结果，实时计算出进入车辆长度、速度和到达交汇点的预计时间，然后计算出它与主线上可插间隙之间的偏差。根据此偏差，通过设在匝道左边的一长串标杆灯（沿匝道方向，每隔一定距离设置一个灯泡，每次只亮一个灯）进行动态引导该车前进（称为步进系统），实行闭环控制，只要驾驶员跟得上标杆灯光的移动，则可安全进入一个可插间隙，汇入主线车流。

在美国沃伯恩实验性移动汇合控制系统的控制效果表明：汇合控制与无控制相比，可使车辆汇合延误减少,增加了匝道汇合容量,但闭环移动系统比绿带系统改进效果并不明显,而且增加了一套车辆检测系统。

3. 可插间隙和交通需求–通行能力差额控制

这种方法综合了可插间隙控制和交通需求-通行能力差额控制两种方法。采用交通需求-通行能力差额控制方法确定调节率,但以此调节率放行的车辆要与车流中的可插间隙相适应。该方法解决了交通需求-通行能力差额控制方法无法确定道路最佳放行车辆时间的弊端。

4.4.6　入口匝道整体定时调节

当一条高速公路有许多个入口匝道均进行调节时,就不能只考虑单个匝道,为实现最优控制应统筹考虑各个匝道的调节率,实行整体调节。

入口匝道整体调节指的是将单个入口匝道控制应用于要考虑匝道运行相互依赖性的一系列入口匝道。因此,整体匝道控制系统对每条匝道的控制要根据整个系统现有的通行能力来考虑,而不是只考虑各个单独匝道的通行能力,各个匝道的调节率是根据整个系统的交通需求-容量差额来计算的。

入口匝道整体定时控制是基于交通流每日变化大体一致,因而可以把一天划分成若干时段(大约每段15 min或更长),在一个时段内交通流近似于均匀,可认为是稳态,进而根据实际情况把高速公路分成若干段,每段内交通流近似认为均匀无异,这样可建立一个描述交通流状态只随道路空间变化的稳态模型,然后根据主线和各入口匝道的交通需求和每个入口匝道下游的容量,按照某种性能指标,即在每时段确定一组最佳调解率,使得各路段交通状况总体最优。

1. 前提条件

整体定时调节将定时调节应用于一系列的入口匝道,按照其他匝道现有通行能力的约束以及入口匝道本身局部现有的通行能力来确定各个匝道的调节率,从而使某性能指标达到最优。这些调节率是根据与各个控制时段有关的历史数据计算而得的,计算时需要如下资料:

(1)已知主线和入口匝道的交通需求。
(2)已知紧靠各入口匝道下游的高速公路通行能力。
(3)对欲控制的高速公路路段内交通模式的描述。

这些资料为建立入口匝道现有的通行能力的约束及相互依赖关系提供了基础。

2. 控制系统性能指标

高速公路交通控制系统所研究的主要问题是如何避免或减少因高速公路事件引起的运行问题。为了衡量控制系统在不同控制规律下工作的优劣,或者给出控制系统要达到的控制目标,就需要给出性能指标。性能指标的内容与形式,主要取决于控制问题所要完成的任务。因此,不同的控制问题应用的性能指标也有所不同。

高速公路交通控制系统的性能指标主要有:总行程时间最小性能指标、总服务流量最大性能指标、"动能"最大性能指标、行程时间延误最小性能指标和入口匝道平均等待时间最小性能指标。

（1）总行程时间最小性能指标

驾驶人总是希望以较快速度行驶，尽快到达目的地，这就意味着主线行驶时间和入口匝道排队时间总和为最小。它意味着交通延误最小、服务水平最高。

设在 t 时刻，已知路段 i 长度为 L_i，路段 i 车辆平均密度为 $\rho_i(t)$，则在 $[t_1,t_2]$ 时间段内路段 i 上车辆的行驶时间为 $\int_{t_1}^{t_2} L_i \rho_i(t) \mathrm{d}t$，分成 N 段的高速公路上车辆总的行程时间为

$$\sum_{i=1}^{N} \int_{t_1}^{t_2} L_i \rho_i(t) \mathrm{d}t \tag{4-35}$$

设在 t 时刻，j 路段入口匝道上排队车辆数为 $l_j(t)$，在 $[t_1,t_2]$ 时间段内有 H 个入口匝道的总的排队等待时间为

$$\sum_{j=1}^{H} \int_{t_1}^{t_2} l_j(t) \mathrm{d}t \tag{4-36}$$

因此，系统总的行程时间最小的性能指标可表达为

$$\sum_{i=1}^{N} \int_{t_1}^{t_2} L_i \rho_i(t) \mathrm{d}t + \sum_{j=1}^{H} \int_{t_1}^{t_2} l_j(t) \mathrm{d}t \to \min \tag{4-37}$$

在稳态条件下，上式 $\rho_i(t)$ 和 $l_j(t)$ 为常量 ρ_i 和 l_j，因此在某时段 T 内，上式可改写为

$$\sum_{i=1}^{N} T\rho_i L_i + \sum_{j=1}^{H} Tl_j \to \min \tag{4-38}$$

设该时段系统内总车辆数为 q，可得到 $q = \sum_{i=1}^{N} \rho_i L_i + \sum_{j=1}^{H} l_j$，于是系统总行程时间最小性能指标等价于：$q \to \min$。另外，根据车量守恒可得

$$q = q_0 + T(\sum_{i=1}^{N} d_i - \sum_{j=1}^{H} s_j) \tag{4-39}$$

式中　q_0——前一时段内总车数；
　　　d_i——第 i 个入口匝道交通需求；
　　　s_j——第 j 个出口匝道流量。

其中，q_0 和 d_i 均不受入口匝道调节率控制，所以上述性能指标等价于：$\sum_{j=1}^{H} s_j = \max$。

在稳态条件下，总驶入流量等于总输出流量，于是，总行程时间最小指标等价为驶入流率最大指标：$\sum_{i=1}^{H} r_i \to \max$（$r_i$ 为第 i 个入口匝道的调解率）。

该性能指标是最常用的一种性能指标，利用该性能指标设计的控制系统可有效预防和限制常发性拥挤及偶发性拥挤，适应交通密度低、希望能提供高质量服务水平的情况。另外，

在城市高速公路上，短途行驶车辆所占比例大，尽量让最多的车从入口进入高速公路，在减轻入口排队的同时又不引起交通密度增加太多（短途车在高速公路上行驶路程较短，对全部 N 个路段交通密度带来的不利影响较小），使总的行程时间减少，因而适用于短途车比例大的城市高速公路的控制。

（2）总体服务流量最大性能指标

对于整条高速公路而言，总希望道路容量得到最大限度的利用，充分发挥高速公路的作用，缓解周围路网的交通紧张状况，这就要求服务流量最大。

设在 t 时刻，已知路段 j 车辆的平均密度和速度分别为 $\rho_j(t)$ 和 $v_j(t)$，路段 j 长度为 L_j，则该路段在 $[t_1,t_2]$ 时间段内的服务流量为 $\int_{t_1}^{t_2}\rho_j(t)v_j(t)L_j\mathrm{d}t$，分成 N 段的高速公路总服务流量为最大的性能指标为

$$\sum_{j=1}^{N}\int_{t_1}^{t_2}\rho_j(t)v_j(t)L_j\mathrm{d}t \rightarrow \max \tag{4-40}$$

它表示在 $[t_1,t_2]$ 时间内，N 段的高速公路所有车辆行驶的总距离最大，也即应当使各路段流量 $q_j(t)=\rho_j(t)v_j(t)$ 尽可能接近通行能力，最大限度地使用道路容量。由于放行长途汽车能实现较大的 $q_j(t)=L_j$ 值，因而由该性能指标设计的控制系统适合于长途汽车比例大的城市间高速公路的交通控制。

另外，该性能指标中的 $\rho_j(t)L_j$ 表示了 j 路段 t 时刻拥有的车辆数，也即该性能指标既追求车速尽量高，又追求有尽量多的车使用高速公路，自然由该性能指标设计的高速公路控制系统能实现高效运行。在稳态条件下，上式性能指标为：$\sum_{j=1}^{N}Tq_jL_j \rightarrow \max$，它等价于：

$$\frac{1}{L}\sum_{j=1}^{N}\rho_j(t)v_j(t)L_j = \frac{1}{L}\sum_{j=1}^{N}q_jL_j \rightarrow \max \tag{4-41}$$

式中 T——时段长度；

$L=\sum_{j=1}^{N}L_j(t)$——高速公路的总长度。

此性能指标表示全部空间平均流量（运行流率）最大，又由于在稳态情况下，根据宏观稳态模型关系可知，$q_j=\sum_{i=1}^{j}a_{ij}r_j$，因此，上式变为 $\frac{1}{L}\sum_{j=1}^{N}TL_j\sum_{i=1}^{j}a_{ij}r_j \rightarrow \max$，故稳态条件下总的服务流量的最大性能指标等价于：

$$\frac{1}{L}\sum_{j=1}^{N}L_j\frac{1}{L}\sum_{i=1}^{j}a_{ij}r_j \rightarrow \max \tag{4-42}$$

式中 a_{ij}——从路段 i 的入口匝道进入的车辆中到达路段 j 的比例。

（3）"动能"最大性能指标

"动能"最大的性能指标实际上就是流量和速度乘积最大的性能指标。设在 t 时刻，已知路段 i 内的平均流量和速度分别为 $q_i(t)$ 和 $v_i(t)$，若高速公路分成 N 段，则在 $[t_1,t_2]$ 时间段内 N

段的高速公路上的总流量与速度乘积最大的性能指标为

$$\sum_{i=1}^{N} \int_{t_1}^{t_2} q_i(t)v_i(t)\mathrm{d}t \to \max \quad (4\text{-}43)$$

由于 $q_i(t) = \rho_i(t)v_i(t)$，其中 $\rho_i(t)$ 为 t 时刻 i 路段的车辆密度，则上述性能指标变为

$$\sum_{i=1}^{N} \int_{t_1}^{t_2} \rho_i(t)v_i^2(t)\mathrm{d}t \to \max \quad (4\text{-}44)$$

用该性能指标设计的系统在服务水平和利用道路容量两方面综合性能指标达到最佳。

"动能"最大时的交通量可称为最优服务交通量。另外，应当指出的是，用此指标设计的交通控制系统性能确实更优，但由于性能指标中含有平方项，非线性程度大大提高，会在最优控制系统设计中带来比前两种指标复杂的求解计算。

（4）行程时间延误最小指标

延误是指当前通过时间与期望状态下平均通过时间之差。设 v_p 为期望状态下的平均速度，高速公路分成 N 段，则在 $[t_1, t_2]$ 时间内，整条高速公路上车辆的总行程时间延误最小的性能指标为

$$\sum_{i=1}^{N} \int_{t_1}^{t_2} L_i \max\left[0, \rho_i(t) - \frac{v_i(t)\rho_i(t)}{v_p}\right] \to \min \quad (4\text{-}45)$$

（5）入口匝道平均等待时间最小指标

从驾驶人的角度来考虑，总是希望到达匝道后能立即进入高速公路，但是采用匝道调节以后，可能会使入口匝道处等待进入高速公路的车辆形成排队，匝道入口处排队过长将会导致车辆分流，影响其他平行道路上的交通，因而希望通过提高调节率，使整条高速公路因匝道调节的平均排队等待时间为最小。

设第 i 个入口匝道的交通需求为 $d_i(t)$，可汇入流量为 $f_i(t)$，且 $d_i(t) \geqslant f_i(t)$，若高速公路有 N 个入口匝道，则在 $[t_1, t_2]$ 期间总的入口匝道平均等待时间最小性能指标为

$$\sum_{i=1}^{N} \int_{t_1}^{t_2} [d_i(t) - f_i(t)]\mathrm{d}t \to \min \quad (4\text{-}46)$$

3. 各入口调节率的计算（依据系统总行程时间最小）

给出所需的数据后，计算各入口匝道调节率的方法如下：

步骤1：从最上游的入口匝道开始。

步骤2：确定紧靠这一匝道下游高速公路路段总的交通需求 D_i，即上游主线交通需求加匝道交通需求。

步骤3：比较总的交通需求 D_i 和下游路段的通行能力 c_{aj}，并做如下处理：

（1）如果总的交通需求小于通行能力，就不需要在入口匝道上用现有的通行能力约束进行调节。因此，跳过步骤4进入步骤5。

（2）如果总的交通需求大于通行能力，就需要在入口匝道上用现有通行能力约束进行调

节，然后进入步骤 4。

步骤 4：比较上游主线交通需求和下游路段通行能力，并做如下处理：

（1）如果上游主线交通需求小于通行能力，就设定入口匝道允许交通流量或调节率等于通行能力和上游主线交通需求之差。

（2）如果上游主线交通需求大于通行能力，本入口匝道允许交通流量为零，匝道必须关闭，并相应的减少允许进入上游匝道的交通流量。

步骤 5：选择下一个下游入口匝道，返回步骤 2。

上述算法可归结为一个线性规划模型：

$$\sum_{i=1}^{n} r_i \to \max \quad (4\text{-}47)$$

约束条件为

$$\sum_{i=1}^{n} a_{ij} r_i \leq c_{aj} \quad (j=1,2,\cdots,N) \quad (4\text{-}48)$$

$$r_1 = d_1 \quad (4\text{-}49)$$

$$r_{i\min} \leq r_i \leq r_{i\max} \quad (i=2,3,\cdots,N) \quad (4\text{-}50)$$

$$d_i - \frac{l_{i\max} - l_{i0}}{T} \leq r_i \leq d_i + \frac{l_{i0}}{T} \quad (i=2,3,\cdots,N) \quad (4\text{-}51)$$

式中　r_i——入口 i 的调解率；

a_{ij}——从入口 i 进入的车辆到达路段 j 的百分比；

c_{aj}——路段 j 的道路容量；

d_i——路段内入口匝道的交通需求，第 1 路段无匝道入口，主线始端流量 Q 被视为 d_1；

$r_{i\max}, r_{i\min}$——第 i 路段内入口匝道调节率的最大值和最小值；

l_{i0}——本时段初始时刻匝道 i 排队长度；

$l_{i\max}$——匝道 i 的最大允许排队长度；

T——时段长度。

【例 4-2】 图 4-11 所示的为具有 4 条入口匝道的整体定时调节系统，路段 1 入口为主线入口，其余路段入口为匝道，如采用系统总行程时间最小性能指标，求解各入口匝道定时调节率 r_i。其中，起始—到达矩阵 $A=(a_{ij})$（定义见 4.3.3 节），如表 4-3 所示。

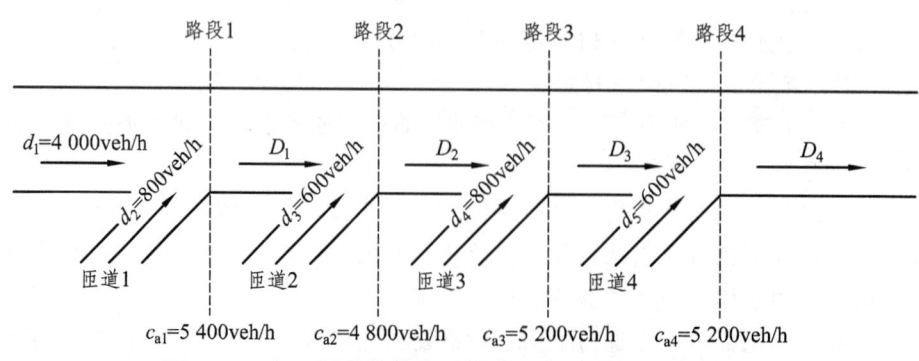

图 4-11　入口匝道整体定时调节（定时调节率的计算）

表 4-3 $A=(a_{ij})$ 的值

i \ j	1	2	3	4
1	1.00	0.95	0.90	0.85
2	1.00	0.75	0.70	0.60
3	—	1.00	0.90	0.85
4	—	—	1.00	0.90
5	—	—	—	1.00

解：本例中，入口匝道计算出的调解率完全取决于紧靠下游的路段的现有通行能力约束，不受其他匝道现有通行能力的约束。从路段 1 开始计算 r_i：

（1）主线始端流量 $d_1 = 4\,000$ veh/h。

（2）$D_1 = A_{11}d_1 + A_{21}d_2$
$= 1.00 \times 4\,000 + 1.00 \times 800$
$= 4\,800$ veh/h $< c_{a1} = 5\,400$ veh/h

因此，入口匝道 1 处允许的交通流量 $Q_2 = 800$ veh/h。

（3）$D_2 = A_{12}d_1 + A_{22}Q_2 + A_{32}d_3$
$= 0.95 \times 4\,000 + 0.75 \times 800 + 1.00 \times 600$
$= 5\,000$ veh/h $> c_{a2} = 4\,800$ veh/h

因此，入口匝道 2 处允许的交通流量 $Q_3 = 600 - (5\,000 - 4\,800) = 400$ veh/h。

（4）$D_3 = A_{13}d_1 + A_{23}d_2 + A_{33}Q_3 + A_{43}d_4$
$= 0.90 \times 4\,000 + 0.70 \times 800 + 0.90 \times 400 + 1.00 \times 800$
$= 5\,320$ veh/h $> c_{a3} = 5\,200$ veh/h

因此，入口匝道 3 处允许的交通流量 $Q_4 = 800 - (5\,320 - 5\,200) = 680$ veh/h。

（5）$D_4 = A_{14}d_1 + A_{24}d_2 + A_{34}d_3 + A_{44}Q_4 + A_{53}d_5$
$= 0.85 \times 4\,000 + 0.60 \times 800 + 0.85 \times 400 + 0.90 \times 680 + 1.00 \times 600$
$= 5\,432$ veh/h $> c_{a4} = 5\,200$ veh/h

因此，入口匝道 4 处允许的交通流量 $Q_4 = 600 - (5\,432 - 5\,200) = 368$ veh/h。

结论：匝道 1 不需要控制；
匝道 2 按 400 veh/h 的调解率进行控制；
匝道 3 按 680 veh/h 的调解率进行控制；
匝道 4 按 368 veh/h 的调解率进行控制。

本例也可以根据公式（4-47）~（4-50）建立模型来求解。

$$\max Z = \sum_{i=1}^{5} r_i = r_1 + r_2 + r_3 + r_4 + r_5$$

s.t. $r_1 \leqslant 5\,400$

$$r_1 + r_2 \leqslant 5\ 400$$
$$0.95r_1 + 0.75r_2 + r_3 \leqslant 4\ 800$$
$$0.90r_1 + 0.70r_2 + 0.90r_3 + r_4 \leqslant 5\ 200$$
$$0.85r_1 + 0.60r_2 + 0.85r_3 + 0.90r_4 + r_5 \leqslant 520$$
$$r_1 = 4\ 000$$
$$r_2 \leqslant 800$$
$$r_3 \leqslant 600$$
$$r_4 \leqslant 800$$
$$r_5 \leqslant 600$$
$$r_{\min} \leqslant r_i \leqslant r_{\max}\ (i = 1, 2, \cdots, 5)$$

【例 4-3】 将图 4-11 中主线交通需求 d_1 改为 4 600 veh/h,其他数据均和【例 4-1】相同,求解各入口匝道定时调节率 r_i。

解:从路段 1 开始计算 r_i

(1) 主线始端流量 $d_1 = 4\ 600$ veh/h。

(2) $D_1 = A_{11}d_1 + A_{21}d_2$
$= 1.00 \times 4\ 600 + 1.00 \times 800$
$= 5\ 400$ veh/h $= c_{a1} = 5\ 400$ veh/h

因此,入口匝道 1 处允许的交通流量 $Q_2 = 800$ veh/h。

(3) $D_2 = A_{12}d_1 + A_{22}Q_2 + A_{32}d_3$
$= 0.95 \times 4\ 600 + 0.75 \times 800 + 1.00 \times 600$
$= 5\ 400$ veh/h $> c_{a2} = 4\ 800$ veh/h

因此,入口匝道 2 处允许的交通流量 $Q_3 = 600 - (5\ 570 - 4\ 800) = -170$ veh/h,因此关闭匝道 2,也即 $Q_3 = 0$,从上游进入交通流量减去 170 veh/h,因此入口匝道 1 处允许的交通流量应调整为 $Q_2' = 800 - 170/A_{22} = 800 - 170/0.75 = 573$ veh/h。

(4) $D_3 = A_{13}d_1 + A_{23}Q_2' + A_{33}Q_3 + A_{43}d_4$
$= 0.90 \times 4\ 600 + 0.70 \times 573 + 0.90 + 1.00 \times 800$
$= 5\ 341$ veh/h $> c_{a3} = 5\ 200$ veh/h

因此,入口匝道 3 处允许的交通流量 $Q_4 = 800 - (5\ 341 - 5\ 200) = 659$ veh/h。

(5) $D_4 = A_{14}d_1 + A_{24}d_2 + A_{34}d_3 + A_{44}Q_4 + A_{53}d_5$
$= 0.85 \times 4\ 600 + 0.60 \times 573 + 0.85 \times 0 + 0.90 \times 659 + 1.00 \times 600$
$= 5\ 447$ veh/h $> c_{a4} = 5\ 200$ veh/h

因此,入口匝道 4 处允许的交通流量 $r_5 = 600 - (5\ 447 - 5\ 200) = 353$ veh/h。

结论:匝道 1 按 573 veh/h 的调解率进行控制;
  匝道 2 关闭;
  匝道 3 按 659 veh/h 的调解率进行控制;
  匝道 4 按 353 veh/h 的调解率进行控制。

【例 4-4】 仍考虑图 4-11 的情况,主线交通需求 d_1 仍改为 4 600 veh/h,要求匝道 2 的

调节率 r_2 为 300 veh/h,求解各入口匝道定时调节率 r_i。

解:从路段 1 开始计算 r_i:

(1)主线始端流量 $d_1 = 4\,600$ veh/h。

(2) $D_1 = A_{11}d_1 + A_{21}d_2$
$= 1.00 \times 4\,600 + 1.00 \times 800$
$= 5\,400$ veh/h $= c_{a1} = 5\,400$ veh/h

因此,入口匝道 1 处允许的交通流量 $Q_2 = 800$ veh/h。

(3) $D_2 = A_{12}d_1 + A_{22}Q_2 + A_{32}r_2$
$= 0.95 \times 4\,600 + 0.75 \times 800 + 1.00 \times 300$
$= 5\,270$ veh/h $> c_{a2} = 4\,800$ veh/h

因此,应从上游进入交通流量减去 $(5\,270 - 4\,800) = 470$ veh/h,则入口匝道 1 处允许的交通流量应调整为 $Q_2' = 800 - 470/A_{22} = 800 - 470/0.75 = 173$ veh/h。

(4) $D_3 = A_{13}d_1 + A_{23}Q_2' + A_{33}r_3 + A_{43}d_4$
$= 0.90 \times 4\,600 + 0.70 \times 173 + 0.90 \times 300 + 1.00 \times 800$
$= 5\,331$ veh/h $> c_{a3} = 5\,200$ veh/h

因此,入口匝道 3 处允许的交通流量 $Q_4 = 800 - (5\,331 - 5\,200) = 669$ veh/h。

(5) $D_4 = A_{14}d_1 + A_{24}Q_2' + A_{34}r_3 + A_{44}Q_4 + A_{53}d_5$
$= 0.85 \times 4\,600 + 0.60 \times 173 + 0.85 \times 300 + 0.90 \times 669 + 1.00 \times 600$
$= 5\,471$ veh/h $> c_{a4} = 5\,200$ veh/h

因此,入口匝道 4 处允许的交通流量 $Q_5 = 600(5\,471 - 5\,200) = 329$ veh/h。

结论:匝道 1 按 173 veh/h 的调解率进行控制;
匝道 2 按 300 veh/h 的调解率进行控制;
匝道 3 按 669 veh/h 的调解率进行控制;
匝道 4 按 329 veh/h 的调解率进行控制。

由于入口匝道整体定时调节是基于交通流每日变化大体一致,把一天划分成若干时段,根据每个时段的历史数据,按照某种性能指标,并考虑一些约束调节,确定每时段各入口砸到的最佳调解率,使路况总体状况最优,因此,这种方法能较好地预防整条高速公路常发性拥挤,但不能适应偶发性拥挤。

4.4.7 入口匝道全局最优控制

入口匝道全局最优控制是把一条高速公路的多个入口匝道统筹考虑,通过实时采集现场交通信息,依此集中计算出控制决策,使得全局性能最优。

1. 系统构成

图 4-12 所示为全局最优调节系统构成原理图。各入口匝道都有自己的信号灯、控制器、检测器。匝道控制器把本匝道检测数据上传至控制中心,控制中心根据接收到的全局检测信

息，进行自适应控制或最优控制计算，得出各匝道的控制参数，下传给各匝道控制器。可采用集中控制或分散控制两种结构形式来实现以上功能。

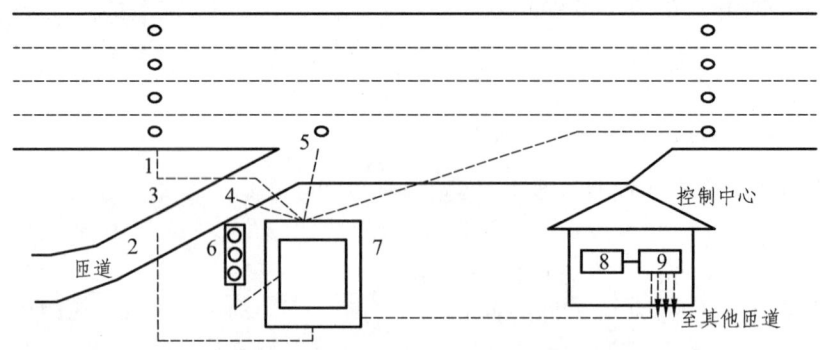

图 4-12　全局动态调节系统构成原理图

1—主线检测器；2—检入检测器；3—停车线；4—检出检测器；5—汇合检测器；
6—匝道控制信号灯；7—匝道控制器；8—控制中心计算机；9—通信接口

集中式控制系统的中心计算机完成全部控制决策的计算，匝道控制器只是执行相应的调节率，于每个控制周期结束时调整一次。

分散式控制系统的中心计算机只是在追求全局运行性能指标最优的目标之下计算出各路段的最优交通参数（包括流量、速度、占有率或密度）及各入口匝道的最优调节率，下传给各匝道控制器。各匝道控制器根据本路段交通动态特性及现场的实时检测信息，实施动态反馈控制，通过动态地调整入口调节率，克服各种扰动，力图维持本路段交通参数不偏离由控制中心计算出的最优值。

2. 系统设计

定时入口匝道控制不能消除高速公路上意外时间所引起的偶发性拥挤。要解决这一问题，就需要实行动态控制，即实时检测现场交通信息，依次决定入口调节率。为了能计算出最优调解率，就需要应用系统的动态交通模型，按最优控制系统的设计方法来进行。多匝道交通控制系统的全局最优动态调节率计算可归结为如下最优控制问题。

已知：各匝道交通需求 $d_i(k)$，整条道路的起始—到达矩阵 $A(k)$，以及初始条件 $\rho_i(0)$、$v_i(0)$、$l_i(0)$，$(i=1,2,\cdots,n,\ k=0,1,2,\cdots,K-1)$，$l_i$ 表示第 i 路段内入口匝道上排队长度，K 表示控制时间包含的周期数。

求解：最优的入口调解率 $r_i^*(k)$ 和限速控制系数 $b_i^*(k)$，使某种特定的性能指标函数取极值。例如，当取性能指标为所有车辆花费的旅行时间为最小时，性能指标函数式为式（4-52），即

$$\sum_{k=0}^{k-1} T\left[\rho^{\mathrm{T}}(k)\Delta + l^{\mathrm{T}}(k)\right] \to \min \tag{4-52}$$

约束条件：

$$\rho_i(k+1) = \rho_i(k) + \frac{T}{\Delta_i}\left[q_{i-1}(k) - q_i(k) + r_i(k) - s_i(k)\right] \tag{4-53}$$

$$v_i(k+1) = v_i(k) + \frac{T}{\tau}\{v[\rho_i(k), b_i(k)] - v_i(k)\} +$$

$$\frac{\xi T}{\Delta_i} v_i(k)[v_{i-1}(k) - v_i(k)] - \frac{vT}{\rho\Delta_i} \frac{\rho_{i-1}(k) - \rho_i(k)}{\rho_i(k) + \lambda} \tag{4-54}$$

$$q_i(k) = a\rho_i(k)v_i(k) + (1-\alpha)\rho_{i+1}(k)v_{i+1}(k) \tag{4-55}$$

$$v[\rho_i(k), b_i(k)] = b_i(k)v_f \left\{1 - \left[\frac{\rho_{i(k)}}{\rho_m}\right]^{[3-2b_i(k)]}\right\}^m \tag{4-56}$$

$$b_i(k) = b_i(k+1) = \cdots = b_i(k+7), k = 0, 8, 16, \cdots,$$
$$b_i(k) \in \{0.7, 0.8, 0.9, 1.0\} \tag{4-57}$$

$$l_i(k+1) = l_i(k) + T[d_i(k) - r_i(k)] \tag{4-58}$$

$$d_i(k+1) + \frac{L_{i\max} - l_i(k-1)}{T} \leq r_i(k) \leq d_i(k-1) + \frac{l_i(k-1)}{T} \tag{4-59}$$

$$r_{\min} \leq r(k) \leq r_{\max} \tag{4-60}$$

式（4-58）为关于排队量的状态方程。式（4-57）说明 b_i 的改变每隔 8 个周期进行一次，当 $T=15\,\text{s}$ 时，即为每隔 2 min 调整一次 b_i 值。

这是一个非线性最优控制问题，可以采用最小值原理求解，也可以采用动态规划法求解。但是如果高速公路入口在 7~8 个以上，很有可能出现"维数灾"问题，即维数太高，造成计算量、存储量要求很大，容易使系统崩溃。为解决这一问题，人们想到了采用多层分散控制。

多层分散控制是目前实现大系统最优控制的一种最先进的、应用广泛的系统结构，它采用了协调的设计原则。所谓分解就是将被控的高阶系统划分为若干个较低的低阶系统，使各低阶系统彼此独立，然后采用最优控制设计方法设计出局部最优控制器，这样就避免了"维数灾"，并提高了可靠性。所谓协调，就是在局部最优的基础上考虑各低阶系统之间的相互关系，使各局部最优控制器能协调工作，从而达到整个系统的一个最优化结果。

4.4.8 出口匝道控制

在高速公路的交通控制中，很少对出口匝道进行控制。从理论上说，出口匝道的控制可用两种方法，即调节离开高速公路的交通量的方式和完全关闭出口匝道的方式。出口匝道的调节控制不是一种有效的方法，唯一有利之处也许是解除了接近高速公路干线的交叉口和某些街道的交通拥挤。但这和高速公路交通控制的主要目标是背道而驰的，其原因是：

（1）驶出匝道的车辆为在信号灯前停车而急剧减速，存在着向前滑行和造成尾端碰撞的危险。

（2）等待驶出高速公路的车辆从信号灯向后延伸到高速公路干道，干扰干道的交通。

出口匝道的关闭可以大大减少该处的车辆交织以及随之造成的交通拥挤和安全问题。特别是当连接着一个大型互通式立交的沿街道路或出口匝道距平交街道较短时（800 m 左右），关闭该匝道是一种很实用的解决办法。然而，关闭出口匝道的缺点是：

（1）可能大大增加了每个驾驶人员的行车时间和距离。

（2）如果使用人工控制的栅栏或某种型式的自动门，那么，高峰期间关闭匝道的费用相当高。如果出口匝道设有收费站，关闭匝道的费用则是很小的。

（3）在这些地区，尾端碰撞事故的可能性增加。

（4）由于限制了出口，可能会引起公众的强烈反对。

因此，在高速公路交通控制中，很少对出口匝道进行控制。

4.5 通道控制

4.5.1 通道控制概念

高速公路通道系统由高速公路、匝道以及与高速公路相关的侧道、干道、城市街道等组成。通道控制的对象是通道系统上的交通流。通过对交通资源进行灵活调整和合理分配，达到高效运输的目的。图4-13所示的是一个典型的高速公路通道系统组成。

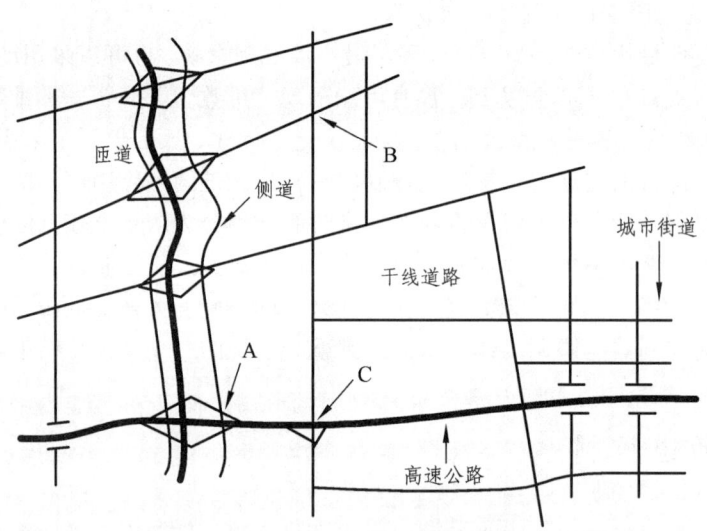

图4-13　高速公路通道系统组成
A—高速公路与高速公路交叉口；B—干线道路交叉口；
C—高速公路与干线道路交叉口

1. 通道控制的原理

高速公路通道控制就是对通道系统交通流进行协调、管理、诱导和告警。其基本原理是监测通道系统中所有道路及交叉口，将超载道路上的交通转移到通行能力尚有剩余的道路上去。通道控制是一个综合控制系统，它集中了高速公路监控系统、驾驶人信息系统、匝道控制、侧道控制、主线控制、交叉口控制、干道控制以及城市交通控制和区域交通控制的原理、策略和方法。

2. 通道控制的目的与特点

高速公路通道系统的通行能力是由高速公路的通行能力和能为高速公路的交通需求提供可替换服务的平面道路及交叉口的通行能力组成。通道控制的目的就是通过在通道系统内有效地分配和管理交通流，在交通需求与通道通行能力之间获得最佳平衡和充分利用通道通行能力，使整个通道处于最佳运行状态。

由于通道系统控制是以系统最优为目标，其控制对象又分布在较大的地区范围内，所以要求通道系统的控制采用交通感应控制方式，这样通道控制系统能否有效监测系统内各条线路的交通状态是控制效果好坏的关键因素。

影响通道控制效果的另一基本因素是通道控制方法，由于通道控制对象包括高速公路的主线、匝道以及侧道、干道、城市街道，它们在控制方式、控制方法上有很大区别，并且分布在一个较大的区域范围内。因而，对各类控制对象的交通控制方法选择以及如何组织和协调这些控制对于通道控制系统来讲有多种组合方案可供选择，确定最佳的通道系统控制方案就是通道控制战略问题。

3. 通道控制的方式和措施

通道控制可分为限制和分流两种方式。限制是控制各道路上的交通需求使其低于通行能力；分流则是把车辆从超负荷的道路上引到尚有剩余通行能力的道路上去。

在通道系统中，高速公路的运行效率比其他干线道路要高，所以一般情况下应优先利用高速公路，只有当公路上的交通需求超过或接近其通行能力时再使用通道分流的方法，这样可以提高通道系统的总体运行效率。

当发生常发性或偶发性交通拥挤及在道路维修情况下，可用通道分流方式来缓解和消除交通拥挤。

通道控制的常用措施包括：采用临时性分流标志、优化各类道路交通信号配时方案，统筹制订各匝道的调解率以及运用驾驶人信息系统和实行公共汽车、合用车优先控制等。

4.5.2 通道控制战略

1. 通道控制系统的特点及构成

从理论上讲，通道控制采用定时的或交通感应式的控制都是可以的，但实际上通道控制的目的和范围决定了它必须采用交通感应式控制，即要求同道控制系统是具有交通响应式控制能力的动态系统。此外，高速公路通道控制的控制模型维数高、结构复杂，有多个相互联系的子系统，且空间分布范围大，系统控制是多目标决策，需采用多个指标评价系统的控制效果，因而，通道控制问题是一个典型的大系统控制问题。

按控制对象分，通道控制系统可由下列子系统构成：
（1）高速公路（包括主线和匝道）控制系统。
（2）侧道、干道控制系统。

（3）城市道路控制系统。
（4）驾驶人信息系统。
（5）交通监视系统。
（6）中央控制系统。
按控制功能分，通道控制系统可由下列设备组成：
（1）用于提供通道系统内各道路运行情况实时信息的一整套检测设备。
（2）对上述信息进行处理，在此基础上做出控制决策的中心控制设备。
（3）执行外场控制策略的外场设备。
（4）连接检测设备、中心控制设备、外场设备及车载设备的通信系统。

2. 通道控制战略的概念

通道控制战略是指从通道系统整体利益出发，为实现提高通道系统的效率和安全的目的，而对通道控制系统的控制目标、评价目标、系统组成、控制功能、控制结构、控制技术和方法及控制逻辑的一个优选组合方案。通道控制策略是为了最大限度地发挥通道通行能力的利用效率，把通道上各种控制系统的运转和驾驶人信息系统结合起来，所采取的运转方式。

通道控制战略是一项交通控制系统工程，它包括下列内容：
（1）明确通道控制系统的要求。通过对交通需求特征、通道系统结构特征以及通道系统环境的调查分析，提出设计通道系统的具体要求。
（2）通道系统的设计和综合。理解并组合系统各部分功能，内容包括：城市道路控制、高速公路控制、监视、计算机控制、监测、信息传输、系统组成、系统结构，现有的系统技术，候选的通道控制方案。
（3）评价和选择系统。对系统方案的分析评价包括：效用/成本分析、成本估算、可靠性分析，选出最优方案。至此形成通道控制战略。
（4）设计、实施和管理。依据通道控制战略设计通道控制系统，实施后交付使用，并对系统进行维护管理。

通道控制战略中的技术主要包括：
（1）协调技术。包括局部协调技术和整体协调技术。局部协调技术是指高速公路、匝道、侧道、干道、城市街道相互连接处的交通信号两两之间的协调技术。整体协调技术是指各控制分系统之间的协调技术。
（2）通道控制系统设计和优化系统。
（3）系统控制技术。包括交通控制技术、动态（感应）控制进技术、大系统控制技术等。

目前付诸使用的通道控制技术主要是采用驾驶人信息系统来实现交通转移（分流）。在许多发达国家已采用道路交通诱导系统对区域交通进行控制，这是一项先进的交通控制系统，可以用于道路控制中。

4.5.3 城市与高速公路结合点控制

城市与高速公路结合点控制实际上是通道控制的一种特殊情况，必须根据其特点制定合理的通道控制战略。城市与高速公路结合点的控制战略取决于这个结合点在城市道路网中的地理位置及道路网络结构的结构特点，可分为两种基本情况。

（1）高速公路与城市道路系统在距城市中心较远的地方相结合，这种情况下结合点控制是以出入匝道控制、主线控制、交通分流等高速公路交通控制方法为主的通道控制。

（2）高速公路与城市中心区域的道路系统相结合。这时需要考虑城市交通控制系统与高速公路交通控制系统的相互协调及控制策略。

城市与高速公路结合点控制有它的特殊性，即控制对象不仅是高速公路及其附属设施，还包括结合点周围区域的城市道路。当以下情况经常发生时就需要考虑建立城市与高速公路结合点控制系统。

（1）结合点处高速公路的交通需求接近或超过高速公路通行能力。

（2）由高速公路流出驶入城市中心区域的交通量导致该区域出现交通拥挤。

因此城市与高速公路结合点控制具有以下特点：

（1）是一个双向控制系统，既对流入高速公路方向的交通流进行控制，也对由高速公路流出并驶向城市中心区的交通流进行控制。

（2）需要考虑城市交通控制系统与高速公路的匝道、主线及干道等控制子系统的相互协调问题。根据城市道路网络结构特点如网格型、放射型、环型等以及结合点周围区域的城市交通控制类型如点控、线控还是网络控制系统，结合高速公路通道控制类型和方式确定相应的控制战略和策略。

（3）城市与高速公路结合点控制是区域交通控制系统的一个类型。它将城市中心道路和高速公路及其配套道路上的全部交通信号的监控置于一个指挥控制中心管理下统一进行交通管理和控制的综合系统。

运用区域交通控制系统的概念和方法去处理城市与高速公路结合点控制具有下列优势：

（1）整体监视和控制，即交通工程师能连续地监控整个信号系统，能够随时从整个控制区域内收集交通状态的数据。

（2）可因地制宜地选用合适的控制方法。

（3）可有效、经济地使用设备。

4.6 优先控制

道路交通分为公共交通和个人交通两大类。公共交通是指采用公共交通方式的交通，包括具有固定路线与时刻的运量较大的公共汽车、电车，也包括个别公共交通如出租汽车和合用车。个人交通则是指利用私人小汽车方式的交通。公共交通的特点是运输量大，平均每个乘客所占用的道路面积小，一辆小汽车的平均载人数约 1.2 人/辆，而公共汽车可能是这个数字的 10~40 倍，因而，在相同道路通行能力的情况下，采用公共交通方式可以运送更多的人数。

优先控制是指使用高速公路的公共汽车、合用车和其他优先通行车辆在使用交通设施上享有优先权。所谓"合用车"是指至少两人或两人以上乘坐的汽车，包括合伙用车、班车和巴士。在拥挤的都市交通运输系统中，优先处理合用车已被证明是提高人员流动效率的最灵活最经济的选择之一。它是以强调道路系统运行对人的总延误最小，而不是车辆的总延误最小为原则。它使大多数人乘坐的车辆保持较高的运行速度从而节约时间。

优先控制的目的是鼓励更多人使用占有率高的车辆（公共汽车、合用车），从而降低高速公路上总的交通需求，减少交通拥挤。此外这种措施还能减少交通对环境的污染和能源消耗。

公共汽车/合用车优先控制通常是在交通需求较大，道路通行能力基本饱和而又无法再度扩大的情况下采用的一种交通控制策略，尤其是在交通构成中小汽车比重大的情况下采用。

1. 优先控制的两种方式

在高速公路交通控制中实现对享有优先权的车辆提供优先处理，可采用道路使用权优先控制和交通信号优先控制两种方式。

（1）道路使用优先控制是为公共交通先于其他车辆通行采取的优先措施。包括：

① 设置公共交通车道。分为公共交通专用车道和公共交通优先车道。公共交通专用车道主要是在同方向的道路外侧开辟仅供公共车辆行驶的车道。公共优先车道时在允许公共汽车/合用车优先通行的前提下，其他机动车辆也可以行驶。根据交通量情况不同，这两种公共交通车道又可分为全天性或定时性两种车道。

② 在高速公路出入口，为公共交通设置专用匝道。

③ 在单向行驶道路上，允许公共交通反向通行或另设公共交通反向车道等。

④ 设置合用车专用设施和车道。与高速公路的普通车道在空间上进行分类的合用车专用设施和专用车道建立在高速公路的优先路权上，这些设施和车道可以一整天或一天中的部分时段供工程车辆单独使用。这些设施的大部分是通过水泥路障与普通车道分开的，其中一些设施是由缓冲区隔离开来的。而且合用车道可以是双向的或者可逆的。

（2）交通信号优先控制通常可采用下述控制方法：

① 按公共汽车的交通量调整信号周期。

② 采用公共汽车感应信号调整通行信号。

③ 采用专用信号为公共汽车服务。

为了在高速公路交通控制中，有效地实现对公共汽车/合用车优先控制，需要在交叉口、匝道、主线和通道系统控制中采用相应优先控制技术，建立具有优先权处理的系统。

2. 优先控制的常用方法

在高速公路上常用的优先控制方法主要有分隔式道路、储备车道和优先出入控制。

（1）分隔式道路

分隔式道路是为高占有率车辆修建的专用的限制出入的道路，并为城市郊区和活动中心区之间提供快速行驶服务或用作高速公路瓶颈路段的旁通捷径。分隔式道路通常位于现有高速公路的中央分隔带内，并设置某种形式的防护栏与高速公路主要车道实行实际上的隔离。

这种方法的优点足，优先车辆能够安全地行驶，且不降低原有高速公路的运行效率，实施优先控制也比较好管理。但存在投资费用高、在非高峰期使用效率低的缺点。

（2）储备车道

高速公路储备车道有两种配置形式：一种是顺流车道，即优先车辆与主要交通流同方向行驶，位于中央分隔带同一侧；另一种是逆流车道，位于中央分隔带另一侧，且优先车辆与主要交通流反方向行驶。

顺流车道是一种标志和标线标明，只允许优先车辆进入的正常车流车道。该方法的设计原理一种是在现有高速公路上取出一条车道专供高占有率车辆使用的优先车道；另一种是在现有高速公路上为高占有率车辆实际增加一条车道。

顺流车道的优点是高占有率车辆的行程时间明显缩短，而且在规划适当的情况下，对其他交通并无不利影响；缺点是优先车辆和非储备车道上的车辆之间存在很大的速度差异，而且优先车辆进入储备车道需要增加交织运行，这会造成潜在的危险。

逆流车道是将非高峰方向的一条车道用作高峰方向车道。实施逆流车道的方法通常取决于方向性强的高峰期交通流在非高峰方向所具有的足够的过剩通行能力。目前，许多正在运行的逆流车道都是公共汽车专用车道，有一些也允许合用车。使用逆流车道的优点在于提高了高峰方向通行能力，并能在短期内以较低的投资费用加以实施；缺点是分隔一条车道往往需要大量劳力，因而运行费用较高，还存在对撞的潜在危险，而且需要用特殊的方法来处理交通事故。

（3）优先出入控制

优先出入控制是为了改善高占有率车辆的服务水平而采用的另一种方法。这种控制方式和高速公路匝道调节联合使用，让高占有率车辆优先进入匝道路旁车道，或者为高占有率车辆标明专用车道。这种控制方法具有保证安全、投资少、运行费用低的特点。不足是当高速公路主线上发生拥挤时，也会影响优先车辆运行。

在某些特殊情况下，全部车道可仅对公共汽车和合用车开放。如2001年"911"事件发生后的一段时间内，纽约市要求进入曼哈顿63号大街南部大桥或者隧道的车辆至少载有两人。此举有助于减少由于对车辆进行安全检查而造成的交通拥堵。美国明尼波利斯市中心商业区的南部高速公路通道上建立另一个公共汽车优先系统，其中包括一个专用公共汽车入口匝道控制系统。当公共汽车匝道上检测器检测到公共汽车到达时，匝道信号给出红灯直到公共汽车通过为止。

思考题

1. 什么是主线控制？简述主线控制的对象与目标。
2. 主线控制的方法有哪些？
3. 简述可变限制控制的原理。
4. 车道关闭控制的适用条件有哪些？
5. 简述可逆车道控制的条件及其运行方式。
6. 什么是主线调节控制？简述其适用条件。
7. 驾驶员信息系统的功能包括哪些方面？
8. 简述什么是入口匝道控制并说明其原理。
9. 实施入口匝道控制的条件是什么？
10. 入口匝道控制的方法有哪些？

11. 高速公路宏观稳态交通模型有哪些？试比较它们的不同之处。
12. 匝道关闭适用于什么情况？
13. 简述用于消除拥挤现象的定时调节方法及其调节率的确定方法。
14. 简述匝道定时调节系统构成及其功能。
15. 什么是单车调节与车队调节？
16. 什么是串行调节与并列调节？
17. 相对于匝道定时调节，简述动态调节的优缺点。
18. 简述入口匝道动态调节策略及其调节率的确定方法。
19. 简述汇合控制的目的及其工作过程。
20. 根据对匝道车辆引导方式的不同，汇合控制可分为哪些类型？并简述其工作原理。
21. 高速公路交通控制系统的性能指标有哪些？
22. 以系统总行程时间最小为目标，简述各匝道调节率的计算方法。
23. 考虑图 4-11 的情况，主线交通需求 d_1 改为 4 600 veh/h，要求匝道 3 的调节率 r_3 为 700 veh/h，其他数据均和［例 4-2］相同，求解各入口匝道定时调节率 r_i。
24. 简述入口匝道全局最优控制系统构成及其调节率确定方法。
25. 简述出口匝道控制的方法及其不足。
26. 什么是通道控制并说明其控制原理？
27. 通道控制的方式与措施有哪些？
28. 通道控制系统可由哪些子系统构成？
29. 哪些情况需要建立城市与高速公路结合点控制系统？
30. 城市与高速公路结合点控制具有哪些特点？
31. 什么是优先控制？并简述其控制的目的。
32. 优先控制常用的方法有哪些？

第 5 章　高速公路事件检测与延误计算

【本章导读】

高速公路在运营过程中，不可避免会发生一些交通事件。交通事件一般都是随机事件，包括交通事故、交通拥挤、交通堵塞等，其发生的时间、地点、规模、持续时间都是不确定的，这些因素的随机性是由交通需求的随机性引起的。交通事件产生的影响除了造成高速公路事件本身的人员伤亡、财产损失、设备损坏以外，还会局部阻塞车道造成通行能力下降，诱发二次事故。研究事件发生的特点和影响，有助于缩短事件处理时间，降低事件所造成的损失。

本章介绍了高速公路事件的定义和分类、交通拥挤的特性和判别、交通事件自动检测的原理和常用方法，由事件引起的延误计算是本章的重点与难点。

5.1　高速公路交通事件概述

5.1.1　高速公路交通事件定义

目前，由于人们认识上的差异，高速公路事件的定义多种多样，尚无标准定义。本书参照美国联邦高速公路管理局 2002 年发布的《交通事件管理手册》（以下简称《交通事件管理手册》），将交通事件定义为：任何一起偶发性的能引起车道通行能力减少或需求增加的非正常事件。这样的事件包括交通追尾、停滞的车辆、抛洒的货物、公路正常维护、重建项目或特殊的非紧急事件。

该定义揭示出高速公路事件的特征：

（1）发生的随机性。无论交通管理人员还是驾驶员对事件发生的时间、地点、持续时间或影响都无法准确预测，对某些已计划的影响高速公路交通运行的特殊活动，如道路维修等，也许已通知了交通管理人员，但驾驶员并不一定知道。

（2）对正常交通运行的破坏性。事件会引起道路通行能力临时下降或交通需求临时增加，会引发其他交通事故，对交通流和交通安全都有很大的破坏作用。

5.1.2 高速公路交通事件分类

1. 基于事件性质分类

按照高速公路上交通紧急事件的性质和表现形式，可将交通事件分为事故类交通事件、自然灾害类交通事件、社会安全类交通事件、常规交通事件四类。

（1）事故类交通事件

2011年4月22日修正的《中华人民共和国道路交通安全法》第一百一十九条规定："交通事故，是指车辆在道路上因过错或者意外造成的人身伤亡或者财产损失的事件。"

交通事故是高速公路上频数较多的事件，通常包括撞车并导致人员严重受伤或致命，机动车着火、撞车并导致装载货物抛洒，危险品运输车辆撞车，公路或者桥梁的结构性故障等。应注意交通事故与交通事件的区别与联系：交通事件包含但不限于交通事故，若交通事件处理不及时，极易引发交通事故。

由于高速公路车流量大、车辆行驶速度快、冲击力强，往往造成比一般公路后果更为严重的交通事故。我国高速公路交通事故有以下特点：高速公路发生重、特大恶性交通事故的概率较大，所占比例高；车速较高，反应时间不足造成的事故所占比例大；车辆故障与交通事故具有同等危险性；夜间事故率高；具有事故高发路段；事故驾驶员中新驾驶员所占比例大。

根据交通事故的性质与特点，考虑处置的难易程度，将其分为涉及人员伤亡的事故、涉及危险物品的事故、仅有财产损失的事故三类。

① 涉及人员伤亡的事故。

高速公路发生的碰撞、翻车、坠车、碾压等形态交通事故，在高速公路交通事件中占较大比例，按事故中人员伤亡程度及数量的不同，可分为轻微事故、一般事故、重大事故和特大事故四类。在《道路交通事故处理程序规定》《高速公路交通应急管理程序规定》中对各类伤亡事故处理有明确的规定，通常需要急救、医疗、消防等有关部门参与处置。

② 涉及危险物品运输事故。

危险物品具有爆炸、易燃、毒害、腐蚀、放射、传染等性质，运输过程需要特别防护。危险物品运输事故往往造成惨重的人员伤亡和巨大的经济损失，特别是有毒气体液体的意外泄漏、传染病病原体的泄漏、爆炸品或易燃易爆气体液体的灾难性爆炸事故等，需通知当地人民政府及有关的行政管理部门，并需要安全监管、特种物品处理、环境保护等部门介入，采取临时封闭事故现场周边道路、实行区域交通管制、疏散现场周边人员、禁止无关人员和车辆进入危险区域等处置措施。

③ 财产损失事故。

高速公路财产损失类事故，指发生的仅造成物质损失，未有人员伤亡的交通事故。比较常见的是撞击固定物造成的财产损失事故，以及互通式立交加减速车道、进出口处发生的车辆刮擦、追尾，以及引发公路损毁、中断、阻塞的公路工程建设事故、公路基础设施损毁等工程类事件。历年高速公路交通事故统计显示，财产损失事故占有较大的比例，事故性质较轻，责任认定简单明确，一般都会加速处置，对交通流影响不大。

(2) 自然灾害类交通事件

影响高速公路运营的自然灾害类事件，是指由交通系统外部自然环境因素，如地震、洪水、泥石流、大雾、台风等自然灾害对高速公路交通造成的道路中断使用或由此引发的交通事件。一般来讲，高速公路上常发生的自然灾害类事件以恶劣天气事件为主，地质灾害事件为辅，这类事件对高速公路造成了极强的破坏作用，由于不可抗力是无法避免的，只能防范或适度控制。

① 恶劣天气事件。

恶劣天气条件主要是冰雪、大雾、沙尘、暴雨等，这些恶劣天气条件相对地质灾害来说更为多发。阴雨影响行车视距，模糊视野，使驾驶人不能及时做出正确的判断；降雪或风雪流会妨碍车辆行驶，影响视距，降低车速，积雪负荷破坏防护工程等；驾驶人在雾天行车，容易心理紧张、感到疲劳，一旦有紧急情况就会威胁交通安全。恶劣天气事件主要指在台风、暴雨、冰雪、大雾等天气条件下，高速公路通行条件恶化，需要采取限速通行、节点分流、关闭高速公路等交通管制措施引导、规范车辆通行的事件。恶劣天气影响范围通常很大，对高速公路交通的影响涉及全线、局部或整个路网。应急处置难度大，往往需要多部门的协调合作。

② 地质灾害事件。

地质灾害在山区高速公路上时有发生，常见的有滑坡、泥石流等。地质灾害的成因有很多，有纯自然力导致的，如地震；也有人为因素间接导致的，因滥砍滥伐、植被破坏、围湖造田造成的水土流失、生态失衡，如滑坡、泥石流多是出于这些原因。地质灾害事件的破坏力是不言而喻的，一旦发生势必会影响高速公路的通行，严重时会导致高速公路交通的彻底中断。公路设施破坏程度轻重不同，交通恢复需要的时间有多不同。预防地质灾害，在高速公路设计阶段就应该详细勘察，避开危险区域；在施工阶段应注意保护环境。

③ 其他灾害类事件。

除恶劣天气事件、地质灾害事件外，影响高速公路运营的自然灾害类事件还包括水旱灾害、海洋灾害、生物灾害等。

(3) 社会安全类交通事件

清华大学薛澜教授将突发社会安全事件定义为重大刑事案件、涉外突发事件、恐怖袭击事件以及规模较大的群众性突发事件，将在高速公路或邻近区域发生的，影响高速公路正常运营的刑事案件、恐怖袭击事件、群体性事件、重大警卫活动、涉外交通事件等定义为社会安全类交通事件。这类事件不同程度地影响了高速公路交通的正常运行，处理不及时可能危及事发地点邻近区域居民的生命和财产安全以及社会稳定，是高速公路交通事件的一部分。

① 涉外交通事件。

在高速公路或邻近区域发生的具有涉外因素的交通事件，它具有涉外因素、突发性、社会危害性、影响较大等特点，处置此类事件既要遵守我国国内法的有关规定，同时也要遵守有关国际条约的规定。

② 治安类交通事件。

在高速公路或邻近区域发生或者有可能发生严重危害社会治安秩序的行为，如暴力犯罪事件、群体性事件、重大警卫活动等影响高速公路正常运营，必须对道路上的相关区域采取必要管制措施的紧急事件。

③ 其他突发公共事件。

发生在高速公路上的涉及公共安全的交通事件，主要包括涉及运送涉密物资、巨额有价票（币）、证券车辆、急救物资等车辆的紧急事件和重大警卫工作的事件，上述事件存在社会不安定因素，需要快速、稳妥地处置。

（4）常规交通事件

这里定义的常规交通事件是一种狭义的概念，指高速公路交通系统内部由于管理行为，人员行为，车辆、道路及设施故障等因素引发的影响公路正常运营的事件。这类事件起初不会造成人员伤亡、财产损失，对高速公路的最大影响是增加延误，降低通行能力，但是如果处理不及时、不恰当就是导致交通事故的主要原因。

常规交通事件泛指影响高速公路跨交通流正常运营的车辆抛锚、货物散落、交通拥挤与阻塞、临时停车、桥梁道路塌陷等事件。这类事件发生的直接原因可能是车辆故障、道路险情，究其深层次原因几乎都和管理失效有关。道路养护部门定期养护，及时发现问题，及早处理就可以避免道路结构异常；道路清障工作到位就可以及时消除路面行车障碍；公安交管部门做好秩序维护工作就可以避免不必要的交通拥挤和堵塞。综上所述，这类事件是可以通过加强管理、加大宣传，提高人们的安全行车意识，很大程度上予以避免的。

2. 基于事件影响范围分类

不同类别交通事件造成的人身伤害、经济损失、产生的负面影响一般是不同的，从紧急事件的性质和影响的范围看气象灾害事件和公共设施事故一般属于全局性事件，重大交通事故和群体性事件一般属于区域性事件。交通事件扩散的范围越广，影响程度越大，事件的危害程度往往越大。事件影响范围除与事件本身的性质有关外，还受事发区域的影响力、连锁效应等因素的影响。连锁效应指事件对高速公路网的波及程度，对于一些难以处置的异常交通事件，其影响往往会辐射到相邻线路或区域。全局性事件信息往往来自气象、指挥调度中心等外部组织，需要通过影响分析，判断影响程度，进而调用相应的预案，利用系统联动实现交通管理；区域性事件的信息多来自于交通事故报警服务台（122）或事件检测等报警方式，通过事件评估，调用相应预案，进而跟进出警方案，实现指挥调度的快速性和科学性。从交通影响方面考虑紧急事件分类，分析各类交通紧急事件对高速公路网的影响程度，有助于采取有效的处置策略，从事件的影响时间、影响范围等角度将其分为事发点交通事件（点）、局部性交通事件（线）、全局性交通事件（面）三类。

（1）事发点交通事件（点）

事发点交通事件（点）是指发生在高速公路局部路段，仅对事发点的交通造成影响，尚未产生大范围扩散或传播，或者不可能产生大范围扩散或传播，对整条线路及邻近线路影响较小，只需在事发地点上游采取局部管制措施即可处置的事件。

（2）局部性交通事件（线）

局部性交通事件（线）是指发生在某条高速公路的大部分路段，可能产生或已经产生较大范围的扩散或传播，所需处置时间较长，影响的车辆较多，威胁到整条高速公路的行车安全，需要对全线交通采取管制措施，在本条高速公路和周边线路发布诱导、限速等信息，在出入口、收费站实施限流或分流等区域性管制措施。

（3）全局性交通事件（面）

全局性交通事件（面）是指发生在路网内某一区域，已产生较大范围的扩散或传播，影响多条邻近线路的车辆通行，甚至引发区域性公路网交通瘫痪或社会稳定，需要在较大范围内进行路网的整体协调控制，疏导交通、调配物资，特殊情况下需要全社会援助。

3. 基于事件严重程度分类

按事件严重程度分类时，除考虑事件造成的人员伤亡、财产损失等指标外，还应结合事件持续时间等因素。事件持续时间对事件严重程度影响较大，一般来说，应急救援职能部门会抓紧时间处理事件，时间拖得越长，越不容易处理，造成的危害也会越大；其次，时间因素还包括了事件发生时刻的特殊性（指事件是否发生在某一特定和重大的时期），显而易见，重大公共活动期间的交通事件，严重程度明显大于其他时间发生的同类型事件。是否发生在交通流高峰期，也会对事件的危害程度产生一定影响。

发生在高速公路及其邻近区域的交通事件，按事件本身造成的人员伤亡、财产损失、现场环境的破坏情况以及现场是否具备通行条件、现场车流量大小、车流中车型分布情况、交通拥堵状况、现场的可通行能力、恢复通行所需的时间、应急救援力量配备情况等事件处置条件，划分为恶性交通事件、重特大交通事件、特大交通事件和重大交通事件四类。

（1）恶性交通事件

恶性交通事件是指道路中断48 h以上，造成车辆滞留严重影响相邻三个以上省（自治区、直辖市）高速公路通行的交通紧急事件或造成30人以上死亡的交通事故。

① 根据《重大气象灾害预警预案》，中国气象局发布"台风、暴雨、雪灾、大雾、沙尘暴、道路积冰"Ⅰ级预警或两个及其以上路网发达省份发布"台风、雪灾、道路积冰"Ⅰ级预警，可能导致多条国家干线公路交通中断或阻塞，处置、抢修时间预计在48 h以上，通行能力影响周边省份时。

②《国家突发环境事件应急预案》危险化学品（含剧毒品）运输泄漏Ⅰ级预警或应急响应、《国家地震应急预案》Ⅰ级应急响应发布，可能威胁高速公路、国道主干线和重要公路运输枢纽，需由部级主管部门进行协调时。

③ 高速公路、公路运输枢纽和道路交通运输发生特别重大或重大事故，可能导致国家干线公路交通毁坏、中断、阻塞或者大量车辆积压、旅客滞留，抢修、处置时间预计在48 h以上，通行能力影响周边省份时。

（2）重特大交通事件

重特大交通事件是指道路中断48 h以内，造成车辆滞留严重影响相邻两个以上省（自治区、直辖市）高速公路通行的交通紧急事件或造成10人以上29人以下死亡的交通事故。

①根据《重大气象灾害预警预案》，区域路网省级气象主管部门发布"台风、暴雨、雪灾、大雾、沙尘暴、道路积冰"Ⅰ级预警或"台风、雪灾、道路积冰"Ⅰ级预警，可能导致高速公路、国道、省道主干线严重毁坏、交通中断或阻塞，处置、抢修时间预计在48 h以内，通行能力影响三个以上地级市时。

②《国家突发环境事件应急预案》"因环境事件需疏散、转移群众"Ⅰ级和Ⅱ级预警或应急响应需由省级管理部门进行省际路网协调或紧急运力组织时。

③ 高速公路、公路运输枢纽和道路交通运输发生特别重大或重大事故。

可能导致国家干线公路交通毁坏、中断、阻塞或者大量车辆积压、旅客滞留，抢修、处置时间预计在 48 h 以内，通行能力影响三个以上地级市时。

（3）特大交通事件

特大交通事件是指道路交通中断 24 h 以内，造成车辆滞留影响省（自治区、直辖市）内两个以上地市辖区内高速公路通行的交通紧急事件或造成 5 人以上 9 人以下死亡的交通事故。

① 运载易燃、易爆、剧毒、易腐蚀、放射性等危险物品车辆发生交通事故，需由省级管理部门进行事件发生地省内路网协调或紧急运力组织时。

② 当预报（或实况出现）两个地市有暴雨、中雪、道路结冰、强沙尘暴，或预报（或实况出现）三个及以上（跨市）县有大雪、冰雹、能见度小于 50 m 的浓雾等严重灾害性、高影响性天气，可能造成高速公路和主要交通线路中断时，启动高速公路交通紧急事件二级应急预案。

③ 公路、公路枢纽和道路交通运输发生重大事故，可能导致高速公路，及邻近国道、省道主干线交通毁坏、中断、阻塞或者大量车辆积压、旅客滞留，抢修、处置时间预计在 24 h 以内，通行能力影响控制在一个省域范围内。

（4）重大交通事件

重大交通事件是指道路交通中断 12 h 以内，造成车辆滞留影响省（自治区、直辖市）内两个以上县市辖区高速公路通行的交通紧急事件或造成 5 人以下死亡的交通事故。

① 运载易燃、易爆、剧毒、易腐蚀、放射性等危险物品车辆发生交通事故，需由市级管理部门进行事件发生地相邻路网协调或紧急运力组织时。

② 当预报（或实况出现）两个地市有暴雨、中雪、道路结冰、强沙尘暴，或预报（或实况出现）两个及以上（跨市）县有大雪、冰雹、能见度小于 100 m 的浓雾等严重灾害性、高影响性天气，可能造成高速公路和主要交通线路中断时，启动高速公路交通紧急事件应急预案。

③ 公路、公路枢纽和道路交通运输发生重大事故，可能导致高速公路及邻近国道、省道主干线交通毁坏、中断、阻塞或者大量车辆积压、旅客滞留，抢修、处置时间预计在 12 h 以内，通行能力影响控制在一个市域范围内。

4. 基于事件处置需求分类

事件发生后，因事件性质、严重程度、影响范围等因素的差异，参与应急处置，职能部门、所需的救援力量和装备、处置权限（交警部门，路政部门拖车公司，消防部门，医疗救护，环境保护部门）等差别较大，从事件处置需求、应急处置操作角度考虑，将高速公路交通紧急事件划分为由发生地县级管理部门、发生地市级管理部门、发生地省级管理部门、国家相关部委处置的事件。

（1）发生地县级管理部门处置的事件

由事件发生地县级有关交通管理部门联合影响地相关部门启动响应应急预案，宣布进入应急状态，以发生地县级管理部门为主，成立高速公路交通应急管理挥部，指挥本地有关管理部门，协调被影响地开展交通应急管理工作。

（2）发生地市级管理部门处置的事件

需要由发生地市级有关管理部门联合被影响地相关部门启动响应应急预案，宣布进入应急状态，成立高速公路交通应急管理指挥部，指挥本地管理部门，协调被影响地开展交通应急管理工作。

（3）发生地省级管理部门处置的事件

事件造成车辆滞留影响省内相邻两个以上市辖区内高速公路通行，需要由省级管理部门出面协调，启动响应应急预案，以省级政府或机关为主成立高速公路交通应急管理指挥部，协调被影响地市有关部门开展交通应急管理工作。

（4）国家相关部委处置的事件

事件造成车辆滞留影响相邻三个以上省（自治区、直辖一市）高速公路通行的，需要由国务院或相关部委启动响应应急预案，宣布进入应急状态，成立高速公路交通应急管理指挥部，指导、协调所涉及地区有关部门开展交通应急管理工作，相关省成立相应领导机构，指导或指挥省（自治区、直辖市）内各级管理部门开展各项交通应急管理工作。

5. 基于事件成因分类

按交通紧急事件发生的原因，可分为责任事件和非责任事件两类。责任事件，指由于交通参与者自身的问题，如疏忽大意、疲劳驾驶、蓄意破坏等造成的异常交通事件；非责任事件，泛指由于车辆故障、道路原因、地质灾害等因素诱发的，对高速公路或邻近路网交通正常运行造成影响的难以预料或不可抗拒的异常交通事件。将高速公路交通紧急事件划分为责任事件与非责任事件两类，便于动员、组织有关人员进行先期控制和处置。

（1）责任事件

该类事件的划分标准是看导致某种高速公路交通紧急事件的直接原因是否有人为因素。人为因素，指车辆的驾驶人员、行人、乘车人员以及其他在道路上进行与交通有关的活动的人员违反交通管理法规、规章的行为。责任事件涵盖由超速行驶、酒后驾驶、无证驾驶、超载或超员、违章变道、违章超车、违章占道行驶、违章停车等行为过错而引发的交通事故。高速公路上发生的责任事件，还包括破坏分子蓄意损坏公路设施（如路面损坏）引发的事件，如抢劫掠货等社会损害等。2007年，全国高速公路交通事故主要原因中，超速行驶占9.46%，违章变道占2.97%，违章超车占1.22%，违章停车占1.27%，违章占道行驶占1.45%。

（2）非责任事件

该类事件泛指由车辆、道路两方面原因引发，包括由于车胎漏气、过热或者车辆燃油耗尽等，使得车辆临时停车而引起的延误；货物运输中发生的货物散落；突发性的桥梁道路坍塌；道路养护、修筑等引起的交通事件等。

① 车辆因素诱发交通事件。

该交通事件是指由于车辆操纵机构、制动机构、车辆设备存在缺陷（如缺少防火设备、限速装置，安全装置不全，车辆防灾能力不强等），轮胎产品的质量标准不高（暴胎、车胎漏气），机械故障（油管爆裂、电路故障、发动机故障、制动失灵、失火、突然熄火）等由车辆原因诱发的交通事件。我国统计资料表明，在高速公路交通事故中，因车辆故障引发的交通事故占22.5%,而常见车辆故障中发动机过热占35.5%,轮胎损伤占19.0%,电气故障占13.6%,燃料用尽占12.2%,发动机故障占9.7%,其他占10.2%。

② 道路因素诱发交通事件。

该交通事件是指由于道路通行条件不良（如视距不足、障碍物多）、道路结构差（如道路线形、坡度设计不当)、路面病害、安全设施缺乏(如道路沿线安全设施设置不完善或设置位置不当)原因诱发的交通事件。当道路通行状况发生改变时，相当于在原有的道路条件下又增加了一项影响交通的变量，导致可通行的车道数发生变化。道路缺陷直接导致交通事故的现象并不显著，大约占事故总数的10%，主要表现为高速公路的事故多发地段。根据多起特大交通事故的统计分析，这些事故多发地段通常为弯道处占47%左右，坡道处占42%左右，道路桥面处占11%左右。

5.1.3 高速公路事件对道路交通的影响

1. 导致交通拥挤和延误

高速公路事件是引起高速公路拥挤的主要原因。当高速公路上发生事件时，发生事件地点的通行能力就下降，如果它降到低于交通需求时，就产生了偶发性交通拥挤。偶发性交通拥挤所造成的损失要大于常发性拥挤。由于常发性拥挤的可预测性，驾驶员可以事先计划避免延误。然而，对于事件引起的延误，驾驶员却无法事先计划避免。因此，这种偶发性拥挤对于人员和货物运输方面的影响比常发性拥挤的影响更大。事件引发的拥挤必然会造成车辆延误。另外，驾驶员在驱车通过事件现场时，对事件处理活动的"引颈观望"也会产生延误。

2. 诱发二次事件

高速公路事件的影响不仅限于交通拥挤。高速公路事件很容易诱发二次事件，而且二次事件的影响范围和程度常较首发事件更加严重，对交通安全造成更大的危害。二次事件常常是由于高速行驶的车辆接近突然停下的车辆或慢速蠕动的拥挤排队车辆所造成的。当交通拥挤时，车辆停停走走，可以肯定汽车抛锚及一些小的事故会更多地出现，这样就增加了事件的数量，并且延长清除事件到恢复正常交通状况的时间。在高速公路上，进退两难的驾驶员，处理事故的警察和其他一些事件响应队员都处于危险境地。据调查，交通事故中人员伤亡等重大事故有很大的比例是由于高速公路上的行人和停在路肩上的车辆所引起的。

交通事件造成的影响大小与其持续时间紧密联系。随着交通量的增大，事件发生的频率越来越高，造成的影响越来越大。及时处理交通事件，消除交通拥堵，避免二次事故，对于保证高速公路安全和畅通具有重要意义。采取合理的事件管理策略来减少事件的持续时间可有效减少拥挤和防止二次事件的发生，事件管理策略将在第6章详述。

5.2 交通拥挤与事件自动检测

交通拥挤是指交通需求超过道路的交通容量时，超过部分的交通量滞留在道路上的交通现象。按照交通需求超过道路通行能力的原因，高速公路交通拥挤可分为常发性交通拥挤

（regular traffic jam）和偶发性交通拥挤（incidental traffic jam）。常发性交通拥挤是指交通需求大于道路上固定瓶颈处的通行能力时发生的交通拥挤现象，通常用来描述在某些特定位置和某些特定时间反复出现的交通拥挤；而偶发性交通拥挤是指交通需求大于道路上临时瓶颈处通行能力时产生的交通拥挤现象，用来描述由诸如事故、特殊天气等突发交通事件造成的道路实际通行能力下降而引起的交通拥挤。

5.2.1 偶发性拥挤与常发性拥挤的成因

1. 常发性交通拥挤的原因

出现常发性交通拥挤的原因主要是道路上存在固定的交通瓶颈（几何因素）和较大的交通需求（运行因素），具体表现形式包括以下五种情况：

（1）道路几何缺陷。车道减少、交织路段短、道路横断面窄、标志短缺、视线不良、互通式立交不标准等都是引起几何瓶颈的主要原因。当交通瓶颈上游的交通需求超过瓶颈处的通行能力时，就会产生交通拥挤，并在高速公路上游形成排队现象。

（2）高峰期的大交通流量。高速公路上交通流的变化存在时间上的差异，最典型的情况如上下班高峰时间交通量激增，很容易超过道路的通行能力，导致交通拥挤。

（3）不受限制的入口匝道。匝道上的车辆进入高速公路时，将产生增加通行能力的需求，在高速公路上很容易产生交通拥挤，并导致瓶颈路段上游车辆出现排队现象。这种情况还由于匝道车辆汇入高速公路时产生的干扰而进一步变得复杂。

（4）出口匝道排队。高速公路上的拥挤，有时是由于出口匝道上车辆排队引起的。当出口匝道上的需求超过了汇出区的通行能力，或超过了匝道下流的一个交叉路口通过交通的能力，或匝道本身缺乏存贮停车的能力时，最终导致排队一直排到高速公路上，引发交通拥挤。

（5）收费站收费。高速公路或其匝道上的拥挤经常是由车辆在收费站停下来缴费引起的。目前收费方式主要采取人工收费或半自动收费（例如磁卡收费），效率低。对于封闭式磁卡收费系统，其出口每车道通行能力只有 180～225 veh/h。由于收费车道数有数量限制，当交通需求大于收费站处的通行能力时，特别容易在收费站的入口形成排队，有时会排队几公里。因而，收费站是最容易出现常发性拥挤的地方之一。

2. 偶发性交通拥挤的原因

偶发性交通拥挤的原因是各种突发交通事件使得道路的通行能力低于当时的交通需求。引起偶发性拥挤的原因包括以下几种情况：

（1）交通事故。除了比较严重的碰撞、侧翻外，交通事故通常也包含车辆抛锚、驾驶员"引颈观望"、货物散落等随机发生的事件。事件影响的严重程度还与发生时段有关。例如对于诸如车辆在路肩上抛锚这样的暂时危险，在非高峰期条件下可能只引起轻微的延误，而同样的事件若发生在高峰期，当高速公路交通流量接近通行能力时，就可能引发严重的交通拥挤。

调查表明，交通事故对道路通行能力有显著的影响，在单方向三车道的高速公路上，车辆滑向路肩的一次事故能减少通行能力约33%，一个车道阻塞减少通行能力约50%，而二个车道阻塞则会减少通行能力大约79%。

（2）不利天气。恶劣的气象条件（如下雨、下雪、雾、强烈的阳光或其他）也会引起道路通行能力的下降。影响最大的是大雪，它会导致多条车道的长时间关闭。一般恶劣天气能够使道路的通行能力下降10%～20%或者更多。

（3）道路养护活动。对道路的路面及其附属设施进行的周期性养护是一种有计划、可预知的交通事件，这种活动也会在一定时期内造成道路通行能力的下降，特别是在需求高峰期。

5.2.2 拥挤检测的基本原理

这里从拥挤的计量参数、事件对交通流的影响、偶发性拥挤与常发性拥挤特性的差异等方面讨论拥挤检测的依据。

1. 计量参数

（1）交通量

度量交通系统性能的一种方法是在系统内一系列的位置上观察交通量如何在时间和空间上变化。这种图称为交通量等值图，它是描述交通系统性能的一种方法。当交通量超过了某一水平，例如，超过1 800 veh/h/车道就认为发生拥挤。然而，这种判断确实存在着很大的缺点，即没有指出交通拥挤和交通瓶颈地段的位置。另外，由于小于1 800 veh/h/车道的交通量既可能意味着交通流是非拥挤流，也可能是高速公路发生了交通拥挤。因此，我们推荐使用这种方法与其他服务水平度量相结合的办法，而不是单独使用。

（2）容量（通行能力）

容量定义为在通常条件下特定承担的最大交通量。用类似物理学动量定义，它是使交通量达到最大的交通密度与速度乘积。在对交通拥挤的研究中，重要的是了解任一行车道部分的容量，因此，容量是描述系统性能的重要指标（4.1对"道路通行能力"有定义）。

（3）交通需求

系统性能的另一个重要度量参数是交通需求，这也是由交通量度量参数推导出来的。但这个参数的导出是十分复杂的。对所研究的整个道路网进行交通需求与容量的比较便能鉴别出交通问题。应注意的是，交通拥挤存在的时间要比交通需求超过容量的时间要长。因此，这里所述重要的性能度量参数包括：出现交通需求超过容量的位置、出现时间的长短以及交通拥挤时间的长度。

（4）交通密度

交通密度是又一种可度量的量，它能很好地表明系统运行得如何。一般来说，交通密度小于25 veh/km/车道的交通流是可以接受的，其相应速度大概等于或大于64 km/h。当交通密度大于25 veh/km/车道，就会出现从繁密交通向拥挤过渡。一直到超过47 veh/km/车道，在交通瓶颈上游出现严重的拥挤为止。因此，密度为 25 veh/km/车道，可能是高速公路性能比较适应门限值，密度超过该值将出现拥挤的交通情况（停停走走）。该密度过渡值取决于高速公路几何因素，特别是坡度。

（5）占有率

同样，占有率也是一种常用的性能度量参数。经验表明，当用超声波检测器检测的占有率值上升到 15% ~ 25% 时，高速公路上的交通拥挤即将发生（对于环形线圈检测器，比较趋近于交通拥挤的占有率范围为 20% ~ 30%）。因此，占有率可能是高速公路性能比较适宜的计量参数。由于交通拥挤可能在小于最大交通量的情况下发生，所以，这可能使控制系统的占有率临界值变得不可靠。而在稳定交通流情况下，交通量和占有率之间线性关系的偏离也许就是发生拥挤的最好征兆状态。因而，只要选择一个合适的占有率低限值，占有率是一个很好的判断拥挤参数，它可表明瓶颈和交通拥挤发生的地点。

（6）速度

通过在系统内道路上的速度抽样，即能给出什么地方出现了问题的度量。例如，可在高速公路上许多点进行速度测量，其性能度量可能是指在时间和空间上都低于某一速度级（假定 64 km/h）的速度范围（注意，应该是在平均速度降到 64 km/h 以下的地段，而不是在单个速度降到 64 km/h 以下的地段）。

另一方面，如果测量行程时间，从有代表性的单个运行得到合适的性能度量大概是：在高速公路上每公里行程时间超过 0.93 min。在不拥挤系统中，如果已知在道路上行车的标准时间，那么行程时间也可用延误来表示。因此，可以通过系统内每辆车的延误多少来表示道路的拥挤程度。

由于交通量、车流速度和道路占有率可以直接测量，因而，拥挤检测系统主要用此三参数进行判断。应当指出的是，不同类型的高速公路（城市、城间、平原、山丘）、不同国家、不同地方参数门限值可能是不一样的。

2. 偶发性拥挤与常发性拥挤的特性差异

常发性拥挤是由于需求超过道路容量（超载）而产生的拥挤，从不拥挤到拥挤需要一个过程。因而拥挤前后的交通流三参数（交通量、速度、道路占有率）的变化是连续的；而偶发性拥挤是由于事件造成道路容量暂时下降而引起的拥挤。因而，反映拥挤前后交通流三参数的变化呈不连续状态，并且前后的差值随事件的严重性而增大。

根据以上理论，可以判别出交通拥挤的类型，即如果检测到道路上交通拥挤前后的交通流三参数变化值在一定限域内，则可以认为该交通拥挤为常发性交通拥挤；而当变化值超过了一定的限域，则说明路上的交通呈不连续的变化，此时可认为发生了偶发性拥挤。

此外，如果路段交通量不大的情况下发生拥挤，而此时检测到的参数值变化又在一定限域内，则可判断该交通拥挤为偶发性拥挤而非常发性拥挤，因为，常发性拥挤多半发生在路上交通量达到或接近通行能力的时候。

由于常发性交通拥挤可以预测，而偶发性交通拥挤不可以预测，因而在交通拥挤判别中偶发性交通拥挤的判别更显得重要些。

偶发性拥挤需要通过事件检测来判断，事件检测技术可分为非自动检测技术和自动检测技术（Automatic Incident Detection，AID）。道路使用者使用紧急电话亭、公路巡逻队、电视监视等属于非自动检测技术，它要求当时当地有目击者。而基于交通流参数变化来检测交通事件的自动检测技术可以不需现场目击者，全天候、全程地发挥作用，展示出巨大的潜力，并成为智能交通系统研究的一项非常重要的内容，是交通事件检测研究的主要方向。

偶发性拥挤多为交通事件造成道路容量暂时下降而引起。当下游塞车时，拥挤会沿与行车方向相反的方向传播，当发生一般性拥挤时，拥挤点会以一定的速度向上游发生移动。偶发性拥挤过程中，交通流参数的变化呈台阶式。拥挤发生后，事件所处链路下游站的车辆占有率减小，上游则上升。由于偶发性拥挤的交通状况依赖于多种因素，如事件持续时间、阻塞车道数量和当时的交通量，因此其特性研究比较复杂。

3. 事件发生时对交通流的影响

交通异常事件导致道路上交通流的变化，可以通过实时检测道路上不同位置的交通流参数变化值加以识别。所以，交通异常事件自动检测不是直接检测异常事件本身，而是发现异常事件所引起的交通流特征变化。图 5-1 以图解形式给出高速公路上事件对交通流的理论上影响。

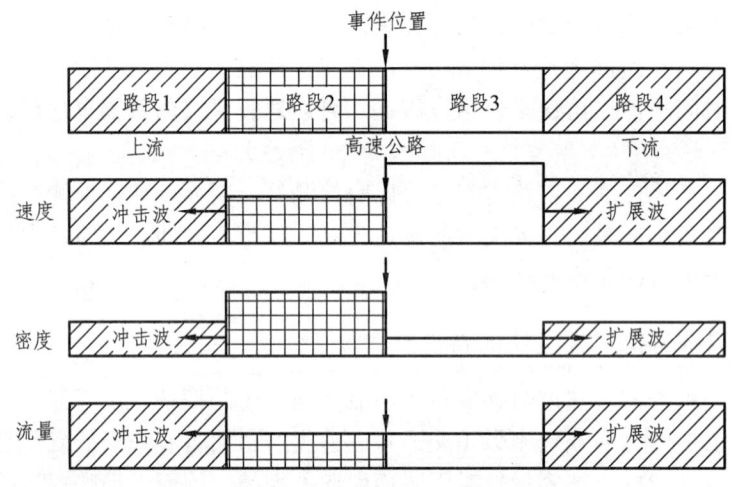

图 5-1　事件理论上对交通流的影响

如图 5-2 所示，在一个事件的附近出现 4 个不同的交通流区域。区域 1 和区域 4 中的交通流不受事件的影响，保持正常情况。区域 2 紧靠事件的上流，这里的交通流变得拥挤，表现为速度低于正常值而密度高于正常值。区域 3 紧靠事件的下流，交通流变得疏散，这是因为它的交通流量等于事件引起的瓶颈的通行能力，它低于区域 3 中高速公路原有的通过能力。因此，在这里速度高于正常值而密度低于正常值。

区域 1 和区域 2 之间的分界线向上移动，上游形成冲击波，而区域 3 和区域 4 的分界线向下游移动，下游形成扩展波。冲击波的移动速度取决于正常交通流的流量和事件的严重性、横向位置、环境与几何条件。

大多数高速公路事件检测方法均涉及确定某些交通流参量的变化（例如：交通量、速度、占有率、动能或者它们的各种组合）。可以认为，这些变化是由于发生事件引起的，或者和事件有关系。如果证实检测到的交通参量相对于时间或空间的变化大于预定的门限值时，就表示发生了事件。

交通流的时间与空间变化是通过在道路上等间距或不等间距埋设检测器，每隔一定时间间隔对交通参数进行采样完成的。究竟采用哪个或哪几个变量作为拥挤判断的交通参数，应从多方面去考虑。作为交通事件检测算法的参数，采用一个变量作为交通参数经济，但可靠性较差，例如，数据遗失或失真，不同的变量在反应交通流变化时的能力是不同的，因此，应对交通变量对交通流变化的敏感性进行分析。

可以证明，在事件发生时，速度参数在反映交通流变化上最敏感，交通量次之，占有率最为不敏感。因此，当监控系统配有 CCTV 时，可选择速度参数，或以速度参数为主，占有率和交通量为辅助参数，以便提高事件的检测率。否则，应以系统的可靠性为主，选择占有率为检测参数，或采用多参数来进行事件检测。不同的交通参数根据其敏感性，赋予不同的权值，进行综合评判。

5.2.3 交通拥挤的自动检测

交通拥挤的自动检测方法有许多，可用车辆检测器计算出的速度、占有率、交通量来判断是否拥挤；或者用车辆检测器获得脉冲宽度（同样的车，速度越快，检测脉冲宽度越窄）来判断是否拥挤；也可以基于图像处理的方法，处理来自于摄像机的视频图像来判断是否拥挤。

1. 基于区间平均速度的拥挤检测

该方法是把高速公路分成若干个区间，分别计算每个区间的平均速度，如果此区域的平均速度低于某个值就认为发生了拥挤，否则交通流为正常。例如，日本首都高速公路拥挤自动检测系统，它把高速公路分成若干个 900 m 长的标准区间，每个区间设置 6 组车辆检测器（间隔 150 m），每 30 s 采样一次各检测器的速度值，然后在 30 s 内完成各个区间的平均速度的计算，以及根据此值进行拥挤区间判断，并把计算结果送到驾驶员信息装置上，为驾驶员提供前 1 min 的实时交通信息。该系统能有效防止交通拥挤现象的延伸，可实现快速疏导路段拥挤交通。

2. 基于占有率的拥挤检测算法

占有率可能是高速公路性能比较适宜的计量参数。由于交通拥挤可能在小于最大交通量的情况下发生，所以，这可能使控制系统的占有率临界值变得不可靠。而在稳定交通流情况下，交通量和占有率之间线性关系的偏离也许就是发生拥挤的最好征兆状态。利用交通流量与占有率关系曲线，可很好地进行拥挤判断，在此我们给出一个具体实现的例子。

首先，我们根据交通调查确定出流量与占有率的关系图，并把图分成：检测器数据异常区、交通正常区和拥挤区三个区间。如图 5-2 所示，图中 $F_1F_2F_3$ 为检测器异常基准线，除非检测器异常，数据不可能位于其区域之外。无异常数据，如占有率数据超越基准线 C_1 或 C_2 即可判为拥挤。其中 C_1 是表示交通流量与占有率的线性关系，这是因为在非拥挤交通流区域，车流具有稳定的空间平均速度（且较高）。C_2 是临界占有率区域，但 A 区是车间距较密的稳定车流，不应判为拥挤。C_1 和 C_2 具体的阀值随道路线型、坡度、检测器安装的车道与出入口的相对位置等情况而改变，可根据实际情况标定。

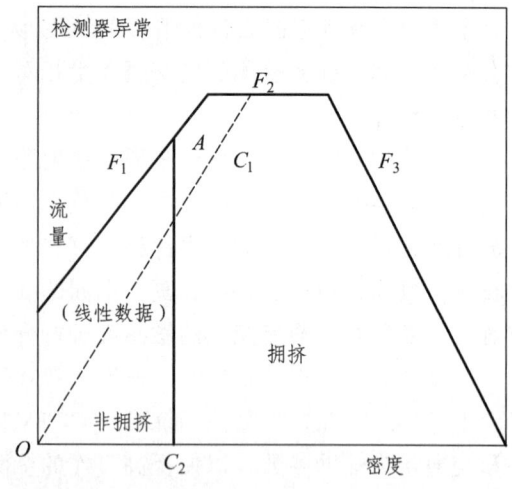

图 5-2　基于交通流量与占有率关系的拥挤判断

3. 基于检测器的脉冲数据的拥挤检测算法

我们知道，车辆检测器的传感器输出的是含有丰富信息的一系列不同宽度和间隙的脉冲，而车辆检测器输出的是对一定时间间隔内的这些数据进行处理后的平均速度、平均车长、占有率、流量等值，这样势必丢失了不少检测到的信息，带来误差。另外，数据汇总和计算也需求时间。如果能直接使用这些脉冲进行拥挤判断，可望达到更高的检测精度和更短的检测时间。下面给出一种利用交通流微观特性进行拥挤检测的算法。

交通运行状态和车辆检测器传感器输出的脉冲宽度是密切相关的。当运行处于自由流时，车流速度快，车辆经过检测器区域时间短，脉冲宽度窄；当运行处于拥挤状态时，车流密度大，车速慢，车辆经过检测器区域时间长，也就是说脉冲宽度能较好地描述车流的速度快慢。但车辆长度同样也会影响脉冲宽度。如果能剔除大车的脉冲，只留下小车的脉冲，那么脉冲宽度就能够很好地反映车流的速度大小了。

这种检测方法在国外有所应用。例如日本东名高速公路每 2 km 设置一组速度传感器，速度型传感器由两个相隔 5.5 m 环形线圈感应头组成，一个环形线圈检测器长度大约为 1.5 m，利用它可进行测速和车辆长度的分类。速度的测量原理是用两个传感头的距离除以两个传感头的脉冲间隔长度获得的，而大车（一般长度超过 6 m）的识别依据是如果第二个感应头输出脉冲时，第一个感应头的脉冲还未消失，即车辆能骑在两个感应头上，为大车。

5.2.4　交通事件自动检测算法介绍

交通事件自动检测（Automatic Incident Detection，AID）系统也称交通异常自动检测系统，是通过计算机对来自各种交通检测器的数据进行复杂的算法处理来完成的，来自检测系统的输入数据经算法检验后，便可判定是否有交通事件发生。一般而言，交通事件自动检测系统设计的目的并非要替代交通中心操作人员，但它可以提醒操作人员注意那些与某交通事件模式相似的交通模式，实际还是要通过闭路电视或现场考察来证实。

事件检测系统自 20 世纪 60 年代发展起来以后，形成了各种各样的检测方法和技术，如图 5-3 所示。随着电子技术、通信技术以及计算机技术的飞速发展以及智能交通的逐步实施，间接检测方法以其低成本、全天候等优势成为了当今检测系统所采用的最主要的方法。

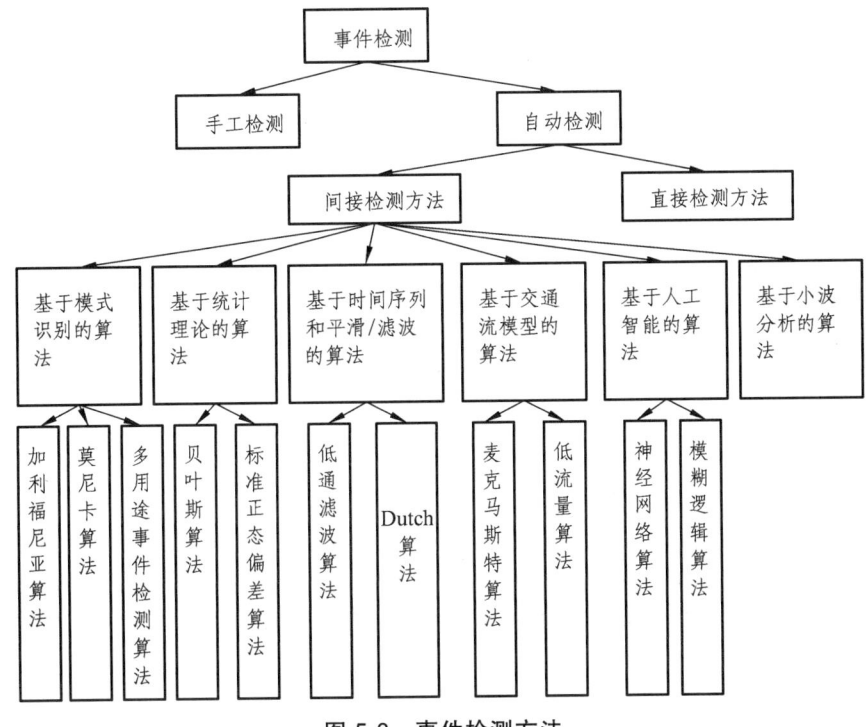

图 5-3　事件检测方法

良好的事件检测算法应该是快和准的算法，主要的衡量指标有三个，即测出率、误报率和平均测算时间。测出率越高越好，误报率越小越好，平均测算时间越短越好。

测出率是指在某段特定的时间内，检测出的事件占导致通行能力下降的总事件的百分比，用公式表示为：

$$C_r = \frac{E_p}{E_f} \times 100\% \tag{5-1}$$

式中　C_r——事件检测率；

　　　E_p——实际测出事件数；

　　　E_f——实际发生事件数。

误报率是指在某段特定时间内，误报的事件信息占总事件信息的百分比，用公式表示为：

$$C_e = \frac{A_e}{A_t} \times 100\% \tag{5-2}$$

式中　C_e——事件检测误报率；

　　　A_e——事件检测误报次数；

　　　A_t——事件检测报警次数。

平均测算时间是指在一定时间内，对所有的事件而言，事件实际发生与事件被检测到的时间之间的平均延误，用公式表示为：

$$T_a = \frac{1}{N}\sum_{i}^{N}T_i \tag{5-3}$$

式中　T_a——平均测算时间；
　　　T_i——第 i 次事件的测算时间；
　　　N——事件测算次数。

通过上述三个指标，可以对事件检测算法进行评估。但在不同的情况下，对各指标的要求是不同的，如对于交通事故，要求测算时间，短测出率高；对于拥挤事件，要求误报率低，测算时间一般等。

目前应用的各种事件自动检测算法，除直接检测方法——视频检测法外，大致可分为基于模式识别的算法（或称比较算法）、基于统计技术的算法、基于交通流模型的算法、基于人工智能的算法和基于小波理论的算法。

1. 基于模式识别的算法

模式识别方法的检测原理是依靠识别正常条件下交通的不正常模式变化机理，即发生一个交通事件，将引起上游环形线圈占有率水平的提高，同时下游占有率水平的降低。该算法当量测值超过阈值时，即触发报警系统，难点在于阈值界线难于确定。典型算法主要有加利福尼亚法算法（California）算法、莫尼卡（Monica）算法。

（1）加利福尼亚算法

加利福尼亚算法由美国加利福尼亚州运输部开发于 20 世纪 60 年代晚期，并得到了广泛承认和应用，一般为评价新算法的参考。该算法属双截面算法。所谓双截面法是指根据两个相邻检测面的监视信息进行事件检测。它基于事件发生时上游截面占有率将增加，下游检测截面占有率将减少这一事实。用一分钟平均占有率来分别同时衡量上下游占有率的差值和相对差值以及下游处前后 2 min 内占有率相对差值是否超出相应的阈值，判断事件是否发生，条件如下：

$$OCCDF = OCC(i,t) - OCC(i+1,t) \geqslant K_1 \tag{5-4}$$

$$OCCRDF = \frac{OCC(i,t) - OCC(i+1,t)}{OCC(i,t)} \geqslant K_2 \tag{5-5}$$

$$DOCCTD = \frac{OCC(i+1,t-2) - OCC(i+1,t)}{OCC(i+1,t-2)} \geqslant K_3 \tag{5-6}$$

式中　$OCCDF$——上下游占有率差值；
　　　$OCCRDF$——上下游占有率的相对差值；
　　　$DOCCTD$——下游检测站前后 2 min 占有率相对差值；
　　　i——上游检测站；
　　　$i+1$——相邻的下游检测站；
　　　K_1, K_2, K_3——分别表示相应的阈值。

若以上三个条件都满足，则判断有事件发生。该算法所用到的阈值是根据路段特点及一天中的时间（高峰时间及其他时间）适当选取。当然，阈值的选择与检测效果息息相关。

此后在加利福尼亚算法基础上，涌现了一系列经过改进的算法，例如由 Payne.H.J 验证的一种改进算法（称为加州#7）取得了很好的效果。加州#7 与加利福尼亚算法类似，但它采用了下游占有率这一判别条件，而没有采用下游处前后 2 min 内占有率相对差值作为判别条件。该算法不仅能检测出事件是否发生，还能够检测出事件的状态，即事件分为五个状态：无事件、事件结束、临时事件、事件发生、事件结束。

Cohen 和 Ketselidou 提出了加州#8 算法：这是改进的加州算法中最复杂的一个，同时也是性能最好的一个。这种算法提供了一个对压缩波反复的检测。这些波导致了上游交通移动的减速，并且可能在大交通量下产生交通瞬间的中断。通过分析数据，压缩波可以被检测到并且在上游推迟 5 min 报警。这种算法把交通数据分成 9 种不同的状态，并且需要 5 种不同的阈值来进行校准。

（2）莫尼卡（Monica）算法

莫尼卡算法是 1991 年开发的，它是基于连续车辆间车头距的测量值和变动值，以及连续车辆间的速度差值来进行事件判定。受到干扰时这些参数发生很大的变化，如果超过了预先设定的门限值，算法将触发事件报警。莫尼卡算法与车道数以及其他部分的交通行为无关，但是它要求其环线线圈的设置距离很远（一般为 500~600 m）。

（3）多用途事件检测（APID）算法

APID 算法将加州算法的主要因素结合到 1 个单一的结构中，APID 系统包括以下几个部分：在繁重交通状况下运行的普通算法；低流量算法；中等流量算法和 1 个事件结束程序；对压缩波的测试和持续性的测试。联机测试表明 APID 系统在繁重交通状况下运行效率最好，而在低流量时性能较差。此类算法中还包括加州大学的 Berkeley 算法以及模式识别算法，在此就不对其进行详细描述。

2. 基于统计理论的算法

基于统计理论的算法是基于这样一种假设：交通流模型和交通特征满足统计学原理。这种算法应用标准的统计技术来判定观测到的检测数据是否与估计值或预计值之间存在很大的差别。下面，就能够引起交通流显著变化的交通事件的识别问题进行讨论。

设第 i 路段（$i \in N$，N 为路网中单向路段数）在第 k 个时段（$k \in K$，K 为每天取样周期总数）出口的交通流量实测值为 $Q_i(k)$，而在第 $k-1$ 时段产生的流量预测值为 $PQ_i(k)$，则有相对误差 $E_i(k)$：

$$E_i(k) = \frac{|Q_i(k) - PQ_i(k)|}{Q_i(k)} \tag{5-7}$$

在正常状态下，网络交通流的变化是一个平稳的随机过程，此时的相对误差序列 $E_i(k)$ 将遵循特定的统计规律或其幅位在某一区间内变化。若在 $(k-1, k)$ 区间内，路段 i 内有显著影响交通流的事件发生，由于 $Q_i(k)$ 的反常变化会导致 $E_i(k)$ 的反常变化。因此，当

$$E_i(k) \leqslant \varepsilon$$

成立时，则认为交通网络系统运行正常，路段 i 内没有影响交通流的事件发生。否则，认为有事件发生。其中，ε 为预先设定的事故检测阈值。在通常情况下，当 $Q_i(k) \to 0$ 时，表明路段 i 内的流量检测器或信息传输线路出现故障而使得流量实测值失真。当 $Q_i(k)$ 显著小于 $PQ_i(k)$ 但远大于 0 时，可认定由于交通事件使得路段 i 内的流出量减少。

基于统计理论的算法主要包括：贝叶斯算法、标准正常偏差算法、非参数回归算法、变点统计算法、卡尔曼滤波算法和指数平滑算法等。

（1）贝叶斯算法

这种算法应用贝叶斯统计理论来计算下游车道阻塞而引起的事件报警的概率。算法使用路段容量减少的频率来计算事件概率。此算法像加州算法一样使用相邻环形线圈的占有率的差值，其不同之处在于它是计算由事件引起的占有率的变化次数与总的占有率变化次数的比值。在实行此算法时需要 3 个数据库：事件状态期间的交通占有率和流量、正常状态下的占有率和流量以及关于事件类型、位置和影响的数据。

（2）标准正态偏差（SND）算法

该方法在检测到拥挤后，用时刻 t 前 n 个采样交通变量值（交通量或占有率）的算术平均值来预测时刻 t 的交通变量值，用标准正常偏差来度量交通变量相对于以前的时间间隔中检测到的平均趋势的改变程度，当它超过门限值时，则认为发生事件。这种预测方法简单，但看不出变化趋势，误差很大。

3. 时间序列和平滑/滤波算法

在原始测量数据中含有较多的噪声，如果直接应用将导致较高的误报率，而且通常难以准确地分辨常发性拥挤和偶发性拥挤。此类算法通过分析或平滑原始数据，去除短期的交通干扰如随机波动、交通脉冲和压缩波，然后将处理过的数据与预定的门限值进行比较。

（1）低通滤波算法

低通滤波算法的关键是对原始数据做低通滤波处理，并在此基础上判断是否存在拥挤，以及拥挤是否是由事件引起。此算法设 t 时刻在上下游两检测站的占有率之差为 $x(t)$。事件对交通流的作用是比较突然的，不同于常发性拥挤，所以当检测到 t 之后 M 分钟内 $x(t)$ 的平均值和 t 之前 N 分钟内的 $x(t)$ 的平均值之间有较大差异时，可以断定事件的发生。

（2）Dutch 算法

与 Monica 算法相似，此算法仅分析高速公路单个路段的数据，而与上游或下游的状态无关。它应用指数平滑滤波器检测平均滤波速度，当测量值超过了预定门限值时，算法触发报警。

4. 基于交通流模型的算法

这类算法使用复杂的交通流理论描述和预测有事件发生和无事件发生的交通行为，将实测的交通流参数与预测的交通流参数进行比较。这类算法主要有麦克马斯特（McMaster）算法和低流量算法。

（1）麦克马斯特（McMaster）算法

McMaster 算法是在一个高速公路交通状态突变理论模型的基础上开发出来的。突变理论即当其他变量表现为平滑的连续变化时，关键变量表现突然的跳跃变化。该算法不仅能识别拥挤，而且能确定拥挤原因（常发性或偶发性）。

McMaster 算法判断拥挤的依据是高速公路路段在拥挤时车流速度降低、道路占有率增加以及有"拥挤"车流的存在。该算法区分交通拥挤与非拥挤状态是以图中的曲线为界，该曲线代表了正常（拥挤）区域的下限，一旦路上检测器得到的数据在该曲线之上时判为非拥挤状态，低于该曲线状态则为拥挤状态。

一旦我们检测到交通流处于拥挤状态时，就需进行拥挤种类判断。偶发性拥挤前后的交通流三参数（交通量、车流速度、道路占有率）的变化是不连续的，而且前后的差值随着事件的严重性而增大。另外，如果在路段交通量不大的情况下发生了交通拥挤，而且此时检测到的参数变化值在一定限域内，则该拥挤为偶发性拥挤而非常发性拥挤。当事件发生时，速度参数在反映交通流变化时最为敏感，因而在拥挤类型判别中，该算法首先选取交通流三参数中车速进行判别。

（2）低流量算法

大多数现存的算法当将其运用在低流量的状态下时存在着一些问题，因为它们进行交通监控主要是为了表明一个事件状态，如交通流的不连续性、车队或堵塞。低流量算法是分析高速公路路段单个车辆的速度输入-输出值，在其速度和实际进入时间的基础上，算法预测进入车辆的离开时间（假设在测量路段速度恒定）；根据计划的和实际的输出时间，车辆被分成 3 个类别：出口数少于计划数（显示事件）、出口数等于计划数（没有事件）、出口数多于计划数（未知状态）。

5. 基于人工智能的算法

人工智能是交通事故检测算法的最新进展。通过两种方法即准则为基础的算法和学习鉴别的智能方法来检测事故，神经网络算法和模糊逻辑算法是两个主要的应用。

（1）神经网络算法

神经网络算法通过模拟人脑的思维过程，进行并行处理获得最终结果。交通事件检测方面所应用到的神经网络类型主要有：多层感知器（MLP）网络模型、概率神经网络（PNN）模型和模糊神经网络（FNN）模型。模糊神经网络（FNN）是将模糊逻辑与神经网络相结合，使用神经网络的结构实现模糊逻辑系统的一种方式。

（2）模糊逻辑算法

模糊逻辑算法不会给出有或者没有事故的明确信号，它只会指出事故的可能性。当数据遗失或者不完整时，可以用该算法来粗略推理。这种算法可以作为加利福尼亚算法的一种补充。模糊逻辑算法需要广泛地测量以便定义出逻辑临界状态。该算法还需要进行大量的研究工作以便完善发展并进行应用验证。

6. 基于小波分析的算法

小波分析在处理突变信号方面有着突出的表现，有着很好的时频特性局部特性。而公路交通流具有很大的惯性，除非发生交通事件，否则交通流不会发生突然的变化。基于小波分析的事件检测算法就是将交通流的突变信息，经小波变换提取出来，根据判断逻辑得出是否有交通事件发生的结论。

5.3 事件引起的延误

一旦我们检测到事件的发生，并确定其性质后，估计事件可能引起的延误的大小是必须的。如果延误的大小在允许范围，则不需采用补救措施，如果事件引起的延误增加到可能超过允许范围，我们必须做出事件响应计划，并估计该计划是否能使高速公路上的驾驶员的延误达到最小。过小或过大的响应都对减少事件的影响不利。这种由事件所引起的延误估计是我们确定事件响应计划的关键因素。

本节将给出计算事件引起的总延误（辆小时）、事件发生至交通流恢复正常所需时间、最大排队车辆数和最大排队长度等拥挤度量参数的方法以及影响这些参数大小的因素，最后给出事件管理中不同改进措施对减少延误的影响。

5.3.1 引起延误的事件分类

对于高速公路事件的分类在本章第一节已作详述。在欧美一些发达国家，高速公路发展较早，在运营管理过程中逐渐探索出一些较为成熟且实用的事件分类方法。为了确定事件发生的类型，以便采取有效的补救措施，减小事件带来的影响，对引起延误的事件，通常按以下六个方面来分类：

（1）在道路上发生事件的位置；
（2）排除事件所需援助的程度；
（3）事件的类型；
（4）事件影响的车道数；
（5）车辆损坏的原因；
（6）机械故障的性质。

一般将发生在车道上，而几乎立即被移到路肩上的事件看成是"路肩事件"。通常路肩上的事件对延误并不产生显著影响。

这种分类方法可用事件"树"来表示（见图 5-4）。采用事件"树"的目的是：制定一套经验的事件数据表格，为分析提供方便；在缺乏对于某一特定道路设施详细资料时，可对事件类型分布做出估计。

图 5-4 和图 5-5 均为典型的事件分布"树"。图 5-4 中的各项系数是根据美国许多闭路电视监视站收集的事件数据计算出的，图 5-5 是根据美国底特律监视站收集到的数据进行计算得出的无路肩事件"树"系数。

美国货运协会（American Trucking Associatin）与剑桥系统公司（Cambridge Systematics）结合早先对高速公路事件相似分类描述的研究结果，根据道路事件类型、严重程度和处理持续时间来研究事件的分类。研究发现事件多数与路肩不能动的车辆有关，其他事件对高速公路道路通行能力的影响较小。1997年发布的剑桥报告列表显示，各种不同类型的高速公路事件对道路的影响度各有不同，如图 5-6 所示。

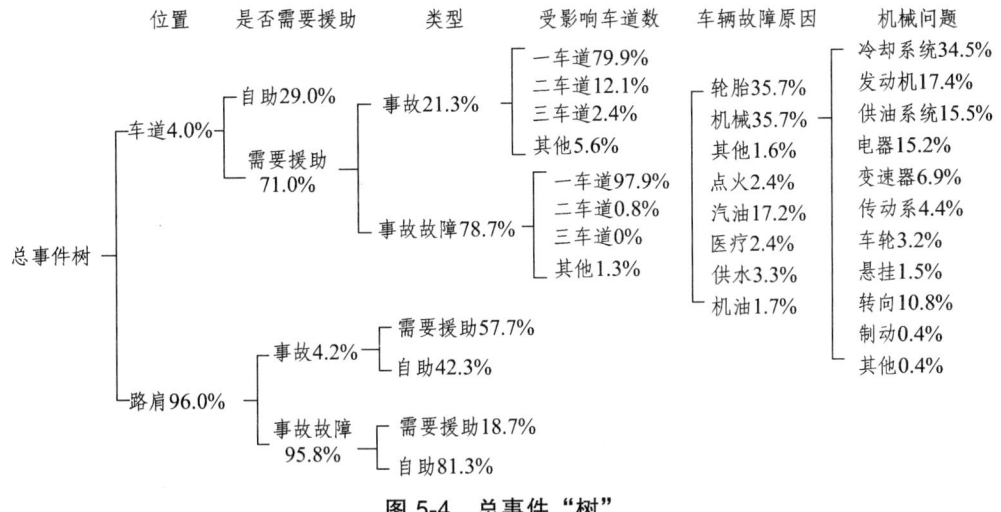

图 5-4 总事件"树"

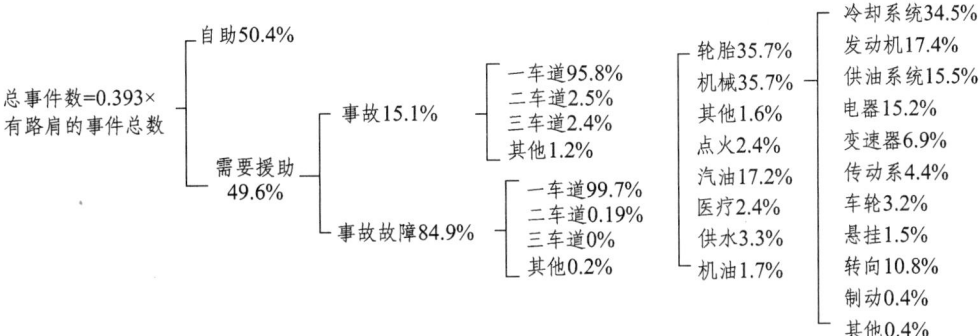

图 5-5 无路肩道路的事件"树"

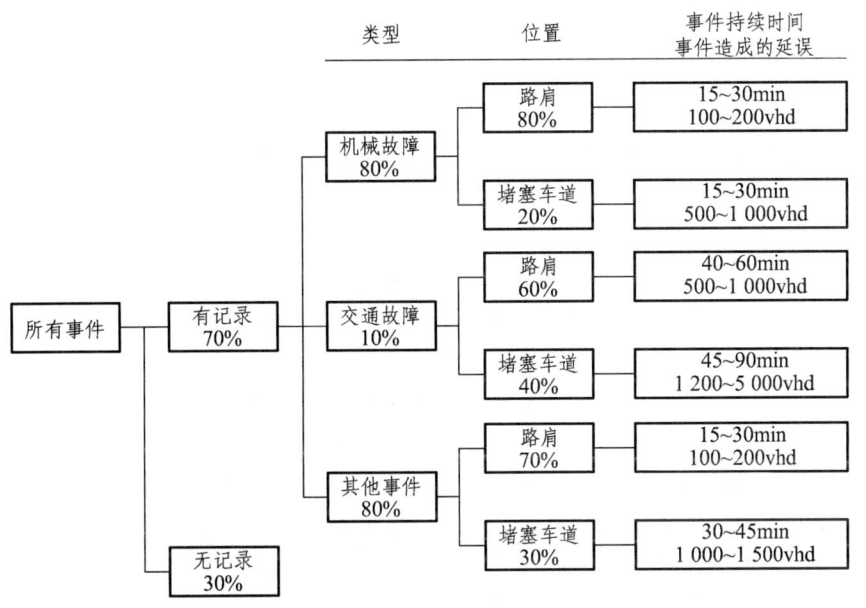

图 5-6 不同类型事件所占比例与影响程度

尽管不同高速公路上事件分布统计结果与上述事件"树"的系数不尽相同，但仍十分明显地表明，交通事故占事件总数的比例很小，需要更换轮胎，加油或机械修理的路旁服务通常在驾驶员救援指标总数占大部分。经验表明，抛锚车辆有一半以上的驾驶员可自行修理，然后将车开走。

5.3.2 事件发生频率

高速公路上的事件发生频率主要取决于交通量及道路特性（如车道数、长度、有无路肩等），这两个因素是随时间和位置变化而变化的。为了精确地估算年总延误量，应对高速公路逐段分类、估算。高速公路两互通式立交桥之间的道路应按不同道路特性进行分段估算，有时还应按管辖责任的不同对路段做进一步细分。利用标准表格记录每个路段的交通量和道路特性，包括识别路段和设立路段界标等资料一起列入表中。此外，还应按时段和方向对逐段的交通量进行测量或估算。

一旦路段按交通量和道路特性的变化进行了分类，每个路段的年事件数即可按下列关系式进行估算：

$$A_T = Rq_e T_e D_e L \tag{5-8}$$

式中　A_T——年事件数（次）；
　　　T_e——估算周期长度（h）；
　　　R——事件率（百万车·km）；
　　　D_e——估算天数（天）；
　　　q_e——估算周期交通量（辆/h）；
　　　L——单向路段长度（km）。

通常事件率假定为：有路肩路段的为 124.3 次/（百万车·km）；无路肩路段的为 48.9 次/（百万车·km）。若有详细数据和经验，则应根据实际情况计算出准确的事件率。对估算期间交通量为未知的路段，交通量可采用年平均日交通量 AADT，按《美国道路路通行能力手册》（Highway Capacity Manual，HCM）计算。高峰时段常选取 2 h 作为估算周期，并选用的估算天数为 250 天。一旦估算出某特定路段在某特定时间内的年事件数，即将总事件数按图 5-5 或图 5-6 所示各种事件类型（分别按有路肩和无路肩两种情况）进行分配，以获得预期可能发生的事件类型和数量的全貌，从而做出对事件管理系统的客观评价，设计出有效的事件管理方案来减轻事件对交通流的影响。

下面举一个例子来说明事件发生次数估算方法。

【例 5-1】 一个长度为 16.09 km 的六车道高速公路（有路肩），高峰小时定向流量为 5 000 辆/h，每一方向高峰小时持续时间为 2 h，试估算年事件总数，年需响应的路肩事故次数和年阻塞一条车道的事件次数（即单车道事故和单车道车辆故障）。

解：根据以上假设取有路肩路段的事件率、高峰时段选取的估算周期及估算天数：

　　　$R = 124.3$ 次/（百万车·km）
　　　$T_e = 2$ h
　　　$D_e = 250$ 天

由已知 D_e = 16.09 km，q_e = 5 000 辆/h，根据公式（5-8）得：

年事件总数　$A_T = Rq_eT_eD_eL$ = 124.3 × 5 000 × 2 × 250 × 16.09 × 2 = 10 000（次/年）

根据图 5-4 事件"树"，年需响应的路肩事故次数为：

$$10\ 000 × 0.96 × 0.042 × 0.57 = 233（次/年）$$

年阻塞一条车道的事件次数为：

$$10\ 000 × [0.04 × 0.711 × （0.213 × 0.799 + 0.787 × 0.979）] = 267（次/年）$$

从上面的估算结果可以看出，这条高速公路在交通高峰期，每 1.609 km 每小时发生一次事件；每天都约发生一次单车道堵塞，一次交通事故。因而对于一条繁忙的高速公路，其事件发生的频率是很高的。

精确估算年总事件数对鉴别高速公路事件问题的严重程度是很重要的，它是我们制定事件管理目标的依据。

5.3.3　事件引起的延误计算

任何阻塞高速公路车道的事件都会引起延误，因而在给定的时段内能通过阻塞地段的车辆数减少了，即使是被转移到路肩上的事件，也由于驾驶员的放慢速度引颈向外观看，交通流量显著降低，从而增加延误时间。故对延误计算必须考虑交通量的减少及减少的持续时间。图 5-7 中横轴表示与事件有关的某一事件的发生时间以及测定事件影响交通流的整个持续时间，纵轴表示累计交通量或在特定时段内通过高速公路某断面的车辆总和，L_1 代表交通需求流量（使用高速公路的车辆总数）直线，事件发生在 A 时刻后，因车道阻塞导致交通流量降到 L_1 以下的直线 L_2，直到事件排除时刻 B 为止，这时排队的车辆以接近通行能力的离去率直线 L_3 驶出。当达到时刻 C 时，排队的最后一辆车恢复到正常车速，于是交通量回到交通需求流量，事件影响消失。我们把从 A 到 B 点的时间称为事件持续时间。图中直线 L_1、L_2、L_3 所围成阴影图形的面积即因事件引起的总延误量（辆/h）。

驶离通行能力或者驶离排队车辆的流量通常小于稳定流时的通行能力。对高速公路排队驶离率的多次观测，都是从低至 1 500 辆小客车/h/车道到高至 2 000 辆小客车/h/车道的范围。局部的驾驶特性对该结果有较大的影响，其影响的幅度从显著减少通行能力 25%（与 2 000 辆小客车/h/车道相比）到实际上没有减少。

1. 事件引起延误的组成部分及其影响因素

从图 5-7 中可以看出，由事件引起的延误由下列几部分时间组成：
① 检测时间（DT）；
② 反应时间（RT）；
③ 排除时间（LT）；
④ 离去时间（GT）。

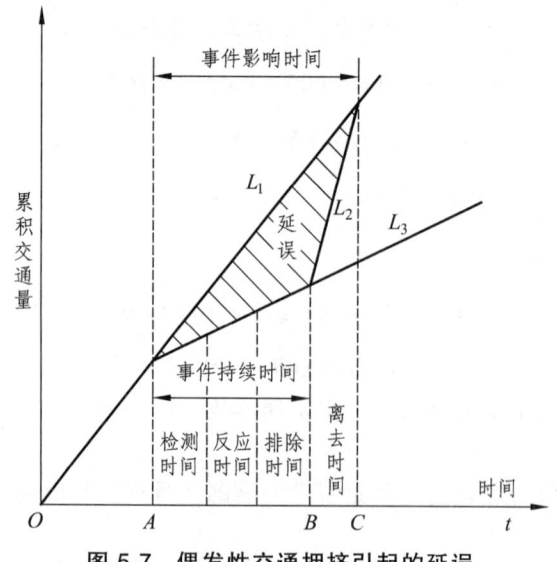

图 5-7 偶发性交通拥挤引起的延误

检测时间是指从事件发生到事件被事件管理中心检测到，并获得事件发生的位置、类型和严重程度等信息的时间间隔。其影响因素主要包括：事件种类、事件发生的位置、事件发生的交通条件、事件自动检测系统（AID）的有效性和安装位置等。

反应时间是指事件管理中心制定响应计划；调派何种救援以及应派住何处；某服务单位接到需要救援的通知；派遣的服务单位到达事件现场等过程所花费的时间。其影响因素主要包括：事件管理系统所处的位置、事件发生的位置、事件发生时的交通条件、当时的气象条件、高速公路的结构和几何条件等。

排除时间是指适当的设备和人员到达现场之后清除事件和打扫碎片的时间。其影响因素主要包括：事件管理系统所处的位置、事件的种类、事件发处的位置、事件发生的时间、当时的气象条件、一条车道或多条车道关闭的时间、高速公路的结构和几何条件等。

离去时间是指消散由事件引起的排队车辆的时间。它受下列因素影响：高速公路的通行能力、事件响应和清除阶段的交通管理、需求流量、排队长度、高速公路的结构和几何条件、交通需求管理计划等。

事件管理系统的主要目标之一就是减少各项活动所需时间，从而缩短事件影响时间。

2. 交通转移可减少事件引起的延误

在上面已提到驶离通行能力的大小影响着离去时间（GT），离去时间是事件引起延误的一部分。离去时间的多少主要是由事件发生地点上游交通需求流量大小和有效的事件管理计划所决定的。

图 5-8 给出了影响事件延误大小的各种因素。从图中可以明显看出，斜线 S_5 可有效减少封闭曲线所围面积，这就减少了总的延误。S_3 表示的是修正的车辆需求流量。如果这里没有修正的需求流量，显然需求流量就是 S_2——真正的需求流量。事件上游交通转移，不仅会减少

事件清除时的上游交通需求,而且会减少离去时间;图中的斜线线段 S_5 的斜率减少是靠上游交通转移来实现的。

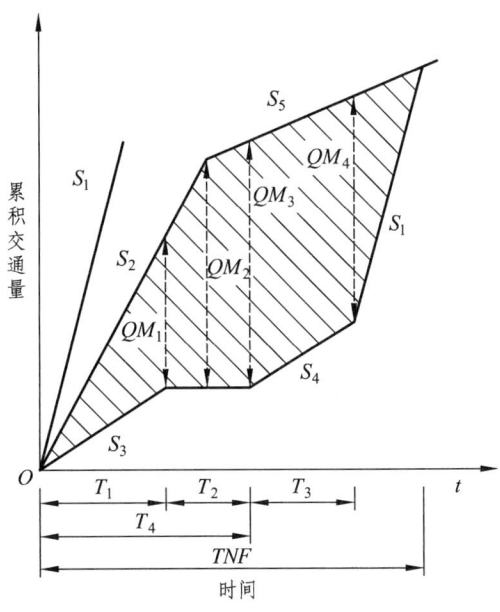

图 5-8　偶发性拥挤引起的一般延误情况

3. 总延误的估算

影响事件引起的总延误因素有:通行能力、交通需求流量、降低的交通流量、离去率、事件持续时间。其中降低的交通流量与事件持续时间是最重要的两个影响因素。它们与事件处理过程有关。

影响总延误的重要因素的量值或取值范围一经确定,则总延误可按图 5-8 和图 5-9 分别估算在一般情况下和特定情况下适合各种不同管理程序的延误。一般延误公式适用于复杂情况。大多数情况下使用简化公式,适用于如图 5-9 所列的 4 种特殊情况。

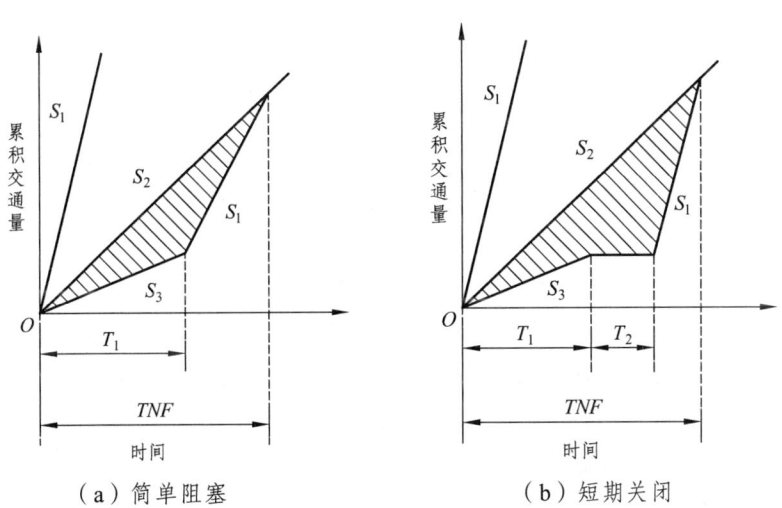

（a）简单阻塞　　　　　　　　（b）短期关闭

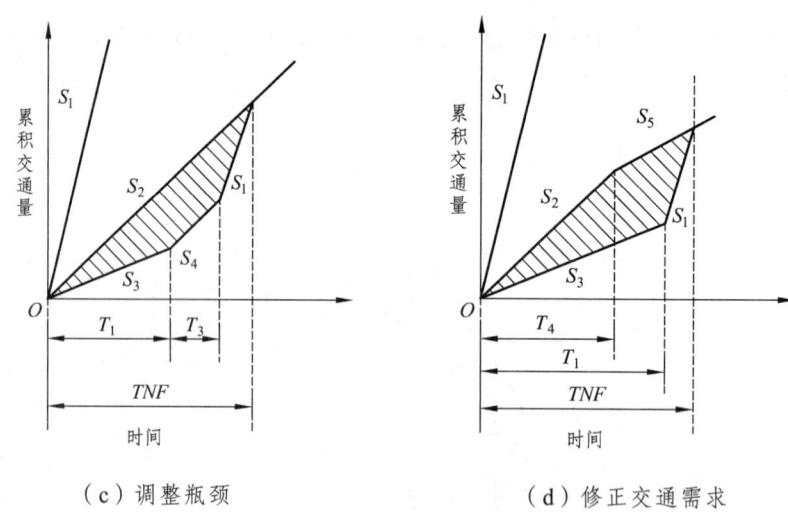

(c)调整瓶颈　　　　　　　　(d)修正交通需求

图 5-9　4 种特殊延误情况

延误估算应知道或估计至少 3~5 种与延误情况有关的交通流量,有些流量不难在现场观测到,而有些则需利用综合研究成果得到。现行的公路研究文献载有许多关于通行能力的资料,这些流量可看作事件发生后,排队车辆通过清除现场所保持的离去率上限值。在缺乏流量资料时,可假定离去率等于通行能力,推荐通行能力值为 1 850 辆/h。表 5-1 为估算事件发生后的典型交通流量表。

表 5-1　事件条件下高速公路断面通行能力值　　　　　　　　　辆小客车/h

单向车道数	路肩阻塞	路肩事故	堵塞车道数			单向车道数	路肩阻塞	路肩事故	堵塞车道数		
			一	二	三				一	二	三
2	3 520	3 000	1 300			6	10 990	9 880	7 880	5 550	2 780
3	5 500	4 610	2 720	950		7	12 820	11 780	9 710	7 380	4 660
4	7 330	6 290	4 290	1 950	960	8	14 650	13 760	11 540	9 320	6 070
5	9 150	8 050	6 010	3 200	1 850						

事件的持续时间,可由熟悉当地事件管理系统的管理人员根据经验来估算或按观察到的持续时间来确定。一旦图 5-8 或图 5-9 中的参数值确定后,我们就不难推导出如下计算延误和事件影响时间的计算公式。

(1)一般情况下的延误计算

根据图 5-8 的几何关系,不难推导出一般延误情况下事件所造成的总延误公式为:

$$[T_1^2(S_1-S_3)(S_5-S_3) + T_2^2 S_1 S_5 + T_3^2(S_1-S_4)(S_5-S_4) - T_4^2(S_1-S_2)(S_2-S_5) + 2T_1T_2S_1(S_5-S_3) + 2T_2T_3(S_1-S_4)(S_5-S_3) + 2T_3T_4(S_1-S_3)(S_2-S_5) + 2T_2T_3S_5(S_1-S_4) + 2T_2T_4S_1(S_2-S_5) + 2T_1T_4(S_1-S_3)(S_2-S_5)] \quad (5-9)$$

计算事件发生到恢复正常所需总时间公式为:

$$TNF = \frac{T_1(S_1-S_3)+T_2S_1+T_3(S_1-S_4)+T_4(S_2-S_5)}{(S_1-S_5)} \quad (5\text{-}10)$$

式中　S_1——路段通行能力（辆/h）；
　　　S_2——初始交通需求流量（辆/h）；
　　　S_3——瓶颈处初始交通流量（辆/h），见表 5-1；
　　　S_4——调整的瓶颈交通流量（辆/h），视用途而定；
　　　S_5——修正的交通需求流量（辆/h），取值范围为 S_2 的 15%～30%；
　　　T_1——事件开始至第一次变化所需持续事件（h）；
　　　T_2——关闭道路总持续时间（h）；
　　　T_3——调整交通流量的总持续时间（h）；
　　　T_4——初始交通需求的延误时间（h）；
　　　D——总延误（h）。

（2）简单阻塞延误情况

若事件不发生，可能通过的车辆数（交通需求流量）为 S_2；事件发生后，实际通过的车辆数（实际流量）减少，以 S_3 表示。从事件发生至排除的持续时间为 T_1，事件排除后，被事件延误的排队车辆以接近道路通行能力的离去率 S_1 离开事件现场，直至排队消失为止。于是：$T_2=T_3=T_4=0$，$S_2=S_5$，$S_3=S_4$，式（5-9）和式（5-10）可简化为：

$$D = \frac{T_1^2(S_1-S_3)(S_2-S_3)}{2(S_1-S_2)} \quad (5\text{-}11)$$

$$TNF = \frac{T_1(S_1-S_3)}{S_1-S_2} \quad (5\text{-}12)$$

（3）短期关闭延误情况

为了排除事件，必须将高速公路完全关闭一段时间 T_2，一旦事件排除，交通流量恢复到离去率 S_1，于是：$T_3=T_4=0$，$S_2=S_5$，$S_4=S_1$，式（5-9）和式（5-10）可简化为：

$$D = \frac{T_1^2(S_1-S_3)(S_2-S_3)+T_2^2S_1S_2+2T_1T_2S_1(S_2-S_3)}{2(S_1-S_2)} \quad (5\text{-}13)$$

$$TNF = \frac{T_1(S_1-S_3)+T_2S_1}{S_1-S_2} \quad (5\text{-}14)$$

（4）调整瓶颈延误情况

在完全排除事件之前，提高现有的通行能力。例如，在事件开始可能有两条车道堵塞，但在事件完全转移之前，已排除了一条车道，于是：$T_2=T_4=0$，$S_2=S_3$，故：

$$D = \frac{T_1^2(S_1-S_3)(S_2-S_3)+T_3^2(S_1-S_4)(S_2-S_4)+2T_1T_3(S_1-S_4)(S_2-S_4)}{2(S_1-S_2)} \quad (5\text{-}15)$$

$$TNF = \frac{T_1(S_1-S_3)+T_3(S_1-S_4)}{(S_1-S_2)} \quad (5\text{-}16)$$

（5）修正交通需求延误情况

交通需求流量的减少由于上游交通有计划的或无计划的分流，或者由于高峰期结束后，交通需求的减少而造成的。此时 $T_2 = 0$，$S_3 = S_4$，于是：

$$D = \frac{T_1^2(S_1-S_3)(S_5-S_3) - T_4^2(S_1-S_2)(S_2-S_5) + 2T_1T_4(S_1-S_3)(S_2-S_5)}{2(S_1-S_5)} \quad (5\text{-}17)$$

$$TNF = \frac{T_1(S_1-S_3) + T_4(S_2-S_5)}{(S_1-S_5)} \quad (5\text{-}18)$$

4. 最大排队车辆数的估算

最大排队车辆数（Queue Max，QM）能很好地量度事件影响，因为它反映了在最坏条件下的交通拥挤程度。由于在拥挤时车流运行很复杂，很难精确测量 QM 值，因此，一般将自由流条件下通过出事地点的车辆数与降低交通流量的条件下确实通过出事地点的实际车辆数之差作为 QM 的简单估计。

一般 QM 发生在交通流率变化期间的某一时刻。如图 5-8 所示，QM 可能出现的时刻有 4 个，但对于任何给定的时间组合，实际上最多只有 3 个时刻相关。

计算最大排队的关键因素是需求减少的时间 T_4 以及相应的其他时间 T_1、T_2、T_3，只有 T_4 不发生或在 T_1、T_2、T_3 之间发生时，才能同时发生 5 种情况。

从图 5-8 能看出，QM 可根据在给定的地点和时刻，从正常流量中减去降低流量来计算。一般的计算式为：

$$QM = T_aS_2 + T_bS_5 - T_cS_3 - T_dS_4 - T_eS_1 \quad (5\text{-}19)$$

式中，T_a、T_b、T_c、T_d、T_e 的取值见表 5-2。

对于图 5-9 所示的 4 种特殊情况下最大排队车辆数（QM）的计算公式如下：

① 简单阻塞：

$$QM = T_1S_2 - T_1S_3 \quad (5\text{-}20)$$

② 短期关闭：

$$QM = (T_1 + T_2)S_2 - T_1S_3 \quad (5\text{-}21)$$

③ 调整瓶颈：

$$QM = (T_1 + T_3)S_2 - T_1S_3 - T_3S_4 \quad (5\text{-}22)$$

④ 修正交通需求：

当 $T_1 > T_4$ 及 $S_5 > S_3$ 时

$$QM = T_4S_2 + (T_1 - T_4)S_5 - T_1S_3 \quad (5\text{-}23)$$

表 5-2　最大排队车辆数（QM）参数表

情况	T_4	TNF	T_a	T_b	T_c	T_d	T_e
1	0	$T_1 \leq TNF$	T_1	0	T_1	0	0
2	$0 < T_4 \leq T_1$	$T_1 + T_2 \leq TNF$ $T_1 + T_1 + T_3 \leq TNF$ $T_4 \leq TNF$	T_4 T_4 T_4	$T_1 + T_2 - T_4$ $T_1 + T_2 + T_3 - T_4$ 0	T_1 T_1 T_4	0 T_3 0	0 0 0
3	$T_1 < T_4 \leq$ $T_1 + T_2$	$T_1 + T_2 \leq TNF$ $T_1 + T_2 + T_3 \leq TNF$	T_4 T_4	$T_1 + T_2 - T_4$ $T_1 + T_2 + T_3 - T_4$	T_1 T_1	0 T_3	0 0
4	$T_1 + T_2 < T_4 \leq$ $T_1 + T_2 + T_3$	$T_1 + T_2 \leq TNF$ $T_1 + T_2 + T_3 \leq TNF$ $T_4 \leq TNF$	$T_1 + T_2$ T_4 T_4	0 $T_1 + T_2 + T_3 - T_4$ 0	T_1 T_1 T_1	0 T_3 $T_4 - T_1 - T_2$	0 0 0
5	$T_4 < T_1 + T_2 + T_3$	$T_1 + T_2 \leq TNF$ $T_1 + T_2 + T_3 \leq TNF$ $T_4 \leq TNF$	$T_1 + T_2$ $T_1 + T_2 + T_3$ T_4	0 0 0	T_1 T_1 T_1	0 T_3 T_3	0 0 $T_4 - T_1 - T_2 - T_3$

$QM = T_a S_2 + T_b S_2 - T_c S_3 - T_d S_4 - T_e S_1$

5. 最大排队长度的估算

事件的影响可用车队向出事地点上游延伸的最大距离（Queue Length，QL）来表示。QL 在确定事件对高速公路其他路段的影响以及在上游立交桥处与高速公路相交的公路的潜在影响都是很有用的。最大的排队长度可按公式（5-24）估算：

$$QL = \frac{QM}{N \times VLM} \tag{5-24}$$

式中　N——单向车道数；

　　　VLM——排队车辆占据道路实际空间平均长度（辆/车道），一般取 7 m 辆/车道。

6. 不同的改进方案对减少延误的影响

前面讨论了事件延误的计算公式和影响延误的因素。为了评估各种改进事件管理方案对减少延误的影响，例如，对事件排除时间的减少、瓶颈流率调整或需求流率降低等有所改进的方案，以制定最佳事件管理方案。表 5-3 给出的是美国某 16 km 长的高速公路改进服务参数而减少的延误。

上述用表不但能估计某些方案优点，而且还能表明什么类型的方案能为当地应用提供最大效益。例如，表 5-3 表明，假定瓶颈流率提高 25%，估计可减少高峰期延误 38%，或减少非高峰期延误 88%。显然，随着这些类型的改进，当地其他各种基本情况也可能产生不同的结果。

表 5-3 只表明典型情况不同方案对减少延误的影响，如不符合当地情况，可根据本节给出的计算公式计算出相应的结果。

表 5-3　由于改进服务参数而减少的延误

服务系数	减少延误	
	高峰流条件/%	非高峰流条件/%
瓶颈流率（S_3）提高 5%	8	21
瓶颈流率（S_3）提高 10%	16	40
瓶颈流率（S_3）提高 15%	38	88
事件排除时间减少 25%（整个 T_1 减小 8%）	9	16
事件排除时间减少 50%（整个 T_1 减小 17%）	10	44
早 20 min 需求降低	32	0
40 min 需求降低 10%	14	0
40 min 需求降低 20%	25	0

注：本例中非高峰交通流量不大，需求降低对减少延误没有影响。

思 考 题

1. 简述交通事件的定义及分类。
2. 简述交通事故的定义及分类。
3. 简述高速公路事件与高速公路事故的关系。
4. 交通事件会对高速公路交通产生哪些影响？
5. 什么是二次事件？
6. 什么是交通拥挤，并简述偶发性拥挤与常发性拥挤的成因及其特性差异。
7. 描述交通拥挤的常用参数有哪些？
8. 交通拥挤的自动检测方法有哪些？
9. 简述事件引起延误的计算原理与方法。
10. 一条三车道高速公路路段，在理想条件下运行，在高峰小时期间需求交通量为 5 500 辆小客车/h，高峰后的一小时需求为 4 500 辆小客车/h，之后需通过 3 000 辆小客车/h。如果一次交通事故在高峰开始时把一条车道阻塞 15 min，试求总延误、事件影响时间和最大排队长度。假设事故在高峰开始时把一条车道阻塞 25 min，其余条件相同，试求总延误、事件影响时间和最大排队长度。并比较两次计算结果。在这假定形成的停车排队把车行道通行能力减少到 1 500 辆小客车/h/车道。

第 6 章　高速公路事件管理策略

【本章导读】

交通事件发生会导致车道通行能力下降或者交通需求异常增加。高速公路事件管理是一项系统工程，涉及人、车、路、管理等各个方面，最终目标为通过各种有效的措施和手段，确保高速公路的安全和通畅。事件管理需要各部门协调配合，包括检测和核实交通事件，将拥堵状况、避免拥堵的方案等信息传递给出行者，提高各部门和机构的反应速度和效率，实现事件信息实时共享等。

本章介绍了两个内容，一是高速公路交通事件的管理策略，并对高速公路事件管理系统的功能进行较详细的分析；二是讨论了有计划的特殊事件管理和突发公共事件应急管理。通过本章学习，可以具体了解事件检测与鉴别、驾驶员信息服务、事件响应、事件现场管理等实现事件管理功能的七个步骤，并在此基础上，对特殊事件和突发公共事件的应急管理方法有较深入的了解。

6.1　事件管理的策略

高速公路交通事件管理，就是要预测事件、确认事件，并采取适当的措施安全地清除事件，使受影响的道路恢复原有通行能力，以此提高高速公路公路的运行效率和安全性。

美国联邦高速公路管理局 2002 年发布的《交通事件管理手册》中将事件管理定义为"系统地、有计划地、协调地使用人力、法规、救援设备和技术手段来减小事件的持续时间和它的影响，改善驾驶员、事件当事人和事件处理人员的人身安全"。总的来说，高速公路事件管理可以定义为通过各种相关机构间的协调与合作，采用合理的技术和策略，利用现有的人员和设备，做到及时有效地检测、鉴别、响应和清除事件，以尽量降低事件对交通流造成的影响。

高速公路事件管理系统的功能主要通过以下七个步骤来实现：事件检测、事件确认、驾驶员信息服务、事件响应、事件现场管理、事件条件下的交通管理以及事件清除。事件管理的根本目的是使受到事件干扰的交通流恢复正常。目标是在最短的时间内完成事件管理的各项活动，减少事件的影响。图 6-1 给出了事件管理系统的基本框架。有效的事件管理是指在管理中心的指挥和协调下各相关机构之间合作进行系统的处理，以减少事件的影响时间。影响时间包括对已发生事件的检测与鉴别时间、确定适当的相应计划时间、清理事件现场以及对事件现场进行管理直到最后恢复正常交通流的时间。

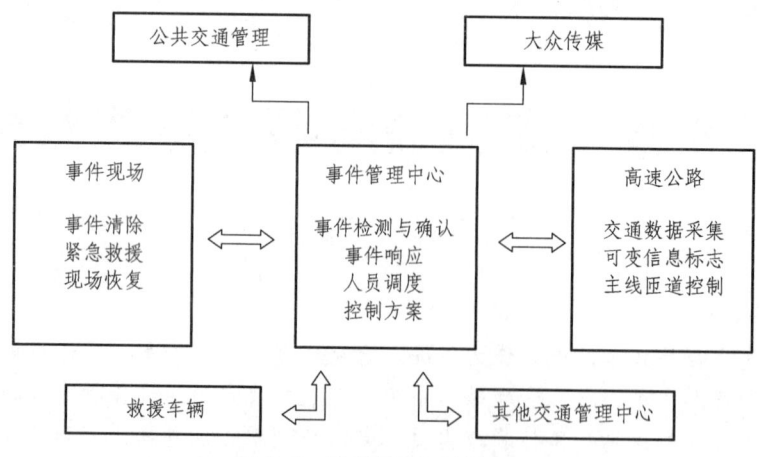

图 6-1 事件管理系统框架

检测到事件发生后要立刻对事件进行识别，事件响应随即展开，而事件清除和现场管理则是事件管理的重中之重。从检测到事件发生到事件现场恢复完毕，都需要根据事件的影响情况有针对性地向驾驶员提供信息服务。

6.1.1 事件检测与鉴别

事件检测即证实某一事件已经发生，是事件管理过程的第一步，也是其核心和关键。事件确认是对事件发生的性质与地点的确定以及获得尽可能多的与事件相关的细节信息。快速检测事件与确认事件的能力对于减少事件引起的延误和改善整个高速公路的运行，当然是一种最有效的技术。

目前采用的事件检测技术主要包括固定监控设备自动检测与报警、人工检测与报警两个方面。监控设备自动检测与报警就是利用安装在高速公路上的各种检测设备进行事故相关信息的采集，应作为事故信息采集的主要方式。人工采集如驾驶员报警、交警巡逻发现交通事故等，应作为自动采集的补充。

到目前为止，还没有一种检测方法可以将所有的动态交通信息采集完整。应用于事件检测的固定型采集技术目前主要包括视频、磁频和波频三种类型。

视频采集技术是一种将视频图像处理技术和计算机模式识别技术相结合并应用于交通领域的新型采集技术。这种技术分主动式采集（Tripwire systems）和被动式采集（Tracking systems）两种工作方式。前者是基于虚拟线圈的采集方式，在车道的某个横断面上设置假想线圈，当车辆越过该位置时进行计数，与感应检测线圈一样，这种检测方式可以提供交通流量、平均速度、车头时距、车型分类和车道占有率等数据，但不能跟踪车辆。而后者是一种图像处理系统，可以对道路某个方向所有车道上 100~200 m 内的移动车辆进行跟踪。

磁频采集技术的基本原理为当有机动车辆通过检测区域时，在电磁感应的作用下交通检测器内的电流会跳跃式上升。当该电流超过指定阀值时会触发记录仪，实现对车辆数及通过时间的检测。使用磁频技术采集动态交通流信息的设备主要有环形感应线圈检测器、磁力检测器等,其中应用最为广泛的是环形感应线圈检测器。

波频采集技术有两种工作方式,一种工作方式是检测器接收通过检测区域的机动车辆本身发射的具有一定波长的能量波束,经过分析处理后获得所需的交通参数。设备主要有被动红外线检测器、被动声学检测器等;另一种是交通检测器向检测区域发射具有一定波长的能量波束,当有机动车辆穿过检测区域时,该波束经车辆反射后被检测器接收,然后经过处理分析获得所需的交通参数。设备主要有微波检测器、超声波检测器和主动红外线检测器等。波频采集的两种工作方式的差别主要在于所依据的波束来源不同,前者由车辆发出,由检测器接收波束,而后者是由检测器发射并接收波束。

在实际应用中,每种交通检测器都有其自身的优缺点,在进行检测方式选择时,可以根据实际情况结合检测器的特点进行优化选择,各检测器的特点如表6-1所示。

表6-1 各种交通检测器特点比较汇总表

交通检测器	优 点	缺 点
视频检测器	图像监视和交通数据采集双重功能; 检测速度较快,精度较高,尤其适用于事故多发点(段); 当多个摄像机连接到一个视频处理单元时,可提供更广范围的检测; 多检测区域,可检测多条车道; 易于增加和改变检测区域; 可获得大量数据	恶劣的天气,光照水平的变化,交通堵塞,摄像头上的水迹、污渍等都可能影响检测器性能; 检测精度受整个系统软、硬件的限制,价格较高; 为取得车辆出现和速度检测的最佳效果,需将摄像机安装于路上方15~18 m高度; 覆盖范围为1 km左右,全路段设置成本较高
环形感应线圈检测器	灵活多变的设计,可满足多种实施状况的需求; 设备价格便宜; 采用高频励磁的型号可提供车辆分类数据; 广泛的实践基础	在路面质量不好的道路上安装时易损坏,路面翻修和道路设施维修时可能需要重新安装; 安装和维修需要关闭车道,破坏路面,对交通流造成干扰; 需要对检测器作定期的维护; 车辆类型变化比较大时,精度性降低; 对路面车辆压力和温度敏感; 国内大多山区高速公路的主要交通为大型货车,且超重现象严重,故环型感应线圈并不适用
微波雷达检测器	可实现多车道、全天候检测; 可实现对车速的直接检测; 在用于交通管理的较短的波长范围内,微波雷达对恶劣天气不敏感	多普勒微波雷达不能检测静止车辆,故不适用于事故检测
红外检测器	可实现多车道检测; 多检测区域的被动式红外线传感器可测量车速; 主动式红外线检测器发射多光束的红外线,保证对车辆位置、速度及车辆类型的准确测量	大雨、大雪或浓雾天气时,被动式红外线检测器的灵敏度会下降; 当雾天能见度低于6 m时,检测性能会下降; 不适用于事故检测

基于检测器的交通事件检测系统需要配备密度较大的沿线检测设备，虽然能够及时发现事件地点、快速分析和预测事件发展趋势，但受限于成本较高或检测算法不理想。因此我国目前主要还是采用设置紧急电话、巡逻管理以及驾驶人手机通报的手段获取交通异常信息，监控系统"主动"发现的几率极少。有调查发现，有些高速公路路段的道路线圈车辆检测器自布设以来从未通电使用，某些路段监控系统外场设备明显偏少，未能有效地起到分流、警示、交通诱导的作用。

紧急电话设置在高速公路两侧路肩上，一般每1 km设置一部，直连指挥调度中心，但不接入城市电话网。随着移动手机用户数量的迅速增多，国内在紧急电话使用方面产生了一定分歧，部分省份建议取消或采用其他呼救措施（移动电话或求救指示牌），甚至有些省高速公路已经废弃几乎所有的紧急电话系统。相关调查结果分析，79.5%的专家认为高速公路需安装紧急电话设施，46.2%的专家认为紧急电话距离应修正，另有94.1%的技术人员和驾驶人赞同设置紧急电话。

高速公路路政部门及交通警察部门都派有巡逻车在高速公路上巡回以便及时发现事件及道路设施损坏情况，纠正超速驾驶、违章停车，并用无线电话或紧急电话向管理中心报告并请求指示或支援。警察巡逻的主要优点是事件检测和响应调度是同一个操作；其主要缺点是，需要大量的巡逻车才能有效地统一管理好整个高速公路系统。用于事件检测的另一种是服务巡逻。与警察巡逻类似，这种系统使用轻型服务车进行事件检测，同时还提供小型服务，如加燃油、机油、加水、小型机械维修等。如同警察巡逻，这种系统的费用较高，因为需要大量巡逻车。

监视系统可以将航空监视作为电子监视的补充手段，在电子监视装置发出警报以后，动用飞机查明事件发生的确切地点和事件性质，以决定采取相应的行动。航空监视是指警察当局或公路管理部门采用直升机或小型飞机在高峰时间观察是否有因事件而引起的交通瓶颈问题，通过广播将信息通知驾驶员，并为消除事件的影响提供援助。直升机在应急处置工作中具有快速、机动的空中优势，与地面安保力量密切配合，可构筑空地立体化防控体系。2014年，为做好国庆安保工作，并针对国庆假期高速路免费通行政策，北京警务航空总队派出警用直升机，根据北京城区高速路分布特点，特制定南、北两条主要飞行航线，对北京各大高速公路实施全覆盖、无死角的空中路况监控。但航空监控由于较高的费用和不能迅速地检测事件发生的缺点妨碍其广泛应用，其有效性还受到天气的影响。

6.1.2 事件信息服务

1. 信息需求分析

一旦发生交通事故，区域交通系统中不同的用户主体，对交通信息具有不同的需求。根据用户主体特征及信息需求的不同，分为两种用户，即交通出行者和救援相关部门。其中，交通出行者是指参与交通行为的行人和机动车驾驶人员等；救援相关部门是指具体实施救援行动、管理和维护道路交通秩序、保障道路交通有序高效运行的部门，以及负责道路安全、道路维护的部门，主要是指交通事故救援指挥中心、交通管理局、公路管理局、医疗与消防救援部门等。其中，救援相关部门也是系统的服务主体。

由于交通参与者在交通系统中的作用不同，从交通系统两类用户主体对信息需求不同的角度分析，更能清晰地反映交通系统的不同层次及其组成。总结运营管理信息系统的数据源和需求情况，不同的交通参与者的信息需求具有较大的差异性。按照用户主体的界定，对上述两种用户进行详细分析。

（1）交通出行者

希望交通事故对自己的影响最小化，对交通信息的需求很广。获取与交通事故有关的各种信息，主要需求包括交通事故发生点、交通运行状况、交通天气、出行参考等，使交通出行变得更加高效、快捷、安全和舒适。交通出行者是道路交通参与的主要群体，也是整个路网交通状态的主要影响因素，其对信息的需求是交通信息发布系统发布信息的依据。

（2）救援实施相关部门

救援实施相关部门主要包括高速公路运营管理部门、医疗急救中心、消防部门等。他们期望获得与本部门职能相关的各类交通事故信息，为制定合理的交通救援方案提供依据。

2. 信息发布系统

（1）信息发布原则

信息发布是信息发布系统的根本任务，但是目前信息发布的方式繁多，需要发布的内容各异，接受的对象十分广泛，因此服务于安全管理的信息发布应遵照如下原则：

① 实现管理目标。实现管理目标（如提高行车安全性）是信息发布的根本目的，因此信息发布的方式、内容、形式都必须以安全管理对策为基本出发点，围绕管理目标进行合理、有效的信息发布。

② 准确。发布的信息应该如实反映道路交通环境，向广大用户真实传达管理者的管理意图。

③ 及时的动态交通环境，自然要求发布的信息具有动态性，信息的及时发布是实现管理目标的重要保证。

④ 易理解。信息发布的对象覆盖众多的道路用户，这就要求信息发布必须考虑不同人群对信息的理解能力，避免误解或者不理解现象的发生。

⑤ 有效。信息发布的目的是实现某种管理目标，因此，信息发布的有效性是信息发布的最高级要求。

（2）信息发布分类

信息发布是为了实现管理目标，因此研究信息发布，需要首先分析各种管理对策。目前可行的管理对策主要包括以下几类：

① 关闭类。关闭类对策是在最不利的情况下，为了保障车辆的行车安全所实施的一种极端措施，例如，遇到台风、暴雨或出现严重的拥堵、事故等。在道路需要进行施工，影响车辆通行时，也需要对道路采取关闭措施。关闭类措施属于强制性措施，车辆必须无条件服从管理。具体措施包括关闭整条高速公路、关闭高速公路某一段和关闭匝道三种。

② 限制类。限制类对策是在行车环境出现不利条件时，如遇到雾、雨、风或出现拥堵、事故等，为了保障行车安全所采取的一种控制管理措施，目的是在保证车辆通行的前提下，减小不利因素对车辆的影响。限制类措施属于强制性措施，车辆必须服从管理。具体措施主要有限速、限制车距、出入口控制且定时放行、封闭车道和禁止超车等。

③ 诱导类。诱导类对策是在行车环境出现不利条件，却同时存在备选环境时，为了保证行车安全所采取的引导车辆趋利避害的措施。诱导类对策分为两种，一种为强制性诱导，如原有道路发生事件造成无法通行，实施的诱导为强制性诱导，车辆必须服从诱导；另一种为选择性诱导，如原有路线发生事件只是影响通行，实施的诱导为选择性诱导，车辆可根据情况自行决定如何选择路线。实施何种诱导对策取决于实际情况的需要。

在进行路网管理时，通常配合使用以上几种对策，在同一事件条件下，不同的路段会采取不同的管理对策。如果一个路段采取关闭对策时，上游路段肯定要采取强制性诱导对策。而一个路段采取限制对策时，上游路段一般会采取选择性诱导对策。

从以上管理对策的内容可以看出，不同的对策需要发布的信息完全不同。从信息发布的角度来说，需要发布的信息内容及种类如表 6-2 所示。

表 6-2 不同管理策略下的信息发布需求

管理策略	信息发布地点	信息发布内容	信息种类
关闭类	上游路段	关闭原因、关闭路段	强制信息
限制类	本路段、下游路段	限制内容、限制路段	强制信息
强制诱导类	上游路段	诱导原因、强制路线	强制信息
选择诱导类	上游路段	诱导原因、建议路线	建议信息

从信息的紧急与重要程度来说，发布的信息可以分为强制信息、建议信息与提示信息，随着发布路段与管理路段之间距离的增加，需要发布信息的重要度也随之下降。

提示信息是针对不同情况，向驾驶人发布的信息，提醒驾驶人引起注意。如气象信息、施工信息、交通信息、道路信息、较远处的事件信息等；建议信息是向驾驶人发布有利于驾驶的信息，如建议行车路线、建议行驶速度、建议驾驶行为等；强制信息是向驾驶人发布必须遵照执行的信息，如限速、关闭高速公路、关闭行车道等。

在实际管理中，事件虽然会对路网产生影响，但是其作用大小也会随着距离的增加而递减，因此需要采用多级信息发布模式，将几种类型的信息配合使用。

（3）信息发布方式

事件信息发布可通过下列方式实现：商业无线电台、道路专用广播、可变信息标志、电话信息系统、车载或个人数字助理信息或路线导引系统、因特网在线服务。

① 商业无线电台。

交通或警察部门通过与商业电台合作来发布事件信息已成为驾驶员获得事件信息的一条重要途径。在合作中，交通部门通过商业电台将与事件相关的重要信息传送给驾驶员，使他们能及时预防或避开事件现场；如图 6-2 所示，商业电台也为他们的听众获得了交通部门提供的准确、及时的事件信息。这种合作方式对双方都有好处。

商业无线电台对事件的报道有不少缺陷。用于事件报道的时间常常十分有限，所以不可能对所有报道的事件都提供相关的详情；事件报道预先安排在具体的时段，报道结束后不久发生的事件只能安排在下一次广播中报道；另外，事件报道在一天中的分布并不均匀，在某些地区的交通高峰期可能没有任何事件报道，以至于驾驶员会对发生的重大事件一无所知。

图 6-2 高速公路广播

② 道路专用广播。

道路专用广播是交通管理部门专为驾驶员提供信息服务的。它的发射天线一般安装于路侧，也可配置于交通管理车辆上。在天线所覆盖的范围内，驾驶员通过将车载收音机调到指定的频率就可以获得所在道路的事件信息和其他交通信息。

道路专用广播的主要优点是可以连续地播放事件信息，而且可以由交通监控中心远程控制。同可变情报板等提供的文字信息相比，路侧广播提供的语音信息对驾驶员的负面影响较小，而且可以包含更丰富、详尽的内容。

③ 可变信息标志（VMS）。

交通监控中心利用可变信息标志可近乎实时地发布事件信息，而且操作灵活，效果显著。它所显示的信息既可由交通监控中心远程控制，也可由交通管理人员现场控制。可变信息标志一般用于：① 为驾驶员提供交通、道路和环境状况信息；② 提供事件位置、事件预期的持续时间等信息；③ 在道路施工或车道关闭时提供替换路线的建议信息；④ 指导绕道的驾驶员重新返回高速公路。图 6-3 展示了高速公路上常见的信息板。

图 6-3 高速公路信息板

可变信息标志也有部分缺点：标志的尺寸有限，显示的事件信息太少。由于高速公路上车速很高,驾驶员每次注视标志时仅能看到一部分内容,常常需要阅读多次才能完全明白,这要求可变信息标志显示的内容要尽量简短、明确,而用简洁、清楚的用语来表达复杂的事件信息是比较困难的。

④ 电话咨询系统。

随着电话用户特别是移动电话用户的迅速增长,电话已日益成为驾驶员获得事件信息的重要工具。交通部门可以提供一个专用于事件信息咨询的电话号码,驾驶员拨打该号码就可以获得最新的事件信息。例如,美国将"511"作为全国通用的出行信息服务电话号码。无论电话系统采用何种技术,事件信息必须及时更新,如:在城市高速公路的高峰期,事件信息应至少每 5~10 min 更新一次。另外,电话号码必须为大众所熟知,使他们能在需要事件信息时立即拨打该号码。

⑤ 车载或个人数字助理信息或路线导引系统。

许多出行者想在任何时间、任何地点都能获得事件信息,包括在车内。他们还希望能主动查询与自己的行程相关的事件信息。车载或个人数据助理出行信息系统便可满足这种要求。这些系统利用了多种无线通信技术,事件信息可以通过数字寻呼机、个人数据助理、掌上计算机或车载计算机发送给出行者。

一些信息服务公司可以为用户提供这些设备和事件信息服务。他们可以利用自己收集的信息,也可以利用交通管理部门提供的信息。在事件信息服务方面,交通管理部门应积极和他们合作,这样,更多的驾驶员就能获得及时、准确的事件信息,同时,也减轻了交通部门事件信息发布的压力。图 6-4 为市场上常见的地图软件。

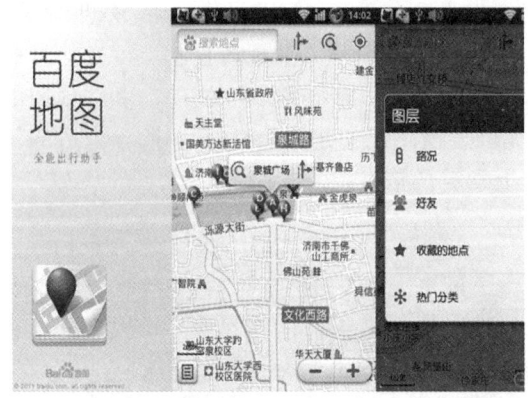

图 6-4　导航软件

(4)因特网在线服务

互联网的应用日益广泛,而且利用无线通信技术已实现了通过移动终端对互联网的随时随地访问,这为事件信息的发布提供了良好的途径。互联网可以提供数据、语音和图像等多种形式的事件信息,如 CCTV 图像、高速公路拥挤状况图、语音报道等,可满足不同驾驶员的需求。交通部门或其他信息服务机构可以设立网站或者基于微博、微信的公众服务账户,实时发布事件相关信息,为拥有车载计算机、掌上计算机或其他移动终端的驾驶员服务。图 6-5 展示出部分高速公路微信平台公众服务账号。

图 6-5 高速公路微信公众服务号

6.1.3 事件响应

事件响应策略与方法有：部门内部及相互间的通信联系、事件响应的资源手册、部门间的合作协议、计算机辅助响应系统。

1. 部门内部及相互间的通信联系

有效的事件响应要求各部门能和他们自己的人员保持可靠的通信联系。必须建立的通信链路有：交通监控中心之间、交通监控中心与响应车辆之间、响应车辆之间。同时，不同响应部门的人员间也应建立有效的通信链路。经常合作的响应部门可采用兼容的无线电系统来改善通信状况。相互间建立标准的交流语言也同等重要。

2. 事件响应的资源手册

事件响应人员或调度人员需要随时随地获得各相关部门的资源情况，为此，很有必要收集和编制响应部门及其人员等的资源清单，如部门名称、联络人名称和电话号码等。可以做成简单的罗列各地区事件负责人的清单，也可以编成详细而全面的资源手册或指南。

初步的资源清单应包括部门职责、无线电联络频率、主要的和后备的联络电话号码和传真号码等。部门组织图也很有帮助。人员和部门的联络清单可通过补充设备、物资和专业人员等的清单扩充成事件管理资源指南。一旦编制完成后就应分发到所有的响应部门。此外，还应对手册定期更新。

3. 部门间协议

部门间协议为响应部门和服务提供者建立响应目标和响应步骤提供了一种机制。它们经常用来明确各响应部门在事件管理中的权力和责任等。

互助协议可以促进资源共享、节约响应时间，如与道路施工单位签署利用他们的设备清除路障的协议。与媒体的合作协议也十分重要。在事件管理中心与媒体间建立联系，非常有助于对事件引起的排队车辆的管理。

这些协议的生效，关键在于能否得到各部门主管的完全支持，另外，还需得到所有部门职员的理解与支持。

4. 计算机辅助响应系统

计算机辅助响应系统综合利用了计算机和通信技术，能更好地管理响应单位与事件管理中心间的通信。

一般的计算机辅助响应系统的功能包括：

（1）辅助调度员跟踪现场单元的状态并根据报警电话的紧急程度、与事发现场的就近程度和设备的可用性等指配合适的路上单位对事件做出响应。

（2）为警察和消防队员提供对多种专题数据库的访问，如事件数据库、危险品数据库和车辆牌照数据库等。这些信息能使响应者提前估计可能出现的危险情形。有的软件包还允许响应者利用移动数据终端直接访问多种数据源，代替了过去响应者需通过询问调度员来了解各种信息的落后方式。

（3）仅仅通过鼠标的拖动和点击电子地图上期望的车辆，调度员就可以将呼叫自动分配给该车辆。

（4）可以跟踪每一调度事件从而记录下调度的完整历史。

（5）各种大量、复杂的信息，如联系人清单、设备清单等，可以被有效地组织和存放于数据库中。通过菜单、工具条按钮或图形用户界面等方式，调度员可方便地访问这些数据。

6.1.4 事件现场管理

事件现场管理是协调和管理现场资源的过程。由于现场人员、设备等资源来自于不同部门，分别执行不同的任务，要顺利地响应事件并清除事件，就必须实施集中、统一的现场管理。为此，可通过制定事件指挥制度和建立统一的现场指挥机构来促进事件的现场管理。

1. 制定事件指挥制度

有效的事件现场管理可通过制定事件指挥制度来实现。事件指挥制度应保证各响应部门在事件现场管理中行动的计划性、组织性、协调性和一致性。由于它兼顾了所有参与事件管理的响应部门的自身特点及其在事件管理中的作用，所以可适用于大多数事件条件下的现场管理，免除了为每一具体事件都开发响应计划的过程，从而提高了管理效率。

事件指挥制度借鉴了军事中的指挥制度，它根据事件的规模大小、复杂程度和持续时间等规定了不同事件管理者的作用和职责，为事件现场管理提供了一种有组织、有计划的方法。事件指挥制度应被视为各个响应者了解自身作用和职责的指导方针。

事件指挥制度的内容包括：

一般术语——所有响应者都应该使用的公共语言。

组织结构——由于事件的规模大小和复杂程度不同,有效管理事件所需的人力和技术资源的总量也会不同,事件指挥制度允许管理的组织结构按需调整。

整合的通信方式——有效的通信联络是关键。响应者间交流的信息必须能被接受、理解和确认。

统一的指挥结构——随着事件复杂程度的变化,事件指挥制度应能适应多个响应部门的参与。

联合行动计划——行动计划应该明确管理目的、各个部门的作用和拥有的资源以及事件从开始到结束的管理步骤。

可管理的控制范围——一个人所控制的人力和技术资源的数量应限制在个人所能有效控制的范围内。

事件设施的标示——事件设施,包括指挥所和事件发生地,应该被明显地标示,这样会有助于得当的响应、保证响应者的安全和改善部门间的通信与合作。

综合资源管理——事件响应部门应该明白现有的资源以及它们的状态和位置。

事件管理制度有时不一定正规。当各部门已习惯于对短期事件的合作时,他们可不必穿事件指挥的专用背心或指定事件指挥所,但仍需通过合作来处理事件。当事件响应程度较小时会产生这种情况。然而,当事件较严重、复杂或者需要多个部门参与时,事件指挥制度对现场管理和事件的处理很有必要。

2. 建立统一的指挥机构

事件管理中,各部门在行动优先顺序和任务上常存在着一些差别。有时,担任事件指挥者的某些部门的负责人并不了解其他部门的行动优先顺序或任务,这样,就增加了潜在的冲突并降低了响应的效率。建立统一的指挥机构有助于解决其中的一些问题,它能使多部门参与的事件响应顺利、高效地运作。

统一的事件指挥机构是由来自不同响应部门的代表以合作的方式组成的一个管理机构。它要求主要响应部门的负责人在统一的指挥所共同协作。统一的事件指挥有下列作用:

(1) 对整个响应进行指挥;
(2) 有效地协调通信联络;
(3) 建立事件现场管理活动的优先顺序;
(4) 建立事件现场管理目标;
(5) 提供实现目标的策略;
(6) 讨论和批准事件现场管理行动计划;
(7) 保证响应部门融合到统一指挥机构中。

事件现场管理中常常会遇到"谁来对事件现场负责?"的问题。一般而言,由最先赶到事件现场的响应者对现场负责,直到由更高的上级部门接管。最初的响应者有责任评价事件,维护现场安全,为伤者提供紧急医疗,以及传讯合适的响应。

在统一的指挥机构中,事件指挥者由当时的事件现场管理行动而定。一般由对此时行动最有优先响应权的部门的负责人担任。例如,在有人员伤亡的重大事故中,消防或紧急医疗部门在伤员治疗和转移过程中可能会发挥事件指挥者的作用;接着,警察部门将指挥下面的事故调查工作;然后,可能会由负责清扫道路的部门来担当事件的指挥者。

6.1.5 事件条件下的交通管理

事件条件下的交通管理一方面是为了给响应者提供一个安全的工作环境,另一方面是为了尽量减轻事件造成的交通混乱和车辆延误。

事件条件下的交通管理可分为若干阶段。有效的交通管理始于周密、完善的行动计划和准备。计划和准备完成后,就需要对现场采取适当的交通控制措施,创造一个安全的事件管理环境。这对所有的事件都是必要的,尽管有些小事件几乎不需要交通控制。对影响较严重的事件,还应管理和控制通过现场的交通流;对严重影响交通的重大事件,则需要开辟替换道路并对转移的交通流实施管制。

1. 交通管理的准备和计划

事发情况下的交通管理离不开平时的准备和计划。对事件现场实施交通控制的响应者手头应具备相应的控制设备。对事件影响区域内的交通控制装置进行调节的响应者必须熟悉这些装置的功能和操作方法。如果使用替换道路,必须熟悉如何规划和实施替换道路方案。

(1) 交通控制设施的可用性

事件发生时现场急需的交通控制设施有锥形标志、闪光标志、车道关闭和过渡警告标志等,它们用于提醒过往驾驶员,隔离事件现场。负责执行事件现场交通控制的人员必须知道如何获得这些设施。

利用已有的交通控制装置是最快速、最有效的交通控制策略之一。如:可变情报板和道路专用无线电可用于警告驶近事件现场的驾驶员并指导他们在现场前方改变车道;事件现场上游的匝道调节器能用于限制通过现场的交通流,等等。

(2) 替换道路的计划

对高速公路不同路段替换道路的计划十分有利于重大事件发生时替换道路方案的实施。替换道路的计划要经历替换路线的初选和对初选路线的评价两个步骤。路线初选时应考虑如下因素:重新进入高速公路前需行驶的路程;道路等级(如高速公路、主干线、次干线或相邻街道等);周围环境(如居民区、商业区、工业区等);路线的复杂性(如车道数、弯道数等);与学校的接近程度;与其他交通需求源的接近程度(如商场、剧院等)。对初选路线评价时,最好能实地考察。评价指标包括:道路等级、现有交通流量、现有交通控制装置、路宽、曲率、路面状况、交通标记、对车高和载重的限制、转弯半径、交叉口数量等等。在这两个步骤中,很重要的一点是需要有替换道路主管部门的参与。

2. 对通过事件现场的交通流的管制

事发后,尽快建立安全的工作现场十分重要。最初的事件现场通常由响应车辆来维护,然后才实施正式的交通控制。交通管理人员最常用的两个策略是建立现场交通控制和管理道路空间。

(1) 建立现场交通控制

为了交通流顺利、安全通过事件现场,应对现场实施交通控制。若车道或道路将要关闭,就应为交通流提供通道使它们能融入仍然开放的车道或路肩。锥形标志等常用来分离车流通道和事件现场。箭头标志和车载移动情报板可用于提供车道关闭的警告信息。如果事件导致车道长时关闭（如数小时至数天），则应采取更复杂的控制措施。事件现场附近的路肩甚至反向车道经过有效利用和精心组织，都能为车流提供通道。

（2）管理道路空间

管理道路空间有两个主要概念：仅仅关闭那些对保障响应人员和驾驶员安全所必需的车道，使车道关闭时间最少。必须关闭的车道数应随事件管理工作的进展而变化。

交通管理人员需要不断地评估事件对交通流的影响，监视排队车辆的变化，并把这些信息传送到交通监控中心。交通监控中心的工作人员再通过信息服务设施发送给驾驶员和事件现场的其他响应者。利用这些信息可以改进正在执行的交通控制计划。

管理道路空间一方面使用各种方法来减少事件各个阶段的持续时间，另一方面通过减少关闭的车道数来降低事件的影响。有利于减少事件持续时间或关闭的车道数的方法有：

① 立即移开可自行行驶的车辆；
② 为响应者配备清障车以加快清除过程；
③ 当车道障碍被清除后应尽快开通此车道；
④ 从左到右清除事件现场，逐渐缩小现场范围，并向右侧路肩或最近的出口匝道靠近；
⑤ 鼓励事件的最初响应者主动清理事故垃圾或部分洒落的货物来增加开通的车道数；
⑥ 保证在事件发生初期有类型合适、数量适当的拖车。

3. 替换道路方案的实施

若事件引起道路通行能力严重下降并可能持续较长时间时，就该立即实施具体的替换道路方案，并管制转移到替换道路上的交通流。

（1）替换道路方案的实施步骤

替换道路方案的实施步骤必须结合所在地区的实际情况，典型的步骤如下所示：

① 对实施替换道路做出决策；
② 从事先计划好的替换道路中确定最合适的；
③ 通知替换道路的主管部门并与之建立通信联系；
④ 替换道路上交通信号控制方案的更改；
⑤ 监视替换道路的运行状况；
⑥ 在适当的情况下终止使用替换道路。

（2）对替换道路上交通流的管制

在城市地区，高速公路的替换道路常常是有一定控制能力的街道。由于高速公路与作为替换道路的街道分别由不同部门进行交通管制，所以高速公路监控中心无法对街道上的交通流实施直接控制，这时，就需要同街道的交通管理部门和公安交通管理局进行合作。监控中心利用可变情报板和道路专用无线电指导交通流转移到最合适的替换道路，街道的交通监控中心对替换道路上的交通控制装置进行调节、控制，以一种合作的方式共同管制替换道路上交通流。

4. 不同交通条件下的匝道控制方案

发生交通事故时，如何采取紧急疏导策略，采取怎样的疏导办法，要根据具体交通事故自身的严重程度、事故对道路通行能力所造成的影响程度、当时高速公路上交通流的需求以及天气和路面状况等一系列因素而定。

（1）当交通流量较小或交通事故轻微时，尤其是交通事故对道路通行能力影响不大，包括车辆冲出路侧护栏以外，下降后的通行能力（c'_a）仍然大于高速公路上游主线通行能力（q_d）与上游匝道通行能力（r）之和，即 $q_d + r < c'_a$。

此时交通事故不会对交通流运行产生明显影响，故无需进行交通疏导。此时，重要的工作是事故现场管理、及时救援，并提醒途经车辆驾乘人员注意安全，避免二次事故发生。

（2）当交通事故造成一定程度的道路通行能力下降，如事故车辆在紧急停车带停靠，且下降后的道路通行能力（c'_a）大于上游主线的交通需求（q_d），而小于上游主线与相邻匝道交通需求总和（$q_d + r$）时，即 $q_d < c'_a < q_d + r$。

此时路段上会产生轻度交通拥挤，因而可采取单匝道动态控制方法来调节路段交通需求，即匝道控制根据邻近上、下游主线交通检测器所提供的实时交通数据动态地加以确定，而不是预先设定的固定方式。该疏导策略可以有效地减轻因交通事故而导致的路段交通需求过大的现象，有利于缓解路段交通压力，快速疏散交通拥挤。由于这种控制策略只考虑事发路段上游匝道和路段的交通需求及下游路段通行能力，与其他匝道的控制及检测系统无联结，故不能达到大范围或全局最优控制。这种策略具有设计和运行相对较简单，它对于交通事故引发的轻度交通拥挤有很好的疏导效果。当然，配合匝道控制，也可同步采取主线限速控制方法。以改善交通流运行的平稳性，保证车辆平顺通过瓶颈路段，提高路段瓶颈处通行能力。

（3）当交通事故造成较严重的道路通行能力下降时，或交通事故虽不很严重但当时道路上的交通需求较大，都会造成事发路段的道路通行能力（c'_a）低于上游主线的交通需求（q_d）即 $c'_a < q_d$ 的现象，从而引发较严重的路段交通拥挤。

此时，仅仅依靠单个匝道的调节来缓解交通拥挤已无济于事。因而应当采取主线控制、匝道控制及上游路段的诱导分流控制相结合的交通疏导方式。来减缓事发路段的交通压力，以便及时、有效地疏散交通拥挤，尽快恢复正常的交通秩序。

当交通拥挤影响到上游其他多个路段时，则应进一步采取多个匝道入口调节率的同步协调控制方式，即匝道全局动态最优控制方法，或多个匝道入口控制与出口诱导分流相结合的方式。控制目标是实现高速公路上所有车辆总行程时间最小或总服务流量最大，也就意味着因拥挤而引起的总延误最小，该策略适用于因交通事故诱发的大范围的交通拥挤情况，也有利于避免或消除常发性交通拥挤。（见 4.3 节内容介绍）

（4）当交通事故非常严重时，有可能会造成路段通行能力严重下降，并导致高速公路交通堵塞，如车辆在路面翻车。

此时，对于事发路段应采取交通管制手段，实行路段封闭、交通分流等综合疏导方式。交通疏导方案可预先制定，以便在事故发生时及时启动。而其他相邻路段可根据实际情况，采取入口匝道控制、主线限速控制及通道控制相结合的协调控制方式，或采用其他适当的控制策略。

5. 交通疏导组合方案

在高速公路管理中，有多种疏导方法及其组合形式都可用于改善交通流的状态。最常用的基本疏导方法有匝道控制、主线控制和交通诱导三种形式。

交通诱导技术的关键是能否实时、准确地向驾驶人提供有效和可靠的路况信息及最新的动态交通信息，同时提出合理、可行的建议，以便驾驶人自主采取适当的行动。在通道控制系统中，诱导信息还可用于促进交通必要的转向，以实现通道容量的最佳利用。

除了以上三种基本疏导方法外，基于这些基本疏导方法的组合方式还有"匝道+主线""匝道+诱导""主线+诱导"以及"匝道+主线+诱导"等多种形式。这些基本疏导方法或组合疏导方式具有不同的特点和应用条件。

匝道与主线的协调控制，既具有限制交通需求进入高速公路的功能，又具有主线限速调节的功能，对于减缓道路交通拥挤，调节交通流运行的平稳性，减少二次事故等具有更为明显的作用；匝道与诱导的协调控制，因诱导对上游交通流的分流作用，使得匝道控制的灵活性得以增大；主线与诱导的协调控制，不仅使得上游交通需求得以分流，减缓了对下游路段的交通压力，而且也使得主线上的交通流运行更加平稳；匝道、主线及诱导的相互协调控制，则通过匝道限制进入高速公路的交通流量、诱导主线交通流离开高速公路和主线速度调节三方面的共同作用，实现对事故条件下的高速公路交通流运行状态的最优控制。

设计组合疏导策略与方法，需要根据事件的严重程度、当时的道路交通需求以及天气和路面情况，并结合疏导技术及方法特点，构建与之相适应的交通疏导组合模式，以便能够获得更好的对交通事故的适应性和更有效的疏导效果。以上各基本疏导方法或组合疏导方法，在实际应用中因使用条件的不同，效果各异。既可以单独使用，也可以混合使用。在选择疏导方法时，应结合道路的特点、交通事故的严重程度以及当时的交通流需求等情况而定。

6.1.6 事件清除

事件清除是移除车辆、残余、碎片、溢出材料和来自道路的其他项目以及为了恢复道路的原有通行水平而清理影响区域物品的过程。在大部分管理事件中，清除是很重要的一步，根据恢复交通流和移除障碍所需的时间长度，可以对现场采用不同的清除方法。

小事件的清除策略包括警察巡逻车、服务巡逻车、拖曳车和救险车。驾驶员在减少事件发生后的损失及影响方面也有着举足轻重的作用。2011年5月1日施行的《中华人民共和国道路交通安全法》第五十二条规定：机动车在道路上发生故障，需要停车排除故障时，驾驶人应当立即开启危险报警闪光灯，将机动车移至不妨碍交通的地方停放；难以移动的，应当持续开启危险报警闪光灯，并在来车方向设置警告标志等措施扩大示警距离，必要时迅速报警。第六十八条规定：机动车在高速公路上发生故障时，应当依照本法第五十二条的有关规定办理；但是，警告标志应当设置在故障车来车方向一百五十米以外，车上人员应当迅速转移到右侧路肩上或者应急车道内，并且迅速报警。机动车在高速公路上发生故障或者交通事故，无法正常行驶的，应当由救援车、清障车拖曳、牵引。

严重事件，尽管发生次数少，但对交通有重大影响，并要求复杂得多的清除活动，人员伤亡事故、货物散落、翻车和有害物质泄漏等事件都可能造成独特的挑战，这是因为可能需要大量的有关人员参与，事件管理需要采用协调合作方式。对于这类事件，预先清除计划和准备是必需的。一旦发生严重事件，事件清除人员或机构能够及时清除。清除人员应训练有素，经验丰富。

事件现场清除的快慢，对再生事件的影响很大。相关资料表明：很多车追尾的大事故都是由于某一单车小事件没得到及时排除而造成的。从宏观上来说，事件现场处理得越快，再生事件的隐患就会相对缩小。

根据我国目前现有的事故情况，表 6-3 给出了确定不同事故类型要求快速清除的装备。表中 A：表示巡逻车，凡是事故发生都需要巡逻车到场；B：表示事故勘察车，凡是重大事件以上的都应该有它到场；C：表示事故救援车，在特别请求时，可以前往；D：表示救护车，有伤亡的事件现场都应该有它到场；E：表示消防车，凡有失火的事件，应有消防车援助；F：表示故障车灯等，凡车辆事件都应使用；G：表示拖曳车，凡事件车辆达到一般损坏情况都可用拖曳车拖离现场；H：表示吊车，凡翻车、报废车等情况都应采用吊车；I：表示装载车辆，报废车、散落物等情况都要用到装载车。

表 6-3 事故类型及其相应的快速处理装备需求

事故类型	大货	小货	大客	小客
撞左护栏	AB（C）DFGH	AB（C）DFG	AB（C）FG	AB（C）DFG
撞右护栏	AB（C）DFG	AB（C）DFG	AB（C）FGH	AB（C）DFGH
驶出路面	AB（C）DFGH	AB（C）FGH	AB（C）FGH	AB（C）DFGH
翻车	AB（C）DFGH	AB（C）DFGH	ABDFGH	AB（C）DFGH
失火	AB（C）EFGHI	AB（C）EFGHI	AEFG	ABDEFGHI
追尾行车	AB（C）EFGHI	AB（C）EFGHI	AB（C）DFGI	AB（C）FGHI
追尾停车	ABCDFGHI	AB（C）DFG	AB（C）DFG	AB（C）DFGHI
超车侧刮	AB（C）DFGHI	AB（C）DFG	AB（C）DFG	AB（C）DFGHI
变道侧刮	AFG	AFG	AFG	ADFG
其他侧刮	AB（C）DFG	AB（C）DFG	AFG	AFG
其他相撞	AB（C）DFG	AB（C）FGHI	AFG	AB（C）DFGHI
车/行人	ABDF	ABDFG	ABDFG	ABDFG

事件清除是一个复杂、全面的系统工程。为做到快速、安全、高效地清除事件，很多高速公路运营机构成立了专业清障救援队，来保证快速准确的事件响应，合理高效的现场清障作业，及时的路况信息沟通和完善的信息服务。清障救援队的服务优势在于：依托先进的监控系统，路况信息沟通及时准确；建立完善清障救援预案，确定不同绕行路线，确保救援车辆及时到场；实行半军事化管理，运营经费有保证，定期进行演练交流。

京津塘高速清障救援队成立于 2008 年，前身是养护管理所清障队。目前清障队救援人员设置共 26 人，执行四班两运转，每班 6 队员，其中 1 人为班长。另外设队长 1 名，负责清障救援队的日常管理。内业管理 1 名，负责统计、结算、内业登记等工作。清障队配有大型起重机、大平板车、大型拖车、多功能工程车各一台，中小型清障车多台。辅助设备组件有多种型号的钢丝绳、拖车绳、吊带、千斤顶、紧绳器以及大锤、抱角、钢丝绳卡子、电缆、启动充电两用机、普通扳手、套头扳手、接气管等。清障救援队的成立，为保障京津塘高速公路交通事故后道路恢复畅通提供了有力保证。截止到 2009 年 6 月，清障救援队当年共完成巡视里程 12.6 万 km，巡视率 100%，清障次数 326 车次，其中大型清障设备出动 10 次，吊装

10车次，清理事故车126辆。在清障平均用时上比成立前缩短了近1 h，大大提高了清障的效率，从而缓解了路上的拥堵，社会效益和经济效益都得到了提高。图6-6为京津塘高速清障救援队现场作业的场景。

图6-6 京津塘高速专业清障救援队清障现场

6.2 有计划的特殊事件管理和突发公共事件应急管理

6.2.1 有计划的特殊事件管理

有计划的特殊事件是指在特定的时间和地点发生的一件或者一系列能引起公众注意的活动，这种活动使街道或高速公路正常的交通受到影响。如每年的国庆黄金周出行、春运出行。2012年国务院批转交通运输部等部门制定的《重大节假日免收小型客车通行费实施方案》规定，春节、清明节、劳动节、国庆节四个国家法定节假日行驶收费公路的7座以下载客车辆免收通行费。免费政策的实施虽然从表面上节省了公众出行成本，但是有可能造成同一时间涌上高速公路的车辆无序、数量大且集中。因此有计划的特殊事件下高速公路管理的主要目标是尽可能降低高速公路拥堵。

有计划的特殊事件管理的特点是要确定整个事件所涉及的区域、发生地点以及可能会影响交通能力的范围，如果没有合理的分析和计划，可能会在事件发生过程中产生一些不可预知的影响。相反，预知特殊事件影响并提前开始编制计划，制定严格的标准，则可以使交通系统的效率最大化并提高安全性和可靠性。

计划编制包括建立新的制度框架、制定政策和规章制度、监控和预测未来的有计划的特殊事件，包括三个阶段：预测事件可能产生的影响并对其进行可行性研究，修改交通管理计划以有效满足所预测的交通需求，确定交通需求管理策略以优化交通系统运营效率。

在事件进行过程中，除了交通监控之外还必须进行交通管理。在意外事故发生时快速执行交通管理策略需要有一个组织良好的交通管理团队和信息传递机构。

事件结束后,需要对在整个事件过程中收集的交通数据分析,以及对本地和整个区域的交通状况的评估。

6.2.2 节假日高速公路免费通行条件下的事件管理

1. 免费通行条件下易产生的问题

(1)高速公路出入口处易发生拥堵

实施节假日小型客车免费通行政策后,虽然小型客车直接通过收费站,但由于部分收费站,特别是在城区的收费站,受土地使用的限制,出入口的数量无法满足节假日大幅增长的小型客车车流驶入的需要,在收费站处易形成拥堵。

(2)高速公路服务区内车辆、人员囤积易引发安全事故

由于高速公路小型客车免费通行在时间上存在节点限制,在免费时刻即将开始前,除部分有出行时间要求的车辆外,大多数驾驶员为节省高速公路通行费用,会将车辆停放在临近高速公路出口的服务区以等待免费通行时间的到来。因此,每个重大节假日,高速公路免费通行开始时间之前,部分服务区内都会囤积大量的车辆、人员,且可能会出现车满、人满为患的局面,极易引发安全事故和治安(刑事)案件。

(3)易出现占用应急车道问题

由于节假日免收小型客车通行费,车流量加大之后,会出现部分车辆占用应急车道行驶的情况,最终造成应急车道堵塞,严重影响执行紧急公务车辆通行,破坏了高速公路正常的运行秩序。

(4)车辆故障、交通事故等原因易造成高速公路车辆大面积、长时间拥堵

节假日高速公路小型客车免费通行期间,高速公路交通流量会出现集中剧增的情况,车辆故障、交通事故发生的概率比平时大幅提高,而且一旦出现故障车辆、事故车辆滞留高速公路路面,加上应急处理不及时的情况,将会造成严重的交通拥堵,进而会给原本方便、快捷、安全的高速公路带来不便与安全隐患。

(5)停车上、下客现象增多

节假日期间,外出旅游、探亲访友是公众出行的主要目的,高速公路车、人流量将成倍增长,在部分高速公路执勤盲点,在高速公路上等车、下车的群众将比平时增多。同时在拥堵时间较长的情况下,部分群众会下车在高速公路上活动,给路面安全行车将带来很大的隐患。

(6)疲劳驾驶、超速行驶、涉牌涉证违法行为增多

在节假日小型客车免费通行时间结束前,大多数驾驶员都会赶在免收通行费的时间段内下高速,极易出现疲劳驾驶、超速行驶等现象。且部分驾驶员为了超速时避免被监控抓拍,就会遮挡、污损或不按规定悬挂车辆号牌,无形中增加了交巡警的管理难度,给高速公路通行安全带来很大影响。

(7)路面管理警力不足

节假日高速公路交通流量的大幅增大,给高速公路管理部门以及交警部门工作带来一定的压力,高速公路线路长、节假日任务重和管理力量少、警力不足之间的矛盾十分突出,部

分路段现有的警力不能完全覆盖路面已成不争事实。节假日高速公路小型客车免费通行期间，难免会出现顾此失彼、部分路面管理失控情况出现。

2. 免费通行条件下的保障对策分析

（1）增设小型客车专用免费通道

节假日期间，在进入高速公路前沿线公路提前设置免费通行提示标志牌、车辆分流标志牌、收费道口识别标志牌等。使各类车辆按照是否免费，提前分道行驶，在小型客车免费通行专用车道上，可增设限高架等强制隔离设施，避免各类车型混行，来提高免费车辆通行效率。并结合各高速公路收费站具体情况，科学设置小型客车免费专用车道，一般将其设置在收费站左侧入口位置。在部分"潮汐现象"明显的高速公路出入口，可考虑采用出入口相互借用的方式，提高车辆的通行效率。

（2）高速公路与其他公路统一调度

节假日期间，应该全面启动高速公路与其他等级公路的协调联动机制，实现路网的统一指挥调度。当部分高速公路出现拥挤时，道路管理部门通过高速公路监控系统，对高速公路拥挤情况做出判断，根据实际情况，可采取暂时封闭上游部分高速入口，并通过上游其他等级公路进行分流，同时决定是否让部分车流在瓶颈路段下游驶回高速公路，使高速公路瓶颈在最短的时间内消散。

（3）分时段限制货车进入高速公路

由于货车与小型客车在机械性能上存在明显差异，同时存在部分货车超载的现象，在货车与小型客车混合运行时，大中型货车对高速公路通行效率影响较大；且货车出现事故时，处理事故时间一般较长，特别是货车与小型客车间发生事故时，对小型客车司乘人员造成的伤亡率较高，故建议在重大节假日期间对货车进行限制，如在白天从早上 7 点到晚上 9 点之间禁止大货车进入高速公路。

（4）合理利用逆向车道通行

对于高速公路城市出入口，以及主线部分易拥堵路段，建议中央分隔带采用活动护栏，增加逆向车道处理事故或者利用逆向车道通行的功能。高峰出行和回程一般在逆向车道上都不会产生拥堵，应该及时调整出部分逆向车道出来，释放最大能力的车道给拥堵方向的车流，满足拥堵方向上高速公路交通流出行需要。

（5）合理设置免费缓冲期

为应对短期内骤然增大的交通流，对符合条件的免费通行车辆，各收费道口可以采取取消发卡、抬杆放行的措施加以引导。但为了配合这一举措，避免在免费通行结束时间到来前，大量车辆集中采用就近下高速再上高速的方式以减少缴纳通行费用的做法，可以采用合理设置免费缓冲期的方式加以解决。比如，对于未发卡的免费通行车辆，在免费时段结束前提前发放通行卡以提醒通行车辆掌握免费通行时间。此外，针对在免费通行时间结束后仍在高速路上行驶的车辆，可以采取设置高速公路免费缓冲期的做法，将免费结束日零点后至次日 8 点作为缓冲期，其间下高速路的车辆收费由司机自报通行里程进行缴费。

（6）提高事故应急处理能力

随着车流量的大幅增加，交通事故也是直接造成拥堵的原因之一，关于交通事故的预判和处理就是高速公路管理部门工作的职责所在，对于高速公路交通瓶颈路段多设应急处理站点，在部分事故高发路段，提前配置部分应急资源，如大型吊车等，满足高速公路上常见大型车辆如大型客货车事故的处理，灵活掌握交通事故处理机制，是降低重大堵车的重要措施。制定相关应急预案，对于应急处理的措施和办法，应该由高速公路管理部门落实执行。全面分析高速公路运营管理状况，特别是交通拥堵、安全隐患等有关情况，各相关部门密切配合，共同制定并完善重大节假日免收小型客车通行费期间，道路安全管理方案和突发事件应急预案，确保发生突发事件时能按照预案及时、有效开展相关工作。

（7）加强出行者信息服务工作

高速公路部门应与各地政府、交通局、气象局、广播电台等部门充分合作。在节假日高峰来临之前，通过电台广播、网站信息发布、手机短信和可变信息板等手段，告知出行者可能面临的交通拥堵，促使其改变出行时间，使用其他交通方式出行，或者使用其他出行线路。从而降低高峰时期的交通需求，使交通供需趋于平衡，提高高速公路服务水平。大力宣传地方道路、普通公路、国道等公路资源，对于发生拥堵的主要路段，网络、手机、广播电视要积极引导可能出行的车流，避开车流高峰驶入高速公路。做好因高速公路临时关闭或分流部分出行公众思想工作。加强与气象部门的协调合作，第一时间掌握并及时发布气象信息，通过微博、广播、LED显示屏等渠道向广大群众发布，确保群众及时了解气象信息。同时，积极协调交通广播电台，及时播报高速公路动态信息，让广大驾驶员了解实时路况信息，提高出行的预知性和应对性。

（8）相关部门加强配合协调信息共享

在节假日高速公路运营过程中，涉及高速公路公司、交警、路政、养护等众多部门，各部门之间应该加强协调，实现信息共享。高速公路公司应该加强与交警部门的协调配合，掌握、了解车辆通行情况。路面巡逻民警及时将路面拥堵情况、安全隐患情况、事故情况向高速公路公司反馈，根据相关情况适当调整车辆进入高速公路的时间间隔，避免发生大规模拥堵和交通瘫痪现象。与路政、养护部门密切配合共同管理。进一步强化应急管理联动工作，路政加强对高速公路车辆运行秩序的管理，重点解决客货车超载的问题，养护部门每天组织专门人员上路排查路面安全隐患，最大限度地减少道路通行安全隐患，在部分警力不足路段，配合交警加强对路段巡逻。同时，高速公路相邻各部门之间相互配合做好疏导工作。通常情况下，同一条高速公路，由于所跨的地域不同，管辖的部门分工也不同。而且，高速公路进出口附近公路也不属于高速公路管理。节假日期间，高速公路相邻各部门间应加大对交界处和高速公路进出口附近公路车辆疏导、指挥力度，及时纠正各类交通违法行为，共同营造良好的通行环境。

（9）大力宣传提倡绿色低碳安全出行

政府部门、各类媒体应大力宣传提倡绿色低碳、安全出行，节假日期间鼓励公众选择公共交通方式，增加旅客出行可选择的出行方式，如增加大型客车、铁路客运的发车班次和发车频率，增加其服务覆盖面积，加大票价优惠力度，并积极诱导旅客使用其进行出行。积极开展交通安全宣传活动，充分发挥高速公路收费站、服务区作用，大力宣传超速行驶、疲劳驾驶、酒后驾驶、不按规定车道行驶、违法停车、涉牌涉证等交通违法行为的危害性，宣讲交通安全常识，教育广大驾驶人增强守法驾车、文明驾车、安全驾车意识。充分利用高速公路沿线电子显示屏全天候、不间断地滚动播出高速公路通行信息、交通安全宣传标语、安全行车提示、警示语等，不间断地提醒驾驶人自觉遵守交通法律法规、安全行车。

6.2.3 突发公共事件应急管理

2006年国务院发布的《国家突发公共事件总体应急预案》中规定,突发公共事件是指"突然发生,造成或者可能造成严重社会危害,需要采取应急处置措施予以应对的自然灾害、事故灾难、公共卫生事件和社会安全事件"。

突发事件最大特征在于:事件是在没有或者几乎没有预警的情况下发生的。即便像某些可以预测的自然灾害,如台风、暴雪,相对也只有很短的提前反应时间,最多只能提前几天。在很大程度上,精确的地点、时间和灾害强度都无法提前预知。因此最有效的方法是提前做计划,避免并尽可能地减轻损害,或者必要时能够灵活、协调、快速地做出反应。突发事件应急管理需要有一个能够协调管理、兼容通信的系统,既能实时地将信息反馈给决策者,以便必要时能够立即改变策略。又能及时将信息传播给公众,因为公众需要能提供有关交通方式选择的引导,以避免交通系统瓶颈。在有些情况下,突发事件处理也包括交通服务的恢复。

1. 恶劣天气条件下的交通管理

(1)路面结冰积雪时的控制方案

高速公路路面结冰、积雪时,轮胎与路面的附着系数急剧降低,易发生跑偏或尾撞事故。跑偏或尾撞是速度过高引起的,因此限制行车速度可在一定程度上保证行车安全。

当路面结冰和积雪时附着系数分别取值为0.1和0.2时,根据车辆制动性能计算公式(6-1),考虑车辆间安全距离,可得表6-4所示的车辆平均间距与限速标准的控制策略。

$$L = \frac{v^2}{254(\varphi \pm i)} \tag{6-1}$$

式中 L——车辆间距离;

v——速度(km/h);

φ——轮胎与路面之间附着系数;

i——道路纵坡度(%),上坡为正,下坡为负。

表6-4 路面结冰积雪时高速公路分级管制策略

路面结冰				
平均车头间距/m	< 85	[85,170]	[170,290]	> 290
限速/(km/h)	20	40	60	80
路面积雪				
平均车头间距/m	< 50	[52,99]	[99,161]	> 161
限速/(km/h)	20	40	60	80

路面结冰积雪时,应通知道路管理部门对路面积雪进行清理,提示驾驶员减速甚至驶离高速公路。

(2)雾区低能见度的控制方案

能见度对高速公路行车安全是一个非常重要的影响因素。由于大雾使能见度降低而造成交通事故屡有发生,因此在高速公路范围内能见度不足时,应及时制定出行之有效的控制方案。《中华人民共和国道路交通安全法实施条例》中对高速公路通行规则做出了规定,针对不同程度的低能见度规定了相应限速值和车辆间距。根据我国高速公路恶劣天气实际情况,低能见度交通管制建议实施四级管制策略,如表 6-5 所示。

表 6-5 低能见度时高速公路分级管制策略

管制等级	管制条件	管制策略
特级管制	能见度不足 30 m	除重要领导特别紧急公务、紧急抢险救护等特殊车辆在警车带道下通行外,禁止其他各类车辆驶入高速公路,已驶入高速公路的车辆需开启雾灯、近光灯、示廓灯、前后位灯及危险报警闪光灯,并以不超过 20 km/h 的速度就近驶离高速公路或进入服务区休息
一级管制	能见度在 30 m 以上 50 m 以下	禁止危险品运输车辆、"三超"车辆、大型客货车辆和后尾灯不亮的小型车辆驶入高速公路,管制路段临时限速 40 km/h,禁止超车;通行车辆必须开启雾灯和近光灯、示廓灯、前后位灯、危险报警闪光灯,保持车间距不小于 30 m
二级管制	能见度 50 m 以上 100 m 以下	禁止危险品运输车辆、"三超"车辆及重载大型货车驶入高速公路,管制路段临时限速 60 km/h;通行车辆必须开启雾灯和近光灯、示廓灯、前后位灯,保持车间距大于 50 m
三级管制	能见度在 100 m 以上 200 m 以下	临时限速 80 km/h;通行车辆必须开启雾灯、示廓灯和前后位灯,保持车间距不小于 80 m

(3)雨天管控策略

路面有水层时在车辆制动过程中将发生水滑现象,使附着系数急速下降,如表 6-6 所示。

表 6-6 雨天道路附着系数

v	120	100	80	60	40	20
φ(大雨)	0.2	0.30	0.40	0.50	0.60	0.60
φ(暴雨)	—	—	0.17	0.39	0.50	0.50

根据车辆安全距离计算大雨及暴雨时高速公路限速管控策略,如表 6-7 所示。

表 6-7 雨天高速公路分级管制策略

大雨				
平均车头间距/m	<30	[30, 56]	[56, 100]	>100
限速/(km/h)	20	40	60	80
暴雨				
平均车头间距/m	<34	[34, 164]	[164, 183]	>183
限速/(km/h)	20	40	60	80

2. 恶劣天气实行临时交通管制的标志设置要求

出现恶劣天气实行交通管制时,高速公路经营管理单位除应利用可变情报板适时准确发布信息外，还应按以下要求及时设置活动标志等设施：

（1）路面有积雪或因大雾实行三级管制时，临近有影响路段距收费站出口 500 m 处，临时设置限速 80 km 的活动交通标志。

（2）路面结冰或因大雾实行二级管制时，临近有影响路段距收费站出口 500 m 处，临时设置限速 60 km 的活动交通标志；从有影响路段前距收费站出口 500 m 左右处起，间隔 200 m 左右依次设置"前方大雾（桥面结冰）"、限速 60 km、禁止超车的标志组合。

（3）路面严重积雪、结冰或因大雾实行一级管制时，临近影响路段距收费站出口 500 m 处，临时设置限速 40 km 的活动交通标志。

（4）局部管制路段较长的，应在管制路段内相关的收费站出口处选择能见度稍好的适当位置加设临时限速、禁超标志。

3. 恶劣天气条件下高速公路管理主体职责要求

（1）高速公路经营管理单位、交巡警大队、路政机构要加强对辖区恶劣天气特别是大雾天气发生特征的研究，与气象部门建立信息联系渠道，及时掌握天气变化情况，关注可能出现恶劣天气的信息。各部门之间要加强联系与协作，突出重点路段、时段，加强路面巡查、监测，确保路面巡查不失控和相关信息报告的及时、准确高速公路监控中心要加强对路面雾情等异常信息监测，发现或接到雾情等异常情况，需及时通报交巡警、路政部门及收费站采取相应措施，并及时通过可变情报系统发布路况信息。

（2）高速公路交通管理部门应当加大宣传力度，鼓励广大车辆驾乘人员积极参与高速公路管理工作，及时向交通管理部门、公众媒体报告路况和恶劣天气信息，倡导驾驶员积极利用交通广播网等媒体及时了解掌握路况信息，选择合适线路。

（3）高速公路经营管理单位、交巡警大队、路政机构发现或接到恶劣天气信息报告后，应及时沟通并交换信息。根据管制等级要求，及时发布相关信息、设置活动标志，实行限速、限制部分车种通行等。涉及相邻路段的，应及时与相邻地区管理单位通报交流情况。发现下雪或大雾能见度低于 200 m 时，应及时分别报告公安厅交巡警总队、交通运输厅路网调度办公室和省高速公路经营管理单位，并通知当地公众媒体向社会发布信息。应当加强与相邻省（市）高速公路管理单位和部门的联系。建立省际路段联合处置机制，共同做好恶劣天气条件下的协调配合工作。

（4）出现恶劣天气需要实行临时管制时，辖区高速公路经营管理单位、交巡警大队及路政机构的领导必须坚守一线岗位指挥，交巡警、路政及排障所有备勤人员全部到岗在位。交巡警大队和路政机构除留有少量值班、机动人员外，应立即向各主要站点派出警力，加强路面监控和现场管理。巡逻执勤中应不间断喊话鸣笛警示，监督提醒驾驶员按要求开启灯光，严格禁止在雾区或有冰雪路段超速、超车，及时指挥引导限制通行的车辆就近驶离高速公路或进服务区休息。

（5）因大雾天气高速公路需要实行特级或一级管制时，公安厅交巡警总队及高速公路支队、交通运输厅路网调度办公室领导应加强指挥协调，指导解决实施管制中的问题。辖区市公安局交巡警支队值班领导应到一线指挥，及时组织指挥区域分流，落实警力在各临近高速公路入口处，引导车辆绕道通行，避免车辆在高速公路入口处积压。

（6）出现大雾需要实行二、三级管制时，辖区高速公路三方联动协调小组实行集体办公，共同决定采取或变更、撤销管制措施，同时报省公安厅交巡警总队和省交通运输厅路网调度办公室。高速公路经营管理单位负责及时按等级件制要求准确发布路况信息和限速等管制规定，按要求设置活动标志等临管制设施。交巡警大队负责加强入口检查控制，对限制通行及车况差，灯光不齐、不亮的车辆禁止驶入高速公路。

（7）出现浓雾，高速公路不具备通行条件，需要实行特级交通管制。能见度恢复需要撤销或变更管制时，应由辖区高速公路三方联动指挥协调小组形成一致意见，分别报公安厅交巡警总队与交通运输厅路网调度办公室协商后决定。紧急情况下，可在实施交通管制的同时上报。高速公路交巡警大队接到公安厅交巡警总队实施或撤销、变更管制决定后，需及时报告市交巡警支队，并立即组织实施。需要组织外围交通分流的，由市交巡警支队通知相关责任单位落实。交通运输厅路网调度办公室负责及时向相关路政机构、高速公路经营管理单位下达实施或撤销、变更管制的命令。

实施临时封闭管制措施期间，交巡警和路政部门应当加强封闭路段巡查，及时反馈信息，采取喊话、巡逻车压道等措施，引导封闭路段内滞留车辆尽快、安全地从最近匝道驶离高速公路或就近进入服务区。发现停留的故障车或障碍物，及时通知排障部门并协助排障人员进行排障。高速公路经营管理单位应当做好封闭路段服务区内滞留及休息车辆的管理工作，严禁车辆在管制措施解除前擅自驶出服务区。

（8）出现路面积雪，辖区公路经营管理单位应及时采取有效方式清扫。清扫积雪应按先桥梁、匝道、后一般路面，先超车道、后行车道、再紧急停车带的顺序进行。人工扫雪不得在中央分隔带堆放积雪，避免融雪后路面、桥面、桥涵口结冰。

（9）实行临时交通分流管制，需要相邻省（市）配合的，辖区高速公路经营管理单位、交巡警大队和路政机构及时与相邻省（市）同行单位联系，请求协助组织实施，必要时报请省级部门出面协调联系；相邻省（市）高速公路实施交通分流管制，需要配合支持的，应积极协助组织实施，同时分别报告公安厅交巡警总队、交通运输厅路网调度办公室和省级经营管理单位。

（10）实行特级交通管制期间，遇有重要领导紧急公务、病员急救等特殊车辆需要通过，三方联动协调小组负责调度属地高速公路交巡警大队或路政机构派出警车带道，对于跨辖区中途无法交接或不便交接的，需一直带出管制路段。

4. 紧急突发事件下的交通安全管理

（1）高速公路经营管理单位、交巡警大队及路政机构应密切联系、积极协调消防、医疗卫生等部门，建立交通事故等突发事件紧急救援、快速清障工作机制，制定工作预案明确岗位职责，落实绿色通道，努力保障受伤人员得到及时救治，事故现场得到及时清除。

（2）各责任单位的领导要加强重特大交通事故现场处置的组织指挥。发生10辆以上车辆相撞或一次死亡3~4人的事故，所在地市公安局分管领导及该路段经营管理单位的领导应到现场；发生一次死亡5人以上或20辆以上车辆相撞的事故，市公安局主要领导和公安厅交巡警总队领导，以及省经营管理单位的领导应及时赶赴现场，组织指挥救援、现场处置及善后工作。

（3）高速公路发生交通事故车辆受阻排队积压时，交巡警大队和路政机构应迅速赶赴事故现场。按照职责分工进行快速处置，落实专门力量在受阻排队车辆后方喊话、鸣笛，指挥车辆有序停放，防止发生二次事故，严禁车辆堵塞紧急停车带，必要时可在前方互通处实施临时分流管制。对事故现场必须快勘快撤，尽快恢复交通。预计 2 h 内现场交通难以恢复的，由道路经营管理单位牵头，交巡警大队及路政机构共同参与，及时实施对向借道通行管制。实施上述临时管制措施时，公路经营管理单位负责按规定设置标标志、锥筒等设施，交巡警大队负责加强现场指挥疏导。

（4）高速公路发生重特大恶性交通事故时，经营管理单位负责落实相关收费站出入口开辟紧急通道，保证执行现场指挥、抢险、救护任务的车辆快速通行。

（5）加大巡逻和执法力度，为了使高速公路充分发挥其快速、方便、舒适、安全、经济的运输特性，路政大队必须对高速公路进行 24 h 巡逻，这是高速公路交通安全管理的特点之一。通过巡逻可以对高速公路驾驶员起到约束作用，也可及时发现主客观的交通安全隐患，并采取消除措施，达到减少高速公路交通事故的目的。

总体来看，目前我国公共交通应急体系还很不健全，高速公路应急管理方面存在的问题概括如下：交通运输发展"重建设轻管理"、政府缺乏统一的应急管理机构和应急管理机制、缺乏完整而完备的灾害应急法律体系、社会公众缺乏灾害应急意识教育、抵御突发性灾害的科技储备不够。2008 年 1 月，我国南方地区遭遇了 50 年来最严重的雪灾。突如其来的暴风雪对交通网络产生了严重影响，给国民经济造成了巨大损失。雪灾暴露了我国交通应急管理的一些弊端，如：简单关停高速公路的做法造成连锁反应，下雪初期在未形成灾害的情况下，公安交通管理部门考虑到行车安全先后将下雪地区的高速公路基本封闭，这不仅造成了成千上万司机和乘客面临寒风冷雨，也加快了路面结冰速度，导致恶性循环，对经济社会造成较大影响。由于信息不对称，非受灾地区高速公路管理部门并没有及时将灾区道路封闭造成大规模拥堵的信息告知前往灾区的车辆，导致越来越多的车辆向灾区汇集，给后期疏导分流工作造成较大压力。缺乏统一的直辖市管理影响抢通进行。

建立公路交通应急保障体系是应对突发性事件的根本措施。公路交通应急保障体系工作原则应体现为集中管理、统一指挥、分级响应、属地为主、公众动员。可建立健全分类管理、分级负责、条块结合、属地管理为主的应急管理体制。在各级交通管理部门的领导下，实行分管负责制度，充分发挥专业应急指挥机构的作用。加强以属地管理为主的应急处置队伍建设，建立联动协调机制，充分动员和发挥社区、企事业单位、社会团体和志愿者队伍的作用，依靠公众力量，形成统一指挥、反应灵敏、功能齐全、协调有序、运转高效的应急保障体系。可建立如图 6-7 所示的应急保障体系。

为最大限度地避免和减轻灾害事件给社会和公众带来生命财产的损失，世界各国都采取了立法、完善机制、机构建设等几个方面的措施来提高应对灾害的管理和应对能力。发达国家在建设应急管理体系方面起步较早，虽然因国情不同，各国模式不尽相同，但是核心思路基本一致：依据法律建立完善的组织机构，基于地方的综合防灾管理部门和应急反应系统，严谨而高效的政府信息系统和广泛的部门合作；超前的灾害研究和应急预警机制；普遍的灾害意识培养和应急演练培训，充足的应急准备以及可靠的信息网络支撑等。这对我国的防灾应急管理体系建设有重要的启示和借鉴作用。应从以下几个方面构建我国的现代灾害管理模式：建立强有力的灾害管理机构、建立灾害的快速反应机制和灾害管理中的信息披露机制、加快灾害管理的立法进程、建立有效的社会动员机制，提高危机的社会应对能力、加强处理灾害的科技储备、加强交通基础建设，解决交通瓶颈问题。

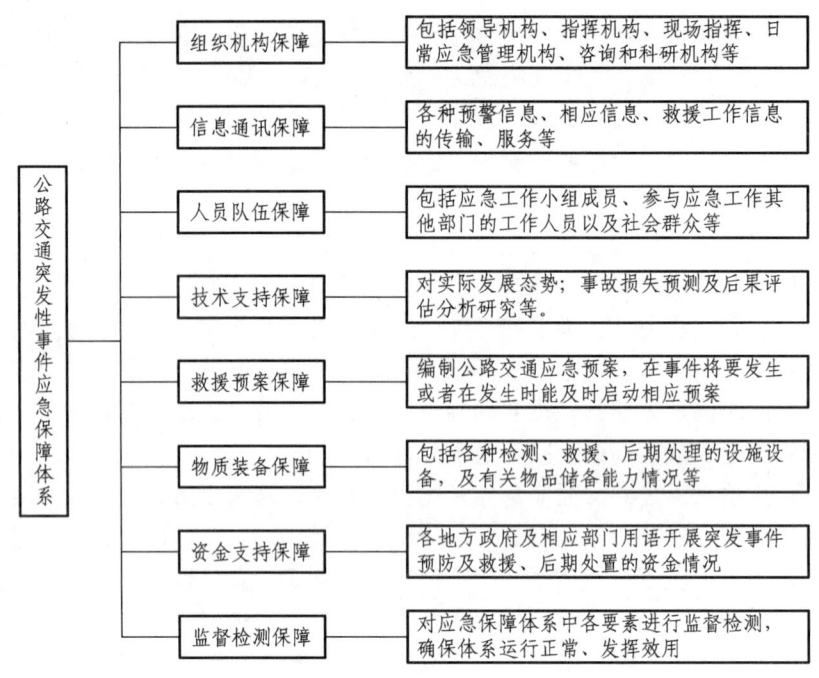

图 6-7　公路交通突发性事件应急保障体系

6.2.4　发达国家的应急管理体系

1. 美　国

美国是世界上最重视应急管理的国家之一,在突发交通事件管理和防灾救灾方面居世界领先地位,取得了举世瞩目的成果。在美国国家应急计划(NRP)中的应急支持职能中,交通支持职能被排在第一位。其应急管理的特点是组织结构完备,职责明确,且非常重视基础信息系统和预警系统的建设。

在20世纪60年代,针对道路交通事故快速检测与救援的需要,美国密歇根州建成了智能交通中心(Michigan Intelligent Transportation Systems Center)。洛杉矶随后建成了自动交通监视和控制系统,该系统在提高交通事故反应能力的同时,使行程时间减少了18%,速度提高了16%,交叉口延误减少了44%,发挥了巨大效益。针对公共突发事件后果日益严重的问题,美国于1979年成立了联邦紧急事件管理局,在防灾救灾方面发挥了重要作用。1986年通过的"灾难和紧急事件救助法案"中,详细规定了紧急事件的范围、处置预案的制定、紧急状态的确认、紧急事件的处置方法等。"911"事件后,美国组件了国土安全部,联邦紧急事件管理局成为其四个主要分支机构之一,并更名为"应急预防响应局",各州及其管辖地方政府相应设置第二和第三层机构,负责应急准备、紧急事件预防、应急响应与调度以及灾后恢复等全过程的应急管理。

美国注重全国性应急信息系统的开发与应用,既有利于优化调度各种应急资源和应急交通的组织指挥,也有利于积累紧急事件处理的经验教训。考虑到应急管理是一项综合性工程,美国在应急法制建设、应急资源保障、应急教育和培训等方面也走在世界前列,其应急管理能力处于全球领先水平。

2. 欧 洲

欧洲交通事件管理研究的最大特点是具有跨地域特性，各主要国家除了独立进行相关研究外，还联合投资进行共同开发大型应用系统。20世纪80年代，启动了由十多个国家共同投资50多亿美元的欧洲汽车安全专用道路设施计划（Dedicated Road Infrastructure for Vehicle Safety in Europe，DRIVE）和由民间资金为主导的欧洲高效安全道路交通计划（Programmer for European Traffic with Highest Efficiency and Unprecedented Safety，PROM ETHEUS），涉及交通需求管理、交通信息系统、城市综合交通管理、城市间综合交通管理、辅助驾驶等，其中公路和城市道路突发事件的识别和分类是研究内容之一。2000年德国、英国、西班牙、希腊等投资开展了 PRIME 项目，其总体目标是开发新方法以提高道路交通事件管理策略的有效性和道路交通的安全性。

在公共突发事件管理方面，英国最具特色。英国建立突发事件应急机制已经有很长的历史，采用的是地方政府为主、中央政府为辅的形式，由于应急体制、应急计划等准备工作比较充分，在紧急事件发生时能够快速做出反应，集结各方力量进行有效处置。

英国的应急管理体制规定，紧急事件的处置以地方政府为主，实行属地化管理。各级地方政府设立专门的"突发事件计划官"，负责制定各自的"突发事件应急计划"、联系辖区内应急系统各相关部门、统筹协调应急基础设施建设和应急处置工作。在重大灾害事件的处置过程中，根据当地政府的要求，中央政府负责帮助确定牵头部门，由其对相关工作和所涉及部门进行协调。

在2001年，英国出台了最新的"国内突发事件应急计划"，主要内容包括：在灾害发生之前，对可能引发突发事件的各种潜在因素进行经常性的风险评估，制定响应的预防措施，进行应急处置方法的规划、培训和演习；在灾害发生之后，快速做出处置响应，加强各部门之间的合作和垂直部门之间的协调；突发事件结束后，使社会及公众从政治、经济、文化以及生理、心理的非常状态中迅速恢复到平常状态，并及时总结应急处理过程中的经验教训，完善基础信息库。

3. 日 本

日本的应急管理体系具有三个特点：一是建立了完善的应急法律法规体系，二是特别重视灾害防范的研究工作，三是重视应急通信系统的建设和运用。

（1）应急管理组织体系框架

日本应急管理体系以法律、制度、功能为依托，以首相为最高指挥官，内阁官房负责整体协调和联络，通过安全保障会议、中央防灾会议、金融危机对策会议等决策机构制定危机对策，由国土厅、气象厅、防卫厅和消防厅等部门根据具体情况进行配合实施。日本的应急管理体系大体分为国家、都道府县、市町村和居民四个层级。

（2）应急管理组织体系

在应急管理的组织方面，日本建立了以内阁首相为最高指挥官，由内阁官房来负责总体协调、联络，并通过安全保障会议、阁僚会议或内阁会议、中央防灾会议等决策机构制定危机对策，由警察厅、防卫厅、海上保安厅、消防厅等各省厅、部门根据具体情况予以配合的高度严密、科学高效的组织体系。

（3）应急管理法律体系

日本的应急管理可谓"立法先行"，相关的法律法规极为完善。早在1947年日本就出台了《灾害救助法》，在此基础上于1961年又出台了可称之为日本防灾应急体系根本大法的《灾害基本对策法》。该法自实施以来，经过多次大的调整以后，在提高政府应急管理能力方面发挥着重要作用。按照该法规定，日本从中央到地方都必须制定相应层次的防灾计划。各级政府制定的防灾计划是应对各种突发灾害事件的重要法宝。一旦灾害"如期而至"，即可有备无患地加以应对。

（4）应急管理研究体系

为了尽可能减少各种灾害带来的损失，日本政府特别重视灾害防范的研究工作，每年投入约400亿日元的专项科技研究经费，大力促进应急科学技术的研究。日本的防灾科学技术研究所、东京大学地震研究所、京都大学防灾研究所都是世界著名的防灾科技研究机构。此外，日本不少高校开设有"危机管理"专业，专门培养高层次的防灾救灾、应急管理等方面的人才。

（5）应急通信系统

日本政府十分重视应急通信系统的建设和运用。2003年3月，中央防灾会议通过了《关于完善防灾信息体系的基本方针》，为应急通信体系建设提供重要的指导。除了已有的比较完善的气象防灾信息系统、流域信息系统、道路灾害信息系统以及覆盖全国的"中央灾害管理无线广播通讯系统"等以外，政府与政府（G2G）、政府与公民（G2C）、政府与企业（G2B）的应急电子政务系统也已开始应用，在应急管理中发挥不可替代的作用。

思 考 题

1. 简述高速公路事件管理系统的功能。
2. 为什么说有效的事件管理是指有关各种机构之间的协调、合作及进行系统的事件处理？
3. 目前常采用的事故检测技术有哪些？
4. 交通出行者和救援相关部门两类用户主体对信息需求有何不同？
5. 交通事件的管理对策有哪些类型？不同管理对策对信息发布有哪些需求？
6. 交通事件信息发布的方式有哪些？
7. 交通事件条件下的交通管理可分为哪些阶段？
8. 不同交通条件下的匝道控制方案有哪些？
9. 简述事件清除及不同事故类型的清除方法。
10. 高速公路突发公共事件管理的关键目标是什么？
11. 试讨论突发公共事件应急管理的办法。
12. 试讨论发达国家的应急管理体系值得我国借鉴之处。

第7章　高速公路交通工程及沿线设施

【本章导读】

　　交通工程及沿线设施是为适应高速公路快速、安全、经济和舒适的通行特点与管理需要而设置的。它是发挥高速公路经济效益、提升管理手段必不可少的配套设施，是保证高速安全行车及调节恢复驾驶员和乘客疲劳、方便旅客、保护环境而设置的不可缺少的重要组成部分。高速公路交通工程及沿线设施包括交通安全设施、交通服务设施和交通控制及管理设施。

　　本章主要介绍交通标志、标线、安全护栏、视线诱导设施、防眩设施等交通安全设施的内容与设计原则，管理机构、监控系统、通信系统、配电和照明系统等交通控制及管理设施，以及服务区等服务设施的设计原则和方法，对管理设施中收费系统的布设要点与要求结合第3章学习。

7.1　高速公路交通工程及沿线设施总体设计要求

　　高速公路交通工程及沿线设施总体设计，是高速公路总体设计的重要组成部分，应协调内部及其外部各专业间的关系，确定总体与各项设施的技术标准、建设规模、主要技术指标，以符合"安全、环保、可持续发展"的总体目标，提高安全、服务、管理水平。

　　交通工程及沿线设施总体设计应根据公路在路网中的功能、作用，综合考虑管理体制、控制出入、收费制式，以及高速公路联网、近期与远期等各种因素，准确体现主体工程的设计意图，在安全性评价的基础上，优化、完善设计方案，以提供运行安全、行驶舒适、服务周到的交通环境。

　　交通工程及沿线设施的交通安全设施、服务设施、管理设施除应保持其各自特性和相对独立外，还应相互匹配、互联互动，并可扩展联网管理，使之成为统一、协调、完整的系统工程。另外，高速公路交通工程及沿线设施总体设计还应拟定发生特殊交通安全或紧急事件情况下的应急处理预案。

　　根据《高速公路交通工程及沿线设施设计通用规范》（JTG D80—2006）[以下简称《规范》（2006）]的设计原则，总体设计要点如下：

　　（1）应根据高速公路在公路网中的位置及其功能，结合与之相衔接、平行、交叉等公路项目的关系，考虑高速公路联网后交通流的监控与组织，以及管理、服务、救助、收费等的要求。

　　（2）应在公路工程主体设计的基础上，根据服务水平、车道数以及路段、交叉、桥梁、隧道等所处的地理位置、路侧自然环境、平纵技术指标、路基横断面形式等科学确定技术标准,正确运用交通工程及沿线设施的技术指标,做出符合实际情况的设计方案。

(3)根据交通量和项目所在地区的社会、经济条件,合理确定建设规模,处理好近期与远期的关系,使交通工程及沿线设施得以充分利用,实现公路建设的可持续发展。

(4)总体协调交通工程及沿线设施与主体工程间和相邻行业间的关系,在符合相关法规、标准、规范的前提下,跟踪其发展动态,采用成熟、实用、高效、先进的技术。

(5)协调交通安全设施、服务设施、管理设施各专业间的设计界面等,制作总体设计各项设施布置总图,检核其科学性、合理性,防止漏项、重复。

(6)根据高速公路所处路网的位置及沿线城镇分布,分层次拟定指示、指路标志的设置方案;结合高速公路平、纵、横面设计及其路段、构造物所处的地理位置、自然环境等情况,拟定交通安全设施的设置原则、路侧与桥梁护栏的防撞等级、应急处理方案与措施。

(7)服务设施的布设除应符合本项目的需要和间距规定外,还应考虑高速公路联网后对驾乘者和车辆服务的需求,拟定服务设施的合理位置及其间距。

(8)管理设施的设计应以实施联网管理为目标,注重对交通流数据的采集、处理、决策与发布,逐步实现公路信息化、决策科学化。

(9)根据高速公路的设计交通量,拟定交通工程及沿线设施分期实施原则,划定征地范围,确定预留项目、管道预埋等方案。

(10)在总体设计方案的论证中,不仅应对设计、施工、维修、营运、管理等各阶段进行成本效益分析,还应从安全、环保、可持续发展等社会效益方面进行全过程、全方位的综合分析,采用综合效益最佳的总体设计方案。

(11)高速公路分期修建的续建工程或改(扩)建工程,应对已建工程项目进行安全性评价,修改、完善设计。

一般来说,高速公路交通工程及沿线设施要求按 A 级服务水平来设计。(参考《公路工程技术标准》(JTG B01—2003))

7.2 交通工程安全设施

交通安全设施包括交通标志、标线、护栏、隔离设施、防眩设施、视线诱导设施、防噪声设施以及照明设施等。交通安全设施直接影响高速公路功能的发挥和经济效益的实现,对减少交通事故、减轻事故严重程度、排除各种纵向干扰、提供视线诱导、增强公路景观起着重要的作用。《规范》(2006)对高速公路交通工程安全设施的设计规定如下:

(1)高速公路交通安全设施应为用路者提供系统和完善的指示、指路、警告、禁令等信息,保障行驶安全、舒适。

(2)高速公路交通安全设施应配置:标志、标线、视线诱导标、隔离栅、防护网、防眩板、护栏、防撞设施等。

(3)位于风、雪、沙、坠石等危及公路安全的路段,应设置防风栅、防雪(沙)栅、防落网、积雪标杆等交通安全设施。

(4)特殊情况下可设置紧急出口、避险车道等交通安全设施。

交通安全设施的各类设备使用年限应不小于表 7-1 的规定。

表 7-1 交通安全设施各类设备使用年限

项目	使用年限/年	项目	使用年限/年
标志	7	混凝土护栏	20
标线	3	防眩板	5
波形梁护栏	15	防护网	5
缆索护栏	15		

八车道及其以上高速公路，应根据交通量、交通组成、交通条件在中间带侧增设出口预告标志、警告标志；或设置门架或路面标示等指示、指路标志等交通安全设施。

路侧安全距离不足或车辆偏离驶出边缘车道，会危及驾乘者及其车辆安全或第三方安全时，应在路侧或中间带设置护栏。

高速公路改（扩）建工程不中断交通施工时，应根据实际情况做出交通组织设计，设置临时交通安全设施。

7.2.1 交通标志

1. 标志的分类

交通标志的作用是指明道路特点，提示驾驶员操作，确保交通安全。高速公路指路标志按照标志的功能可分为路径指引标志、沿线信息指引标志、沿线设施指引标志及其他标志等。

（1）路径指引标志

路径指引标志是为高速公路用户提供从出发地到目的地沿途所经路线信息的交通标志，包括路线编号（名称）、沿线可达地区或地点的名称、行驶的方向及到达目的地或出口的距离等信息，可分为：

① 入口指引标志，包括入口预告标志、入口地点方向标志、入口标志（命名编号标志）、路名标志。

② 行车确认标志，包括地点距离标志、命名编号标志、路名标志。

③ 出口指引标志，包括下一出口预告标志，出口预告标志及出口地点方向标志等。

图 7-1 所示的为入口标志和地点距离标志。

图 7-1 高速公路路径指引标志

（2）沿线地点信息指引标志

沿线地点信息指引标志是为高速公路用户提供所处位置的信息，包括国家高速公路起、终点标志、行政区界标志；著名地点标志、里程牌和百米牌、停车领卡标志、车道数变少标志、车道数增加标志、监控设备标志、车距确认标志、特殊天气建议速度标志、隧道出口距离预告标志。

图 7-2 所示的为高速公路里程牌和百米牌。里程牌下部为高速公路编号，上部为所在位置距国家高速公路起点的里程数。与里程牌配合的百米牌，下部给出里程数，上部标识百米值。

图 7-2　沿线地点信息指引标志

（3）沿线设施和旅游区（点）指引标志

沿线设施指引标志包括：紧急电话标志、救援电话标志、收费站预告及收费站标志、ETC车道指示标志、计重收费标志、加油站标志、紧急停车带标志、服务区预告标志、停车区预告标志、停车场预告及停车场标志、爬坡车道标志、超限检测站标志。

图 7-3 所示的为高速公路 ETC 领卡车道标志、超限检测站标志和收费站预告标志。

图 7-3　高速公路 ETC 领卡车道标志、超限检测站标志和收费站预告标志

（4）其他标志

其他标志包括告示标志（信息板）、图形化标志等。

高速公路相比普通公路车速快，交通标志的设计必须保证高速行驶的驾驶员在某一距离看清标志板上的文字或图案，并按标志的内容采取必要措施。另外，为防止驾驶员眩目，高速公路上的交通标志一般不使用发出散射光的光源，而是采用新型照明材料——反光膜。这种反光膜铺贴在交通标志上，当受到其他光源照射时，会将光线定向反射到驾驶员的眼里，使标志清晰明亮。这种反光膜的反射率比普通油漆强，反射距离可达千米以上，使驾驶员在远距离就能发现。

2. 标志信息分级

根据信息的重要程度、高速公路的服务对象和功能，各类信息可分为A层、B层和C层信息，如表7-2所示。

表7-2 高速公路标志信息分级

信息类型		A层信息	B层信息	C层信息
公路编号（名称）		高速公路、国道、城市快速路编号（名称）①	省道、城市主干线编号（名称）①	县道、乡道、城市次干路和支路编号（名称）①②
地区名称信息	主线、并行线、联络线、地区环线	重要地区（直辖市、省会、自治区首府、副省级城市、地级市）③	主要地区（县及县级市）	一般地区（乡、镇、村）
	城市绕城环线、放射线	卫星城镇、城区重要地名、人口密集的居民住宅区④	城区重要地名、人口密集的居民住宅区	
地点名称信息	交通枢纽信息	飞机场、省级火车站、港口、重要交通集散点	地级火车站、长途汽车总站、大型平面交叉、大型立交桥	县级火车站、长途汽车站、较大型平面交叉
	文体、旅游信息	国家级旅游区、自然保护区、博物馆、文体场馆	省级旅游景点、自然保护区、博物馆、文体场馆	地级、县级旅游景点、博物馆、纪念馆、文体中心

注：① 公路有正式编号时，应首选公路编号。公路编号（名称）应符合国家统一规定。
② 县、乡道宜同时标明编号和名称。
③ 直辖市、省会、自治区首府等控制性城市可作为沿线的基准地区。
④ 应根据高速公路的服务功能、所在位置的远近、交通量和互通式立体交叉分布的疏密等因素确定沿线的基准地区。城市绕城环线较长时，基准地区可相对固定，否则可适当变化。城市放射线高速公路可选取城市范围内最远处的卫星城镇或城市城区（市中心）作为两个方向的基准地区。旅游、机场专用高速公路等应以其服务对象作为方向信息。如城市放射线与国家或省级高速公路路线重合，则按照国家或省级高速公路的规定确定基准地区。

3. 标志的设置原则

（1）高速公路互通式立体交叉之间的标志按下列顺序设置：入口预告标志—禁令标志（禁止某些车辆通行）—入口标志—速度限制—下一出口预告—车道指示标志—地点、距离标志—车距确认标志—出口预告标志—匝道限速标志—出口标志—收费站标志—方向、地点标志。

（2）高速公路互通式立体交叉之间有服务设施、名胜古迹、机场、港口、特大桥梁、长隧道、行政区划边界等地点时，应设置相应的地点标志。

（3）高速公路两侧应按里程和紧急电话分别设置里程碑、百米牌和紧急电话标志等。

（4）全线立体交叉间距大于 20 km 应重复设置地点、距离标志，每隔 5 km 设限速、禁止掉头、禁止停车标志，每隔 1 km 设劝告性标志。

（5）交通标志应设在车辆行进正面方向最容易看见的地方，但不得侵占公路建筑界限，可根据具体情况设置在道路右侧、中央分隔带或行车道上方。

（6）高速公路的出口地名应同互通式立体交叉的名称相同，所选地名应为互通式立体交叉所在的市、县、镇名称或当地旅游景点、经济开发区等，并得到建设部门认可。

（7）交通标志的设置应进行总体布局，防止出现信息不足或过载的现象。对于重要的信息应给予重复显示的机会。

7.2.2　标　线

路面标线是确保车流分道行驶，导流交通行驶方向，加强车辆行驶纪律和秩序，增加公路通行能力，更好地组织交通，引导用路者视线，管制用路者驾驶行为的重要手段，它可以有效地指引车辆在汇合或分流前进入合适的车道。交通标线与交通标志一起构成了公路的立体交通语言，两者应相辅相成，不应相互冲突。

1. 标线的分类

（1）按设置方式分类

① 纵向标线：沿高速公路行车方向设置的标线。

② 横向标线：与高速公路行车方向成角度设置的标线。

③ 其他标线：字符标记或其他形式标线。

（2）按功能分类

① 指示标线：指示高速公路车行道、行车方向、路面边缘等设施的标线。

② 禁止标线：告示高速公路交通的遵行、禁止、限制等特殊规定，车辆驾驶员需严格遵守的标线。

③ 警告标线：促使车辆驾驶员了解高速公路上的特殊情况，提高警觉，准备防范应变措施的标线。

（3）按形态分类

① 线条：标划于路面、缘石或立面上的实线或虚线。

② 字符标记：标划于路面上的文字、数字及各种图形符号。

2. 标线设置原则

（1）高速公路的一般路段应设置行车道边缘线、车行道分界线，车行道边缘线应设置于公路两侧紧靠车行道的硬路肩内，不得侵入车行道内。车行道分界线应设置于同向行驶的车行道分界处。车行道边缘线的宽度应为 15～20 cm，车行道分界线的宽度应为 10～15 cm，交通标线的宽度应根据公路的设计速度和路面宽度确定。

（2）经常出现强侧向风的特大桥梁路段、宽度窄于路基的隧道路段、急弯陡坡路段、车行道宽度渐变路段，应设置禁止变换车道线，线宽与车行道分界线一致。

（3）路面文字标记应按由近到远的顺序排列，字数不宜超过 3 个，设置规格应符合规定。最高限速值应按一个文字处理。

（4）位于中央分隔带或路侧安全净区内未加护栏防护的桥墩、隧道洞口、交通标志立柱等构造物应设置立面标记，颜色为黄黑相间，线宽及间距均为 15 cm。立面标记应向车行道方向以 45° 角倾斜。立面标记宜设置为 120 cm 高。

（5）需要车辆减速或提醒驾驶员注意安全行车处，可根据需要设置减速标线。

（6）互通式立体交叉、服务区、停车区出入口交通标线应根据互通式立体交叉、服务区、停车区的型式，准确反映交通流的行驶方向。互通式立体交叉出入口处，宜设置导向箭头。出口导向箭头应以减速车道渐变点为基准点，间距 50 m。入口导向箭头应以加速车道起点为基准点，视加速车道长度而定，可设三组或两组。

（7）进入收费广场应设置减速标线、收费岛路面标线、岛头标线，各条减速标线的设置间距应根据驶入速度、广场长度经计算确定。收费广场出口端可设置部分车行道分界线。

3. 指示标线

（1）车道分界线

车道分界线为白色虚线，用来分隔同向行驶的交通流，设在同向行驶的车道分界线上。在保证安全的情况下，允许车辆越线变换车道行驶。一般白色线长度为 6.0 m，宽度为 10~15 cm，间隔 9.0 m 画线。凡同一行驶方向有两条或两条以上车道时，应划车道分界线。

（2）行车道边缘线

行车道边缘线为白色实线，高速公路应在车道的外侧边缘或在路缘带内侧划实线边缘线。

（3）高速公路车距确认标线

车距确认线为白色平行粗实线，用以提供驾驶员保持行车安全距离之参考。视需要设置于经常发生超车、易肇事或其他有需要的路段。车距确认标线应与车距确认标志配合使用。从确认基点 0 m 开始，每隔 50 m 设置一组标线，间隔 200 m 重复设置。

（4）高速公路出入口标线

出入口标线是为驶入或驶出匝道车辆提供安全交汇，减少与突出部缘石碰撞的标线。包括出入口的横向标线、三角地带的标线。它的颜色为白色，主要用于高速公路和其他采用立体交叉并有必要划这种标线的道路（如城市快速路）上。出入口标线有直接式和平行式两种。

（5）收费岛迎车流方向地面标线

它表示收费车道的位置，为缴费车辆提供清晰标记。收费岛头地面标线的颜色为白色，标线宽 45 cm，成 45° 斜角，外围标线宽 20 cm。标线应划在迎行车方向，长 1 500 cm。

（6）导向箭头

导向箭头表示车辆的行驶方向，主要用于交叉道口的导向车道内，出口匝道附近及对渠化交通的引导。它的颜色为白色。

4. 禁止标线

高速公路采用的禁止标线主要是禁止变换车道线。禁止变换车道线用于禁止车辆变换车道和借道超车。设于交通特别繁杂而同向具有多条行车道的桥梁、隧道、弯道、坡道、行车道宽度渐变路段、交叉口驶入段或其他认为需要禁止变换车道的路段。本标线为白色实线，线宽为 15 cm。

5. 警告标线

（1）减速标线

用于警告车辆驾驶人员前方应减速慢行，设于主线收费广场、出口匝道适当位置。减速标线为白色反光虚线，根据设置位置的不同，可以是单虚线、双虚线和重复三次，垂直于行车方向设置。减速标线应按以下原则配置：使驶向收费车道的车辆通过各标线间隔的时间大致相等，以利于行驶速度逐步降下来（减速度约为 1.8 m/s^2）。

（2）立面标记

立面标记是提醒驾驶员注意，在车行道或近旁有高出路面的构造物，以防止发生碰撞的标记。立面标记可设在跨线桥、渡槽等的墩柱或侧墙端面上，及隧道洞口和人行横道上的安全岛等的壁画上。立面标记的颜色为黄黑相间的倾斜线条，斜线倾角为 45°，线宽及其间距均为 15 cm。在设置时应把向下倾斜的一边朝向行车道。

图 7-4 为常见的高速公路标线。

图 7-4　高速公路标线

7.2.3　龙点睛安全护栏

1. 护栏的分类

按护栏的刚度分类，可分为以下 3 类，如图 7-5 所示，由左至右分别为刚性护栏、半刚性护栏、柔性护栏。

（1）刚性护栏

刚性护栏是一种基本不变形的护栏结构。混凝土护栏是刚性护栏的主要形式，是一种以一定形状的混凝土块相互连接而组成的墙式结构，这种护栏利用失控车辆碰撞其后爬高并转向来吸收碰撞能量。我国高速公路使用较多的是 NJ 型（新泽西型）和 F 型（改进新泽西型）两种混凝土护栏。混凝土护栏防止车辆越过路（桥）外的效果好，但当车辆与护栏的碰撞角度较大时，对车辆和驾乘人员的伤害较大，且对驾驶员有较强的行驶压迫感，乘客的舒适性也较差，因此不推荐其在高速公路上全线设置，仅适用于窄中央分隔带、桥梁及设置较高路肩式挡墙等的特殊路段。

（2）半刚性护栏

半刚性护栏是一种连续的梁柱式护栏结构，具有一定的刚度和柔性。波形梁护栏是半刚性护栏的主要代表形式，它是一种以波纹状钢护栏板相互拼接并由立柱支撑而组成的连续结构，利用土基、立柱、波形梁的变形来吸收碰撞能量，并迫使失控车辆改变方向。波形梁护栏具有较强的吸收碰撞能量的能力和较好的视线诱导功能，能与高速公路线形相协调，可在小半径弯道上使用，外形美观，损坏易于更换，适用于高速公路和互通式立体交叉匝道的中央分隔带护栏和路侧护栏（大、中桥的路侧护栏除外）。

（3）柔性护栏

柔性护栏是一种具有较大缓冲能力的韧性护栏结构。缆索护栏是柔性护栏的主要代表形式，它是一种以数根施加初张力的缆索固定于立柱上而组成的结构，主要依靠缆索的拉应力来抵抗车辆的碰撞，吸收碰撞能量。这种护栏形式美观，可重复使用，容易修复，车辆行驶时没有压迫感，但视线诱导效果差，适用于交通量低、大型车占有率小、对景观要求高的路段。

图 7-5　高速公路安全护栏

按设置位置分类，也可分为以下 3 类：

（1）路侧护栏

它是指设置于公路路肩上的护栏，其目的是防止失控车辆越出路外，避免碰撞路边其他设施。

（2）中央分隔带护栏

它是指设置于中央分隔带内的护栏，其目的是防止失控车辆穿越中央分隔带闯入对向车道，并保护中央分隔带内的构造物。

（3）桥梁护栏

它是指设置于桥梁上的护栏，其目的是防止失控车辆越出桥外。

2. 护栏的设置原则

（1）护栏防撞等级分为五级，各级主要技术指标应符合表 7-3 的规定。

（2）高速公路在提供足够宽的路侧安全区的路段可不设置护栏。高速公路需设置护栏时，可采用刚性或半刚性或柔性护栏，并根据路侧情况不同采取不同的防撞等级。

（3）高速公路路侧护栏的防撞等级应符合表7-4的规定。

表 7-3 护栏防撞等级

防撞等级	代号		碰撞条件			性能评价	
	路侧护栏	中央分隔带护栏	碰撞速度/（km/h）	车辆质量/t	碰撞角度/（°）	加速度/g	碰撞能量/（kJ）
1	B		100	1.5	20	≤20	70
			40	10			
2	A	Am	100	1.5	20	≤20	160
			60	10			
3	SB	SBm	100	1.5	20	≤20	280
			80	10			
4	SA	SAm	100	1.5	20	≤20	400
			80	14			
5	SS		100	1.5	20	≤20	520
			80	18			

注：碰撞能量大于520 kJ时，其护栏应按特殊防撞等级设计。

表 7-4 路侧护栏防撞等级

防撞等级	路侧情况
2级（A）	一般路段、匝道
3级（SB）	临河、傍山路段，桥头引道或隧道洞口连接线路段
4级（SA）	地形陡峭、高挡墙的路段，车辆跃出路外可能发生严重事故的路段
5级（SS）	车辆跃出路外可能发生严重二次事故的路段

（4）高速公路路侧设置护栏时，护栏起、讫点端头应作安全性处理。两段路侧护栏之间相距较近时，宜将两段连接而连续设置。

（5）高速公路中央分隔带护栏的防撞等级应符合表7-5的规定。

表 7-5 中央分隔带护栏

防撞等级	中间带情况
2级（Am）	一般路段
3级（SBm）	车辆跃过中央分隔带可能发生严重事故的路段
4级（SAm）	车辆跃过中央分隔带可能发生严重二次事故的路段

（6）高速公路整体式断面的中间带必须连续设置护栏。

高速公路整体式断面的中间带宽度大于或等于12 m时，可不设中央分隔带护栏。

（7）高速公路的中央分隔带开口处，应设置活动护栏；中央分隔带开口处的护栏端头应做安全性处理。

（8）高速公路桥涵护栏的防撞等级符合表7-6的规定。

表 7-6 桥涵护栏

防撞等级	桥涵位置设置
2级（A）	小桥、涵洞、通道
3级（SB）	中桥
4级（SA）	大桥、特大桥，车辆跃出桥外可能发生严重事故的路段
5级（SS）	跨越深沟狭谷的特殊桥梁，车辆跃出桥外可能发生严重二次事故的地段

（9）高速公路的小桥、涵洞、通道应设置与路基段形式相同的护栏。

（10）桥梁护栏与路基护栏相衔接处为不同防撞等级或不同形式结构时，应设置过渡段，使护栏的刚度逐渐过渡，并形成为一个整体。

7.2.4 活动护栏

高速公路的对向交通是完全隔离的，因此高速公路的中央分隔带开口处必须设置活动护栏（可移动护栏）。可移动护栏是可方便特种车辆（如交通事故处理车辆、急救车辆）在紧急情况下通行和一侧道路施工封闭时临时开启放行的活动设施。活动护栏在正常情况下要求具有一定的隔离性能和防护性能，在临时开放时应能快速、灵活地移动，如图7-6所示。

可移动技术在一些发达国家的高速公路系统中较为常见。当高速公路采用可逆交通控制时，许多可逆车道采用活动护栏在一到几英里（1英里＝1.609 3 km）的间距内控制交通，缓解前方交通拥堵。这种技术也可以改变工作区的宽度、长度，持续保护工作区和毗邻车道的交通流安全运行。

图 7-6 高速公路活动护栏

活动护栏是公路交通工程管理设施的一部分，它必须与公路主体和其他交通工程设施互相协调，只有这样才能完全发挥交通工程设施的功能。因此，为保证中央分隔带护栏的视线诱导功能的连续、顺畅，要求活动护栏的高度应该与中央分隔带护栏的高度保持协调。当中央分隔带开口所处的路段有防眩要求时，宜在活动护栏上设置防眩设施。防眩设施的形式选择、设置间距、设置高度、遮光角等技术条件应符合规范防眩设施相关条文的规定。

7.2.5 隔离栅与防护网

隔离栅能阻止人、畜进入高速公路或其他禁入的区域，防止非法侵占公路用地。它可有效地排除横向干扰,避免由此产生的交通延误或交通事故,保障高速公路效益的发挥。图 7-7 所示的为常见的高速公路隔离栅。

1. 隔离封闭设施的分类

(1)按构造形式分类,可分为金属网(电焊网、钢板网、编织网)、刺铁丝和常青绿篱。常青绿篱在南方地区与刺钢丝配合使用,具有降噪、美化路容和节约投资的功效。金属网按网片形式可分为钢板网、编织网、电焊网等形式。

(2)按立柱断面形式分类,可分为直缝焊接钢管立柱、型钢立柱、Y 形立柱及混凝土立柱等。

(3)按防腐形式分类,可分为热浸镀锌、热浸镀铝、浸(涂)塑隔离栅。

(4)按安装方法分类,可分为整网连续安装和分片式(组合式)安装。其分类的一般规定如表 7-7 所示。

表 7-7 隔离栅的分类

类 型		埋设条件	支撑结构
金属网	电焊网	混凝土基础或直埋土中	钢支柱
	钢板网		
	编织网		
刺铁网		混凝土基础或直埋土中	钢筋混凝土支柱或钢支柱
常青绿篱		土中	

图 7-7 高速公路隔离栅

2. 隔离栅的设置原则

(1)高速公路沿线两侧应连续设置隔离栅。桥梁、隧道等人工构造物处,或挡土墙高度大于 1.5 m,或两侧有天然屏障的地段,可不设置隔离栅,但隔离栅与人工构造物或天然屏障相连接处应予以封闭。

(2)隔离栅高度可根据公路两侧地形及其周边具体情况等因素确定,以 1.50～1.80 m 为宜。

(3)隔离栅应以风力影响为主进行稳定性验算,并考虑人、牲畜等对隔离栅的破坏因素。

（4）隔离栅可选用焊接网、编织网、钢板网、刺铁丝网等。在靠近城镇的路段宜采用焊接网、编织网等。采用刺铁丝网隔离栅时，宜结合当地情况配合常青灌木或荆棘植物以构成绿篱。

（5）采用金属类隔离栅时，应进行防腐处理。

3. 防护网的分类

高速公路防护网又被称为"公路护栏网"，是一种专业用于高速公路边坡进行安全防护的产品，这种网格结构简练、美观实用、便于运输，安装不受地形起伏限制，对于山地、坡地、多弯地带适应性特强，具有隔离栅无法比拟的优点。

高速公路防护网分为主动防护网和被动防护网。主动防护网是以钢丝绳网为主的各类柔性网覆盖包裹在所需防护斜坡或岩石上，以起到限制坡面岩石土体的风化剥落或破坏以及岩石崩塌的加固作用，或将落石控制于一定范围内运动的围护作用。

被动防护是由钢丝绳网、环形网（需拦截小块落石时附加一层铁丝格栅）、固定系统（锚杆、拉锚绳、基座和支撑绳）减压环和钢柱四个主要部分构成。钢柱和钢丝绳网连接组合构成一个整体，对所防护的区域形成面防护，从而阻止崩塌岩石土体的下坠，起到边坡防护作用。

4. 防护网的设置原则

（1）上跨高速公路的桥梁两侧和人行天桥两侧应设置防护网。

（2）桥梁防护网高度可根据桥梁两侧及其周边具体情况等因素确定，以 1.80～2.10 m 为宜。

（3）桥梁防护网应以风力影响为主进行稳定性验算，并考虑人对防护网的破坏因素。

（4）桥梁金属防护网应做防雷接地设计，其接地电阻应小于 10Ω。

（5）在可能落石的挖方路段，应设置防护网。

7.2.6 视线诱导设施

连续设置视线诱导标是标明公路几何线形走向、线形突变或车流交织，诱导驾驶员视线并予以警示的有效方法。连续设置视线诱导标使用路者能明了前方公路情况，从而能快速、舒适地行驶，增加行车安全，有效避免交通事故。高速公路、一级公路上车辆行驶速度很高，为提高行车的安全性和舒适性，指示道路前方线形非常重要，在夜间视线诱导标的作用就更加明显。

车道数及车道宽度或路肩宽度发生变化的路段，是造成交通流不稳定的重要原因，在夜间往往会引起交通安全方面的问题。如果在该路段设置轮廓标和突起道钉等视线诱导标，使用路者了解车道数或车道宽度的变化，这对顺利通过瓶颈路段防止事故发生是十分有效的。

1. 视线诱导设施的分类

视线诱导设施按其功能可分为：轮廓标、分流或合流标、指示和警告性线形诱导标、突

起路标四类。如图 7-8 所示,从左至右分别为轮廓标、分流标、突起路边。它们各自的功能如下:

(1) 轮廓标:以指示道路线形轮廓为主要目标。

(2) 分、合流诱导标:以指示交通流分、合为主要目标。

(3) 线形诱导标:以指示和警告改变行驶方向为主要目标。

(4) 突起路标:以辅助和加强标线作用、保证行车安全、提高道路服务质量为主要目标。

图 7-8 高速公路视线诱导设施

2. 视线诱导设施的设置原则

(1) 轮廓标的设置原则

① 高速公路的主线及互通式立体交叉、服务区、停车场等的进出匝道或连接通道,原则上规定在全线连续设置轮廓标,但在有照明设施的路线上可以省略。

② 在气候条件恶劣、线形条件差和事故多发地段,应设置反光性能更高的轮廓标或采用尺寸较大的反射器或适当加密轮廓标的设置间距。

③ 在路基宽度、车行道数量有变化的路段,应适当加密轮廓标的间距;在竖曲线路段,为保持视线诱导的连续性,可对轮廓标的间距做适当的调整;在直线段其设置间隔为 50 m,在主线曲线段或匝道上的设置间距可按表 7-8 的规定选用。

表 7-8 轮廓标曲线段的设置间隔

曲线半径/m	<30	30~89	90~179	180~274	275~374	375~999	1 000~1 999	≥2 000
设置间隔/m	4	8	12	16	20	30	40	50

另外,在轮廓标设置时,应特别注意从直线段过渡到曲线段或由曲线段过渡到直线段的布设处理,应使视线诱导保持连续性,能平顺圆滑地过渡。在设置护栏的路段,设置附着式轮廓标,在没有设置护栏的路段,设置柱式轮廓标。

(2) 分、合流诱导标的设置原则

在互通式立体交叉的进、出口附近和有交通分、合流的地方,应设置诱导驾驶员的视线,注意匝道交织运行的分流诱导标和合流诱导标。分流诱导标设在分流端部前方适当地点;合流诱导标设在合流端部前方适当地点。

(3) 线形诱导标的设置原则

① 指示性诱导标应设置在主曲线半径较小或通视条件较差、对行车安全不利的曲线外侧。

② 警告性诱导标应设置在高速公路局部施工或维修作业等需要临时改变行车方向的路段。

③ 线形诱导标至少在 150 m 远处就能看见，其设置间距保证驾驶员至少能看见三块线形诱导标或能辩明前方进入弯道运行。

④ 曲线半径较小的匝道上，驾驶员应连续看到不少于三块线形诱导标。

（4）突起路标的设置原则

突起路标可设置在高速公路主线上，用来标记车道分界线、边缘线，也可用来标记弯道、进出口匝道、导流标线、车行道变窄、路面障碍物危险路段。

对于多雪地区，高速公路某些路段可能形成积雪，这样普通突起路标便会影响到铲雪机的正常工作。对此，可采用增加轮廓标的数量予以弥补。

7.2.7　防眩设施

1. 防眩设施的分类

防眩设施是为了保证夜间行车安全，防止驾驶员不受对向车辆前照灯眩目的设施。防眩设施按构造物可分为三类：防眩板、防眩网、植树（间距型、密集型）。图 7-9 所示的为高速公路防眩设施。不同类型防眩设施的综合性比较如表 7-9 所示。

图 7-9　高速公路防眩设施

表 7-9　不同类型防眩设施的综合性比较

特点	植树（灌木）		防眩板	防眩网	特点	植树（灌木）		防眩板	防眩网
	密集型	间距型				密集型	间距型		
美观	好	好	较差	经济型	差	好	好	较差
对驾驶员心理影响	小	小	小	较小	施工难易	较难		易	难
对风阻力	大	小	大	养护工作量	大		小	小
积雪	严重	严重	小	横向通视	差	较好	好	好
自然景观配合	好	好	不好	阻止行人穿越	较好	差	差	差
防眩效果	较好	好	较差	景观效果	好		好	差

2. 防眩设施的设置条件与要求

（1）防眩设施的设置条件

① 夜间交通量大或大型车比例较高的直线较长的路段，或中间带宽度等于或小于 2 m 的路段应设置防眩板。

② 中间带宽度等于或大于 12 m，或上下行车道中心线高差大于 2 m，或路段有连续照明时，可不设置防眩板。

③ 设置防眩板的路段，应验算其停车视距，不满足停车视距规定的路段必须采取相应的技术措施。

④ 凹形竖曲线底部设置防眩板时，应适当增加防眩板的高度。

（2）设置要求

防眩设施设置要求一般有以下 4 个方面：

① 防眩设施的设置应注意连续性，避免在两段防眩设施之间留有短距离的间隙。在长区段设置防眩设施时，应考虑在形式或颜色上有所变化，可把植树和防眩板交替设置。一般每隔 5 km 左右宜适当改变形式或颜色。

② 防眩板的宽度应根据中央分隔带宽度确定，并注意与道路景观相协调。

③ 防眩设施与各种护栏结构组合设置时，要根据不同地区的情况结合防风、防雪、防眩、景观等多方面的综合要求，考虑设置组合结构的合理性。

④ 中央分隔带设置防眩设施后，应逐段按停车视距的规定进行验算，不符合停车视距的路段必须采取相应的技术措施。

7.2.8 可变信息标志系统

可变信息标志系统是指交通信息标志及其配套支持系统。该系统将交通状况信息（如拥挤程度、排队长度、交通事件等）或停车指示实时地显示在安装于道路关键部位的可变信息板上。当驾驶人看到信息后，根据自己对路网的了解程度决定下一步的路径选择。下面以发光二极管（LED）标志为例介绍可变信息标志系统。

1. 可变信息标志显示内容及要求

可变信息按功能划分为可变限速和可变交通信息，前者为具有法规性质的禁令标志，它以数字显示允许的最高车速；后者为诱导信息，以简要的文字（汉字、西文）或图形（含动画）通告当前的交通情况和驾驶人应该采取的行为。根据《高速公路可变信息标志信息的显示和管理》（JT/T 607—2004），高速公路可变信息标志的信息可分为行车须知信息、特殊时段信息、道路状况信息、天气预警信息和其他信息。行车须知信息，指针对高速公路行车特点而发布的有关提醒驾驶人遵守交通规则、避免疲劳驾驶、确保安全行车等信息。特殊时段信息，指针对每日黄昏/黎明时段、夜间、高温季节、春运期间等特殊时段以及多雾季节、夏季高温天气等特定气候，发布的有关提醒安全行车和警告交通事故的信息。道路状况信息，指针对高速公路使用者发布的道路运行状况信息，以及高速公路可能出现的各种异常情况，包括交通管制、交通事故、道路养护施工、水灾、滑坡、塌方等警示信息和诱导信息。天气预警信息,指针对可能出现的风、雨、雾、冰、雪、沙尘等天气所发布的预警信息。其他信息,指按照高速公路特点和为道路使用者服务而发布的公益信息等。

当同时有一条以上的信息需要发布时,可变信息标志信息的显示应按照下列优先发布顺序进行管理:

(1)道路状况信息,以事故信息为优先;
(2)天气预警信息;
(3)特殊时段信息;
(4)行车须知信息;
(5)其他信息。

由于高速公路上车辆的行驶速度较快,要使驾驶人在昼夜均能清楚地辨识标志内容,对可变信息标志的显示有如下要求:

(1)图文尺寸。可变限速标志的数字直径应大于或等于 100 cm;红色外圆直径大于或等于 140 cm;正方形汉字的边长为 64~96 cm。

(2)图文亮度。显示屏像素的结构排列间距,可根据单位面积的发光强度大小调整,一般要求单位面积平均计算发光强度不小于 8 000 cd/m^2(《高速公路 LED 可变信息标志条件》JT/T 431—2000)。

(3)图文颜色。文字标识显示屏的前景字符发光时为红色、黄色或绿色,不发光时为黑色或无色。红色为禁令性信息,黄色为警告性信息,一般揭示性信息用绿色(JT/T 431—2000)。可变限速标志中,图形外圈发光时为红色,不发光时为黑色或无色。数字字符发光时为黄色,不发光时为黑色或无色(《高速公路 LED 可变信息标志技术条件》JT/T 432—2000)。发布道路状况信息和天气预警信息时,可采用闪烁方式显示信息,其闪烁频率为 1~2 Hz。

(4)显示长度。试验表明,距标志 50~250 m 范围内,驾驶人辨识图文的仰角应小于 4°,图文长度构成的水平视角应小于 12°。因此,文字显示多数为 8~10 个字,文字行的中心线距路面高为 6.3~6.8 m。

(5)标志的视认角应不小于 30°,静态视认距离应不小于 250 m,动态视认距离应不小于 210 m。

(6)采用动态扫描驱动显示方式的显示屏,每屏刷新频率应不小于 100 Hz。汽车高速行驶时,标志的显示内容应清晰、稳定。

2. 可变信息标志功能要求

(1)能控制全亮与全灭,像素在关闭状态时,不应产生微光。
(2)在脱离系统控制时,通过人工方式亦能任意显示内容。
(3)经通信接口接入系统后,应能接受系统或主控单元的控制,按系统或主控单元的命令正确显示相应内容或把工作状况上传给系统或主控单元。
(4)产品应设置自检功能和工作状态指示灯,通过自检功能,将发光像素的工作状态、通信接口的通信性能(误码率)以及其他工作单元的状态正确检测出来,在工作状态指示灯上显示并上传给主控单元。
(5)可变信息标志应设置环境照度检测装置,根据环境照度调整发光像素的发光强度。

以避免夜间照度较低时形成眩光,影响信息的视读。

3. 可变信息标志的布设

可变信息标志的理想布设方式,是在高速公路的每个互通立交及服务区的出入口均设置可变情报板。考虑造价及管理上的问题,至少应在高速公路的主要分流点、互通立交出口及连接不同高速公路的互通立交入口前方 1.0~1.5 km 处设立可变情报板。在连接不同高速公路的互通立交入口前设置的可变情报板可向需进入相邻路段的驾驶人提供前方交通信息,以便驾驶人提前采取措施。以发布特殊气象信息为主的可变情报板,应结合项目特点和当地的气象特点,做好总体路段信息发布和重点气象路段信息发布的调研分析,尽可能有针对性,及时可靠地提供各种气象信息,以保证行车安全。以限速为主的可变信息标志,应最大化服务对象,即设在从匝道进入高速公路主线入口处的适当位置,使所有进入高速公路的车辆及时接收到限速信息。

根据建设项目的特点不同,可变信息、标志布设的数量及内容也有所不同。一般高速公路路线较长,路网不发达,交通流量较小,可变信息标志的布设数量较少,发布的信息以交通管理、天气信息和限速信息为主,可变信息多为文字方式。绕城高速一般位于大城市郊区,与多条辐射状高速公路和城市道路组成路网,可变信息标志布设数量更多,发布的信息也更为全面,包括交通诱导和交通控制信息等。目前,解决可变信息标志布设选址问题的相关算法有基于确定性排队理论的事故延迟模型,基于可变信息标志影响指数的数学规划模型,以及基于贪婪算法的可变信息标志选址算法等。

7.3 管理与控制设施

高速公路管理与控制设施是对高速公路实施现代化管理的主要工具,包括管理和养护、监控、收费、通信、配电照明等设施。管理与控制设施为用路者提供清晰、完整、明了、准确的公路信息;为公路管理者提供科学、先进的技术手段,保障高速公路运行的安全、舒适与高效。高速公路管理与控制设施应适应我国高速公路建设的特点,并充分考虑省(市、自治区)内,或区域联网统一管理的规划要求,确定符合项目所在地区特点的联网管理模式。

7.3.1 管理机构

根据《规定》(2006),省(市、自治区)高速公路管理机构宜设置管理中心、管理分中心、管理站、养护工区等。

(1)管理中心:宜设置收费中心、监控中心、通信中心,负责全省(市、自治区)高速公路的管理与养护,收集监控、收费、运行信息并反馈决策信息,应具备从行政、技术和信息等方面对全省(市、自治区)路网和任一路段进行实时监视、调度、管理和控制的能力。

（2）管理分中心：宜设置收费分中心、监控分中心、通信分中心，负责所辖区域或路段的管理工作，应具备收集、分析所辖区域或路段管理各部门有关资料与数据，随时掌握公路状况和交通情况，实现对公路运行和信息的监视和控制的能力。

（3）管理站：根据行政区划或路段长度、构造物特性以及管理需要，宜设置路段监控站、通信站、收费站、隧道管理站、特大桥管理站，负责所辖范围内交通安全、收费、监控、通信等设备的业务管理和保养维护，应具备收集、分析、整理公路运行和信息，并按时逐级上报的能力。

（4）养护工区：负责所辖路段的保养与维护，应具备收集、分析所辖路段公路各设施的相关资料、数据，掌握公路运用状况，并按时逐级上报的能力。

管理机构的设置：

（1）管理中心宜设在省（市、自治区）会城市，每省一处。

（2）管理分中心、管理站、养护工区，宜靠近所辖路段或区域设置。

（3）收费站应设在主线或匝道收费广场的一侧。

7.3.2 监控系统

高速公路监控系统对高速公路交通流运行状态、道路设施状态和交通环境状态进行监测与控制，是实现高速公路安全行车和道路通畅的基本要求和重要手段。

1. 高速公路监控系统的概念

高速公路监控系统，由信息采集、数据传输、中心控制和信息发布等子系统组成，具有监测和控制两大功能。

监测是指利用高速公路沿线的车辆检测器、气象监测器、能见度仪、摄像机等信息采集设备，对道路交通状况、路面、天气状况和设备工作状况等参数进行实时观察和测量，并通过传输系统将相关结果传送至监控中心控制室。

控制是指由监控中心控制计算机或监控员实时处理系统的各种数据，按照一定计算模式进行分析、判断和决策，并将最终决策结果和下达的控制命令通过通信系统传送到监控现场的信息发布设备（可变情报板和可变限速标志）、收费口控制设备或者匝道控制设备，将路况及各种控制信息提供给驾驶人员，以促进行车安全，提高行车效率。对于引起延误的事件，能够迅速响应，提供紧急服务，并快速排除事件，把事件引起的延误控制到最小，从而达到调节和控制道路交通状况的目的。

2. 高速公路监控系统的特点

高速公路监控系统，通过采集各种交通信息，按照规范的策略，合理运用交通调度方案，引导、限制、警告和组织交通流，减少交通事故的发生率和延误，以提高高速公路的有效性和安全性，其主要特点有：

（1）监控系统地域覆盖面大，监控设备分散，对环境适应性要求高。

（2）传输媒体种类多，有语音、图像、数据等，对通信带宽和实时性要求较高。

（3）外场设备种类繁杂、原形不一、接口多样、速率不同，维护管理有一定难度。

（4）涉及技术面广，包括计算机网络、视频监视、数据采集与处理、通信、多媒体图像处理、计算机软件设计等。

3. 高速公路监控系统的构成

为完成系统的监视与控制功能，高速公路监控系统由信息采集子系统、视频监控子系统、信息提供子系统、交通控制子系统、计算机网络系统等组成。监控系统的构成示意如图 7-10 所示。

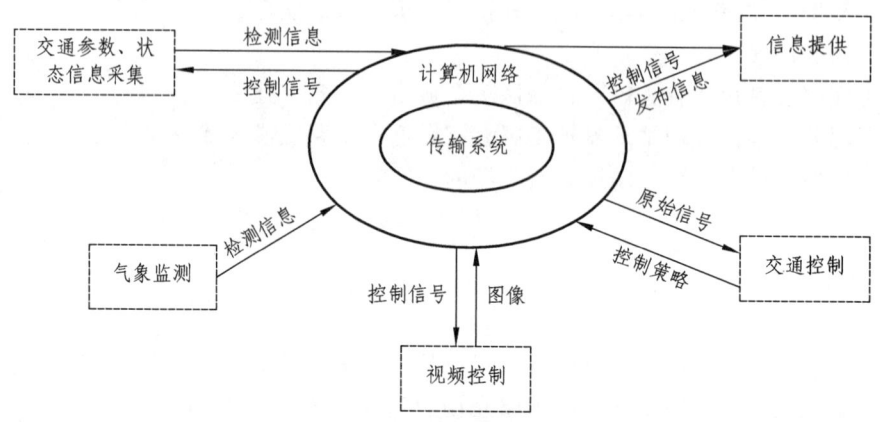

图 7-10 高速公路监控系统构成图

（1）信息采集子系统

该子系统将采集的数据，如车辆检测器采集的车流量数据，气象监测器等采集的高速公路各路段的温度、湿度、能见度、雨雪雾等气象数据，及时、准确地传送至监控中心，同时根据原始数据进行统计运算，生成各类报表。该子系统采集的数据是监控中心进行实时分析、处理和决策的基础。

该子系统主要包括环形线圈检测器、超声波检测器、红外检测器、道路气象检测器等。

（2）视频监控子系统

视频监控子系统是监控系统信息采集的一个重要组成部分。通常在高速公路的一些特殊路段和事故易发地段安装摄像机，如对收费站、服务区、特殊构造物（长大桥梁、长大隧道或隧道群）、特殊线形（连续下坡、连续弯道、不利平纵曲线指标较小）、区域性气候、高边坡、事故多发点、临江临河、地质灾害易发点等进行重点监控，利用图像通信来监视这些区段的交通状况。一旦出现车辆故障或发生交通事故，能提供事故发生的现场图像信息，以便控制中心迅速做出反应并及时地协调管理和事后处理。由于图像监控具有图像逼真、清晰、直观等特点，因而在监控系统中有便于调度和指挥的实用价值。国内许多交通量较大的高速公路项目，摄像机监视范围已覆盖整个区段，实行全程监控。

该子系统由摄像机、解码器、云台、光端机、图像计算机、监视器、投影仪、矩阵切换器、多画面分割器、录像机、控制键盘及附属设备等组成。

（3）信息提供子系统

本系统的主要任务是向道路使用者提供某个区段内的交通、气象、事故和道路状况情报以及速度限制情报，作为道路使用者的行车指南，辅助调节主干线上交通流，参与交通管理与调度。

① 向道路使用者提供信息。如前方路段交通阻塞情况、事故告警、气象情况、道路施工情况等，这些情况常通过可变情报板或路侧通信系统提供。

② 向道路使用者提供建议或控制指令。如最佳行驶路线、最佳限速车道控制信号、匝道控制信号等。这些指令常通过可变情报板、可变限速标志、车道控制标志或匝道控制设备来实现。

③ 向管理和救助部门提供信息。把收集到的各种信息直接或间接进行处理后在各种显示装置中（如地图板、大屏幕投影）显示，为交通管理人员制订控制策略、事件管理方法等方面提供迅速直观的信息；在出现如交通事故、车辆抛锚、道路设施损坏等情况时，向消防部门、急救部门、服务区、道路养护工区等提供有关指令或信息。这些信息常利用指令电话或业务电话来传递。

④ 向社会提供信息。包括对新闻媒介和高速公路以外的道路使用者提供本条高速公路的交通信息。这些信息的提供往往通过交通广播系统或广域信息网来实现。

本系统主要由地图模拟屏、可变道路情报板、可变限速标志和路侧广播、信号灯、公共信息电话或终端等组成，向车辆提供准确的交通状态和警告。

（4）交通控制子系统

该子系统对所采集的各路段交通和气象原始数据进行分析和处理，并综合各相关数据，通过专家系统生成最优的路网调度和交通控制方案。交通控制方案，包括：交通控制目标、交通控制方法、交通控制参数等。其中，控制参数以一定的控制形式作用于交通流，控制方法可以分为主线控制、匝道控制、通道控制三大类。控制算法中有基于稳态交通模型、动态交通模型的准确推导方法、基于模糊理论的算法、基于神经网络原理的算法等，这些算法理论在实践中不断得到发展和完善，为高速公路交通控制奠定了良好的理论基础。

（5）计算机网络传输子系统

通过计算机网络系统，可以将数据采集、视频监视、交通控制、信息提供等其他子系统连接为一个有机的整体，使之真正成为一个功能强大的控制系统。计算机网络系统设备主要包括计算机硬件设备和监控系统应用软件。计算机硬件设备包括交换机、服务器、客户机、打印机、路由器、调制解调器等，监控系统应用软件包括计算机操作系统、数据库系统、计算机网络管理系统、软件等。

7.3.3 高速公路通信系统

高速公路管理需要将多种信号沿公路传输和交换，通信系统的作用是要实现监控和收费设施的数据、语音、图像等信息准确而及时地传输，保持高速公路各管理部门之间业务联络通信的畅通，并为高速公路内部各部门和外界建立必要的联系；同时高速公路通信系统作为交通专用通信网的重要组成部分，是交通信息的主要传输载体，为各种网络服务。

1. 高速公路需要传输信息分类

高速公路需要传输的信息，按用途可划分为以下种类：
（1）监控、收费、隧道消防等机电子系统的控制指令，监测和收费数据（数字信号）；
（2）闭路电视的视频信号；
（3）程控数字交换电话和紧急电话的语音信息；
（4）管理部门与车辆用户的多媒体（语音、数据、图像）信息传输；
（5）车辆用户与卫星通信（从卫星获取 GPS 信息）。

上述信息可概括为语音、数据和图像三大类。为了方便传输和保证通信质量，常将三类信息都用二进制码元表示成数字信号，公路通信主要是数字通信。

固定端到固定端的通信采用有线传输，目前常用光缆通信，近距离通信也采用电线。固定端到运动端（如监控中心与车辆）和运动端间的通信为无线传输，属微波移动通信范畴。

2. 高速公路专用通信系统

高速公路有线通信常采用以光缆传输为主干线的多种专用通信系统。高速公路普遍建造专用通信网的另一个原因是在道路修建时预设通信管道，可节省通信建设投资。随着公用通信网覆盖面越来越广，也可租用公用线路作为公路专用，以减少投资和维护费用。

（1）光缆数字传输系统

近期建造的公路通信系统采用同步数字系列（SDH）自愈环光缆系统，所有的数据和控制指令，电话语音和视频图像全部转换为数字信号，由光纤数多传输线路与各个固定点的计算机及各种终端联接成广域通信网络。也有单位对多芯光缆的各根光芯分配专门业务传输，如有的按 SDH 等级传输数据，有的专用于环路载波电话有的传送 CCTV 视频图像等。

（2）紧急电话系统

为车辆客户提供直接呼救求援的专用通信系统，目前有线、无线两种并存。我国采用独立于光缆之外的专线系统较多。

（3）移动通信系统

公路内部各种工作车辆需在运行和工作过程中及时和管理中心进行联系，为此建立专用无线移动通信或专用集群移动通信系统。

（4）专用近距微波传输系统

车辆用户和公路交通智能化都要求建立车辆与管理部门间的专用近距离多媒体通信，如电子全自动收费系统在收费点和运动车辆间交换收费数据；遥测装置和固定监控站间的数据传输；路侧监控站对车辆的检测、通信和遥控等。为此，出现专用近距通信技术——厘米波短距通信。电子收费系统已使用这种通信技术，车辆多媒体应用将来也需依靠它。

3. 高速公路通信系统的特点和要求

（1）专用性强，通信对象主要是公路管理部门内部各个单位和沿线行驶的客户。

（2）需要传输的信号种类繁多，有语音、活动图像、数据和 GPS 定位信号等，对各类信号的传输有明确要求，如活动图像和语音的实时性，控制指令和报警信号的高可靠性，收费数据严格的连续性等。

（3）通信方式繁多，几乎包含当前的所有通信方式，如光缆通信、程控电话、计算机网络数据和多媒体通信、移动电话、微波和卫星通信等。

（4）数据、图像和语音的传输和处理直接相联，通信系统是作为监控、收费等计算机网络的通信支网出现的，计算机直接参与通信是公路通信的特点之一。

（5）要求高可靠性，系统每天 24 h 不间断运行，中断会丢失重要数据或造成事故处理不当。

（6）公路通信里程为 50~400 km，终端通常不超过 1 000 个，可归属小型通信系统范畴。

高速公路通信系统建立分级管理体制，在各管理分中心建有通信分中心，为了保证信号长距离传输不产生严重失真，根据需要还可设立中继站。

针对上述特点，对公路通信系统的突出要求为高可靠性、低差错率。对各专用子系统和主要部件应有具体技术性能指标，通信设施在设计、建造、试运行和验收时，严格贯彻执行。

7.3.4 供配电与照明系统

1. 供配电系统组成与基本要求

高速公路供配电系统主要由高低压供配电系统、电力线路、备用电源、道路及隧道照明系统、防雷接地系统等组成。供配电系统是高速公路交通机电系统必不可少的支持系统，它的作用是保证 24 h 无间断供应电能，既能正常供电，又能紧急供电。

供电系统包括变压器、高压和低压开关柜、各种配电屏和配电箱等。

紧急供电系统一般配备柴油发电机组、防酸漏铅电瓶或 UPS 电源等。

电力线路是电流的传输通道，一般按电力线路电压高低，将 1 kV 以上线路称为高压线路，1 kV 以下称为低压线路；电力线路按其结构又可分为架空线和电缆线路。

高速公路供配电设施是高速公路附属工程配套设施。其目的在于确保其用电的安全、合理和可靠性，满足高速公路管理部门生产、生活的需要，确保高速公路安全、通畅、经济、快速和舒适等综合效益最大限度地发挥，实现高速公路运营与管理过程的现代化。它一般是采用集中或相对集中供电，所用电源从发电厂或从附近地区的高压电网引出 10 kV 或 35 kV 高压送至高速公路自己的变电所，用降压变压器产生 220 V/380 V 的供电电压，然后再由低压配电屏及输电线送至有关用电设备。为此，供配电设施必须达到以下基本要求：

① 安全——在电能的供应、分配和使用中，不应发生人身事故和设备事故；
② 可靠——应满足用户对供电可靠性的要求；
③ 优质——应满足用户对电压质量和频率等方面的要求；
④ 经济——投资要少，运行费用要低，并尽可能地节约电能和减少有色金属的消耗量。

此外，在工作中，应合理地处理局部和全局、当前和长远的关系，既要照顾局部和当前的利益，又要有大局观念，能顾全大局，适应发展。

2. 照明系统的分类和功能

高速公路照明大致可分为以下两类：
（1）为运行车辆提供的照明

这类照明是指为高速公路使用者提供必要的视觉信息而进行的照明，如主线照明、互通式立交照明及隧道照明等。其主要功能是使驾驶员观察到必须要观察的对象及其背景，如道路的几何线形、前方道路上是否有障碍物、路面状况信息以及特殊场所信息等。

（2）为高速公路管理业务及乘客提供的照明

这类照明既要保证高速公路管理工作人员的正常业务要求，又应满足车辆行驶的视觉需求。如高速公路的收费广场与收费遮棚，既要满足收费人员的工作环境照明，也应兼顾车辆在收费广场内的行驶需求。服务区广场的照明也应兼顾乘客与驾驶员在场内各种活动对照明的需要。这类照明属于一般照明业务范畴，可采用通常的照明方法与标准。

照明系统的功能在于满足驾驶员所必需的视觉条件，能够使车辆安全、舒适地在公路上行驶。照明设置标准应使驾驶员能够在相当远的距离内准确地获得以下一系列的视觉信息：

① 道路上是否有障碍物或行人以及其形状、大小、移动速度及方向等信息；
② 关于道路宽度、线形及道路结构的信息；
③ 关于道路特殊场所，如立体交叉、分合流路段、收费站、桥梁及隧道等的交通环境信息；
④ 路面破损状态及缺损状况信息；
⑤ 道路交通指示标志与标线的信息；
⑥ 关于车辆自身状况的信息。

7.4 服务区

高速公路服务区通常包括：停车场、加油站、厕所、休息区、小卖部或餐厅、汽车维修、绿地和管理设施等，还可结合地区特点增设客房，在环境优美的地方可修建观景台等设施。

高速公路设置服务区是非常有必要的。首先，高速公路的全封闭人为地阻隔了车辆、司机、乘客与外界的联系，给部分旅客和驾驶员带来了不便和困难，旅客和驾驶员在旅途中食宿、购物、通信、加油、维修车辆等都不能与社会直接联系得到服务，这就要借助于高速公路内部有关的服务设施；其次，车辆在高速公路上行车速度高，道路线形单调，驾驶员必须始终保持精力高度集中，因此，容易造成精神上的疲劳和紧张，为了保证安全行车，满足驾驶员生理上的要求，应设置服务区；再次，在高速公路上行驶的车辆，一般行驶时间长，行车速度高，车辆很容易出现故障，利用服务区的设施对车辆进行维护与修理是十分必要的。服务区的设置可增加了道路使用的安全感和舒适感，增加高速公路的吸引力，创造可观的效益。

近年来，随着高速公路通车里程的不断增加，高速公路网已初步形成，对高速公路沿线服务设施的需要使高速公路服务区的规划、建设与运营成为很重要的内容。

7.4.1 服务区规划与布局

1. 服务区间距设置

服务区建设需要大规模的设施修建费用，而且很大程度上受交通量、景观、交通目的等的左右，所以不同国家应根据自身的具体情况来确定服务区的间距。在日本，服务区间距规定为 50 km；英国规定在 16~17 km（平均值为 19 km）；法国为 40 km。

我国交通运输部公路科学研究院对全国几大片区 20 多条干线公路的近百个服务区进行了调查，结果显示：61% 的服务区间距在 35~55 km，平均间距为 45.6 km。鉴于国内相关统计调查资料，并结合国内外相关设计规范，《规范》（2006）规定，高速公路服务设施建设规模应根据公路设计车流量、交通构成、自然环境、用地条件等因素综合确定。服务区、停车区位置应根据路网规划，相邻高速公路服务设施所提供的项目、内容以及沿线人文景观等条件确定。高速公路服务区应设置停车场、公共厕所、加油和车辆维修、餐饮与商店等配套设施，服务区平均间距不宜大于 50 km；最大间距不宜大于 60 km。

《规范》（2006）规定服务区平均间距为 50 km，是有科学依据并符合国际惯例的。其依据是根据驾驶员的精神状态、汽车耗油量、事故救援等多种因素综合考虑。50 km 大概为半小时车程，符合人体的新陈代谢生理周期，而且基本上所有的汽车在油箱油耗的指示灯亮起后，都可以再行驶 50 km。除此之外，也要根据高速公路沿线的地形、地貌特征，适当调整距离，保证高速公路的通行能力，且最大限度地节约成本。

2. 服务区的选址

高速公路服务区的选址就是要确定服务区的具体建设位置，地址选择是否合理，直接关系到建设成本的高低和服务区功能是否能够顺利发挥。

高速公路服务区必须建设在高速公路沿线一定范围内，因此服务区选址也不同于一般建设项目选址，除考虑间距外，既要遵循一定的规定、规则，还应科学分析服务区拟建区域的建设条件、交通技术条件、投资运营条件等。根据国内外的设置经验，选址主要遵循以下几个方面的原则：

（1）合理的建设地点。考虑服务路段的行车特性、相邻服务设施的间距与交通枢纽及沿线城镇的地域关系。

（2）可控的建设条件。包括征地的难易程度，非耕植用地的刊用，建设期土石方等工程量的控制。

（3）适宜的运营环境。包括建成后服务设施的总体环境，运营期供电、给排水、物资供应的成本控制，以及拟选场址对自然和人文环境的可利用性。

（4）与主线相适应的交通技术条件。包括对主线线形的适应性，对路网发展或完善的适应性，以及行驶车辆对沿线服务设施的易识别性。

（5）满足现行的节能环保需求。包括建（构）筑物与自然环境融洽性，对既有地形地貌及植被能妥善保护，雨污水能结合既有沟渠合理疏导并达标排放。

3. 服务区规模

车辆的驶入率和交通量决定服务区规模的大小，我国高速公路服务区用地一般由七大类设施构成：引导车道，停车场，驾乘人员、旅客休息区（含餐饮、购物、休息厅、厕所等），车辆维修区，加油区，旅客休闲广场，绿地景观，员工生活区。这些设施所占空间，不但与交通量有关，而且与交通量的组成有关。在交通量相同的情况下，如果大客车的比例高，停车场、餐厅、厕所等服务设施的容量就应该大一些；相反如果货车比例高，停车区占地面积应大一些。

《规范》(2006)对服务设施的建设规模做了原则性的规定,尚没有形成成熟系统的设计理论和要领,供设计人员参考。其对服务区、停车区的建设规模规定为:应根据公路设计交通量、交通组成、自然环境、用地条件等因素确定。停车场、餐饮等的建筑面积可按预测的第10年交通量设计;交通量大、或大型客车多、或靠近旅游景点等处,可按实际情况确定。但用地及其预留、预埋等相关工程应按预测的第20年交通量设计。服务区的用地、建筑面积不宜超过表7-10的规定。

表7-10 服务区用地和建筑面积

服务设施	用地面积/(hm^2/处)	建筑面积/(m^2/处)
服务区	4.000 0 ~ 5.333 3	5 500 ~ 6 500

注:1. 服务区用地面积不含服务区出入口加减速车道、贯穿车道以及填(挖)方边坡、边沟等的用地。
2. 四车道高速公路采用下限值,六车道高速公路采用上限值。
3. 八车道高速公路服务区用地和建筑面积可根据交通量、交通组成等经论证后确定,但分别不宜超过 8.000 0 hm^2/处和8 000 m^2/处。
4. 当停车区与服务区共建时,其用地和建筑面积为服务区与停车区规定值之和。

"日本高速公路设计要领"确定高速公路服务区规模的方法是:
① 根据主线交通量与服务区的驶入率计算停车位数。

$$服务区停车位数 = 主线交通量 \times 驶入率$$

② 根据停车位数计算与停车位数有关的餐厅、休息场所、加油站、公共厕所等其他设施的规模。

③ 在停车位的基础上,综合考虑服务区未来的发展、所在位置的地域特征、占地类型、征地费用等因素,确定绿化景观用地及其他用地。高速公路服务区总体占地规模为七大类设施占地面积之和。

4. 高速公路服务区功能设置的依据与原则

对于服务区功能配置,要确定合适的服务功能,在一段路上的功能安排是否合理,是否能满足过往车辆以及人员的需求。

根据服务区功能层次划分原则,服务区功能配置与层次划分应该首先要满足人、车的需求,而且从国内外服务区以及停车区确定方法来看,都是以人、车的发生频率最高、对行车及安全影响最大的需求入手而确定的,比如以车辆油量灯警示后运行距离确定加油站的间距等。因此服务区需求频率、续期的弹性及对安全行车影响是确定服务区间距及功能配置的重要依据。

(1) 服务需求频率:指单位历程或单位时间内服务需求发生次数,在一定程度上决定着服务需求量大小和相应服务设置配置的规模。比如,参照国际惯例疲劳发生频率为1次/2h;据相关调查,一般车辆发生故障频率为1.5 ~ 3次/年。

(2) 服务需求弹性:指服务需求产生后,当不能满足需求可持续时间极限,超出时间极限后,需求得不到满足将产生不良后果和影响。比如,根据生理学知识和相关调查结果,一般人发生疲劳预感到入睡需要10 ~ 20 min;车辆油量灯警示到必须加油,车辆能行驶30 ~ 50 km。

（3）对安全行车影响：指需求产生后得不到满足对安全行车及驾乘人员的影响程度。比如疲劳发生后不能及时休息导致瞌睡，极易酿成交通事故；车辆缺油不能及时得到补充将影响行驶。

服务区内部的主要设施有加油站、休息室或旅馆、管理与养护机构用房、商店与餐馆、医护站或急救站、修理所、给排水设施、绿化用地、停车场、公共厕所、浴室、通信设施、辅助设施等。各种服务设施的布置有着各自的原则性，主要原则有以下五点：

（1）为车辆服务的设施如加油站、汽车维修站、停车场等，与为人服务的设施如餐厅、旅社、商店、小卖部、公共厕所等，原则上应单独、分开设置，尽量避免车流与人流的交叉，为人们休息提供更安全的场所。

（2）关于汽车维修站的位置，有以下2种意见：

① 一般认为汽车维修站应与加油站并排布置。这样布置便于共用通信设备、浴室、盥洗室及室外场地，提高设备和场地的利用率。但是一定要注意按照消防规范进行设计。

② 汽车维修站与加油站分开布置。根据使用的经验，认为维修站设在进口、加油站设在出口为好。驾驶员进入服务区后先维修车辆，然后休息，临走时再去加油。使用者认为这样顺当，而且较安全，也不用采取特殊的消防措施。

（3）餐厅、旅社、商店、小卖部、办公用房等宜设在同一栋综合服务楼内，以方便旅客，减少人流和车流的交叉，提高安全性。

（4）公共厕所宜靠近大型车辆停车场，便于大批旅客使用。厕所同时要靠近餐厅、旅社和商店。如服务区规模大，则可分设几处。

（5）其他如给排水设施、供电设施、垃圾处理设施等应尽量设在较隐蔽的地方。

5. 服务区的总体布局形式

服务区的总体布局形式随其主要设施如停车场、加油站、厕所及餐厅等的布置位置不同而有所不同。

（1）停车场的位置，有分离式和集中式两种。

① 分离式：上、下行车道停车场分别布置在高速公路两侧，如图 7-11 所示。

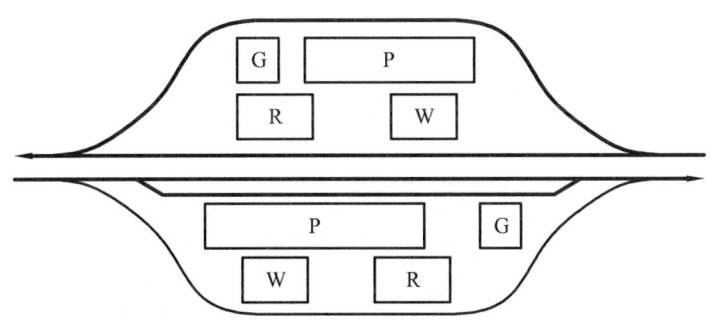

图 7-11　分离式服务区

P—停车场；G—加油站；W—公共厕所；R—餐厅

② 集中式：上、下行车道停车场集中布置在高速公路一侧，如图 7-12 所示。

由于高速公路上、下行车道中央有中央分隔带分开，两侧行驶的车辆都要使用停车场，所以分离式停车场更便于停车，车辆可直接开到停车场，不必绕到对面停车场去。同时，在高速公路上采用分离式停车场，还可以防止驾驶员互相交换通行卡和收费票据等作弊现象。

所以，一般高速公路都采用分离式停车场。

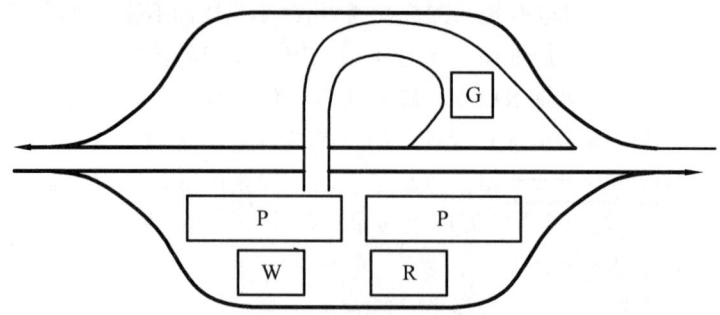

图 7-12　集中式服务区

注：图中 P、G、W、R 的指代意义同图 7-11

（2）餐厅的位置，有外向型、内向型和平行型三种

① 外向型：在餐厅和高速公路之间布置停车场、加油站等其他服务设施。这种布置适用于服务区外侧地形较开阔，旅客在用餐时可避开嘈杂的汽车声的干扰，在安静的环境中得到较好的休息，是一种常用的布置形式，如图 7-13 所示。

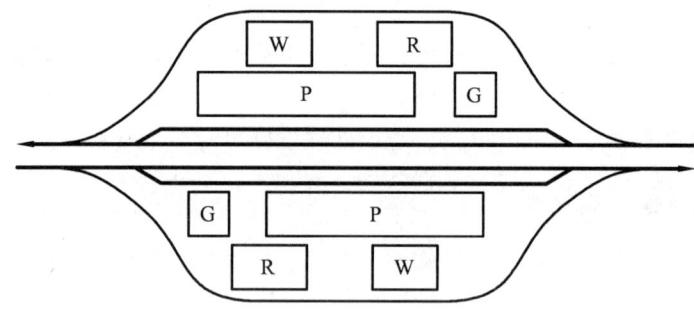

图 7-13　外向型服务区

注：图中 P、G、W、R 的指代意义同图 7-11

② 内向型：餐厅与高速公路相邻，餐厅的另一端布置停车场和加油站等其他服务设施。这种布置适用于服务区周围比较封闭、旅客无法向外远眺的情况，如四周位于乡镇街道路段或挖方路段。内向型的服务区不便于停车，只有在地形条件受到限制时，才采用内向型的方案，如图 7-14 所示。

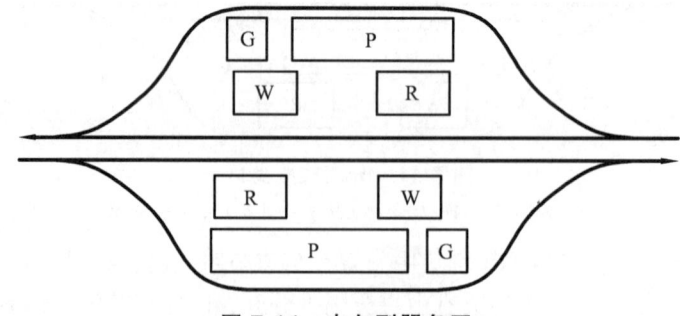

图 7-14　内向型服务区

注：图中 P、G、W、R 的指代意义同图 7-11

③ 平行型：餐厅和停车场、加油站等服务设施相邻，沿高速公路方向作长条形布置。这种布置方式用于地势狭长和山区地段，如图 7-15 所示。

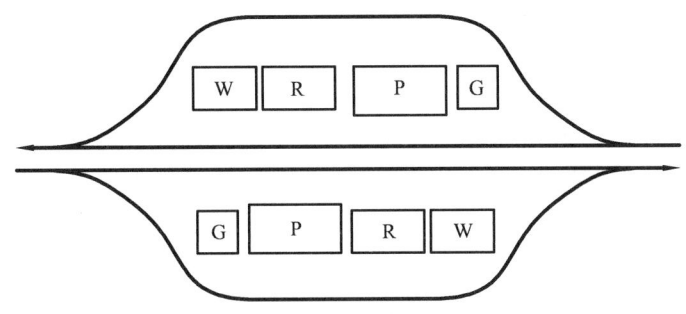

图 7-15 平行型服务区

注：图中 P、G、W、R 的指代意义同图 7-11

（3）加油站的位置，有入口型、出口型和中间型三种

① 入口型：加油站布置在服务区的入口处，车辆一进入服务区就可以立刻进行加油，如图 7-12 所示。入口型有利于场区合理布置、交通流畅以及行人行车的安全，但加油车辆较多时，可能会妨碍入口匝道上车辆的行驶。

② 出口型：加油站布置在服务区的出口处，驾驶员按所示稍事休息后出服务区时再给车辆加油，如图 7-13 所示。

③ 中间型：加油站布置在入口和出口之间，使用起来比较灵活。

由于停车场（P）、餐厅（R）、加油站（G）、公共厕所（W）等主要设施的布置与地形、地貌、沿线自然特征、土地利用、投资费用以及管理条件等因素有关，实际上服务区的形式是通过对各种因素的综合分析和比较，并且按照上述不同分类进行组合确定的。我国目前常见的服务区形式主要有分离式外向型（图 7-13）和分离式平行型（图 7-15）等。国外常用的服务区形式还有分离式餐厅主线上空型和中央集聚型等。

6. 服务区场区标志、标线设计原则

高速公路服务区场区属于高速公路封闭独立的交通系统的一个节点。与高速公路主线满足车辆高速通达的功能不同，它是专门针对机动车在低速和静止状态下产生的需求提供服务的特定场所。因此，高速公路服务区场区的标志和标线，既不同于高速公路主线的交通标志和标线，又区别于城镇道路、城市广场、居民小区以及停车场等市政交通标识系统。

特别要注意的是，标志的设置应根据场区的功能分区、交通流线、驾驶员的行为特征等因素综合考虑，标志设置应全面、系统、连续、均衡。标线设计应考虑驾驶员的行为习惯，符合车辆行驶轨迹要求；设计时，应根据场区路线设计、交通组织、其他交通设施的情况，合理地利用道路有效面积，设置标线。在匝道进入服务区处应设振荡轮廓标或突起路标，提醒驾驶员减速。

7.4.2 服务区的建设与运营管理

如第 2 章所述，高速公路建设是一项庞大、复杂的系统工程，投资巨大，影响深远。如果在设计期考虑不全面，建设期质量控制不好，不仅会给国家造成巨大的损失，而且将给今后的养护管理、改扩建背上沉重的包袱,在社会上造成恶劣的影响。服务区建设作为高速公路建设的一部分,在设计时,应进行总体考虑、合理布局;工程建设时,严把质量关。

1. 服务区的建设与管理理念

高速公路服务区建设不仅是高速公路网不可缺少的组成部分,而且是区域系统演化中的一个非常重要的动态因素。服务区建设是配套公路建设的非农建设用地活动,一方面选址受公路路线的约束,往往占用人口聚居、地形较平坦的地段,造成农业用地挤占,而且实施以后将很难恢复农用;另一方面服务区也是经营活动,不可避免地成为区域经济系统的构成要素,和地方经济发展形成互动关系。因此,在服务区建设和发展中,一定要处理好服务区规模、功能及用地布局和所在区域的发展关系,从贯彻科学规划设计、生态建设和弹性经营理念三个方面来促进服务区建设良性发展。

(1) 科学规划设计理念

科学规划设计要求服务区建设要做到三个统筹考虑:一是按照服务区的合理服务半径 30~60 km,统筹考虑区段路线和运网路线的地形地貌,做到合理选址。规划服务区应沿主线两侧对称布置,尽可能有较好的基础设施配套条件(如供水、配电、通信等);提高设计水平,尽量利用废弃地、荒山和坡地,或结合弃土场设置,尽量不占用农田;二是统筹考虑不同时段的客运流量,做到合理确定规模;三是统筹服务区用地条件和功能设置要求,做到合理布局。高速公路服务区采用单向服务,服务区功能设计应追求旅客对休息所、卫生间、加油设计、休闲广场等中心设施的方便使用以及管理的效率性,各项服务设施的布置应符合进出车辆的流线要求,结合现有地形尽量减少人车流交叉,出入口应考虑以匝道与主线连接,以减少对主线交通的影响。

(2) 生态建设理念

生态建设理念是指在建设服务区中贯彻生态伦理和生态美学的观念。首先在规划设计阶段,认真做好工程可行性研究,精心勘探设计,使服务区必需的功能设施和地形地貌态势相融,既体现服务区设计的"丰富性与多功能性",又充分利用自然景观,突出休闲区环境设计,为旅客创造良好的休息空间。其次遵循统一规划,远近结合,创造能展现高速公路运动感和速度感的象征性建筑,并与周围环境及人文景观相兼容,体现地方文脉特征。最后在服务区平面设计中应充分考虑人性化需求,服务区功能组织应充分考虑过境旅客及司机的使用要求,停车场、休闲广场、综合服务楼、加油站等依次安排在与道路平行的轴线上,人车流线清晰简便而不交叉;创造建筑造型个性鲜明、气氛优雅和服务便利的休息环境;为方便两侧服务区工作人员相互联系,服务区之间应设人行通道等。

(3) 弹性经营理念

目前服务区设施的后期配套建设资金主要依赖招商引资渠道,服务区的经济效益决定着引资规模,而高速公路客流量的季节性变化和司乘人员需求结构,造成了服务区经济效益的不稳定。因此,推进服务区持续发展,必须以经营效益为目标,实施弹性经营理念。一是拓展服务领域,增加富有地方特色的品牌商品,以多样化服务功能实现弹性经营。成功的例子如沪杭高速公路嘉兴服务区,光粽子一天销售就达 3 万多 kg,杭州酱鸭年销售也在 500 万元以上,不仅改变了当地农村产业结构,而且在京沪高速公路有限公司组织的"江苏土特产节"上,服务区超市更汇集全省 64 个县市的 200 多家企业、2 000 多名优新产品,短短 20 多天里,各方惠顾者达 10 多万人,惠山泥人、宜兴紫砂、东海水晶、扬州漆器等名优产品在服务区落户,从而实现服务区和地方经济的"双赢"。二是重塑人员队伍的组织管理模式,建立人力资源储备数据库,以长、中、短期等灵活多样的聘用方式来实现弹性经营。通过人力资源储备库,建立各类多层次人员的档案,在旺季时增加人员聘用,淡季时则减少,可以有效地节约运营成本,并保证从业人员的技能和素质。三是增强服务区信息化建设,借助智能化、网络化设施实现弹性经营。除了建立人力资源储备库,还可以建立服务区客流量预测系统、服务区局域网络、服务区功能监测系统等,以智能化和网络化的手段,强化服务区管理的可控性,为弹性经营奠定基础。

2. 服务区建设和管理现存问题

在我国高速公路的设计和建设中,普遍存在重视主体项目(高速公路主线工程)而忽视高速公路服务区的现象,使高速公路服务区的研究滞后于高速公路的发展,不能很好地指导高速公路服务区建设,不仅导致服务区问题重重,也严重影响到高速公路服务质量和功能发挥。当前我国高速公路服务区主要存在的问题如下:

(1)服务区建设严重滞后

自 1998 年以来,我国高速公路年均通车里程达 4 000 km,但许多新建成的高速公路项目在通车时服务区配套设施的建设却没有同步完成,有些通车项目甚至连服务区的加减速车道及"三通一平"(通水、通电、通路、平整土地)都没有及时完成,服务区建设与通车不同步,或者与交通流量不适应,同时服务区在高速公路的分布密度有待提高。

(2)服务区设施配套不完善

目前我国已经营和在建的服务区项目设施配套主要是加油站、公厕、便利店和餐厅,忽略或者缺少其他必要的附属设施,如简化标志、标线设计,忽略绿化景观设计,缺少安防监控设计等。此类规划设计的缺失,难以使服务区的整体设计水平得到提高,也不利于提高服务区星级化、人性化、现代化的服务水平。随着高速公路网络越来越完善,车辆出行距离也越来越长,以及"自驾游"和轿车家用的普及,出行者对高速公路服务区的功能需求越来越高,服务区设施配套不完善的问题更为突出。

(3)设施规划不合理

服务区的功能布局、设施配置不尽合理,既不能满足使用者的需求,也不符合经营者的经营要求。首先服务区功能用地的总体布局不够紧凑,或者房建占地大,挤占了停车场地;或者公厕位置不合理,既不方便又不醒目;停车场则区划单一。其次从高速公路全线来看服务区设施建设缺乏统一规划,造成沿线一些服务区的设计功能利用率不高,或者利用率接近饱和,不能适应进一步发展的要求。再次服务区总体布置单调、呆板,欠缺美感,缺乏精心的设计和巧妙。例如某服务区征地面积不够,而该路段行驶的大都是超长货车,占用停车场面积大。服务区投入使用不到一年,高峰时间货车停车位置已经不足,不得不减少服务区绿化来扩大停车场面积。

(4)经营管理层次有待提高

目前我国已经营的服务区项目,大多数实行自主经营、自负盈亏、独立核算、自我发展、自我完善的企业化管理模式,从业人员来自于社会各行各业,文化修养、技术职能等方面存在很大差异,工作适应能力强弱有别,不同程度存在着管理水平低、服务质量及环境卫生条件差的现象，影响着高速公路的整体形象。其次，高速公路服务区价格高出市场数倍的现象在国内的服务区也是比较普遍，服务区里所有的商品都比市场价高出 1～3 倍，造成停车多、消费少的现象，最终影响的是服务区的经营效益。在陕西高速公路良田服务区，经营者做过一个调查，良田服务区停车场日停车量达千车次，而实际进行消费的不足 60%，另外一些人，只接受如厕、洗漱、停车、休息等免费服务。

3. 服务区的特点

高速公路服务区有别于一般性的生活服务区，它具有如下特点：

（1）服务对象的唯一性

服务区的服务对象一般为通过高速公路的司乘人员，单纯到服务区为目的的顾客较少，因而服务对象单一。

（2）服务对象的流动性

过往司乘人员的流动性很大，住宿一般不超过一宿，"回头客""常住客"少，这点与一般宾馆、饭店有明显不同之处，从而增加了服务难度。

（3）服务要求的多样性

过往司乘人员的需求层次不一样，消费水平也不一样，客观上要求服务区在设施和服务上能够满足各种不同层次人的需求，这就给服务区的经营提出更高的要求。

（4）服务效益的不稳定性

由于服务区所处位置及客流情况不一，使得各服务区服务内容相差很大。另外，客流的变化很不稳定，具有突发性，这些都造成服务效益的不稳定性。

总之，服务区是高速公路管理体系中的重要一环，它具有自己的规律特点和管理模式，管理好服务区既是高速公路管理体系的自身要求，更是广大司乘人员的迫切愿望，它将随着高速公路的不断发展而逐渐显示其重要性。

4. 服务区的管理原则

正因为高速公路服务区所具有的种种特点和服务区依附于高速公路的特性，所以无论何种管理模式，无论何时何地，都应该有一个共同的行为准则作为管理者决策的指针，服务区的管理应掌握以下几方面原则：

（1）以服务为主的原则

服务区是在全封闭高速公路内供司乘人员旅途生活而设置的，因此，必须坚持以服务为主的原则。

（2）统一规划的原则

在建设和管理上，为了实现服务于高速公路的目标和提高管理水平，对于资金的投入和使用，对于物资的调配，对于物价、卫生、服务等方面的标准和要求，都应实行统一规划和管理。

（3）自主经营、独立核算的原则

为了提高服务水平，应建立一支专业化的管理队伍，所以，服务区必须坚持自主经营和独立核算。

（4）不断发展的原则

人们的需求层次在不断地提高，人类的物质文明和精神文明在不断地发展，服务区的设施、管理、服务等方面也应随着时代的发展而进步。

5. 服务区的投资管理模式

（1）公司化

由高速公路管理部门成立以经营管理服务区为重点工作的企业公司，对服务区实行系统化、专业化管理。公司对服务区在经济上实行收取管理费和折旧费的方式管理，在行政上对服务区的人、财、物予以控制，并对服务质量管理予以约束。

（2）实行承包经营

在合理确定利润水平的基础上实行承包经营，并对物价、服务等方面实行严格控制。

（3）实行租赁

在考虑到折旧、更新改造以及物价和服务等方面的因素后，在较长时间内对外实行租赁。

随着时代的发展，特别是在市场经济形式下，高速公路以及服务区的投资形式将多种多样。而随着投资形式的变化，服务区的管理体制和模式也将会发生许多变化，有股份制、合资以及连锁店的经营形式，但是无论如何，服务区的服务宗旨必须坚持。因此，对于各种企业化模式在指标测算、承包（或租赁）期限等各方面均应极力避免短期行为，杜绝一味追求经济效益的现象。

由于服务区的工作重点在于服务，其次才是效益，因此，在人、财、物等各方面需要直接得到高速公路管理部门的扶持，特别是在服务区投入运营的前几年，在固定资产投入、流动资金的使用、人员的配备和职工培训等诸多方面予以资助，并考虑服务区的长远发展。

6. 服务区的内部管理机制

（1）人员组织机构

服务区的负责人员应该具备独立工作的能力，并具有比较全面的经营管理知识，掌握有关的各项法律、法规和政策，对服务区的发展要勇于开拓和探索。

一般服务区应设以下几个部门：财务部、后勤部和业务部。业务部负责餐厅、旅店、商店、修理厂和加油站等的管理工作；后勤部负责后勤保障和停车场区与公共厕所等公共项目的管理工作；财务部负责整个服务区的财务管理工作。各部门的管理人员必须能够掌握较为系统的专业知识，以保证各部门的服务水平。

服务区的普通工作人员一般以合同工为宜，其特点是易于管理，保证服务队伍的年轻化，服务区工作人员都要经过培训后上岗。

（2）财务管理

无论是在事业单位体制下，还是在企业管理体制下，服务区在财务上历来采取独立核算的形式。为此，在服务区的财务管理上，应遵循各项财务会计制度，严格执行有关法律、法规和政策。

（3）服务区的内部管理

由于各部门的专业性业务与同类行业有诸多共同之处，故在此只论及不同之处的管理问题。

① 加油站。服务区的加油站是顾客需求量最大、最关键的部门，也是效益最高的部门。沈大高速公路服务区曾做过计算，加油站的营业收入比其他几个部门营业收入的总和还要高，

有的甚至可达 2 倍以上，足见加油站在服务区的重要地位。

由于服务区加油站多处偏僻地区，来往客流复杂，安全管理就成为加油站管理中的头等大事。首先，加油站应按规定配备充足的消防器材，并制定出严格的安全管理制度和处罚办法。它不仅要求内部服务人员在操作过程中严格按规程办事，而且要求外来人员严格遵守安全制度。对由于麻痹大意、造成安全隐患或事故者，要严厉处罚。在钱和票证管理上要严格遵守财务管理的有关规定。

② 汽车修配厂。服务区的修配厂初期以中、小修为主，因而修配厂应具备中、小修常见车型的修理技术力量及设备，并保证维修质量，不得购置假冒、伪劣产品，严格按规定收费，并消除垄断经营思想。

③ 旅店、饭店和商店。服务区的旅店一般为中级档次，顾客中暂住者多，这在客观上制约了服务质量的提高，这也给旅店的管理带来难度。因此，应把提高服务质量放在首位。

服务区的餐厅应该具备满足各种层次需求的能力，应以中、低档为主。餐厅在设计、室内布置以及服务等各方面都要考虑具备满足各种要求的能力。

7. 服务区的经营

高速公路服务区的经营具有服务对象的唯一性、服务对象的流动性、服务对象层次不一、季节性强等特点，为此在经营时应根据这些特点，正确选择经营方式和经营战略。实际工作中应从以下几方面着手：

（1）以品种制胜

高速公路服务区不仅给顾客提供简单、应急性的服务，还应尽可能提供琳琅满目的商品以满足不同消费层次的需要，从心理上给人以丰足感，以便使顾客在休息中消费。

（2）以质量取胜

高速公路服务区在经营中求得效益的同时，必须给司乘人员提供良好的服务质量。用较高的标准来要求员工，同时培训员工，并制定相应的奖罚制度。

（3）重视宣传的作用

在市场经济条件下，宣传、推销自己是在激烈的市场竞争中取得成功的关键环节。在服务区的经营中，宣传自己的特点、信誉、舒适的环境、优质的服务是十分必要和强有力的手段。实践证明，重视宣传工作已给服务区的经营带来了一定的效益。

7.4.3 国内外服务区建设运营比较

各国的经济和高速公路发展历程不同，各国、各地、各服务项目之间也存在很大差异，这就造成了各国、各地服务区在管理上出现多种经营模式，以下就目前国内外已有的服务区建设运营模式，进行简单地介绍分析。

1. 国外服务区建设运营模式

（1）韩国多元化经营模式

韩国服务区称为休息站，由韩国建设交通部投资并掌握管理权，进行建设、维护，服务区经营则由公营企业韩国道路公社统一负责。韩国高速公路服务区服务功能及设施齐全,具备休闲、购物和娱乐多项功能,通常包括加油站、停车场、公厕、餐厅、便利店、儿童乐园、银行自助提款机、书店、音像店、电脑上网等,以满足驾乘人员途中各方面需求。其中加油站、便利店允许多家参与竞争,保障了价格的合理性。2006 年,韩国共拥有 141 个服务区,日营业收入(含加油站)约 74 亿韩元(约合人民币 6 600 万元),年营业额达 240 亿人民币。

以韩国为代表的一些国家对高速公路服务区实行"三统一"管理,即统一规划、统一设计、统一管理,实行自我经营+合作经营+租赁经营的多元化经营模式。综合各国目前的高速公路服务区经营模式,韩国的服务区多元化经营模式的优点主要从以下几个方面反映出来:基础方面,设计科学,区位设置合理,拥有完善的服务能力;管理便捷,在经营方式上非常灵活。

(2)法国特许经营模式

法国高速公路中,有超过 75% 的比例实行特许经营。这种模式保证了引入的公司是具有很高信誉和资质的经营企业,国家与这些企业共同参与了服务区的运营管理,保证了良好服务的同时,共同承担了风险,也共享了获得的利益。

法国高速公路服务区服务设施齐全,每 10 ~ 20 km 设有休息区,每 40 ~ 50 km 设有服务区。法国高速公路服务区里的设备实行商业化管理,服务设施之间的链接路线也非常科学,当顾客上完洗手间后,只能按规定路线行走,经过自选商场和餐厅才能回到原地,目的是刺激消费。法国高速公路管理公司在指定的服务区内免费为途经的司机进行手部和颈部按摩。此外,服务区内还设有运动健身和其他娱乐设施供司机们休闲娱乐。法国高速公路此举的最终目的是为了放松司机紧张的神经,从而减少交通事故的发生。

2. 我国内地服务区管理模式

目前我国的高速公路产权归属各有不同,各个省份有着不同的情况,所以经营管理也有着多种模式,具体概括如下:

(1)中部省份常见的模式

对高速公路服务区经营权采取分散下放的形式,由高速公路产权主体将不同路段的服务区经营业务交由该路段管理方自行负责,一般各个路段会专门设置服务区管理处,或者设置服务区经营公司。

在这种模式(可称为以租代管模式)下,在服务区基础设施建成后,产权方将不同地域的服务区划拨给具体路段,这些路段主管部门即将服务区的经营业务租赁给社会经营单位或者个人,经营风险由承包者承担,服务区的具体管理也由其负责,路段主管部门只是收取租金等。这种模式一般常见于江西、两湖地区等中部省份。

(2)沿海省份常见的模式

由高速公路产权主体专门组建主管服务区经营的企业,该企业受产权主体授权,对其所辖服务区进行一系列经营管理活动。

该模式(可称为专营公司自主经营模式)下,服务区的建设以及后期经营都归经营公司负责,在服务区的规划、设置地点上统一规划。在后期的经营中,公司也常常会衍生出多种经营方式,一般以自营为主,一些业务也以承包租赁形式外包。在服务区里面,餐饮业一般自营,加油服务一般与社会性的石油公司合作,另外的一些如超市、汽修等服务业务也形式灵活。这些经营项目虽然承包出去，但是其管理指导权仍然归开发公司所有。江浙、广东等沿海省份一般采取这种模式。

① 辽宁委托管理模式。

委托管理是"专业化"管理的一种表现形式，是指企业法人以财产权契约形式所做的部分或全部让渡，即作为委托方的企业法人财产部分或全部让渡给受托方，从而实现财产经营权和处置权的有条件转移。

辽宁省的所有高速公路服务区均由辽宁高速公路实业发展总公司统一管理。为了适应市场集约化需求，辽宁在服务区经营上引入了竞标方式，将加油站、超市和汽车维修等分别委托给中石化、大商集团和吉林省众诚汽车服务连锁有限公司等有实力的公司经营，与此同时，实现严格管理，限价销售，商家缴纳巨额保证金，一有违反规定者会遭到严厉惩罚，将"以社会效益优先，优质服务为主"的理念融入到经营者得头脑中。辽宁服务区将4个主营项目之一的餐厅作为一块"试验田"，他们利用这块"试验田"，在学习、借鉴、吸收、融合合作企业成熟经营管理的基础上，进行创建辽宁服务区自主品牌的尝试。同时，该公司还成立物业统管部门，对全线服务区的物业进行统一管理，保证服务区设施设备的完好率。

辽宁高速公路实业发展总公司的机构设置如图7-16所示。

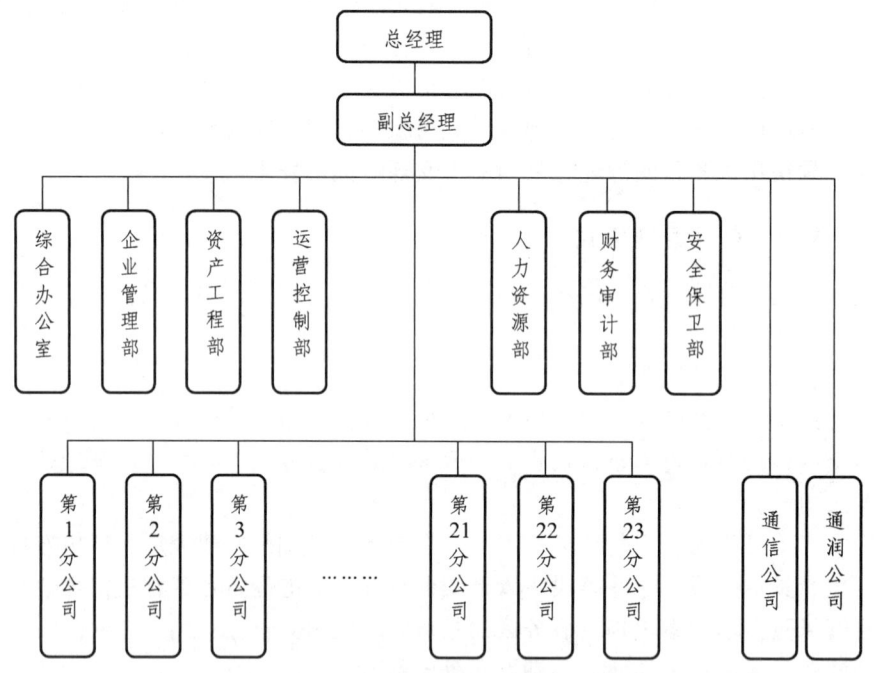

图7-16 实业发展总公司机构设置

委托管理模式的优点主要有以下四点：

一是可以提高高速公路资源配置水平。通过引入高速公路专业管理公司与高速公路的管理，可以促进高速公路管理市场的形成，引进市场竞争。高速公路产权人可以通过招投标的形式，选择最优的管理公司进行高速公路的管理。

二是能降低高速公路运营管理成本。新建成一条高速公路即成立一个公司，新成立的公司往往缺少高速公路管理的知识和经验，需要较长的时间和较高的成本进行高速公路管理的探讨和学习。而将新建高速公路直接委托给专业化公司进行管理，将有效缩短这一过程，降低管理学习成本。

三是可以提高整个高速公路行业的管理水平和用户满意度。

四是有利于降低高速公路投资者风险，鼓励社会投资。

② 广东一体化经营模式。

广东通驿高速公路服务区有限公司是广东交通集团授权在全省范围内对集团独资或控股的高速公路服务区实施规划、建设、经营管理一体化的企业。目前通驿公司下设 10 个职能部门，3 个控股公司，6 个管理中心，管理着 46 对服务区（停车区）。通驿公司的一体化管理，在国内尚属首例，它充分利用高速公路网络资源，配合新经济建立配送网路、广告媒体网络，并进行旅游及客运中转、仓储、智能交通管理、交通信息服务等多元化经营。

2000 年 9 月 7 日通驿公司成立后，收购了当时业主拥有的两家服务区经营公司，建立了一体化架构，因广东省高速公路分属众多不同的业主，各业主对高速公路服务区建设缺乏统一的认识，服务区规划还缺少整体性，2000 年，通驿公司委托广东省公路勘测规划设计院编制了《广东省高速公路服务区规划》（2000—2020）。交通集团还通过文件明确，通驿公司参与规划中的高速公路工程项目服务区的规划设计，并提出专业意见，在各项目的施工图审查时予以落实，集团所属独资、控股的项目公司必须按施工图要求与项目同步竣工验收。服务区建成后，经营业务统一由公司设施一体化经营和管理。通驿公司推行现代连锁经营模式，聘请专业人员，建立自营服务区，并与 2003 年成立商品配送中心，对服务区商品实行统一管理、分级采购、统一结算，同时配送中心还大力发展以消费品为主的物流配送业务。该公司所有自营服务区建立了服务区商品进销存管信息系统，并引进快餐包装设备集中生产快餐等，开发自有商品。此外，引进"十八子""麦当劳"等品牌。通译公司的组织机构如图 7-17 所示。

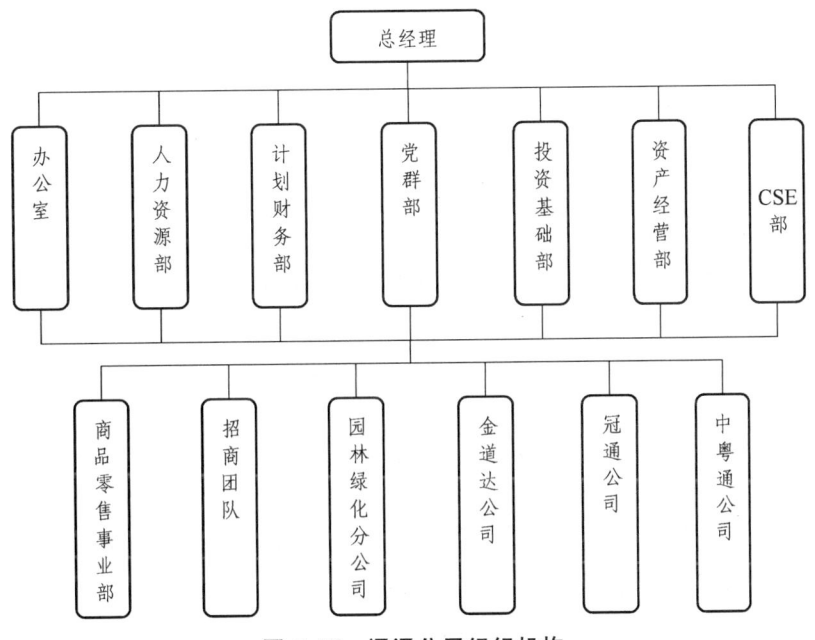

图 7-17　通译公司组织机构

在图 7-17 中，CSE 部指的是通驿公司于 2009 年 1 月成立的 CSE 职能部门，CSE 体系是三位一体的管理体系。C（清洁）是指保持服务区的整体卫生清洁、干净；S（安全）是指克服不安全因素，保证服务区所有人员的人身安全、财产安全、健康不受威胁，整个服务区秩序井然；E（环境）是指建立"环境友好型"服务区，既保证服务区内部的绿化和设施设备运作正常，又保证服务区周边环境不受到污染。由于清洁、安全和环境管理是服务区必须具备的基础功能，并且在实际工作过程中有着密不可分的联系，因此把清洁（Clean）、安全（Safety）和环境（Environment）看成一个系统的管理体系。

CSE 部的主要职能是为公司的服务品牌提供依托；为客户创造清洁、安全、友好的环境；为股东打造文明的社会窗口形象。

一体化经营模式的优点有以下三点：

一是统一规划的高速公路服务区给后期的经营管理带来了不可估量的资源优势。

二是一体化管理形成规模效益，使服务区成为通行费征收之外的另一支支柱产业。

三是以区养区，滚动发展，保障了社会效益。

3. 我国台湾地区委托经营模式

台湾高速公路系统分为投资建设及运营管理，由台湾"交通部国道新建工程局"负责各高速公路及相关附属工程（包括服务区）的投资建设，建成后移交给"交通部台湾国道高速公路局"，负责后续运营及维护管理。台湾高速公路服务区的经营管理经历了政府自营和委托经营两个阶段。自 1980 年起，普遍采用委托经营模式。委托经营又经历了最高价决标和最有利两个阶段。1999 年前，政府采用最高价决标方式选择服务区经营单位，造成政府独赢，而用路人和厂商皆输的局面。1999 年后经过检讨，采用最有利决标方式，以服务为导向，综合考虑厂商信誉实绩，经营创新构想，服务与运营管理，缴纳承包费用等，实现政府、用路人和服务区经营者三方共赢。在服务区日常运行管理中，停车场、加减速车道、区内道路、污水处理由政府（高速公路局）负责维护保养及修缮，建筑物主体如属天然灾害等非人为损害，重大修缮也由政府（高速公路局）负责，建筑主体的日常维护、清洁及其设施更新则由服务区经营者负责。除此之外，服务区公共设施的水电费由政府（高速公路局）承担，服务区经营者只承担营业场所的水电费。

台湾地区的这种模式，能够有效发挥政府和企业的各自特性，政府对高速服务区的公用设施的维护，及时有效地保证了服务区的运转，使其社会公益性这一方面的属性得到了维护，取得了较好的社会效益。另外，企业的良好服务，也保证了所有者、经营者、使用者等各参与方的共同获利。

4. 我国服务区现有经营模式优缺点对比

目前我国高速公路服务区的经营模式主要就是以上提到的以租代管模式和专营公司自主经营模式这两种管理模式。这两种模式各有其优缺点，具体如表 7-11 所示。

表 7-11 服务区经营模式分析对比表

经营模式	优 点	缺 点
专营公司自主经营模式	1. 解决了服务区建设时资金困难问题,实现了资源的整合 2. 可以实现主线建设和服务区建设同步规划,同步建设,达到路通桥通,服务到位 3. 可以对多条路的服务区实行统一管理,降低服务区经营之间的协调成本 4. 统一采购,统一配货,降低了企业原材料的购买成本,提高了企业的利益空间	1. 操作复杂,需要协调好现有各路业主的利益 2. 前期投入需求大量资本 3. 需要一套懂服务区经营和企业运作的人马
以租代管模式	1. 操作简便,只要同承包者签份合同就可以获得收益 2. 资金投入少	1. 对各服务区经营监管困难 2. 所获的经济效益少 3. 由于私人承包户的逐利性,社会效益和社会形象难以保障

5. 我国服务区管理模式的发展趋势

目前,部分省份已看到了服务区以租代管分散化经营的不足,也在尝试"集约化、规模化、专业化"的经营模式探索,欲达到服务区做大做强的目的。因此,高速公路服务区的经营管理正在呈现出统一经营、统一管理的发展趋势,而沿海及其他地区的成功经营案例也为其他高速公路经营者树立了信心,并提供了许多可以借鉴的经验。

例如,河北交通厅项目办初期所辖各路沿线共有 12 个服务区(不含拟建待建),经营业务涉及餐饮、商贸、广告、修理、加油、住宿等。2003 年前主要是采取传统的分散化经营模式进行管理。2002 年 12 月 30 日,河北省交通厅项目办将上述有关资产经过整合、变性、评估后,报经省财政厅和省工商局批准,注册成立了资本总额为 5.4 亿元的河北国融高速公路发展中心,对高速公路服务区进行统一管理,使服务区的整体社会效益得到了全面提升。又如,福建省高速公路华陆管理有限公司,是由中石化与高速公路业主联合组建的企业,成立于 2004 年 3 月,目前负责 15 对服务区的经营管理,占到福建全省高速公路服务区的一半。该公司针对项目外包经营后服务区高速公路形象淡化、缺失的状况,从合理划分服务区功能、统一形象设计、倡导规划设计人性化入手,对服务区进行统一规划设计,成为三福、漳龙高速公路上鲜明的企业,取得了较好的社会、文化、经济效益。

回顾高速公路服务区经营管理模式的演变,高速公路服务区所有权与经营权逐步分离,使经营管理不断走向统一、多元化,积极适应社会经济和高速公路发展的需要。纵观我国高速公路服务区发展历程,服务区在高速公路路网中扮演着越来越重要的角色,其经营管理受到越来越多的关注,亦将会成为高速公路企业新的利润增长点。

思 考 题

1. 简述高速公路标志、标线的分类。
2. 简述高速公路交通标志、标线的设置原则。

3. 高速公路的交通安全设施有哪些？
4. 根据护栏的刚度，安全护栏可分为哪些类型？
5. 简述什么是可移动护栏及其作用。
6. 简述隔离栅的作用及其设置原则。
7. 简述视线诱导设施的作用及其设置原则。
8. 简述防眩设施的分类与设置条件。
9. 简述可变信息标志显示的内容及要求。
10. 简述可变信息标志的布设方式。
11. 简述高速公路监控系统的构成。
12. 高速公路专用通信系统包含哪些子系统？
13. 高速公路供配电设施需要达到哪些要求？
14. 简述高速公路服务区的构成及其作用。
15. 高速公路服务区的间距设置有哪些要求？
16. 高速公路服务区的选址有哪些原则？
17. 简述高速公路服务区功能设置的依据与原则。
18. 高速公路服务区的总体布局形式有哪些？
19. 简述高速公路服务区标志与标线设置的原则。
20. 我国高速公路服务区建设与管理存在的主要问题有哪些？
21. 高速公路服务区有哪些区别于一般性生活服务区的特点？
22. 高速公路服务区的投资管理模式有哪些？
23. 调查了解国内外高速公路服务区建设运营模式。

参考文献

[1] 交通运输部. 国家高速公路网规划. 2004.
[2] 交通运输部. 2013—2030 国家公路网规划. 2013.
[3] 交通运输部. JTG B01—2003 公路工程技术标准. 2003.
[4] 交通运输部. JTG B01—2014 公路工程技术标准. 2014.
[5] 杨林，单炜. 高速公路[M]. 北京：科学出版社，2010.
[6] 高速公路发展的国民经济效益[J]. 公路运输文摘，2002（2）：8-9.
[7] 陆化普. 智能交通系统概述[M]. 北京：中国铁道出版社，2004.
[8] 刘冲. 高速公路 ITS 在中国的发展前景[J]. 交通企业管理，2005（7）：21-22.
[9] 杜宏川. 智能化交通管理系统国内外发展现状分析[J]. 吉林交通科技，2009（2）：59-60.
[10] 交通运输部. 公路建设项目可行性研究报告编制办法[S]. 北京：人民交通出版社，2010.
[11] 交通运输部. 公路建设监督管理办法[S]. 北京：人民交通出版社，2006.
[12] 交通运输部. 公路工程勘察设计招投标[S]. 北京：人民交通出版社，2013.
[13] 交通运输部. 公路工程施工监理招投标[S]. 北京：人民交通出版社，2006.
[14] 交通运输部. 公路工程施工招标投标管理办法[S]. 北京：人民交通出版社，2006.
[15] 交通运输部. 公路工程质量检测评定标准[S]. 北京：人民交通出版社，2004.
[16] 交通运输部. 公路建设项目后评价工作管理办法[S]. 北京：人民交通出版社，2011.
[17] 交通运输部. 公路工程竣（交）工验收办法与实施细则[S]. 北京：人民交通出版社，2004.
[18] 全国人民代表大会常务委员会. 中国公路法[S]. 北京：中国法制出版社，2004.
[19] 刘建生，张劲文. 高速公路建设项目业主管理指南[M]. 北京：人民交通出版社，2005.
[20] 张雁. 高速公路[M]. 北京：中国林业出版社，2009.
[21] 高速公路丛书编委会. 高速公路规划与设计[M]. 北京：人民交通出版社，1999.
[22] 高速公路丛书编委会. 高速公路建设管理[M]. 北京：人民交通出版社，1999.
[23] 项贻强. 高速公路规划与管理[M]. 北京：人民交通出版社，1999.
[24] 张廷楷. 高速公路[M]. 北京：人民交通出版社，1999.
[25] 吴海燕. 高等级公路建设与管理[M]. 北京：人民交通出版社，1998.
[26] 郗恩崇. 高速公路概论[M]. 北京：人民交通出版社，2005.
[27] 杨琦. 公路建设管理知识百问[M]. 北京：人民交通出版社，2003.
[28] 刘亚举. 邛名高速公路项目 BOT 融资模式应用研究[D]. 杨凌：西北农林科技大学，2014.
[29] 华北. 京津塘高速公路项目回顾——世行贷款建设的我国第一条跨省高速公路[J]. 中国公路，2003，06：14-17.
[30] 王洪涛. 高速公路建设项目动态管理理论与实践[M]. 北京：人民交通出版社，2014.

[31] 喻新安. 中国高速公路建设模式研究[M]. 北京：经济管理出版社，2009.
[32] 贾元华，董平如. 高速公路建设与管理[M]. 北京：北京交大出版社，2002.
[33] 刘万里，孟祥茹. 高速公路运营管理[M]. 北京：机械工业出版社，2004.
[34] 郝恩崇. 高速公路管理学[M]. 北京：人民交通出版社，2001.
[35] 方守恩. 高速公路[M]. 北京：人民交通出版社，2002.
[36] 徐吉谦，陈学武. 交通工程总论[M]. 北京：人民交通出版社，2008.
[37] 刘伟铭，王哲人，郑西涛. 高速公路收费系统理论与方法[M]. 北京：人民交通出版社，2000.
[38] 徐宏科，赵祥模，关可. 高速公路收费系统理论及应用[M]. 北京：电子工业出版社，2003.
[39] 万灿军. 高速公路联网计重收费通行费计算及拆分方法[J]. 中国科技论文在线，2009，18（3）：245-248.
[40] 万建忠. 论高速公路收费制度[J]. 山东交通科技，2002，3：32-37.
[41] 彭利人. 高速公路联网收费多路径通行费解决方案选择探讨[J]. 公路，2007（8）：156-158.
[42] 周伟. 节假日高速公路免费通行条件下交通流组织研究[D]. 广州：华南理工大学硕士论文，2013.
[43] 李江. 交通工程学[M]. 北京：人民交通出版社，2003.
[44] 王炜，过秀成. 交通工程学[M]. 2版. 南京：东南大学出版社，2011.
[45] 杨佩昆，张树升. 交通管理与控制[M]. 北京：人民交通出版社，1995.
[46] 孟祥海. 高速公路规划设计与管理[M]. 哈尔滨：哈尔滨工业大学出版社，2006.
[47] 罗霞，刘澜. 交通管理与控制[M]. 北京：人民交通出版社，2008.
[48] 刘伟铭. 高速公路系统控制方法[M]. 北京：人民交通出版社，1998.
[49] 荆便顺. 道路交通控制工程[M]. 北京：人民交通出版社，1995.
[50] 刘智勇. 智能交通控制理论及其应用[M]. 北京：科学出版社，2003.
[51] 赵中杰，许世燕，周林英. 高速公路监控系统[M]. 北京：人民交通出版社，2014.
[52] 杨兆升. 智能运输系统[M]. 北京：人民交通出版社，2003.
[53] 赵一飞，杨少伟. 高速公路设计[M]. 北京：人民交通出版社，2006.
[54] 王殿海. 交通流理论[M]. 北京：人民交通出版社，2002.
[55] 赵祥模，靳引利，张洋. 高速公路监控系统理论及应用[M]. 北京：电子工业出版社，2003.
[56] 段广云，徐正刚，等. 高速公路交通安全管理实务[M]. 北京：人民交通出版社，2005.
[57] 姜华平，陆春其，陈海泳等. 高速公路交通安全管理[M]. 北京：人民交通出版社，2004.
[58] 曾江洪，卢毅，郑莉等. 高速公路运营管理指南[M]. 北京：人民交通出版社，2006.
[59] 何勇，张建军. 我国高速公路交通安全问题分析与对策[J]. 交通世界（运输·车辆），2005（12），16-21.
[60] 曹建军. 我国高速公路事故分析及对策[J]. 中国交通信息化，2013（9）：121-124.
[61] 刘东，马社强，牛学军. 我国交通事故特点分析[J]. 中国人民公安大学学报（自然科学版），2008（4）：65-68.

[62] 钟连德,孙小端,等. 中国高速公路事故特点及分布规律研究[J]. 道路交通与安全,2007(4): 11-15.

[63] 常宇,王长君. 我国高速公路交通事故特征分析[J]. 中国安全生产科学技术,2008(5): 155-158.

[64] 王庞科,高琴兰. 高速公路事件管理[J]. 中国科技信息,2008(23): 296-297.

[65] 宫子龙. 高速公路事件管理研究[D]. 西安:长安大学硕士论文,2001.

[66] 李颖. 我国高速公路突发事件应急管理体系研究[D]. 南京:南京理工大学硕士论文,2010.

[67] 朱嘉. 谈高速公路突发事件应急机制建设[J]. 浙江公安高等专科学校学报,2005(5): 65-67.

[68] 刘亚楠. 高速公路事件延误量化方法的研究[D]. 成都:西南交通大学,2012.

[69] 史新宏,蔡伯根. 高速公路自动事件检测算法[J]. 交通运输系统工程与信息,2001(4): 306-310.

[70] 杨耀华,李昕,江芳泽. 高速公路事件探测系统及算法[J]. 公路交通科技,2003(3): 133-136.

[71] 张文溥. 道路交通检测技术与应用[M]. 北京:人民交通出版社,2010.

[72] 朱顺应,王红,向红艳. 交通流参数及交通事件动态预测方法[M]. 南京:东南大学出版社,2008.

[73] 王长君,方守恩,李瑞敏. 高速公路网应急交通组织技术[M]. 上海:同济大学出版社,2011.

[74] 何勇,张建军. 我国高速公路交通安全问题分析与对策[J]. 交通世界(运输·车辆),2005(12): 16-21.

[75] 刘东,马社强,牛学军. 我国交通事故特点分析[J]. 中国人民公安大学学报(自然科学版),2008(4): 65-68.

[76] 杨兆升. 重大灾害条件下交通组织保障技术[M]. 北京:中国铁道出版社,2013.

[77] 周学农. 公路交通应急管理[M]. 长沙:湖南人民出版社,2010.

[78] 陈俊,徐良杰,朱顺应等. 交通管理与控制[M]. 北京:人民交通出版社,2012.

[79] 中国公路学会高速公路运营管理分会. 中国高速公路管理学术论文集[M]. 北京:人民交通出版社,2010.

[80] 王俊骅,方守恩,等. 高速公路特大交通事故预防技术研究及示范:长大下坡路段事故预防技术[M]. 上海:同济大学出版社,2011.

[81] 过秀成. 高速公路交通运行状态分析方法及应用[M]. 南京:东南大学出版社,2012.

[82] 全国人民代表大会常务委员会. 中华人民共和国道路交通安全法[S]. 2011.

[83] 王瑞涛. 美国高速公路建设对我们的启示[J]. 北方交通,2013(S2).

[84] Texas Department of Transportation. Access management manual [R]. Texas: Texas Department of Transportation, 2009.

[85] Kolosz B, Grant-Muller S, Djemame K. Modelling uncertainty in the sustainability of Intelligent Transport Systems for highways using probabilistic data fusion[J]. Environmental Modelling & Software, 2013, 49: 78-97.

[86] Forbes T W, Gervais E, Allen T. Effectiveness of symbols for lane control signals[J]. Highway Research Board Bulletin, 1960 (244).

[87] Battikha M G. Quality management practice in highway construction[J]. International Journal of Quality & Reliability Management, 2003, 20 (5): 532-550.

[88] GB5768.1—2009 道路交通标志和标线[S]. 北京：中国标准出版社, 2009.

[89] 张文成. 高速公路服务区规划研究[D]. 西安： 长安大学, 2006.

[90] 中交第一公路勘察设计研究院. JTG D80—2006 高速公路交通工程及沿线设施设计通用规范[S]. 北京：人民交通出版社, 2006.

[91] 常兴文, 等. 高速公路服务区规划及设施设计[M]. 北京：人民交通出版社, 2013.

[92] 廖明军, 王凯英. 高速公路[M]. 北京：中国质检出版社, 中国标准出版社, 2013.

[93] 曾园. 企业高速公路服务区经营模式研究[D]. 武汉：武汉理工大学硕士论文, 2012.